U0925634

新編諸子集成

莊子集解

〔清〕王先謙撰

莊子集解内篇補正

劉武撰

中華書局

圖書在版編目(CIP)數據

莊子集解/(清)王先謙撰・莊子集解内篇補正/劉武撰;沈嘯寰點校.—北京:中華書局,1987.10(2026.1重印)
(新編諸子集成)
ISBN 978-7-101-08885-4

Ⅰ.①莊…②莊… Ⅱ.①王…②劉…③沈…
Ⅲ.①道家②《莊子》-注釋 Ⅳ.B223.52

中國版本圖書館CIP數據核字(2012)第207652號

封面設計:周 玉
責任印製:陳麗娜

新編諸子集成
莊 子 集 解
〔清〕王先謙 撰
莊子集解内篇補正
劉 武 撰
沈嘯寰 點校
*
中華書局出版發行
(北京市豐臺區太平橋西里38號 100073)
http://www.zhbc.com.cn
E-mail:zhbc@zhbc.com.cn
大廠回族自治縣彩虹印刷有限公司印刷
*
850×1168毫米 1/32・19印張・2插頁・234千字
1987年10月第1版 2012年12月第2版
2026年1月第17次印刷
印數:45501-46500册 定價:78.00元

ISBN 978-7-101-08885-4

新編諸子集成出版説明

子書是我國古籍的重要組成部分。最早的一批子書産生在春秋末到戰國時期的百家争鳴中，其中不少是我國古代思想文化的珍貴結晶。秦漢以後，還有不少思想家和學者寫過類似的著作，其中也不乏優秀的作品。

二十世紀五十年代，中華書局修訂重印了由原世界書局出版的諸子集成。這套叢書匯集了清代學者校勘、注釋子書的成果，較爲適合學術研究的需要。但其中未能包括近幾十年特别是一九四九年後一些學者整理子書的新成果，所收的子書種類不够多，斷句、排印尚有不少錯誤，爲此我們從一九八二年開始編輯出版新編諸子集成，至今已出滿四十種。

新編諸子集成所收子書與舊本諸子集成略同，是一般研究者經常要閲讀或查考的書。每一種都選擇到目前爲止較好的注釋本，有的書兼收數種各具優長的注本。出版以來，深受讀者歡迎，還有不少讀者提出意見建議，幫助我們修訂完善這套書，在此謹致謝忱。

本套書目前以平裝本行世，每種單獨定價。近期我們還將出版精裝合訂本，以滿足不同層次讀者的需求。

後續整理的重要子書，將納入新編諸子集成續編陸續刊出，敬請讀者關注。

中華書局編輯部

二〇一〇年一月

點校説明

清季王先謙的莊子集解，集納了前人注莊的許多成果，又提出了自己的一些新解，要言不煩，便於披覽，爲本世紀以來研究莊子者所必讀。近人劉武的莊子集解内篇補正，就莊子中最重要的内篇部分對集解做了許多補充訂正，頗有參考價值。但兩書都只出版過斷句本，初學者仍有不便。爲此，我們請沈嘯寰先生將兩書加以標點，並就其中的文字脱誤初步寫出校記，最後由我們定稿殺青，一併予以出版。點校工作的内容及體例如下：

一、集解一書用清宣統己酉年（卽宣統元年，公元一九〇九年）思賢書局原刻本做底本，用商務印書館萬有文庫中的排印本對校。正文的全部和注釋中引用郭注、成疏及釋文的部分，還着重參校了郭慶藩莊子集釋（用我局出版的王孝魚點校本）的正文及所附郭注、成疏、釋文，並逐條查對了釋文原書。其他引文有疑問者也查對了原書。遇有脱誤，據以改補並寫出校記，兩通者則只在校記中指出異文。但少數明顯的誤字，則逕改不出校。避諱字也都逕改。

二、補正一書用我局一九五八年排印本做底本，正文全部及注釋中引用集解的部分，用集解的原刻本對校，並參校了集釋、釋文等書的有關部分。遇有異文，按上述同樣的原則處理。但補正對集解並未全録，顯係有意删省，就不再補録了。

三、劉武對莊子的句讀和解釋與王先謙頗多不同。凡兩説互歧者，正文的標點依照各自的理解來處理。

中華書局編輯部　一九八五年九月

總目

莊子集解

目録

外篇

卷三

卷四

卷五

卷六

雜篇

卷七

卷八

序

夫古之作者，豈必依林草，羣鳥魚哉！余觀莊生甘曳尾之辱，卻爲犧之聘，可謂塵埃富貴者也。然而貸粟有請，内交於監河；係履而行，通謁於梁魏；説劍趙王之殿，意猶存乎捄世。遭惠施三日大索，其心迹不能見諒於同聲之友，況餘子乎！吾以是知莊生非果能迴避以全其道者也。

且其説曰：「天下有道，聖人成焉；天下无道，聖人生焉。」又曰：「周將處乎材不材之間。」夫其不材，以尊生也；而其材者，特藉空文以自見。老子云：「美言不信。」生言美矣，其不信又已自道之。故以橛飾鞭筴爲伯樂罪，而撤髑髏未嘗不用馬捶；其死棺槨天地，而以墨子薄葬爲大觳；心追容成、大庭結繩無文字之世，而恒假至論以修心。此豈欲後之人行其言者哉？嫉時焉耳。

是故君德天殺，輕用民死，刺暴主也；俗好道諛，嚴於親而尊於君，憤濁世也。登無道之廷，口堯而心桀；出無道之野，貌夷而行跖。則又奚取夫空名之仁義，與無定之是非？其志已傷，其詞過激。設易天下爲有道，生殆將不出於此。後世浮慕之以成俗，此讀生書者之咎，咎豈在書哉！

余治此有年，領其要，得二語焉，曰：「喜怒哀樂，不入於胸次。」竊嘗持此以爲衞生之經，而果有益也。噫！是則吾師也夫！

舊注備矣，輒芟取衆長，閒下己意，輯爲八卷，命之曰集解。世有達者，冀共明之。

宣統元年七月

莊子集解卷一

内篇 逍遥遊第一

言逍遥乎物外，任天而遊無窮也。

北冥有魚，釋文：「本一作溟，北海也。」**其名爲鯤。**釋魚：「鯤，魚子。」方以智云：「鯤本小魚，莊子用爲大魚之名。」**鯤之大，不知其幾千里也。化而爲鳥，其名爲鵬。鵬之背，不知其幾千里也；怒而飛，其翼若垂天之雲。是鳥也，海運則將徙於南冥。**玉篇：「運，行也。」案：行於海上，故曰「海運」。下云「水擊」，是也。**南冥者，天池也。**成玄英云：「大海洪川，原夫造化，非人所作，故曰天池。」案：言物之大者，任天而遊。**齊諧者，志怪者也。**司馬彪云：「齊諧，人姓名。」簡文云：「書名。」**諧之言曰：「鵬之徙於南冥也，水擊三千里，**崔譔云：「將飛舉翼，擊水踉蹌。」**摶扶摇而上者九萬里，**崔云：「拊翼徘徊而上。」爾雅：「扶摇謂之飈。」郭注：「暴風從下上。」**去以六月息者也。」**成云：「六月，半歲，至天池而息。」引齊諧一證。**野馬也，**司馬云：「野馬，春月澤中游氣也。」成云：「青春之時，陽氣發動，遥望藪澤，猶如奔馬，故謂之野馬。」**塵埃也，**成云：「揚土曰塵。塵之細者曰埃。」**生物之以息相吹也。**成云：

「天地之間，生物氣息，更相吹動。」案漢書揚雄傳注：「息，出入氣也。」言物之微者，亦任天而遊。入此義，見物無大小，皆任天而動。「鵬」下不言，於此點出。**天之蒼蒼，其正色邪？其遠而無所至極邪？其視下也亦若是，則已矣。**其，謂鵬。是，謂人視天。鳥在九萬里上，率數約略如此，故曰「則已矣」，非謂遂止也。借人視天喻鵬視下，極言摶上之高。**且夫水之積也不厚，則其負大舟也無力。覆杯水於坳堂之上，**支遁云：「謂堂有坳垤形也。」**則芥爲之舟，**李頤云：「芥，小草。」**置杯焉則膠，**崔云：「著地。」**水淺而舟大也。風之積也不厚，則其負大翼也無力。故九萬里則風斯在下矣，而後乃今培風；**王念孫曰：「培，馮也。周禮馮相氏注：『馮，乘也。』鵬在風上，故言馮。培、馮聲近義通。漢書周緤傳，緤封蒯城侯，顔注：『吕忱蒯音陪，楚漢春秋作馮城侯。』是培、馮音近之證。」**背負青天而莫之夭閼者，**司馬云：「夭，折也。閼，止也。言無有折止使不行者。」**而後乃今將圖南。**謀向南行。借水喻風，唯力厚，故能負而行，明物非以息相吹不能遊也。**蜩與學鳩笑之曰：**釋文：「學，本又作鷽。本或作鷽，音預。司馬云：『學鳩，小鳩。』」俞樾云：「文選江淹詩『鷽斯高下飛』，李注引莊子此文説之。又引司馬云：『鷽鳩，小鳥。』是司馬注作鷽，不作鷽。」**「我決起而飛，**李云：「決，疾貌。」**槍榆、枋，**支云：「槍，突也。」李云：「猶集也。」榆、枋，二木名。枋，音方，李云：「檀木。」**時則不至而控於地而已矣，**王念孫云：「則，猶或也。」司馬云：「控，投也。」**奚以之九萬里而南爲？」**借蜩、鳩之笑，爲惠施寫照。適莽蒼者三飡而反，釋文：「蒼，七蕩反，或如字。」崔云：『草野之色。』」三飡，猶言竟日。腹猶果然；適百里者宿舂糧；隔宿擣米儲食。適千里者三月聚糧。之二蟲又何知！借人爲二蟲設喻。小知不及大知，釋文：「音智，本亦作智。下大知同。」小年不及大年。上語明顯，設喻駢列，以掩其迹。奚以知其然也？朝菌不知晦朔，列子湯問篇：「朽壤之上，有菌芝者，生於朝，死於晦。」晦謂夜。釋文：「朔，旦也。」惠蛄不知春秋，此小年也。釋文：「惠，本作蟪。司馬云：『惠蛄，寒蟬也，一名蝭蟧，春生夏死，夏生秋死。』」楚之南有冥靈者，以五百歲爲春，五百歲爲秋；上古有大椿者，以八千歲爲春，八千歲爲秋。「楚之南」下，全引列子湯問篇。「楚」，彼作「荆」。而彭祖乃今以久特聞，李云：「彭祖，名鏗，堯臣，封彭城，歷虞、夏至商，年七百歲，故以久壽見聞。」衆人匹之，言壽者必舉彭祖爲比。不亦悲乎！此段從「小年」句演出。湯之問棘也是已。湯問篇「殷湯問於夏革」，張湛注：「湯大夫。」棘、革古同聲通用。窮髮之北，有冥海者，天池也。有魚焉，其廣數千里，未有知其修者，其名爲鯤。有鳥焉，其名爲鵬，背若泰山，翼若垂天之雲，湯問篇：「終髮北之北，有溟海者，天池也。有魚焉，其廣數千里，其長稱焉，其名爲鯤。有鳥焉，其名爲鵬，翼若垂天之雲，其體稱焉。」按：列子不言鯤化爲鵬。又此下至「而彼且奚適也」，皆列子所無，而其文若相屬爲義。漆園引古，在有意無意之間，所謂「洸洋自恣以適己」者，此類是也。摶扶摇羊角而上者九萬里，司馬云：「風曲上行若羊角。」絶雲氣，負青天，然後圖南，且適南冥也。引湯問再證。斥鴳笑之曰：司馬云：「斥，小澤。鴳，鴳雀也。斥，本作尺。」古字通。夏侯湛抵疑：「尺鷃不能陵桑榆。」文選七啟注：「鷃雀飛不過一尺，言其劣弱也。」案：雀飛何止一尺？下文明言「數仞」矣。「彼且奚適也？彼，鵬。我騰躍而上，不過數仞而下，翱翔蓬蒿之間，此亦飛之至也。而彼且奚適也？」又借斥鴳之笑，爲惠施寫照。此小大之辨也。點明。

故夫知效一官，行比一鄉，李云：「比，合也。」德合一君而徵一國者，郭慶藩云：「而讀爲能。能、而，古字通用。官、鄉、君、國相對，知、行、德、能亦相對。」司馬云：「徵，信也。」其自視也亦若此矣。此謂斥鴳。方説到人，暗指惠施一輩人。而宋榮子猶然笑之。司馬、李云：「榮子，宋國人。」崔云：「賢者。」謂猶以爲笑。且舉世〔一〕譽之而不加勸，舉世非之而不加沮，郭象云：「審自得也。」定乎内外之分，郭云：「内我而外物。」辨乎榮辱之境，郭云：「榮己而辱人。」斯已矣。成云：「榮子智德，止盡於斯。」彼其於世，未數數然也。言不數數見如此者也。雖然，猶有未樹也。司馬云：「樹，立也。至德未立。」案：言宋榮子不足慕。夫列子御風而行，成云：「列禦寇，鄭人，與鄭繻公同時。」案列子黄帝篇：「列子師老商氏，友伯高

〔一〕「舉世」下，王孝魚點校莊子集釋本（以下簡稱集釋本）有「而」字。下句「舉世」下同。

子，盡二子之道，乘風而歸。」下又云：「隨風東西，猶木葉幹殼，竟不知風乘我邪，我乘風乎？」泠然善也，郭云：「泠然，輕妙之貌。」旬有五日而後反。彼於致福者，未數數然也。成云：「致，得也。得風仙之福。」案：言得此福者，亦不數數見也。此雖免乎行，猶有所待者也。難免步行，猶必待風。列子亦不足慕。若夫乘天地之正，而御六氣之辯，司馬云：「六氣，陰、陽、風、雨、晦、明。」郭慶藩云：「辯讀爲變，與正對文。辯、變古字通。」以遊無窮者，彼且惡乎待哉！無所待而遊於無窮，方是逍遥遊一篇綱要。故曰：至人無己，神人無功，聖人無名。釋文：「己音紀。」成云：「至言其體，神言其用，聖言其名，其實一也。」案：不立功名，不以己與，故爲獨絶。此莊子自爲説法，下又列四事以明之。

堯讓天下於許由，司馬云：「潁川陽城人。」曰：「日月出矣，而爝火不息，字林：「爝，炬火也。」其於光也，不亦難乎！時雨降矣，而猶浸灌，其於澤也，不亦勞乎！夫子立而天下治，而我猶尸之，成云：「尸，主也。」吾自視缺然，請致天下。」許由曰：「子治天下，天下既已治也。而我猶代子，吾將爲名乎？名者，實之賓也，吾將爲賓乎？鷦鷯巢於深林，不過一枝；李云：「鷦鷯，小鳥。」郭璞云：「桃雀。」偃鼠飲河，不過滿腹。李頤云：「偃鼠，鼷鼠也。」李楨云：「偃，或作鼹，俗作鼴。」本草陶注：「一名鼢鼠，常穿耕地中行，討掘卽得。」説文「鼢」下云：「地行鼠，伯勞所化也。」李説誤。歸休乎君！予無所用天下爲。

庖人雖不治庖，尸祝不越樽俎而代之矣。」釋文：「傳鬼神言曰祝。」案：引不受天下之許由，爲己寫照。言非此不能獨全其天。

肩吾問於連叔成云：「並古之懷道者。」曰：「吾聞言於接輿，釋文：「皇甫謐云：『接輿躬耕，楚王遣使以黄金百鎰、車二駟聘之，不應。』」大而無當，釋文：「丁浪反。」案：當，底也。往而不返。吾驚怖其言，猶河漢而無極也，成云：「猶上天河漢，迢遞清高，尋其源流，略無窮極。」大有逕庭，宣穎云：「逕，門外路；庭，堂外地。大有，謂相遠之甚。」不近人情焉。」連叔曰：「其言謂何哉？」曰：「藐姑射之山，釋文：「藐音邈，簡文云：『遠也。』姑射，山名，在北海中。」有神人居焉，肌膚若冰雪，淖約若處子，李云：「淖約，好貌。」釋文：「處子，在室女。」不食五穀，吸風飲露。乘雲氣，御飛龍，而遊乎四海之外。「乘雲氣」三句，又見齊物論篇，「御飛龍」作「騎日月」。其神凝，三字喫緊。非遊物外者，不能凝於神。使物不疵癘而年穀熟。司馬云：「疵，毁也。」癘音癩，惡病。列子黄帝篇：「姑射山在海中。山上有神人焉，吸風飲露，不食五穀，心如淵泉，形如處女。不施不惠，而物自足，不聚不斂，而己無愆。陰陽常調，日月常明，四時常若，風雨常均，字育常時，年穀常豐。而土無札傷，人無夭惡，物無疵癘。」漆園本此爲説。吾是以狂而不信也。」狂，李又九況反。案：音讀如誑。言以爲誑。連叔曰：「然。瞽者無以與乎文章之觀，聾者無以與乎鐘鼓之聲。豈惟形骸有聾盲哉？夫知亦有之。是其言也，猶時女也。司馬云：「猶處女也。」案：時，是也。云是其言也，猶是若處女者也。此人也，此德也云云，極擬議之詞。之人也，之德也，將旁礴萬物，以爲一世蘄乎亂，孰弊弊焉以天下爲事！李云：「旁礴，猶旁礴。」李楨云：「亦作旁魄，廣被意也。言其德行廣被萬物，以爲一世求治，豈肯有勞天下之迹！老子曰：『我無爲而民自化。』亂，治也。」簡文云：「弊弊，經營貌。」案：蘄同期。之人也，物莫之傷，大浸稽天而不溺，司馬云：「稽，至也。」大旱、金石流、土山焦而不熱。是其塵垢粃糠，說文「粃」作「秕」。釋文：「秕糠，猶繁碎。」將猶陶鑄堯、舜者也，孰肯以物爲事！又引不以天下爲事之神人，以明其自全之道。宋人資章甫〔一〕適諸越，李云：「資，貨也。章甫，殷冠也。以冠爲貨。」司馬云：「諸，於也。」越人短髮〔二〕文身，無所用之。爲無所用天下設喻。堯治天下之民，平海内之政，往見四子藐姑射之山，司馬、李云：「四子，王倪、齧缺、被衣、許由。」李楨云：「四子本無其人，徵名以實之，則鑿矣。」汾水之陽，窅然喪其天下焉。汾水之陽，堯都。宣云：「窅然，深遠貌。」案：言堯亦自失其有天下之尊，下此更不足言矣。

〔一〕「章甫」下，集釋本有「而」字。
〔二〕「短髮」，集釋本作「斷髮」。

惠子謂莊子曰：司馬云：「姓惠名施，爲梁相。」「魏王貽我大瓠之種，瓠，瓜也，即今葫蘆瓜。我樹之成而實五石，以盛水漿，其堅不能自舉也。成云：「樹，植。實，子也。虛脆不堅，故不能自勝舉。」剖之以爲瓢，則瓠落無所容。簡文云：「瓠落，猶廓落也。」成云：「平淺不容多物。」非不呺然大也，釋文：「呺，本亦作号。李云：『虛大貌。』」俞樾云：「呺，俗字，當作枵，虛也。」吾爲其無用而掊之。」莊子曰：「夫子固拙於用大矣。宋人有善爲不龜手之藥者，向秀云：「龜，拘坼也。」釋文：「徐音舉倫反。」李楨云：「此以龜爲皸之假借。玄應音義皸下引通俗文：『手足坼裂曰皸，經文或作龜坼。』下引此文爲證。」世世以洴澼絖爲事。成云：「洴，浮。澼，漂。絖，絮也。」李云：「漂絮水上。」盧文弨云：「洴澼，擊絮之聲。」客聞之，請買其方百金。李云：「金方寸重一斤爲一金。百金，百斤也。」聚族而謀曰：『我世世爲洴澼絖，不過數金；今一朝而鬻技百金，請與之。』客得之，以説吳王。越有難，吳王使之將。冬，與越人水戰，大敗越人，裂地而封之。能不龜手一也，或以封，或不免於洴澼絖，則所用之異也。今子有五石之瓠，何不慮以爲大樽而浮於江湖，司馬云：「慮，猶結綴也。樽如酒器，縛之於身，浮於江湖，可以自渡。」案：所謂腰舟。而憂其瓠落無所容？則夫子猶有蓬之心也夫！」向云：「蓬者，短不暢，曲士之謂。」案：言惠施以有用爲無用，不得用之道也。

惠子曰〔一〕：「吾有大樹，人謂之樗。其大本擁腫而不中繩墨，其小枝卷曲而不中規矩，立之塗，匠者不顧。今子之言，大而無用，衆所同去也。」猶言棄而不取。莊子曰：「子獨不見狸狌乎？成云：「狌，野猫。」卑身而伏，以候敖者；司馬云：「遨翔之物，雞鼠之屬。」東西跳梁，成云：「跳梁，猶走擲。」不辟高下；辟音避。中於機辟，辟，所以陷物。鹽鐵論刑法篇「辟陷設而當其蹊」，與此同義。亦作「臂」。楚詞哀時命篇：「外迫脅於機臂兮。」機臂，卽機辟也。玉篇王注，以爲弩身。死於網罟。今夫斄牛，司馬云：「旄牛。」其大若垂天之雲。成云：「山中遠望，如天際之雲。」此能爲大矣，而不能執鼠。今子有大樹，患其無用，何不樹之於無何有之鄉，廣莫之野，簡文云：「莫，大也。」彷徨乎無爲其側，釋文：「彷徨，猶翱翔。」逍遥乎寢卧其下？郭慶藩云：「逍遥，依説文，當作『消摇』。」又引王瞀夜云：「消摇者，調暢悦豫之意。」不夭斤斧，物無害者，無所可用，言無處可用之。人間世篇：「是不材之木也，無所可用。」又云：「予求無所可用久矣。」又山木篇：「無所可用。」文意並與此同。安所困苦哉！」又言狸狌之不得其死，斄牛之大而無用，不如樗樹之善全，以曉惠施。蓋惠施用世，莊子逃世，惠以莊言爲無用，不知莊之遊於無窮，所謂「大知」「小知」之異也。

〔一〕「惠子曰」，集釋本作「惠子謂莊子曰」。

内篇齊物論第二

天下之物之言，皆可齊一視之，不必致辯，守道而已。蘇輿云：「天下之至紛，莫如物論。是非太明，足以累心。故視天下之言，如天籟之旋怒旋已，如鷇音之自然，而一無與於我。然後忘彼是，渾成毁，平尊隸，均物我，外形骸，遺生死，求其真宰，照以本明，游心於無窮。皆莊生最微之思理。然其爲書，辯多而情激，豈真忘是非者哉？不過空存其理而已。」

南郭子綦隱机而坐，司馬云：「居南郭，因爲號。」釋文：「隱，馮也。李本机作几。」案：事又見徐无鬼篇，「郭」作「伯」，「机」作「几」。**仰天而噓，荅焉似喪其耦。**向云：「噓，息也。」釋文：「荅，解體貌，本又作嗒。耦，本亦作偶。」俞云：「偶當讀爲寓，寄也。即下文所謂『吾喪我』也。」案：徐无鬼篇「噓」下無此句。**顔成子游立侍乎前，**李云：「子綦弟子，姓顔名偃，謚成，字子〔一〕游。」案：徐无鬼篇作「顔成子入見」。**曰：「何居乎？**徐无鬼篇作「夫子物之尤也」。**形固可使如槁木，而心固可使如死灰乎？**文子道原篇引老子曰：「形若槁木，心若死灰。」徐无鬼篇與此二句同，「木」作「骸」。知北遊篇：「形若槁骸，心若死灰。」庚桑楚篇亦有二句，「槁骸」

〔一〕「子」字，據陸德明經典釋文（以下簡稱釋文）補。

作「槁木之枝」。達生篇亦云：「吾執臂也，若槁木之枝。」是此「槁木」卽槁木之枝。槁骸，亦槁枝也。以下異。今之隱机者，非昔之隱机者也。」子綦曰：「偃，不亦善乎而問之也！而同爾。今者吾喪我，汝知之乎？汝聞人籟而未聞地籟，汝聞地籟而未聞天籟夫！」郭云：「籟，簫也。」子游曰：「敢問其方。」成云：「方，術也。」子綦曰：「夫大塊噫氣，俞云：「塊，凷或體，大地。」成云：「噫而出氣。」其名爲風。是唯无作，作則萬竅怒呺。而獨不聞之翏翏乎？之，猶其。下同。釋文：「翏翏，長風聲。李本作飂。」山林之畏佳，卽嵔崔，猶崔巍。大木百圍之竅穴，似鼻，似口，似耳，似枅，似圈，似臼，似洼者，似污者；字林云：「枅，柱上方木。」成云：「圈，獸之闌圈。」宣云：「洼，深池。污，窊也。三象身，三象物，二象地，皆狀木之竅形。」激者，謞者，叱者，吸者，叫者，譹者，宎者，咬者，宣云：「激如水激聲，謞如箭去聲；叱出而聲粗，吸入而聲細；叫高而聲揚，譹下而聲濁；宎深而聲留，咬鳴而聲清。皆狀竅聲。」釋文：「謞音孝。司馬云：『譹，哭聲。』」案：「交交黃鳥」，三家詩作「咬咬」。前者唱于而隨者唱喁。李云：「于、喁，聲之相和。」成云：「皆風吹樹動，前後相隨之聲。」泠風則小和，飄風則大和，李云：「泠，小風也。」爾雅：「回風爲飄。」和，胡[一]卧反。厲風濟則衆竅爲

[一]「胡」原誤「明」，據釋文改。

虚。向云：「厲，烈也。濟，止也。」風止則萬竅寂然。**而獨不見之調調、之刁刁乎？」**郭云：「調調、刁刁，皆動摇貌。」**子游曰：「地籟則衆竅是已，人籟則比竹是已。**以竹相比而吹之。**敢問天籟。」子綦曰：「夫吹萬不同，而使其自已也，咸其自取，怒者其誰邪！」**宣云：「待風鳴者地籟，而風之使竅自鳴者，卽天籟也。」引子綦言畢。」案：此文以吹引言。風所吹萬有不同，而使之鳴者，仍使其自止也。且每竅各成一聲，是鳴者仍皆其自取也。然則萬竅怒呺，有使之怒者，而怒者果誰邪！悟其爲誰，則衆聲之鳴皆不能無所待而成形者，更可知矣，又何所謂得喪乎！「怒者其誰」，使人言下自領，下文所謂「真君」也。

大知閑閑，小知閒閒；釋文：「知音智。下同。」成云：「閑閑，寬裕也。」俞云：「廣雅釋詁：『閒，覗也。』閒閒，謂好覗察人。」此智、識之異。**大言炎炎，小言詹詹。**炎炎，有氣燄。成云：「詹詹，詞費也。」此議、論之異。**其寐也魂交，其覺也形開，**此寐、覺之異。**與接爲搆，**成云：「搆，合也。」**日以心鬭。**宣云：「心計相角。」**縵者，窖者，密者。**簡文云：「縵，寬。」司馬云：「窖，深也。」宣云：「密，謹也。」成云：「略而言之，有此三别。」此交、接之異。**小恐惴惴，大恐縵縵。**李云：「惴惴，小心貌。」宣云：「縵縵，迷漫失精。」此恐、悸之異。**其發若機栝，其司是非之謂也；**釋文：「機，弩牙。栝，箭栝。」成云：「司，主也。」案：發言卽有是非，榮辱之主也。**其留如詛盟，其守勝之謂也；**留不發，若詛盟然，守己以勝人。此語、默之異。**其殺若**

秋冬，以言其日消也；宣云：「琢削，使天真日喪。」**其溺之所爲之，不可使復之也；**溺，沈溺。宣云：「『爲之』之『之』，猶往。言一往不可復返。」**其厭也如緘，以言其老洫也；**宣云：「厭然閉藏。緘，祕固。洫，深也。老而愈深。」**近死之心，莫使復陽也。**宣云：「陰鷙無復生意。」**喜怒哀樂，慮歎變慹，**宣云：「慮多思，歎多悲，變多反覆，慹多怖，音執。」**姚佚啟態；**成云：「姚則輕浮躁動，佚則奢華縱放，啟則情欲開張，態則嬌淫妖冶。」案：姚同佻。動止交接，性情容貌，皆天所賦。以上言人。**樂出虛，**無聲而有聲。宣云：「本虛器，樂由此作。」**蒸成菌。**無形而有形，皆氣所使。以上言物。**日夜相代乎前，而莫知其所萌。**日與夜代，於何萌生？**已乎已乎！**上句又見德充符篇。**旦暮得此，其所由以生乎！**既無可推求，不如其已乎。然俯仰旦暮間，自悟真理。此者，生之根也。**非彼无我，**宣云：「彼，卽上之此也。」**非我无所取。**成云：「若非自然，誰能生我？若無有我，誰稟自然乎？」**是亦近矣，**成云：「我卽自然，自然卽我，其理非遠。」**而不知其所爲使。**宣云：「究竟使然者誰邪？」案：與上「怒者其誰邪」相應。**必**〔一〕**有真宰，而特不得其眹。**崔云：「特，辭也。」李云：「眹，兆也。」案：云若有真爲主宰者使然，而其眹迹不可得見。**可形已信，而不見其形，**可運動者，已信能之，而不見運動我之

〔一〕「必」，集釋本作「若」。按：據王氏案云「若有真爲主宰者使然」，則王氏本亦當作「若」。

形。**有情而無形。**與我有相維繫之情，而形不可見。**百骸、**成云：「百骨節。」**九竅、**眼、耳、鼻、口七竅，與下二漏而九。**六藏，**李楨云：「難經三十九難：『五藏，心、肝、脾、肺、腎也。』亦有六藏者，腎有兩藏也。左腎，右命門。命門者，謂精神之所舍也。其氣與腎通，故言藏有六也。」**賅而存焉，**成云：「賅，備。」**吾誰與爲親？**成云：「豈有親疏？」**汝皆説之乎？其有私焉？**將皆親而愛悦之乎？或有私於身中之一物乎？**如是皆有，爲臣妾乎，其臣妾不足以相治也**〔一〕。**其遞相爲君臣乎，其有真君存焉。**成云：「臣妾，士女之賤職。」案：謂役使之也。言皆悦不可，有私不可。既如是矣，或皆有之，而賤爲役使之臣妾乎，然無主不足以相治也。其或遞代爲君臣乎，然有真君在焉。卽上「真宰」也。此語點醒。**如求得其情與不得，無益損乎其真。一受其成形，不亡以待盡。與物相刃相靡，其行盡如馳，而莫之能止，不亦悲乎！**成云：「刃，逆。靡，順也。」真君所在，求得不加益，不得不加損。惟人自受形以來，守之不死，坐待氣盡，徒與外物相攖，視歲月之行盡如馳，而莫之能止，不可悲乎！案：「一受其成形，不亡以待盡」，又見田子方篇，「亡」作「化」。**終身役役而不見其成功，苶然疲役而不知其所歸，可不哀邪！**所有皆幻妄，故無成功，疲於所役，而不知如何歸宿。盧文弨云：「苶，當作

〔一〕「也」，集釋本作「乎」。

茶。」司馬作「薾」。簡文云：「疲，困貌〔一〕。」人謂之不死，奚益？其形化，其心與之然，可不謂大哀乎？宣云：「縱生何用？及形化而心亦與之化，靈氣蕩然矣。」人之生也，固若是芒乎！其我獨芒，而人亦有不芒者乎！成云：「芒，闇昧也。」夫隨其成心而師之，誰獨且無師乎？奚必知代而心自取者有之？愚者與有焉。心之所志，隨而成之。以心爲師，人人皆有，奚必知相代之理而心能自得師者有之？卽愚者莫不有焉。未成乎心而有是非，是今日適越而昔至也。未成凝一之心，妄起意見，以爲若者是道，若者非道，猶未行而自夸已至。此「是非」與下「是非」無涉。天下篇「今日適越而昔來」，惠施與辯者之言也，此引爲喻。是以無有爲有。無有爲有，雖有神禹，且不能知，吾獨且奈何哉！無而爲有，雖禹之智，不能解悟。自夸自欺，吾末如之何矣。此段反復喚醒世人。

夫言非吹也。應上「吹」。言者有言，其所言者特未定也。果有言邪？其未嘗有言邪？其以爲異於鷇音，亦有辨乎，其無辨乎？人言非風吹比，人甫有言，未定足據也。果據以爲言邪？抑以爲無此言邪？抑以爲與初生鳥音果有别乎，無别乎？其言之輕重尚不定。道惡乎隱而有眞僞？言惡乎隱而有是非？隱，蔽也。道何以蔽而至於有眞有

〔一〕「困貌」，釋文作「病困之狀」。

僞？言何以蔽而至於有是有非？道惡乎往而不存？言惡乎存而不可？宣云：「觸處皆道，本不須言。一言一道，亦不須辯。」道隱於小成，小成，謂各執所成以爲道，不知道之大也。宣云：「偏見之人，乃致道隱。」成引老子云：「大道廢，有仁義。」言隱於榮華。成云：「榮華，浮辯之詞，華美之言也。只爲滯於華辯，所以蔽隱至言。老子云：『信言不美，美言不信。』」故有儒、墨之是非，以是其所非，而非其所是。成云：「昔有鄭人名緩，學於求氏之地，三年藝成而化爲儒。儒者祖述堯、舜，憲章文、武，行仁義之道，辯尊卑之位，故謂之儒。緩弟名翟，緩化其弟，遂成於墨。墨者，禹道也。尚賢崇禮，儉以兼愛，摩頂放踵，以救蒼生，此謂之墨也。緩、翟二人，親則兄弟，各執一教，更相是非。緩恨其弟，感激而死。然彼我是非，其來久矣。争競之甚，起自二賢，故指此二賢爲亂羣之帥。是知道喪言隱，方督是非。」案：儒、墨事，見列禦寇篇。欲是其所非而非其所是，則莫若以明。郭嵩燾云：「彼是有對待之形，而是非兩立，則所持之是非，非是非也，彼是之見存也。」案：莫若以明者，言莫若卽以本然之明照之。物无非彼，物无非是。有對立，皆有彼此。自彼則不見，自知則知之。觀人則昧，返觀卽明。故曰：彼出於是，是亦因彼。有此而後有彼，因彼而亦有此，乃彼此初生之説也。彼是，方生之説也。雖然，方生方死，方死方生；然其説隨生隨滅，隨滅隨生，浮游無定。郭以此言死生之變，非是。方可方不可，方不可方可；言可，卽有以爲不可者；言不可，卽有以爲可者。可不可，卽是非也。**因是因非，因非因是。**有因而是者，卽有因而非者；有因而非者，卽有因而是者。既有彼此，則是非之生無窮。**是以聖人不由，**宣云：「不由是非之途。」**而照之於天，**成云：「天，自然也。」案：照，明也。但明之於自然之天，無所用其是非。**亦因是也。**是，此也。因此是非無窮，故不由之。蘇輿云：「猶言職是故也。」**是亦彼也，彼亦是也。**是，此也。郭云：「此亦爲彼所彼，彼亦自以爲此。」**彼亦一是非，此亦一是非。**成云：「此既自是，彼亦自是；此既非彼，彼亦非此。故各有一是，各有一非也。」**果且有彼是乎哉？果且无彼是乎哉？**分則有彼此，合則無彼此。**彼是莫得其偶，謂之道樞。**成云：「偶，對。樞，要也。體夫彼此俱空，是非兩幻，凝神獨見，而無對於天下者，可得[一]會其玄極，得道樞要。」**樞始得其環中，以應无窮。**郭嵩燾云：「是非兩化，而道存焉，故曰道樞。握道之樞，以游乎環中。中，空也。是非反復，相尋無窮，若循環然。游乎空中，不爲是非所役，而後可以應無窮。」唐釋湛然止觀輔行傳宏決引莊子古注云：「以圓環內空體無際，故曰[二]環中。」案則陽篇亦云：「冉相氏得其環中以隨成。」**是亦一无窮，非亦一无窮也。**郭云：「天下莫不自是而莫不相非，故一是一非，兩行無窮。」**故曰「莫若**

[一]「得」，集釋本引成疏作「謂」。
[二]「故曰」，止觀輔行傳宏決作「名爲」。

以明」。惟本明之照，可以應無窮。此言有彼此而是非生，非以明不能見道。

以指喻指之非指，不若以非指喻指之非指也；以馬喻馬之非馬，不若以非馬喻馬之非馬也。天地，一指也；萬物，一馬也。爲下文「物謂之而然」立一影子。近取諸身，則指是；遠取諸物，則馬是。今曰指非指，馬非馬，人必不信，以指與馬喻之，不能明也。以非指非馬者喻之，則指之非指，馬之非馬，可以悟矣。故天地雖大，特一指耳；萬物雖紛，特一馬耳。可乎可，不可乎不可。郭云：「可乎己者，卽謂之可；不可於己者，卽謂之不可。」道行之而成，宣云：「道，路也。」案：行之而成，孟子所云「用之而成路」也。爲下句取譬，與理道無涉。物謂之而然。凡物稱之而名立，非先固有此名也。故指、馬可曰非指、馬，非指、馬者亦可曰指、馬。惡乎然？然於然。惡乎不然？不然於不然。何以謂之然？有然者，卽從而皆然之。何以謂之不然？有不然者，卽從而皆不然之。隨人爲是非也。物固有所然，物固有所可。无物不然，无物不可。論物之初，固有然有可，如指爲指，馬爲馬是也。論物之後起，則不正之名多矣，若變易名稱，無不然，無不可，如指非指，馬非馬，何不可聽人謂之？「惡乎然」以下，又見寓言篇。此是非可否並舉，以寓言篇證之，「不然於不然」下，似應更有「惡乎可？可於可。惡乎不可？不可於不可」四句，而今本奪之。故爲是舉莛與楹，厲與西施，恢恑憰怪，道通爲一。釋文：「爲，于僞反。」成云：「爲是故略舉數事。」俞云：「説文：『莛，莖也。』漢書東方朔傳：

『以莛撞鐘。』司馬云：『楹，屋柱也。厲，病癩。』莛、楹，以大小言；厲、西施，以美醜言。」成云：「恢，寬大之名。恑，奇變之稱。譎，矯詐之名。怪，妖異之稱。」案：自知道者觀之，皆可通而爲一，不必異視。其分也，成也；分一物以成數物。其成也，毁也。成云：「於此爲成，於彼爲毁。如散毛成氈，伐木爲舍等也。」凡物无成與毁，復通爲一。如此成卽毁，毁卽成，故無論成毁，復可通而爲一，不必異視。唯達者知通爲一，爲是不用而寓諸庸。唯達道者能一視之，爲是不用己見而寓諸尋常之理。庸也者，用也；宣云：「無用之用。」用也者，通也；無用而有用者，以能觀其通。通也者，得也。觀其通，則自得。適得而幾已。適然自得，則幾於道矣。因是已。因，任也。任天之謂也。已而不知其然，謂之道。宣云：「已者，既通爲一，不知其然，未嘗有心也。謂之道，所謂『適得而幾』也。」案：此言非齊是非不能得道，以下又反言以明。勞神明爲一，而不知其同也，謂之朝三。若勞神明以求一，而不知其本同也，是囿於目前之一隅，與「朝三」之説何異乎？何謂朝三？狙公賦芧，曰：「朝三而暮四。」衆狙皆怒。曰：「然則朝四而暮三。」衆狙皆悅。名實未虧，而喜怒爲用，亦因是也。列子黄帝篇：「宋有狙公者，愛狙，養之成羣，能解狙之意，狙亦得公之心。損其家口，充狙之欲。俄而匱焉，將限其食，恐衆狙之不馴於己也，先誑之曰：『與若芧，朝三而暮四，足乎？』衆狙皆起而怒。俄而曰：『朝四而暮三，足乎？』衆狙皆伏而喜。物之以能鄙相籠，皆猶此也。聖人以智籠羣愚，亦猶狙公之以智籠衆狙也。名實不虧，使其喜怒哉！」張湛注：「好養猿猴者，因謂之狙公。芧音序，栗也。」案：漆園引之，言名實兩無虧損，而喜怒爲其所用，順其天性而已，亦因任之義也。**是以聖人和之以是非，而休乎天鈞，是之謂兩行。**釋文：「鈞，本又作均。」成云：「均，自然均平之理。」案：言聖人和通是非，共休息於自然均平之地，物與我各得其所，是兩行也。案寓言篇亦云：「始卒若環，莫得其倫，是謂天均。天均者，天倪也。」此作「鈞」，用通借字。**古之人，其知有所至矣。**成云：「至，造極之名。」**惡乎至？有以爲未始有物者，至矣盡矣，不可以加矣。**郭云：「此忘天地，遺萬物，外不察乎宇宙，内不覺其一身，故能曠然無累，與物俱往，而無所不應。」**其次以爲有物矣，**以上又見庚桑楚篇。**而未始有封也。**封，界域也。其次見爲有物，尚無彼此。**其次以爲有封焉，而未始有是非也。**雖見有彼此，尚無是非。**是非之彰也，道之所以虧也。**見是非，則道之渾然者傷矣。**道之所以虧，愛之所以成。**私愛以是非而成。**果且有成與虧乎哉？果且無成與虧乎哉？**成云：「果，決定也。」道無增減，物有虧成。是以物愛既成，謂道爲損，而道實無虧也。故假設論端，以明其義。」**有成與虧，故昭氏之鼓琴也；無成與虧，故昭氏之不鼓琴也。**宣云：「故，古也。」成云：「姓昭名文，古善琴者。鼓商則喪角，揮宫則失徵，未若置而不鼓，五音自全。亦猶存情所以乖道，忘智所以合真者也。」**昭文之鼓琴也，師曠之枝策也，**成云：「枝，柱也。策，打鼓枝，亦言擊節枝。曠妙解音律，晉平公樂師。」案：枝策者，拄其策而不擊。**惠子之據梧也，**司馬云：「梧，琴也。」成云：「檢典籍，無惠子善琴之文。據梧者，止是以梧几而據之談說。」案：今從成說。德充符篇莊謂惠子云：「今子外乎子之神，勞乎子之精，倚樹而吟，據槁梧而瞑。」案據梧而瞑，善辯者有不辯之時，枝策者有不擊之時。上昭文鼓琴，亦兼承不鼓意。**三子之知幾乎！皆其盛者也，故載之末年。**崔云：「書之於今也。」案：言昭善鼓琴，曠知音律，惠談名理，三子之智，其庶幾乎！皆其最盛美者也，故記載之，傳於後世。**唯其好之，以異於彼，其好之也，欲以明之彼。**宣云：「惟自以爲異於人，且欲以曉於人。」成云：「彼，衆人也。」案：「唯其好之」四語，專承善辯者言。**非所明而明之，故以堅白之昧終。**非人所必明，而强欲共明之，如「堅石」「白馬」之辯，欲衆共明，而終於昧，故曰「以堅白之昧終」。堅白，又見德充符、天下、天地、秋水四篇。成云：「公孫龍，趙人。當六國時，弟子孔穿之徒，堅執此論，橫行天下，服衆人之口，不服衆人之心。」**而其子又以文之綸終，終身無成。**郭云：「昭文之子，又乃終文之緒。」成云：「昭文之子，倚其父業，卒其年命，竟無所成。」案：終文之緒，猶禮中庸云「纘太王、王季、文王之緒」也。所謂無成者，不過成其一技，而去道遠，仍是無成。**若是而可謂成乎，雖我亦成也。**成云：「我，衆人也。若三子異於衆人，遂自以爲成，而衆人異於三子，亦可謂之成也。」**若是而不可謂成乎，物與我無成也。**若是而不可謂成乎？則天下之無成者多矣。當知以我逐物，皆是無成也。**是故滑疑**

之耀，聖人之所圖也。爲是不用而寓諸庸，此之謂以明。司馬云：「滑疑，亂也。」案：雖亂道，而足以眩耀世人，故曰「滑疑之耀」。聖人必謀去之，爲其有害大道也。爲是不用己智，而寓諸尋常之理，此之謂以本然之明照之。以上言求道則不容有物，得物之一端以爲道，不可謂成。

今且有言於此，不知其與是類乎？其與是不類乎？類與不類，相與爲類，則與彼无以異矣。如人皆執彼此之見，今且有言如此，不知其與我類乎？與我不類乎？若務求勝彼，而引不類者爲類，則與彼之不類有異乎？宣云：「是，我也。」雖然，請嘗言之。成云：「嘗，試也。」有始也者，有未始有始也者，成云：「未始，猶未曾也。」案：事端未露。有未始有〔一〕夫未始有始也者。並無事端，僅具事理。有有也者，有无也者，言之有無。有未始有无也者，言未曾出。有未始有〔二〕夫未始有无也者。並出言之心亦未曾萌。俄而有无矣，而未知有无之果孰有孰无也。忽而有有言者，有無言者，然有者或情已竭，無者或意未盡。是有者爲無，無者爲有，故曰「未知有無之果孰有孰無也」。今我則已有謂矣，既顯有言矣。而未知吾所謂之果有謂乎，其果無謂乎？未知吾所言之果爲有言乎，其果爲無言乎？合

〔一〕「有」字，據集釋本補。
〔二〕「有」字，據集釋本補。

於道爲言，不合則有言與無言等。**天下莫大於秋毫之末，而太山爲小；莫壽於殤子，而彭祖爲夭。天地與我並生，而萬物與我爲一。**釋文：「殤子，短命者也。或云：年十九以下爲殤。司馬云：『兔毫在秋而成。』」成云：「秋時，獸生毫毛，其末至微，故謂秋毫之末也。人生在於襁褓而亡，謂之殤子。物之生也，形氣不同，有小有大，有夭有壽。若以性分言之，無不自足。故以性足爲大，天下莫大於豪末，莫小於太山。太山爲小，則天下無大；豪末爲大，則天下無小。小大既爾，夭壽亦然。是以兩儀雖大，各足之性乃均；萬物雖多，自得之義唯一。」案：此漆園所謂齊彭、殤也。但如前人所説，則誠虚誕妄作矣。其意蓋謂太山、豪末皆區中之一物，既有相千萬於太山之大者，則太山不過與豪末等，故曰「莫大於豪末，而太山爲小」。彭祖、殤子，皆區中之一人，彭祖七八百年而亡，則彭祖不過與殤子等，故曰「莫壽於殤子，而彭祖爲夭」。我能與天地無極，則天地與我並生；我不必與萬物相競，則萬物與我爲一也。漆園道術精妙，唤醒世迷，欲其直指最初，各葆真性。俗子徒就文章求之，止益其妄耳。**既已爲一矣，且得有言乎？**何所容其言？**既已謂之一矣，且得无言乎？**謂之一，即是言。**一與言爲二，二與一爲三。自此以往，巧曆不能得，而況其凡乎！**成云：「夫以言言一，而一非言也。一既一矣，言又言焉，有一有言，二名斯起。復將後時之二名，對前時之妙一，有一有二，不謂之三乎？從三以往，雖有善巧算曆之人，亦不能紀得其數，而況凡夫之類乎！」**故自无適有，以至於三，而況自有適有**

乎！成云：「自，從也。適，往也。至理無言，言則名起。從無言以之有言，纔言則至於三。況從有言適有言，枝流分派，其可窮乎！」无適焉，因是已。若其無適，惟有因任而已。此舉物之大小、人之壽夭並齊之，得因任之妙。夫道未始有封，成云：「道無不在，有何封域？」言未始有常，郭云：「彼此言之，故是非無定。」爲是而有畛也。爲言無常，而後有畛域。請言其畛：有左，有右，或祖左，或祖右。有倫，有義，郭云：「物物有理，事事有宜。」釋文：「崔本作『有論有議』。」俞云：「崔本是。下文云『存而不論』，『論而不議』。又曰：『故分也者，有不分也；辯也者，有不辯也。』彼所謂分、辯，即此『有分有辯』。然則彼所謂論、議，即此『有論有議』矣。」案：上言「有畛」，倫義非畛也。當從俞說。有分，有辯，分者異視，辯者剖別。有競，有争，競者對競，争者羣争。此之謂八德。德之言得也。各據所得，而後有言。此八類也。六合之外，聖人存而不論；成云：「六合，天地四方。妙理希夷，超六合之外，所以存而不論。」六合之内，聖人論而不議。成云：「六合之内，謂蒼生所禀之性分。聖人隨其機感，陳而應之。既曰憑虚，亦無可詳議。」春秋經世，先王之志，聖人議而不辯。成云：「春秋者，時代。先王，三皇、五帝。志，記也。祖述軒、頊，憲章堯、舜，記録時代，以爲典謨。聖人議論，利益當時，終不取是辯非，滯於陳迹。」案：春秋經世，謂有年時以經緯世事，非孔子所作春秋也。故分也者，有不分也；辯也者，有不辯也。以不分爲分，不辯爲辯。曰：何也？聖人懷之，存之於心。衆人辯之以相示也。相夸示。故曰：辯也者，有不見也。不見道之大，而後辯起。夫大道不稱，宣云：「無可名。」大辯不言，使其自悟，不以言屈。大仁不仁，成云：「亭毒羣品，汎愛無心，譬彼青春，非爲仁也。」大廉不嗛，釋文：「徐音謙。」成云：「知萬境虛幻，無一可貪，物我俱空，何所遜讓？」大勇不忮。宣云：「無客氣害人之心。」道昭而不道，以道炫物，必非真道。言辯而不及，宣云：「不勝辯。」仁常而不成，郭云：「有常愛，必不周。」廉清而不信，宣云：「外示皦然，則中不可知。」勇忮而不成。成云：「舍慈而勇，忮逆物情，衆共疾之，必無成遂。」五者园而幾向方矣。釋文：「园，崔音圓〔一〕，司馬云：『圓也。』」成云：「幾，近也。」宣云：「五者本渾然圓通，今滯於迹而近向方，不可行也。」故知止其所不知，至矣。成云：「智不逮，不强知。知止其分，學之造極也。」孰知不言之辯，不道之道？不道，即上「不稱」。若有能知，此之謂天府。宣云：「渾然之中，無所不藏。」注焉而不滿，酌焉而不竭，而不知其所由來，郭云：「至理之來，自然無迹。」此之謂葆光。成云：「葆，蔽也。韜蔽而其光彌朗。」言藉言以顯者非道，反復以明之。」

故昔者堯問於舜曰：「我欲伐宗、膾、胥敖，崔云：「宗一，膾二，胥敖三國。」案人間世

〔一〕「圓」，釋文作「刓」。

「釋然，怡悦貌也。」則不然。成云：「泥鰌。」木處則惴慄恂懼，釋文：「恂，徐音峻，恐貌。班固作眴。」猨猴然乎哉？三者孰知正處？民、鰌、猿，孰知所處爲正？民食芻豢，芻，野蔬。豢，家畜。孟子：

必非。且吾嘗試問乎女：民溼寢則腰疾偏死，司馬云：「偏枯。」鰌然乎哉？案：言物不知物。物我都忘，故無所措其知也。」雖然，嘗試言之。庸詎知吾所謂知之非不知邪？庸詎知吾所謂不知之非知邪？李云：「庸，用也。詎，何也。」案：小知仍未爲知，則不知未

物无知邪？」汝既無知，然則物皆無知邪？曰：「吾惡乎知之！」成云：「豈獨不知我，亦乃曰：「吾惡乎知之！」郭云：「若自知其所不知，卽爲有知，有知則不能任羣才之自當。」「然則故無所用其知。」「子知子之所不知邪？」成云：「子既不知物之同是，頗自知己之不知乎？」

物之所同是乎？」曰：「吾惡乎知之！」郭云：「所同未必是，所異不獨非。彼我莫能相正，釋文：「倪，徐五嵇反，李音義。高士傳云：『王倪，堯時賢人也。』天地篇云：『齧缺之師。』」「子知

「進，過也。欲奪蓬艾之願，而伐使從我，於至道豈宏哉！」堯、舜一證。齧缺問乎王倪曰：「堯時十日並出，使羿射落其九。」故援以爲喻。萬物皆照，而況德之進乎日者乎！」成云：

蓬艾之間。存，猶在也。成云：「蓬艾，賤草。」若不釋然，何哉？昔者十日並出，淮南子：案：釋同懌。語又見庚桑楚篇。其故何也？」舜曰：「夫三子者，成云：「三國君。」猶存乎篇：「堯攻叢枝、胥敖，國爲虚厲。」是未從舜言矣。南面而不釋然。成云：

「芻豢之悦我口。」**麋鹿食薦**，說文：「薦，獸之所食。」**蝍且甘帶**，釋文：「蝍且，字或作蛆。廣雅云：『蜈公也。』崔云：『帶，蛇也。』」**鴟鴉耆鼠**，鴟、鴉二鳥。耆，釋文：「字或作嗜。」**四者孰知正味？**民、獸、蟲、鳥，孰知所食之味爲正？**猨，猵狙以爲雌**，釋文：「猵，徐敷面反，郭、李音偏。司馬云：『猵狙，一名獦牂，似猨而狗頭，憙與雌猨交。』」**麋與鹿交，鰌與魚游。毛嬙、麗姬，人之所美也，魚見之深入，鳥見之高飛，麋鹿見之決驟。**崔云：「決驟，疾走不顧。」**四者孰知天下之正色哉？自我觀之，仁義之端，是非之塗，樊然殽亂，吾惡能知其辯！」**釋文：「樊音煩。」說文：「殽，雜錯也。」成云：「行仁履義，損益不同，或於我爲利，於彼爲害，或於彼爲是，於我爲非，何能知其分别！」**齧缺曰：「子不知利害，則至人固不知利害乎？」王倪曰：「至人神矣：**成云：「至者，妙極之體；神者，不測之用。」**大澤焚而不能熱，河、漢沍而不能寒，**向云：「沍，凍也。」**疾雷破山、風振海而不能驚。若然者，乘雲氣，**郭云：「寄物而行，非爲動也。」**騎日月，**郭云：「有晝夜而無死生。」**而遊乎四海之外。**三句與逍遥遊篇同，「騎日月」作「御飛龍」。**死生無變於己，**郭云：「與變爲體，故死生若一。」**而況利害之端乎！」**齧缺、王倪二證。

瞿鵲子問於長梧子曰：「吾聞諸夫子，長梧子，李云：「居長梧下，因以爲名。」崔云：「名丘。」俞云：「瞿鵲，必七十子之後人。夫子，謂孔子。下文『丘也何足以知之』，即孔子名。因瞿鵲述孔子之言而折之。崔説非也。下文『丘也與汝皆夢也，予謂女夢亦夢也』，予者，長梧子自謂。既云『丘與女皆夢』，又云『予亦夢』，則安得卽以丘爲長梧之名乎？」聖人不從事於務，郭云：「務自來而理自應，非從而事之也。」不就利，不違害，成云：「違，避也。」不喜求，不緣道，郭云：「獨至。」无謂有謂，謂，言也。或問而不答，卽是答也。有謂无謂，有言而欲無言。而遊乎塵垢之外。夫子以爲孟浪之言，向云：「孟浪，音漫瀾，無所趨舍之謂。」宣云：「無畔岸貌。」李云：「猶較略也。」成云：「猶率略也。」案：率略卽較略。謂言其大略。而我以爲妙道之行也。吾子以爲奚若？」長梧子曰：「是黄帝之所聽熒也，「黄」，元作「皇」，釋文：「本又作黄。」盧文弨云：「黄、皇通用。今本作黄。」成云：「聽熒，疑惑不明之貌。」而丘也何足以知之！且汝亦大早計，釋文：「大音泰。」成云：「方聞此言，便謂妙道，無異下云云也。」見卵而求時夜，崔云：「時夜，司夜，謂雞。」見彈而求鴞炙。司馬云：「鴞，小鳩，可炙。毛詩草木疏云：『大如斑鳩，緑色，其肉甚美。』」成云：「卽鵩鳥，賈誼所賦。」案：二句又見人間世篇。予嘗爲女妄言之，女亦以妄聽之，奚？成云：「何如？」旁日月，釋文：「旁，薄葬反，司馬云：『依也。』」郭云：「以死生爲晝夜之喻。」挾宇宙，尸子云：「天地四方曰宇，古往今來曰宙。」說文：「舟輿所極覆曰宙。」成云：「挾，懷藏也。」郭云：「以萬物爲一體之譬。」爲其脗合，脗，司馬云：「合也。」向音脣，云：「若兩脣之相合也。」成云：「無分別貌。」置其滑涽，成云：「置，任也。滑，亂也。向本作汩。涽，闇也。」以隸相尊。成云：「隸，賤稱，皁僕之類。」案：此貴賤一視。衆人役役，聖人愚芚，芚，徐徒奔反。司馬云：「渾沌不分察。」成云：「忘知廢照，芚然若愚。」參萬歲而一成純。參糅萬歲，千殊萬異，渾然汩然，不以介懷，抱一而成精純也。萬物盡然，而以是相蘊。釋文：「蘊，積也。」案：言於萬物無所不然，但以一是相蘊積。予惡乎知說生之非惑邪！說音悅。予惡乎知惡死之非弱喪而不知歸者邪！喪，失也。弱齡失其故居，安於他土。麗之姬，艾封人之子也。成云：「艾封人，艾地守封疆者。」晉國之始得之，涕泣沾襟；及其至於王所，崔云：「六國諸侯僭稱王，因謂晉獻公爲王也。」與王同筐牀，釋文：「筐，本亦作匡，崔云：『方也。』」食芻豢，而後悔其泣也。又借喻。予惡乎知夫死者不悔其始之蘄生乎！郭云：「蘄，求也。」夢飲酒者，旦而哭泣；夢哭泣者，旦而田獵。方其夢也，不知其夢也。夢之中又占其夢焉，覺而後知其夢也。覺、夢之異。且有大覺而後知此其大夢也，死爲大覺，則生是大夢。而愚者自以爲覺，竊竊然知之。自謂知之。君乎，牧乎，固哉！其孰真爲君上之貴乎？孰真爲牧圉之賤乎？可謂固陋哉！丘也，與女皆夢也；予謂女夢，亦夢也。是其言也，其名爲弔詭。釋文：「弔音的，至也。詭，異也。」蘇輿云：「言衆人聞此言，以爲弔詭，遇大聖則知其解矣。」萬世之後，而一遇大聖知其解者，是旦暮遇之也。解人難得，萬世一遇，猶旦暮然。既使我與若辯矣，若勝我，我不若勝，若果是也？我果非也邪？我勝若，若不吾勝，我果是也？而果非也邪？若、而，皆汝也。其或是也，其或非也邪？有是有非。其俱是也，其俱非也邪？我與若不能相知也，則人固受其黮闇。吾誰使正之？使我各執偏見，不能相知，則旁人亦因之不明，是受其黮闇也。我欲正之，將誰使乎？黮闇，不明之貌。使同乎若者正之，既與若同矣，惡能正之！使同乎我者正之，既同乎我矣，惡能正之！使異乎我與若者正之，既異乎我與若矣，惡能正之！使同乎我與若者正之，既同乎我與若矣，惡能正之！然則我與若與人俱不能相知也，而待彼也邪？同彼，我不信；同我，彼不服。別立是非，彼我皆疑，隨人是非，更無定論，不能相知，更何待邪？極言辯之無益。化聲之相待，若其不相待。郭嵩燾云：「言隨物而變，謂之化聲。若，與也。是與不是，然與不然，在人者也。待人之爲是爲然，而是之然之，與其無待於人，而自是自然，一皆無與於其心，如下文所云也。」和之以天倪，因之以曼衍，所以窮年也。成云：「天，自然也。倪，分也。曼衍，猶變化。因，任也。窮，盡也。和以自然之分，任其無極之化，盡天年之性命。」案：此二十五字，在後「亦無辯」下，今從宣本移正。又寓言篇亦云：「卮言日出，和以天倪，因以曼衍，所以窮年。」何謂和之以天倪？曰：是不是，然不然。是若果是也，則是之異乎不是也亦无辯；然若果然也，則然之異乎不然也亦无辯。成云：「是非然否，出自妄情，以理推求，舉體虚幻，所是則不是，所然則不然。何以知其然邪？是若定是，是則異非；然若定然，然則異否。而今此謂之是，彼謂之非；彼之所然，此以爲否。故知是非然否，理在不殊，彼我更對，妄爲分别，故無辯也矣。」**忘年忘義，**成云：「年者生之所稟，既同於生死，所以忘年。義者裁於是非，既一於是非，所以忘義。」**振於无竟，故寓諸无竟。**」成云：「振，暢。竟，窮。寓，寄也。」案：理暢於無窮，斯意寄於無窮，不須辯言也。瞿鵲、長梧三證。

罔兩問景曰：郭云：「罔兩，景外之微陰也。」釋文：「景，本或作影，俗。」「**曩子行，今子止，曩子坐，今子起，何其無特操與？**」成云：「獨立志操。」**景曰：「吾有待而然者邪！**影不能自立，須待形；形不自主，又待真宰。**吾所待又有待而然者邪！**言吾之待如之。釋文：「蚹音附。」司馬云：『蛇腹下齟齬，可以行者也。』」成云：「若使待翼而飛，待足而走，禽獸甚多，何獨蛇蚹可譬？蚹，蛇蜕皮。翼，蜩甲也。蛇蜕舊皮，蜩新出甲，不知所以，莫辯所然，獨化而生，蓋無待也。是知形影之義，與蚹甲無異也。」案：言吾之所待，其蛇蚹邪，蜩翼邪？謂二物有一定之形，此尚不甚相合也。以上與寓言篇同，而繁簡互異。**惡識所以然？惡識所以不然？**」成云：「待與不待，然與不然，天機自張，莫知其宰。」罔兩、景四證。

昔者莊周夢爲胡蝶，栩栩然胡蝶也，成云：「栩栩，忻暢貌。」**自喻適志與！**李云：「喻，快也。」自快適其志。與音餘。**不知周也。俄然覺，則蘧蘧然周也。**成云：「蘧蘧，驚動之貌。」不知周之夢爲胡蝶與，胡蝶之夢爲周與？周與胡蝶，則必有分矣。此之謂物化。周、蝶必有分，而其入夢方覺，不知周、蝶之分也，謂周爲蝶可，謂蝶爲周亦可。此則一而化矣。現身説法，五證。齊物極境。

内篇 養生主第三 順事而不滯於物，冥情而不攖其天，此莊子養生之宗主也。

吾生也有涯，而知也无涯。 生有窮盡，知無畔岸。**以有涯隨無涯，殆已；** 向云：「殆，窮困〔一〕。」**已而爲知者，殆而已矣。** 已，止也。事過思留，其殆更甚。言以物爲事，無益於性命。**爲善无近名，爲惡无近刑。** 王夫之云：「聲色之類，不可名爲善者，卽惡也。」二語淺說。**緣督以爲經，** 李頤云：「緣，順。督，中。經，常也。」李楨云：「人身惟脊居中，督脈並脊而上，故訓中。」王夫之云：「身後之中脈曰督。緣督者，以清微纖妙之氣，循虚而行，自順以適得其中。」深說。**可以保身，可以全生，** 全其有生之理。**可以養親，** 以受於親者歸之於親，養之至也。**可以盡年。** 天所與之年，任其自盡，勿夭折之，則有盡者無盡。從正意説入，一篇綱要，下設五喻以明之。

庖丁爲文惠君解牛， 釋文：「丁其名。」崔、司馬云：「『文惠君，梁惠王。』」成云：「解，宰割。」**手之所觸，肩之所倚，足之所履，膝之所踦，** 蘇輿云：「説文：『踦，一足也。』膝舉則足

〔一〕「窮困」，釋文作「疲困之謂」。

單，故曰踦。」砉然嚮然，奏刀騞然，司馬云：「砉，皮骨相離聲。」崔云：「砉音畫。騞音近獲，聲大於砉也。」成云：「砉然嚮應，進奏鸞刀，騞然大解。」莫不中音。釋文：「中，丁仲反。下同。」合於桑林之舞，司馬云：「桑林，湯樂名。」崔云：「宋舞樂名。」釋文：「左傳『舞師題以旌夏』是也。」乃中經首之會。向、司馬云：「經首，咸池樂章也。」崔云：「經首，咸池樂章也。」卽堯樂。宣云：「會，節也。」文惠君曰：「譆！李云：「歎聲。」善哉！技蓋至此乎？」庖丁釋刀對曰：「臣之所好者道也，進乎技矣。成云：「進，過也。」始臣之解牛之時，所見无非牛者。三年之後，未嘗見全牛也。成云：「操刀既久，頓見理間，纔覩有牛，已知空郤。亦猶服道日久，智照漸明，所見塵境，無非虛幻。」方今之時，臣以神遇，向云：「暗與理會。」而不以目視，官知止而神欲行。成云：「官，主司也。」案：「官」承上，專以目言。目方覩其迹，神已析其形。依乎天理，成云：「依天然之腠理。」批大郤，字林：「批，擊也。」成云：「大郤，間郤交際之處。」郭音郤。道大窾，郭慶藩云：「窾當爲款。漢書司馬遷傳注：『款，空也。』謂骨節空處。」因其固然。技經肯綮之未嘗，俞云：「技蓋枝之誤。枝，枝脈；經，經脈。枝經，猶言經絡〔一〕。素問王注引靈樞經云：『經脈爲裏，支而横者爲絡。』支、枝通作。經絡相連處，必有礙於游刃，庖丁因其固然，故無

〔一〕「絡」原誤「路」，據集釋引俞樾説改。

礙。」釋文：「肯，著骨肉。司馬云：『綮，猶結處也。』音啟。」言枝經肯綮，皆刃所未到。嘗，試也。

而況大軱乎！軱音孤。崔云：「槃結骨。」良庖歲更刀，割也；族庖月更刀，折也。崔云：「族，衆也。」俞云：「謂折骨，非刀折。左傳曰：『無折骨。』」今臣之刀十九年矣，所解數千牛矣，而刀刃若新發於硎。釋文：「磨石。」彼節者有閒，節，骨節。而刀刃者无厚，以无厚入有閒，恢恢乎其於遊刃必有餘地矣，是以十九年而刀刃若新發於硎。雖然，每至於族，郭云：「交錯聚結爲族。」吾見其難爲，怵然爲戒，視爲止，郭云：「不屬目他物。」行爲遲。郭云：「徐其手。」動刀甚微，謋然已解，謋與磔同，解脱貌。如土委地。提刀而立，爲之四顧，爲之躊躇滿志，郭云：「逸足容豫自得之謂。」案：田子方篇亦云：「方將躊躇，方將四顧。」善刀而藏之。」釋文：「善，猶拭。」文惠君曰：「善哉！吾聞庖丁之言，得養生焉。」牛雖多，不以傷刃，物雖雜，不以累心，皆得養之道也。一喻。

公文軒見右師而驚曰：司馬云：「公文姓，軒名，宋人。」簡文云：「右師，官名。」「是何人也？惡乎介也？介，一足。天與，其人與？」司馬云：「爲天命與，抑人事也？」曰：「天也，非人也。天之生是使獨也，司馬云：「獨，一足。」案此與德充符篇兀者不同：介者天生，兀者人患。人之貌有與也。郭云：「兩足並行。」以是知其天也，非人也。」形殘而神全也。知天則處順。二喻。

澤雉十步一啄，百步一飲，不蘄畜乎樊中。蘄同期。猶言不期而遇。下同。李云：「樊，藩也，所以籠鳥〔一〕。」神雖王，不善也。釋文：「王，于〔二〕況反。」不善，謂不自得。鳥在澤則適，在樊則拘；人束縛於榮華，必失所養。三喻。

老聃死，司馬云：「老子。」案：老子不知其年，此借爲說。秦失弔之，釋文：「失音逸。」三號而出。弟子曰：「非夫子之友邪？」曰：「然。」「然則弔焉若此，可乎？」曰：「然。始也，吾以爲其人也，謂真人不死。而今非也。向吾入而弔焉，有老者哭之，如哭其子；少者哭之，如哭其母。彼其所以會之，必有不蘄言而言，不蘄哭而哭者。所謂「不言而信，不比而周」也。會，交際。言，稱譽。言老子誠能動物，我之不哭，自有說也。是遯天倍情，忘其所受，釋文：「遯，又作遁。」是，謂老聃。情，乃惠子所謂情，見德充符篇。受者，受其成形。古者謂之遁天之刑。語又見列御寇篇。德充符以孔子爲天刑之，則知「遁天刑」是贊語。舊解並誤。適來，夫子時也；適去，夫子順也。安時而處順，哀樂不能入也，古者謂是帝之縣解。」釋文：「縣音玄。」成云：「帝，天也。」案：大宗師篇云：「得者時也，

〔一〕「鳥」，釋文作「雉」。
〔二〕「于」原誤「千」，據釋文改。

失者順也。安時而處順，哀樂不能入也，此古之所謂縣解也。」與此文大同。來去得失，皆謂生死。德充符郭注亦云：「生爲我時，死爲我順；時爲我聚，順爲我散也。天生人而情賦焉，縣也。冥情任運，是天之縣解也。」言夫子已死，吾又何哀！四喻。

指窮於爲薪，以指析木爲薪，薪有窮時。**火傳也，不知其盡也。**形雖往，而神常存，養生之究竟。薪有窮，火無盡。五喻。

内篇人間世第四

人間世，謂當世也。事暴君，處汙世，出與人接，無爭其名，而晦其德，此善全之道。末引接輿歌云：「來世不可待也，往世不可追也。」此漆園所以寄慨，而以人間世名其篇也。

顏回見仲尼請行。曰：「奚之？」曰：「將之衛。」曰：「奚爲焉？」曰：「回聞衛君，釋文：「司馬云：『衛莊公蒯聵。』案左傳，莊公以魯哀十五年冬入國，時顏回已死。此是出公輒也。」姚鼐云：「衛君，託詞，以指時王糜爛其民者。」其年壯，其行獨，宣云：「自用。」輕用其國，役民無時。而不見其過，郭云：「莫敢諫。」輕用民死，視用兵易。死者以國量乎澤，若蕉，國中民死之多，若以比量澤地，如以火烈而焚之之慘也。郭嵩燾云：「蕉與焦通。左成九年傳『蕉萃』，班固賓戲作『焦瘁』。廣雅：『蕉，黑也。』」民其無如矣。無所歸往。回嘗聞之夫子曰：『治國去之，宣云：「無所事。」亂國就之，宣云：「欲相救。」醫門多疾。』入喻。願以所聞思其則，崔、李云：「則，法也。」庶幾其國有瘳乎！」李云：「瘳，愈也。」仲尼曰：「譆！若殆往而刑耳！成云：「若，汝也。往恐被戮。」夫道不欲雜，雜則多，多則擾，擾則憂，憂而不救。成云：「道在純粹，雜則事緒繁多，事多則心擾亂，擾則憂患起。藥病既乖，彼此俱困，己尚不立，焉能救物？」古之至人，先存諸己，而後存諸人。成云：「存，立也。」所存於己者未定，何暇至於暴人之所行！至，猶逮及也。暴人，謂衛君。且若亦知夫德之所蕩，而知之所爲出乎哉？德蕩乎名，知出乎争。成云：「德所以流蕩喪真者，矜名故也。智所以横出逾分者，争善故也。」名也者，相軋也；知也者，争之器也。二者凶器，非所以盡行也。成云：「軋，傷也。」案：言皆凶禍之器，非所以盡乎行世之道。蘇輿云：「瘳國，美名也；醫疾，多智也。持是心以往，争軋萌矣，故曰凶器。」此淺言之，下復深言。雖無用智争名之心，而持仁義繩墨之言以諷人主，尚不可游亂世而免於菑，况懷凶器以往乎！且德厚信矼，未達人氣；名聞不争，未達人心。簡文云：「矼，慤實貌。」案：雖慤厚不用智，而未孚乎人之意氣；雖不争名，而未通乎人之心志，人必疑之。而强以仁義繩墨之言術暴人之前者，是以人惡有其美也，釋文：「强，其兩反。」術同述。郭嵩燾云：「祭義『而術省之』，鄭注：『術當作述。』」案：人若如此，則是自有其美，人必惡之。命之曰菑人。菑人者，人必反菑之，若殆爲人菑夫！成云：「命，名也。」釋文：「菑音災。」且苟爲悦賢而惡不肖，惡用而求有以異？下而，汝也。且衛君苟好善惡惡，則朝多正人，何用汝之求有以自異乎？若唯无詔，王公必將乘人而鬭其捷。成云：「詔，言也。王公，衛君。」言汝唯無言，衛君必將乘汝之隙，而以捷辯相鬭。而目將熒之，而色將平之，口將營之，容將形之，心且成之。是以火救火，以水救水，名之曰益多，順始无窮。郭慶藩云：「熒，瞀之借字。説文：『瞀，惑也。从目，熒省聲。』」成云：「形，見也。」言汝目將爲所眩，汝色將自降，口將自救，容將益恭，心且舍己之是，以成彼之非。彼惡既多，汝又從而益之。始既如此，後且順之無盡。若殆以不信厚言，宣云：「未信而深諫。」案：此「若」字訓如。必死於暴人之前矣。且昔者桀殺關龍逢，紂殺王子比干，是皆修其身以下傴拊人之民，李云：「傴拊，謂憐愛之。」宣云：「人，謂君。」以下拂其上者也，故其君因其修以擠之。是好名者也。因其好修名之心而陷之。一證。昔者堯攻叢枝、胥敖，禹攻有扈，三國名。國爲虚厲，宣云：「地爲丘墟，人爲厲鬼。」身爲刑戮，其用兵不止，其求實無已。求實，貪利。三國如此，故堯、禹攻滅之。是皆求名、實者也，再證。蘇輿云：「龍、比修德，而桀、紂以爲好名，因而擠之。桀、紂惡直臣之有其美，而自恥爲辟王，是亦好名也。叢枝、胥敖、有扈，用兵不止，以求實也，堯、禹因而攻滅之，亦未始非求實也。故曰：『是皆求名、實者也。』」而獨不聞之乎？名、實者，聖人之所不能勝也，而況若乎！夫子又舉所聞告之。言人主據高位之名，有威權之實，雖以聖人爲之臣，亦不能不爲所屈，況汝乎！雖然，若必有以也，嘗以語我來！」以者，挾持之具。嘗，試也。顔回曰：「端而虚，端肅而謙虚。勉而一，黽勉而純一。則可乎？」曰：「惡！惡可？上惡，驚歎詞。下惡可，不可也。夫以陽爲充孔揚，衛君陽剛之氣充滿於内，甚揚於外。采色不定，容外見者無常。常人之所不違，平人莫之敢違。因案人之所感，以求容與其心。成云：「案，抑也。容與，猶快樂。人以箴規感動，乃因而挫抑之，以求放縱其心意。」名之曰日漸之德不成，而況大德乎！雖日日漸漬之以德，不能有成，而況進於大德乎！將執而不化，宣云：「自以爲是。」外合而內不訾，宣云：「外卽相合，而內無自訟之心。」姚鼐云：「訾，量也。聞君子之言，外若不違，而內不度量其義。」其庸詎可乎！」「然則我內直而外曲，成而上比。「然則」下，顏子又言也。內直者，與天爲徒。與天爲徒者，知天子之與己皆天之所子，而獨以己言蘄乎而人善之，蘄乎而人不善之邪？成云：「內心誠直，共自然之理而爲徒類。」宣云：「天子，人君。」郭云：「人無貴賤，得生一也。故善與不善，付之公當，一無所求於人也。」若然者，人謂之童子，是之謂與天爲徒。依乎天理，純一無私，若嬰兒也。外曲者，與人之爲徒也。擎、跽、曲拳，宣云：「擎，執笏。跽，長跪。曲拳，鞠躬。」人臣之禮也，人皆爲之，吾敢不爲邪！爲人之所爲者，人亦无疵焉，是之謂與人爲徒。成而上比者，與古爲徒。成云：「忠諫之事，乃成於今；君臣之義，上比於古。」其言雖教，讁之實也。所陳之言，雖是古教，卽有諷責之實也。古之有也，非吾有也。若然者，雖直而不病，郭云：「寄直於古，無以病我。」是之謂與古爲徒。若是，則可乎？」仲尼曰：「惡！惡可？大多政，釋文：「大音泰。」郭云：「當理無二，而張三條以政之，所謂大多政也。」案：政、正同。法而不諜，俞云：「四字爲句。列禦寇篇：『形諜成光。』釋文：『諜，便僻也。』此諜義同。言有法度，而不便僻。」雖固，亦无罪。雖未宏大，可免罪咎。雖然，止是耳矣，夫胡可以及化！不足化人。猶師心者也。」成云：「師其有心。」顏回曰：「吾无以進矣，敢問其方。」仲尼曰：「齊，吾將語若！釋文：「齊，本亦作齋。」有而爲之，其易邪？郭云：「有其心而爲之，誠未易也。」易之者，皞天不宜。」成云：「爾雅：『夏曰皓天。』言其氣皓汗也。」案：與虛白自然之理不合。蘇輿云：「易之者，仍師心也。失其初心，是謂違天。」於義亦通。顏回曰：「回之家貧，唯不飲酒、不茹葷者數月矣。如此，則可以爲齊乎？」成云：「葷，辛菜。」曰：「是祭祀之齊，非心齊也。」回曰：「敢問心齊。」仲尼曰：「一若志，宣云：「不雜也。」无聽之以耳而聽之以心，成云：「耳根虛寂，凝神心符。」无聽之以心而聽之以氣。成云：「心有知覺，猶起攀緣；氣無情慮，虛柔任物。故去彼知覺，取此虛柔，遣之又遣，漸階玄妙。」聽止於耳，宣云：「止於形骸。」俞云：「當作『耳止於聽』，傳寫誤倒也。此申説無聽之以耳之義，言耳之爲用，止於聽而已，故無聽之以耳也。」心止於符。俞云：「此申説無聽之以心之義，言心之用，止於符而已，故無聽之以心也。符之言合，與物合也，與物合，則非虛而待物之謂矣。」氣也者，虛而待物者也。俞云：「此申説氣。」宣云：「氣無端，即虛也。」唯道集虛。虛者，心齊也。」成云：「唯此真道，集在虛心。故虛者，心齊妙道也。」顏回曰：「回之未始得使，未得使心齊之教。實自回也；自見有回。得使之也，未始有回也。既得教令，遂忘物我。可謂虚乎？」夫子曰：「盡矣。成云：「心齊之妙盡矣。」吾語若！若能入遊其樊而无感其名，汝入衛，能遊其藩内，而無以虚名相感動。入則鳴，不入則止。入吾言則言，不入則姑止。无門无毒，宣云：「不開一隙，不發一藥。」郭云：「使物自若，無門者也；付天下之自安，無毒者也。」李楨云：「門、毒對文，毒與門不同類。説文：『毒，厚也。害人之草，往往而生。』義亦不合。毒蓋壔之借字。説文壔下云：『保也，亦曰高土也，讀若毒。』與郭注『自安』義合。張行孚説文發疑云：『壔者，累土爲臺以傳信，卽吕覽所謂「爲高保禱於王路，寘鼓其上，遠近相聞」是也。』禱是壔之譌。壔者，保衛之所，故借其義爲保衛。周易『以此毒天下，而民從之』，老子『亭之毒之』，與此『無門無毒』，三毒字，皆是此義。廣雅：『毒，安也。』亦卽此訓。楨案：壔爲毒本字，正與門同類，所以門、毒對文，讀都皓切，音之轉也。」案：宣説望文生義，不如李訓最合。門者，可以沿爲行路；毒者，可以望爲標的。无門无毒，使人无可窺尋指目之意。一宅而寓於不得已，則幾矣。成云：「宅，居處也。處心至一之道，不得已而應之，非預謀也，則庶幾矣。」絶迹易，无行地難。宣云：「人之處世，不行易，行而不著迹難。」爲人使，易以僞；爲天使，難以僞。成云：「人情驅使，淺而易欺；天然馭用，爲而難矯。」聞以有翼飛者矣，未聞以无翼飛者也；聞以有知知者矣，未聞以无知知者也。釋文：「上音智，下如字。」宣云：「以神運，以寂照。」瞻彼闋者，虚室生白，司馬云：「闋，空也。室，喻心。心能空虚，則純白獨生也。」成云：「彼，前境也。觀察萬有，悉皆空寂，故能虚其心室，乃照真源。」吉祥止止。成云：「吉祥善福，止在凝静之心，亦能致善應也。」俞云：「『止止』連文，於義無取。淮南俶真訓：『虚室生白，吉祥止也。』疑此文下止字亦也字之誤。列子天瑞篇盧重元注云『虚室生白，吉祥止耳』，亦可證『止止』連文之誤。」案：下「止」字，或「之」之誤。夫且不止，是之謂坐馳。若精神外騖而不安息，是形坐而心馳也。夫徇耳目内通而外於心知，鬼神將來舍，而況人乎！李云：「徇，使也。」宣云：「耳目在外，而徇之於内；心智在内，而黜之於外。」成云：「虚懷任物，鬼神將冥附而舍止。人倫歸依，固其宜矣。」是萬物之化也，禹、舜之所紐也，伏羲、几蘧之所行終，而況散焉者乎！」此禹、舜應物之綱紐，上古帝王之所行止，而況凡散之人，有不爲所化乎！成云：「几蘧，三皇以前無文字之君。」蘇輿云：「言知此可爲帝王，可以宰世，而況爲支離之散人乎！」於義亦通。

葉公子高將使於齊，問於仲尼曰：「王使諸梁也甚重，成云：「委寄甚重。」齊之待使者，蓋將甚敬而不急。宣云：「貌敬而緩於應事。」匹夫猶未可動，而況諸侯乎！吾甚慄之。懼也。子常語諸梁也，曰：『凡事若小若大，寡不道以懽成。事無大小，鮮不由道而以懽然成遂者。事若不成，則必有人道之患；王必降罪。事若成，則必有陰陽之患。宣云：「喜懼交戰，陰陽二氣將受傷而疾作。」若成若不成而後无患者，唯有德者能之。』成云：「任成敗於前塗，不以憂喜累心者，唯盛德之人。」以上述子言。蘇輿云：「謂事無成敗，而卒可無患者，惟盛德爲能。」案：成説頗似張浚符離之敗，未可爲訓。蘇説是也。吾食也，執粗而不臧，宣云：「甘守粗糲，不求精善。」爨无欲清之人。成云：「清，涼也。然火不多，無熱可避。」今吾朝受命而夕飲冰，我其内熱與！憂灼之故。吾未至乎事之情，宣云：「未到行事實處。」而既有陰陽之患矣；事若不成，必有人道之患。是兩也，爲人臣者不足以任之，子其有以語我來！」仲尼曰：「天下有大戒二：成云：「戒，法也。」其一，命也；其一，義也。子之愛親，命也，不可解於心；受之於天，自然固結。臣之事君，義也，無適而非君也，無所逃於天地之間。成云：「天下未有無君之國。」是之謂大戒。是以夫事其親者，不擇地而安之，不論境地何若，惟求安適其親。孝之至也；夫事其君者，不擇事而安之，成云：「事無夷險，安之若命。」忠之盛也；自事其心者，哀樂不易施乎前，王念孫云：「施讀〔一〕爲移。此猶言不移易。晏子春秋外篇『君臣易施』，荀子儒效篇『哀虛之相易也』，漢書衞綰傳『人之所施易』，義皆同。正言之則爲易施，倒言之則爲施易也。」宣云：「事心如事君父之無所擇，雖哀樂之境不同，而不爲移易於其前。」知其不可奈何而安之若命，德

〔一〕「讀」原誤「謂」，據集釋引改。

之至也。爲人臣子者，固有所不得已，行事之情而忘其身，情，實也。何暇至於悦生而惡死！宣云：「尚何陰陽之患！」夫子其行可矣！丘請復以所聞：更以前聞告之。凡交，交鄰。近則必相靡以信，宣云：「相親順以信行。」遠則必忠之以言，宣云：「相孚契以言語。」言必或傳之。宣云：「必託使傳。」夫傳兩喜兩怒之言，宣云：「兩國君之喜怒。」天下之難者也。夫兩喜必多溢美之言，兩怒必多溢惡之言。郭云：「溢，過也。喜怒之言，常過其當。」凡溢之類妄，成云：「類，似也。似使人妄構。」妄則其信之也莫，成云：「莫，致疑貌。」莫則傳言者殃。故法言曰：引古格言。揚子法言名因此。『傳其常情，宣云：「但傳其平實者。」无傳其溢言，郭云：「雖聞臨時之過言而勿傳。」則幾乎全。』宣云：「庶可自全。」案：引法言畢。且以巧鬭力者，始乎陽，常卒乎陰，大至則多奇巧；釋文：「大音泰，本亦作泰。」案：鬭力屬陽，求勝則終於陰謀，欲勝之至，則奇譎百出矣。以禮飲酒者，始乎治，常卒乎亂，大至則多奇樂。禮飲象治，既醉則終於迷亂，昏醉之至，則樂無不極矣。凡事亦然。始乎諒，常卒乎鄙；宣云：「諒，信。鄙，詐。」俞云：「諒與鄙，文不相對。諒蓋諸之誤。諸讀爲都。釋地『宋有孟諸』，史記夏本紀作『明都』，是其例。『始乎都，常卒乎鄙』，都、鄙正相對。因字通作諸，又誤而爲諒，遂失其指矣。淮南詮言訓『故始於都者，常大於鄙』，卽本莊子，可據以訂正。彼文大字，乃卒字之誤。說見王氏雜志。」其作始也簡，其將畢也必巨。夫言者，風波也；如風之來，如波之起。行者，實喪也。郭嵩燾云：「實者，有而存之；喪者，縱而舍之。實喪，猶得失也。」風波易以動，實喪易以危。得失無定，故曰「易以危」。故忿設無由，巧言偏辭。忿怒之設端，無他由也，常由巧言過實，偏辭失中之故。獸死不擇音，氣息茀然，於是並生心厲。獸困而就死，鳴不擇音，而忿氣有餘。於其時，且生於心而爲惡厲，欲噬人也。以獸之心厲，譬下人有不肖之心。剋核大至，則必有不肖之心應之，而不知其然也。剋求精核太過，則人以不肖之心起而相應，不知其然而然。苟爲不知其然也，孰知其所終！宣云：「必罹禍。」故法言曰：『无遷令，成云：「君命實傳，無得遷改。」无勸成。』成云：「弗勞勸奬，强令成就。」再引法言畢。過度，益也。若過於本度，則是增益語言。遷令、勸成殆事，事必危殆。美成在久，惡成不及改，成而善，不在一時；成而惡，必有不及改者。可不慎與！且夫乘物以遊心，託不得已以養中，至矣。宣云：「隨物以遊寄吾心，託於不得已而應，而毫無造端，以養吾心不動之中，此道之極則也。」何作爲報也！郭云：「任齊所報，何必爲齊作意於其間！」莫若爲致命。此其難者。」但致君命，而不以己與，卽此爲難。若人道之患，非患也。

顏闔將傅衛靈公太子，釋文：「顏闔，魯賢人。太子，蒯聵。」而問於蘧伯玉曰：「有人於此，其德天殺。天性嗜殺。與之爲无方，則危吾國；宣云：「縱其敗度，必覆邦家。」與之爲有方，則危吾身。制以法度，先將害己。其知適足以知人之過，而不知其所以過。

釋文：「其知，音智。」但知責人，不見己過。若然者，吾奈之何？」蘧伯玉曰：「善哉問乎！戒之慎之，正汝身也哉！先求身之無過。形莫若就，心莫若和。宣云：「外示親附之形，内寓和順之意。」雖然，之二者有患。宣云：「猶未盡善。」就不欲入，和不欲出。附不欲深，必防其縱；順不欲顯，必範其趨。形就而入，且爲顛爲滅，爲崩爲蹶。顛，墜。滅，絶。崩，壞。蹶，仆也。心和而出，且爲聲爲名，爲妖爲孽。郭云：「自顯和之，且有含垢之聲；濟彼之名，彼且惡其勝己，妄生妖孽。」彼且爲嬰兒，亦與之爲嬰兒；喻無知識。彼且爲无町畦，亦與之爲无町畦；無界限。喻小有踰越。彼且爲无崖，亦與之爲无崖。不立崖岸。達之，入於無疵。順其意而通之，以入於無疵病。汝不知夫螳蜋乎？怒其臂以當車轍，不知其不勝任也，是其才之美者也。戒之慎之！積伐而美者以犯之，幾矣。而，汝也。伐，誇功也。美不可恃，積汝之美，伐汝之美，以犯太子，近似螳蜋矣。一喻。汝不知夫養虎者乎？不敢以生物與之，爲其殺之之怒也；不敢以全物與之，爲其決之之怒也。成云：「以死物投虎，亦先爲分決，不使用力。」時其飢飽，達其怒心。虎之與人異類而媚養己者，順也；故其殺者，逆也。虎逆之則殺人，養之則媚人。喻教人不可怒之。再喻。夫愛馬者，以筐盛矢，以蜄盛溺。成云：「蜄，大蛤也。」愛馬之至者。適有蚉寅僕緣，而拊之不

王念孫云：「僕，附也。言蚉寅附緣於馬體也。詩『景命有僕』，毛傳：『僕，附也。』」

時，成云：「拊，拍也。不時，掩馬不意。」則缺銜、毀首、碎胸。成云：「銜，勒也。」馬驚至此。意有所至，而愛有所亡，可不慎邪！」亡，猶失也。欲爲馬除蚉䖟，意有偏至，反以愛馬之故，而致亡失，故當慎也。三喻。

匠石之齊，至乎曲轅，見櫟社樹。石，匠名。之，往也。司馬云：「曲轅，曲道。」成云：「如轘轅之道也。社，土神。櫟樹，社木。」其大蔽數千牛，絜之百圍，文選注引司馬云：「絜，帀也。」李云：「徑尺爲圍，蓋十丈。」其高臨山十仞而後有枝，其可以爲舟者旁十數。俞云：「旁，方古通。方，且也。言可爲舟者且十數。」觀者如市，匠伯不顧，遂行不輟。遂，竟也。文選注引司馬云：「匠石，字伯。」弟子厭觀之，厭，飽也。走及匠石，曰：「自吾執斧斤以隨夫子，未嘗見材如此其美也。先生不肯視，行不輟，何邪？」曰：「已矣，勿言之矣！散木也，以爲舟則沈，體重。以爲棺槨則速腐，多敗。以爲器則速毁，疏脆。以爲門户則液樠，李楨云：「廣韻：『樠，松心，又木名也。』松心有脂，液樠正取此義。」以爲柱則蠹。蟲蝕。是不材之木也，无所可用，已見逍遥遊諸篇。故能若是之壽。」匠石歸，櫟社見夢曰：「女將惡乎比予哉？若將比予於文木邪？郭云：「凡可用之木爲文木，可成章也。」夫柤、棃、橘、柚、果、蓏之屬，成云：「蓏，瓜瓠之類。」實熟則剥，剥則辱，大枝折，小枝泄。俞云：「泄，當讀爲抴。荀子非相篇『接人則用抴』，楊注：『抴，牽引也。』小枝抴，謂見牽引也。」此以其能苦其生者也，故不終其天年而中道夭，自掊擊於世俗者也。掊擊由其自取。成云：「掊，打。」物莫不若是。且予求无所可用久矣，幾死，幾伐而死。乃今得之，郭云：「數有睥睨己者，唯今匠石明之。」爲予大用。成云：「方得全身，爲我大用。」使予也而有用，且得有此大也邪？且也，若與予也皆物也，奈何哉其相物也？而幾死之散人，又惡知散木！」而，汝。幾，近也。匠石覺而診其夢。王念孫云：「診讀爲畛。爾雅：『畛，告也。』告其夢於弟子。」弟子曰：「趣取无用，則爲社何邪？」既急取無用以全身，何必爲社木以自榮？曰：「密！猶言祕之。姚鼐云：「密、默字通。田子方篇仲尼曰：『默！女無言！』達生篇：『公密而不應。』」若無言！彼亦直寄焉，以爲不知己者詬厲也。彼亦特寄於社，以聽不知己者詬病之而不辭也。司馬云：「厲，病也。」不爲社者，且幾有翦乎！如不爲社木，且幾有翦伐之者，謂或析爲薪木。且也，彼其所保，與衆異，保於山野，究與俗衆異，非城狐、社鼠之比。以〔一〕義譽之，不亦遠乎！」宣云：「義，常理。」案：彼非託社神以自榮，而以常理稱之，於情事遠也。南伯子綦遊乎商之丘，李云：「卽南郭也。伯，長也。」司馬云：「商之丘，今梁國睢陽縣。」見大木焉有異，結駟千乘，隱將芘其所藾。向云：「藾，

〔一〕「以」字上，集釋本有「而」字。

蔭也。」崔云：「隱，傷於熱也。」成云：「駟馬曰乘。言連結千乘，熱時可庇於其蔭。」子綦曰：「此何木也哉？此必有異材夫！」言必可爲材也。仰而視其細枝，則拳曲而不可以爲棟梁；俯而見其大根，則軸解而不可爲棺槨；成云：「軸，如車軸之轉，謂轉心木也。」案：解者，文理解散，不密緻。咶其葉，則口爛而爲傷；嗅之，則使人狂酲三日而不已。李云：「狂如酲也。病酒曰酲。」子綦曰：「此果不材之木也，以至於此其大也。成云：「不材爲全生之大材，無用乃濟物之妙用，故能不夭斧斤，而庇蔭千乘也。」嗟夫！神人以此不材！」由木悟人。宣云：「神人亦以不見其材，故無用於世，而天獨全也。」宋有荆氏者，宜楸、柏、桑。司馬云：「荆氏，地名。」宜此三木。其拱把而上者，求狙猴之杙者斬之；司馬云：「兩手曰拱，一手曰把。」宣云：「杙，繫獼也。」三圍四圍，求高名之麗者斬之；崔云：「環八尺爲一圍。」郭慶藩云：「名，大也。」（詳天下「名山三百」下。）成云：「麗，屋棟也。」七圍八圍，貴人富商之家求樿傍者斬之。釋文：「樿，本亦作檀。」成云：「棺之全一邊而不兩合者，謂之樿傍。其木極大，當斬取大板。」故未終其天年，而中道已夭於斧斤，此材之患也。故解之以牛之白顙者，與豚之亢鼻者，與人有痔病者，不可以適河。郭云：「解，巫祝解除也。」成云：「顙，額也。亢，高也。三者不可往靈河而設祭。古者將人沈河以祭，西門豹爲鄴令，方斷之，卽其類是也。」此皆巫祝以知之矣，以、已同。郭云：「巫祝於此，亦知不材者全也。」所以爲不祥也，此乃神人之所以爲大祥也。宣云：「可全生，則祥莫大焉。」

支離疏者，司馬云：「支離，形體不全貌。疏其名。」頤隱於臍，肩高於頂，司馬云：「言脊曲頭縮也。」淮南曰：「脊管高於頂也。」會撮指天，司馬云：「會撮，髻也。古者髻在項中，脊曲頭低，故髻指天。」崔云：「會撮，項椎也。」李楨云：「崔説是。大宗師篇：『句贅指天。』李云：『句贅，項椎也，其形如贅。』亦與崔説證合。素問刺熱篇：『項上三椎，陷者中也。』王注：『此舉數脊椎大法也。』沈彤釋骨云：『項大椎以下二十一椎，通曰脊，骨曰脊椎。』難經四十五難云：『骨會大杼。』張注：『大杼，穴名，在項後第一椎，兩旁諸骨自此檠架往下支生，故骨會於大杼。』會撮，正從骨會取義，又在大椎之間，故曰『項椎』也。初學記十九引撮作檝。玉篇：『檝，木檝節也。』與脊節正相似。从木作檝，於義爲長。」五管在上，李云：「管，腧也。五藏之腧，並在人背。」李楨云：「頤、肩屬外説，會撮、五管屬内説。」兩髀爲脇。司馬云：「脊曲髀豎，故與脇肋相並。」挫鍼治繲，足以餬口；司馬云：「挫鍼，縫衣也。繲，浣衣也。」鼓筴播精，足以食十人。司馬云：「鼓，簸也。小箕曰筴。簡米曰精。」成云：「播，揚土。」上徵武士，則支離攘臂而遊於其間；郭云：「恃其無用，故不自竄匿。」上有大役，則支離以有常疾不受功；宣云：「不任功作。」上與病者粟，則受三鐘與十束薪。司馬云：「六斛四斗曰鐘。」夫支離其形者，猶足以養其身，終其天年，又況支離其德者乎！成云：「忘形者猶足免害，況忘德者乎！」

孔子適楚，楚狂接輿遊其門曰：「鳳兮鳳兮，何如德之衰也！成云：「何如，猶如何。」來世不可待，往世不可追也。郭云：「當盡臨時之宜耳。」天下有道，聖人成焉；宣云：「成其功。」蘇輿云：「莊引數語，見所遇非時。苟生當有道，固樂用世，不僅自全其生矣。」天下無道，聖人生焉。宣云：「全其生。」方今之時，僅免刑焉。福輕乎羽，莫之知載；易取不取。禍重乎地，莫之知避。當避不避。已乎已乎，臨人以德！宣云：「亟當止者，示人以德之事。」殆乎殆乎，畫地而趨！宣云：「最可危者，拘守自苦之人。」迷陽迷陽，謂棘刺也，生於山野，踐之傷足。至今吾楚輿夫遇之，猶呼「迷陽踢」也。迷音讀如麻。无傷吾行！吾行郤曲，宣云：「郤步委曲，不敢直道。」无傷吾足！」

山木自寇也，膏火自煎也。司馬云：「木爲斧柄，還自伐；膏起火，還自消。」桂可食，故伐之；漆可用，故割之。成云：「桂心辛香，故遭斫伐，漆供器用，所以割之，俱爲才能，夭於斤斧。」人皆知有用之用，而莫知无用之用也。喻意點清結局，與上接輿歌不連，歌有韻，此無韻。

莊子集解卷二

内篇德充符第五 德充於内，自有形外之符驗也。

魯有兀者王駘，李云：「刖足曰兀。」從之遊者，與仲尼相若。郭云：「弟子多少敵孔子。」常季問於仲尼曰：「王駘，兀者也，從之遊者，與夫子中分魯。弟子皆有所得。釋文：「常季，或云：孔子弟子。」或云：魯賢人。立不教，坐不議，虛而往，實而歸。固有不言之教，无形而心成者邪？宣云：「默化也。」是何人也？」仲尼曰：「夫子，聖人也。丘也，直後而未往耳。直，特也。未及往從。丘將以爲師，而況不如丘者乎！奚假魯國！何但假借魯之一邦！丘將引天下而與從之。」常季曰：「彼兀者也，而王先生，言居然王先生也。其與庸亦遠矣。固當與庸人相遠。若然者，其用心也，獨若之何？」仲尼曰：「死生亦大矣，而不得與之變，其人與變俱，故死生不變。雖天地覆墜，亦將不與之遺。成云：「遺，失也。」言不隨之而遺失。審乎无假，而不與物遷，郭慶藩云：「假是瑕之誤。淮南精神訓正作『審乎無瑕』。謂審乎己之無可瑕疵，斯任物自遷，而無役於物也。

左傳「傅瑕」，鄭世家作「甫假」，禮檀弓「公肩假」，漢書人表作「公肩瑕」。瑕、假形近，易致互誤。」命物之化，而守其宗也。」宣云：「主宰物化，執其樞紐。」常季曰：「何謂也？」仲尼曰：「自其異者視之，肝膽楚越也；本一身，而世俗異視之。自其同者視之，萬物皆一也。皆天地間一物。夫若然者，且不知耳目之所宜，耳目之宜於聲色，彼若冥然無所知。而游心於德之和，郭云：「放心於道德之間，而曠然無不適也。」物視其所一，而不見其所喪，宣云：「視萬物爲一致，無有得喪。」視喪其足，猶遺土也。」常季曰：「彼爲己，言駘但能修己耳。以其知得其心，以其真知，得還吾心理。以其心得其常心，又以吾心理，悟得古今常然之心理。物何爲最之哉？」最，聚也。衆人何爲羣聚而從之哉？仲尼曰：「人莫鑑於流水，而鑑於止水，唯止能止衆止。成云：「鑑，照也。」宣云：「水不求鑑，而人自來鑑。唯自止，故能止衆之求止者。」受命於地，唯松柏獨也在，句。冬夏青青；受命於天，唯舜獨也正，郭云：「下首唯有松柏，上首唯有聖人，故凡不正者皆來求正。若物皆青全，則無貴於松柏；人各自正，則無羨於大聖而趨之。」成云：「人頭在上，去上則死；木頭在下，去下則死。是以呼人爲上首，呼木爲下首。故上首食傍首，傍首食下首。下首草木，傍首蟲獸。」幸能正生，以正衆生。宣云：「舜能正己之性，而物性自皆受正。」夫保始之徵，保守本始之性命，於何徵驗？不懼之實。勇士一人，雄入於九軍。崔云：「天子六軍，諸侯三軍，通爲九軍。」將求名而能自要者，而猶若此，將求功名而能自必者，猶可如此。而況官天地，府萬物，成云：「綱維二儀，苞藏宇宙。」直寓六骸，宣云：「直，猶特。以六骸爲吾寄寓。」成云：「六骸，身首四肢也。」象耳目，宣云：「以耳目爲吾迹象。」一知之所知，上知謂智，下知謂境。純一無二。而心未嘗死者乎！宣云：「得其常心，不以死生變。」彼且擇日而登假，假，徐音遐。宣云：「曲禮：『天王登假。』此借言遺世獨立。擇日，猶言指日。」案：言若黃帝之遊於太清。人則從是也。宣云：「人自不能舍之。」彼且何肯以物爲事乎！」因常季疑駘有動衆之意，故答之。申徒嘉，兀者也，而與鄭子產同師於伯昏无人。雜篇作「瞀人」。子產謂申徒嘉曰：「我先出，則子止；子先出，則我止。」郭云：「羞與刖者並行。」其明日，又與合堂同席而坐。子產謂申徒嘉曰：「我先出，則子止；子先出，則我止。今我將出，子可以止乎，其未邪？郭云：「質而問之，欲使必不並己。」且子見執政而不違，子齊執政乎？」執政，子產自稱。違，避也。齊，同也。斥其不遜讓。申徒嘉曰：「先生之門，固有執政焉如此哉？言伯昏先生之門，以道德相高，固有以執政自多如此者哉？子而說子之執政而後人者也！子乃悦愛子之執政，而致居人後者也！聞之曰：『鑑明則塵垢不止，止則不明也。久與賢人處，則无過。』止，猶集也。明鏡無塵，親賢無過。今子之所取大者，先生也，而猶出言若是，不亦過乎！」宣云：「取大，求廣見識。」案：取大，猶言引重。子產曰：「子既若是矣，既已殘形。猶與堯爭善，宣云：「堯乃善之至者，故以爲言。」計子之德不足以自反邪？」宣云：「計子之素行，必有過而後致兀，尚不足自反邪？」申徒嘉曰：「自狀其過以不當亡者衆，不狀其過以不當存者寡。狀，猶顯白也。自顯言其罪過，以爲不至亡足者多矣；不顯言其罪過，而自反以爲不當存足者少也。知不可奈何而安之若命，惟有德者能之。宣云：「以兀爲自然之命而不介意，非有德者不能。」遊於羿之彀中，中央者，中地也，然而不中者，命也。上二中，如字。下二中，竹仲反。以羿彀喻刑網。言同居刑網之中，孰能自信無過？其不爲刑罰所加，亦命之偶值耳。人以其全足笑吾不全足者多矣。我怫然而怒，而適先生之所，則廢然而反。郭云：「廢向者之怒而復常。」不知先生之洗我以善邪！以善道淨我心累。吾與夫子遊十九年矣，而未嘗知吾兀者也。未聞先生以殘形見擯。今子與我遊於形骸之内，以道德相友。而子索我於形骸之外，以形迹相繩。不亦過乎！」子産蹵然改容更貌曰：「子无乃稱！」蹵然起謝。乃者，猶言如此。子無乃稱，謂子毋如此言也。大宗師篇「不知其所以乃」，亦謂不知其所以如此也。

魯有兀者叔山无趾，李云：「叔山，氏。」宣云：「無足趾，遂爲號。」踵見仲尼。崔云：「無趾，故踵行。」仲尼曰：「子不謹，前既犯患若是矣。雖今來，何及矣？」无趾曰：「吾唯不知務而輕用吾身，吾是以亡足。今吾來也，猶有尊足者存，宣云：「有尊於足者，不在形骸。」吾是以務全之也。夫天无不覆，地无不載，吾以夫子爲天地，安知夫子之猶若是也！」孔子曰：「丘則陋矣。夫子胡不入乎？請講以所聞！」无趾出。宣云：「徑去。」孔子曰：「弟子勉之！夫无趾，兀者也，猶務學以復補前行之惡，而況全德之人乎！」前惡虧德，求學以補之，況無惡行而全德者乎！无趾語老聃曰：「孔丘之於至人，其未邪！彼何賓賓以學子爲？俞云：「賓賓，猶頻頻也。賓聲、頻聲之字，古相通。廣雅釋訓：『頻頻，比也。』」郭云：「怪其方復學於老聃。」彼且蘄以諔詭幻怪之名聞，不知至人之以是爲己桎梏邪？」李云：「諔詭，奇異也。」案：呂覽傷樂篇作「俶詭」。木在足曰桎，在手曰梏。蘄、期同。言彼期以異人之名聞於天下，不知至人之於名，視猶己之桎梏邪？老聃曰：「胡不直使彼以死生爲一條，以可不可爲一貫者，解其桎梏，其可乎？」言生死是非，可通爲一，何不使以死生是非爲一條貫者，解其迷惑，庶幾可乎！无趾曰：「天刑之，安可解？」言其根器如此，天然刑戮，不可解也。

魯哀公問於仲尼曰：「衞有惡人焉，曰哀駘它。釋文：「惡，醜。」李云：「『哀駘，醜貌。它其名。』」丈夫與之處者，思而不能去也。婦人見之，請於父母曰『與爲人妻，寧爲夫子妾』者，十數而未止也。未嘗有聞其唱者也，常和而已矣。未嘗先人，感而後應。无君人之位以濟乎人之死，宣云：「濟猶拯也。」无聚禄以望人之腹。李楨云：「説文：『望，月滿也。』腹滿爲飽，猶月滿爲望，故以擬之。」又以惡駭天下，非以美動人。和而不唱，未嘗招引人。知不出乎四域，知名不出四境之遠。且而雌雄合乎前。宣云：「婦人、丈夫，皆來親之。」是必有異乎人者也。寡人召而觀之，果以惡駭天下。與寡人處，不至以月數，而寡人有意乎其爲人也；郭云：「未經月，已覺其有遠處。」不至乎期年，而寡人信之。國无宰，寡人傳國焉。成云：「國无良宰，傳以國政。」釋文：「傳，丈〔一〕專反。」悶然而後應，悶然不合於其意，而後應焉。氾而若辭。氾然不係於其心，而若辭焉。寡人醜乎，李云：「醜，慙也。」卒授之國。无幾何也，去寡人而行，成云：「俄頃之間，逃遁而去。」寡人卹焉若有亡也，宣云：「卹，憂貌。」若無與樂是國也。是何人者也？」仲尼曰：「丘也，嘗使於楚矣，適見㹠子食於其死母者，釋文：「㹠，本又作豚。」郭注：「食，乳也。」少焉眴若，皆棄之而走。釋文：「眴，本亦作瞬，司馬云：『驚貌。』」俞云：「眴若，猶眴然。徐无鬼篇：『衆狙恂然棄而走。』眴、恂，並㝁之假借。說文：『㝁，驚辭也。』始就其母食，少焉，覺其死，皆驚走也。」不見己焉爾，不得類焉爾。郭云：「生者以才德爲類，死而才德去矣，故生者以失類而走也。」案：言㹠子以母之不顧見己而驚疑，又不得其生之氣類而捨去也。所愛其母者，非愛其形也，愛

〔一〕「丈」原誤「文」，據釋文改。

使其形者也。成云：「使其形者，精神也。」戰而死者，其人之葬也，不以翣資；郭云：「翣者，武所資也。戰而死者，無武也，翣將安施！」成云：「翣者，武飾之具，武王爲之，或云周公作也。其形似方扇，使車兩邊。軍將行師，陷陣而死，及其葬日，不用翣資。是知翣者，武之所資，無武則翣無所資，以喻無神則形無所愛也。」李云：「資，送也。」刖者之屨，无爲愛之，釋文：「爲，于僞反。」郭云：「愛屨者，爲足故耳。」皆无其本矣。翣本於武，屨本於足。爲天子之諸御，不爪翦，不穿耳；御女不加修飾，使其質全。娶妻者止於外，不得復使。匹夫娶妻，休止於外，官不役之，使其形逸。形全猶足以爲爾，上二事，皆全其形。而況全德之人乎！宣云：「德全則有本，人豈能不愛乎！」今哀駘它未言而信，无功而親，使人授己國，唯恐其不受也，是必才全而德不形者也。」哀公曰：「何謂才全？」仲尼曰：「死生存亡，窮達貧富，賢與不肖，毀譽、饑渴、寒暑，是事之變，命之行也；成云：「並事物之變化，天命之流行。」日夜相代乎前，語又見齊物論篇。而知不能規乎其始者也。宣云：「雖有智者，不能詰所自始。」故不足以滑和，不可入於靈府。成云：「滑，亂也。」郭云：「靈府，精神之宇。」宣云：「惟其如是，故當任其自然，不足以滑吾之天和，不可以擾吾之靈府。」使之和豫通而不失於兑，使日夜无郤而與物爲春，李云：「兑，悦也。郤，間也。」宣云：「使和豫之氣流通，不失吾怡悦之性，日夜無一息間隙，隨物所在，同遊於春和之中。」是接而生時於心者也。宣云：「是四時不在天地，而吾心之春，無有間斷，乃接續而生時於心也。」是之謂才全。」「何謂德不形？」曰：「平者，水停之盛也。郭云：「天下之平，莫盛於停水。」其可以爲法也，郭云：「無情至平，故天下取正焉。」內保之而外不蕩也。蕩，動也。內保其明，外不動於物。德者，成和之修也。宣云：「修太和之道既成，乃名爲德也。」德不形者，物不能離也。」含德之厚，人樂親之。哀公異日以告閔子曰：「始也，吾以南面而君天下，執民之紀，而憂其死，成云：「執持綱紀，憂於兆庶，飲食教誨，恐其夭死。」吾自以爲至通矣。今吾聞至人之言，宣云：「孔子之言哀駘它者。」恐吾無其實，輕用吾身而亡其國。吾與孔丘，非君臣也，德友而已矣。」

闉跂支離无脤成云：「闉，曲也。謂攣曲企踵而行。脤，脣也。謂支體坼裂，傴僂殘病，復無脣也。」釋文：「脤，徐市軫反。又音脣。」說衛靈公，靈公說之，而視全人，其脰肩肩。上說言說，下說音悅。其下同。釋文：「脰，頸也。李云：『肩肩，羸小貌。』」李楨云：攷工梓人文「數目顧脰」，注云：『顧，長脰貌。』與肩肩義合。知肩是省借，本字當作顧。」案：衛君悅之，顧視全人之脰，反覺其羸小也。甕㼜大癭說齊桓公，桓公說之，而視全人，其脰肩肩。說文：「癭，瘤也。」李云：「甕㼜，大癭貌。」

故德有所長，而形有所忘，總上。人不忘其所忘，而忘其所不忘，此謂誠忘。形宜忘，德不宜忘；反是，乃真忘也。故聖人有所遊，遊心於虛。而知爲孽，智慧運動，而生支孽。約爲膠，禮信約束，而相膠固。德爲接，廣樹德意，以相交接。工爲商。工巧化居，以通商賈。聖人不謀，惡用知？心無圖謀，故不用智。不斲，惡用膠？質不彫琢，何須約束？无喪，惡用德？德之言得也。本無喪失，何用以德相招引？不貨，惡用商？不貴貨物，無須通商。四者，天鬻也。天鬻者，天食也。釋文：「鬻，養也。」知、約、德、工四者，天所以養人也。天養者，天所以食之也。既受食於天，又惡用人？既受食於天矣，則當全其自然，不用以人爲雜之。有人之形，无人之情。屏絶情感。有人之形，故羣於人；成云：「和光混迹。」无人之情，故是非不得於身。絶是非之端。眇乎小哉！所以屬於人也。謷乎大哉！獨成其天。崔云：「類同於人，所以爲小；情合於天，所以爲大。」成云：「謷，高大貌也。」

惠子謂莊子曰：「人故无情乎？」莊子曰：「然。」惠子曰：「人而无情，何以謂之人？」莊子曰：「道與之貌，天與之形，成云：「虛通之道，爲之相貌；自然之理，遺其形質。」惡得不謂之人？」惠子曰：「既謂之人，惡得无情？」莊子曰：「是非吾所謂情也。宣云：「言惠子先誤認情字。」案：郭以是非承上言，非。吾所謂无情者，言人之不以好惡内傷其身，常因自然而不益生也。」宣云：「本生之理，不以人爲加益之。」惠子曰：「不益生，何以有其身？」成云：「若不資益生道，何以有其身乎？」莊子曰：「道與之貌，天與之形，无以好惡内傷其身。有其身者如此。今子外乎子之神，勞乎子之精，倚樹而吟，據槁梧而瞑。成云：「槁梧，夾膝几也。言惠子疏外神識，勞苦精靈，故行則倚樹而吟詠，坐則隱几而談説，形勞心倦，疲怠而瞑。」天選子之形，選，解如孟子「選擇而使子」之選。子以堅白鳴！」言子以此自鳴，與公孫龍「堅白」之論何異？齊物論所謂「以堅白之昧終」也。解見前。

内篇 大宗師第六

本篇云：「人猶效之。」效之言師也。又云：「吾師乎！吾師乎！」以道爲師也。宗者，主也。

知天之所爲，知人之所爲者，至矣。知天之所爲者，天而生也；凡物皆自然而生，則當順其自然。知人之所爲者，以其知之所知，以養其知之所不知，終其天年而不中道夭者，是知之盛也。兩其知，音智。不强知，則智得所養。郭云：「知人之所爲者有分，故任而不强也；知人之所知者有極，故用而不蕩也。故所知不以無涯自困。」雖然，有患。成云：「知雖盛美，猶有患累，不若忘知而任獨也。」夫知有所待而後當，其所待者特未定也。成云：「知必對境，非境不當。境既生滅不定，知亦待奪無常。唯當境、知兩忘，然後無患。」庸詎知吾所謂天之非人乎？所謂人之非天乎？成云：「知能運用，無非自然。是知天之與人，理歸無二，故謂天卽人，謂人卽天。所謂吾者，莊生自稱。此則泯合天人，混同物我也。」且有真人，而後有真知。郭云：「有真人，而後天下之知皆得其真而不可亂。」何謂真人？古之真人，不逆寡，虛懷任物，雖寡少，不逆忤。不雄成，不以成功自雄。不謨士。成云：「虛夷而士衆自歸，非謀謨招致。」若然者，過而弗悔，當而不自得也。成云：「天時已過，曾無悔吝之心，分命偶當，不以自得爲美。」若然者，登高不慄，入水不濡，入火不熱。是知之能登假於道也若此。危難生死，不以介懷。其能登至於道，非世之所爲知也。古之真人，其寢不夢，成云：「絶思想，故寢寐寂泊。」其覺無憂，郭云：「隨所寓而安。」其食不甘，成云：「不耽滋味。」其息深深。李云：「内息之貌。」真人之息以踵，成云：「踵，足根。」宣云：「呼吸通於湧泉。」衆人之息以喉。宣云：「止於厭會之際。」屈服者，其嗌言若哇。屈服，謂議論爲人所屈。嗌，喉咽也。嗌，聲之未出；言，聲之已出。吞吐之際，如欲哇然，以狀無養之人。其耆欲深者，其天機淺。情欲深重，機神淺鈍。古之真人，不知説生，不知惡死；郭云：「與化爲體。」其出不訢，其入不距；釋文：「距，本又作拒。」李云：『欣出則營生，拒入則惡死。』」翛然而往，翛然而來而已矣。成云：「翛然，無係皃。」不忘其所始，不求其所終；宣云：「知生之源，任死之歸。」受而喜之，宣云：「受生之後，常自得。」忘而復之。宣云：「忘其死，而復歸於天。」是之謂不以心捐道，不以人助天。是之謂真人。郭云：「物之感人無窮，人之逐欲無節，則天理滅矣。真人知用心則背道，助天則傷生，故不爲也。」俞云：「據郭注，捐疑偝之誤。」若然者，其心志，宣云：「志當作忘。無思。」其容寂，宣云：「無爲。」其顙頯，宣云：「頯，額也。」頯，大朴貌，宣云：「恢，上聲。」凄然似秋，煖然似春，郭云：「殺物非爲威，生物非爲仁。」喜怒通四時，宣云：「喜怒皆無心，如四時之運。」與物有宜，而莫知其極。隨事合宜，而莫窺其際。**故聖人之用兵也，亡國而不失人心；**崔云：「亡敵國而得其人心。」**利澤施於萬物，不爲愛人。**由仁義行，非行仁義。**故樂通物，非聖人也；**不求通物，而物情自通，爲聖人。**有親，非仁也；**至仁則無私親。**天時，非賢也；**宣云：「擇時而動，有計較成敗之心。」**利害不通，非君子也；**利害不觀其通，故有趨避。**行名失己，非士也；**成云：「必所行求名而失己性，非有道之士。」**亡身不真，非役人也。**宣云：「徒棄其身，而無當真性，爲世所役，非能役人。」**若狐不偕、**成云：「姓狐，字不偕，堯時賢人，不受堯讓，投河而死。」**務光、**成云：「夏時人，餌藥養性，好鼓琴，湯讓天下，不受，負石自沈於廬水。」**伯夷、叔齊、箕子胥餘、**司馬云：「胥餘，箕子名。」尸子曰：『箕子胥餘，漆身爲厲，被髮佯狂。』」**紀他、**成云：「湯時逸人，聞湯讓務光，恐及乎己，遂將弟子，蹈於窾水而死。」申徒狄聞之，因以踣河。」**申徒狄，**釋文：「殷時人，負石自沈於河。」**是役人之役，適人之適，而不自適其適者也。**郭云：「斯皆舍己效人，徇彼傷我者。」宣云：「爲人用，快人意，與真性何益！」**古之真人，其狀義而不朋，**郭云：「與物同宜，而非朋黨。」俞云：「郭注非也。此言其狀，非言其德。義讀爲峩。天道篇『而狀義然』，卽峩然也。朋讀爲崩。易『朋來无咎』，漢書五行志引作『崩來无咎』，是也。義而不朋，言其狀峩然高大而不崩壞也。」**若不足而不承，**宣云：「卑以自牧，而非居人下。」**與乎其觚而不堅也，**王云：「觚，特立不羣也。」崔云：「觚，棱也。」李楨云：「觚是孤借字。釋地『觚竹』，釋文：『本又作孤。』此孤、觚通作之證。孤特者，方而有棱，故字亦借觚爲之。『與乎其觚』，與『張乎其虛』對文，與當是趣之借字。説文：『趣，安行也。』」案：不堅，謂不固執。**張乎其虛而不華也**，成云：「張，廣大貌。」案：廓然清虛，而不浮華。**邴邴乎其似喜乎！**向云：「邴邴，喜貌。」郭云：「至人無喜，暢然和適，故似喜也。」**崔乎其不得已乎！**向云：「崔，動貌。」成云：「迫而後動，非關先唱，故不得已而應之也。」**滀乎進我色也**，簡文云：「滀，聚也。」宣云：「水聚則有光澤。言和澤之色，令人可親。」**與乎止我德也**，與，相接意。宣云：「寬閒之德，使我歸止。」**厲乎其似世乎！**崔本「厲」作「廣」，當從之。俞云：「世乃泰之借字。廣與泰義相應。」郭慶藩云：「厲、廣古通借。泰字作大。世、大古亦通借。」**謷乎其未可制也**，成云：「謷然高遠，超於世表，不可禁制。」**連乎其似好閉也**，李云：「連，綿長貌。」郭云：「綿邈深遠，莫見其門。」成云：「默如關閉，不聞見也。」釋文：「好，呼報反。」**悗乎忘其言也。**釋文：「悗，忘本反。」成云：「悗，無心貌。以上言真人德行，下明其利物爲政之方。」**以刑爲體**，郭云：「刑者治之體，非我爲。」**以禮爲翼**，郭云：「禮者，世所以自行，非我制。」**以知爲時**，郭云：「知者時之動，非我唱。」**以德爲循。**郭云：「德者自彼所循，非我作。」**以刑爲體者，綽乎其殺也；**郭云：「任治之自殺，故雖殺而寬。」**以禮爲翼者，所以行於世也；**郭云：「順世所行，故無不行。」**以知爲時者，不得已於事也；**知以應時，不得已於世事，隨宜付之。**以德爲循者，言其與有足者至於丘也**，宣云：「德之所在，人人可至，我特循之耳。如丘之所在，有足者皆可至，我特與同登耳，非自立異。」案：無意於行，自然而至，故曰「與有足者至」也。而人真以爲勤行者也。宣云：「人視真人爲勤行不怠，豈知其毫末以我與乎！」故其好之也一，其弗好之也一。成云：「既忘懷於美惡，亦遺蕩於愛憎。故好與弗好，出自凡情，而聖智虛融，未嘗不一。」其一也一，其不一也一。成云：「其一，聖智也；其不一，凡情也。凡、聖不二，故不一皆一之。」其一，與天爲徒；其不一，與人爲徒。成云：「同天人，齊萬致，與天而爲類也。彼彼而我我，與人而爲徒也。」天與人不相勝也，是之謂真人。成云：「雖天無彼我，人有是非，確然論之，咸歸空寂。若使天勝人劣，豈謂齊乎！此又混一天人，冥同勝負，體此趣者，可謂真人。」

死生，命也，其有夜旦之常，天也。人之有所不得與，皆物之情也。死生與夜旦等，皆由天命，不可更以人與。此物之情，實無足係戀也。彼特以天爲父，而身猶愛之，而況其卓乎！身知愛天，而況卓然出於天者乎！人特以有君爲愈乎己，宣云：「勢分勝乎己。」而身猶死之，宣云：「效忠。」而況其真乎！身知愛君，而況確然切於君者乎！

泉涸，魚相與處於陸，相呴以溼，相濡以沫，不如相忘於江湖。喻貪生懼死，不如相忘於自然。「泉涸」四語，又見天運篇。與其譽堯而非桀，不如兩忘而化其道。宣云：「此道字輕，謂是非之道。言譽堯非桀，不如兩忘其道；好生惡死，不如兩忘其累。」案：二語又見外物篇，下三字作「閉其所譽」。夫大塊載我以形，勞我以生，佚我以老，息我以死。故善吾生者，乃所以善吾死也。宣云：「純任自然，所以善吾生也。如是，則死亦不苦矣。」案：六語又見後。列子天瑞篇：「人胥知生之樂，未知生之苦；知老之憊，未知老之逸；知死之惡，未知死之息也。」夫藏舟於壑，藏山於澤，島也。謂之固矣。然而夜半有力者負之而走，昧者不知也。舟可負，山可移。宣云：「造化默運，而藏者猶謂在其故處。」藏大小有宜，猶有所遯。若夫藏天下於天下，而不得所遯，是恒物之大情也。藏無大小，各有所宜，然無不變之理。宣云：「遯生於藏之過，若悟天下之理，非我所得私，而因而付之天下，則此理隨在與我共之，又烏所遯哉！此物理之實也。」案：恒物之大情，猶言常物之通理。特犯人之形而猶喜之，若人之形者，萬化而未始有極也，其爲樂可勝計邪！犯與笵同。見笵人形猶喜之，若人之生無窮，孰不自喜其身者！故聖人將遊於物之所不得遯而皆存。宣云：「聖人全體造化，形有生死，而此理已與天地同流，故曰皆存。」善妖善老，善始善終，人猶效之，又況萬物之所係，而一化之所待乎！釋文：「妖，本又作夭。」成云：「壽夭老少，都不介懷。雖未能忘生死，但復無所嫌惡，猶足爲物師傅，人倣效之。況混同萬物，冥一變化，爲物宗匠，不亦宜乎！」夫道，有情有信，无爲无形；宣云：「情者，靜之動也；信者，動之符也。」成云：「恬然寂寞，無爲也；視之不見，無形也。」可傳而不可受，郭云：「古今傳而宅之，莫能受而有之。」可得而不可見；成云：「方寸獨悟，可得也。離於形色，不可見也。」自本自根，宣云：「道爲事物根本，更無有爲道之根本者，自本自根耳。」未有天地，自古以固存；成云：「老子云：『有物混成，先天地生。』」神鬼神帝，下文堪坏、馮夷等，鬼也；豨韋、伏羲等，帝也。其神，皆道神之。生天生地；成云：「老子云：『天得一以清，地得一以寧。』」在太極之先而不爲高，在六極之下而不爲深；陰陽未判，是爲太極。天地四方，謂之六極。成云：「道在太極之先，不爲高遠；在六合之下，不爲深邃。」先天地生而不爲久，長於上古而不爲老。釋文：「長，丁丈反。」案：此語又見後。豨韋氏得之，以挈天地；豨韋，卽豕韋，蓋古帝王也。成云：「挈，又作契。言能混同萬物，符合二儀。」伏戲氏得之，以襲氣母；成云：「襲，合也。氣母，元氣之母。爲得至道，故能畫八卦，演六爻，調陰陽，合元氣。」維斗得之，終古不忒；成云：「北斗爲衆星綱維，故曰維斗。得至道，故維持天地，歷終始，無差忒。」日月得之，終古不息；堪坏得之，以襲崐崘；釋文：「崔坏作邳。司馬云：『堪坏，神名，人面獸形。』淮南作『欽負』。」成云：「崐崘山神名。襲，入也。」馮夷得之，以遊大川；司馬云：「清泠傳曰：『馮夷，華陰潼鄉隄首（成疏有「里」字。）人也。服八石，得水仙，是爲河伯。』一云：以八月庚子浴於河，溺死。」肩吾得之，以處大山；司馬云：「山神，不死，至孔子時。」成云：「得道，處東岳，爲太山之神。」黄帝得之，以登雲天；崔云：「黄帝得道而上天也。」顓頊得之，以處玄宮；李云：「顓頊，高陽氏。玄宮，北方宮也。月令曰：『其帝顓頊，其神玄冥。』」成云：「得道爲北方之帝。玄者，北方之色，故處於玄宮。」禺强得之，立乎北極；釋文：「海外經云：『北方禺强，黑身手足，乘兩龍。』郭璞以爲水神，人面鳥身。簡文云：『北海神也，一名禺京，是黃帝之孫也。』」西王母得之，坐乎少廣，莫知其始，莫知其終；釋文：「山海經：『西王母狀如人，狗尾，蓬頭，戴勝，善嘯，居海水之涯。』漢武内傳云：『西王母與上元夫人降帝，美容貌，神仙人也。』崔云：『少廣，山名。』或云：西方空界之名。」彭祖得之，上及有虞，下及五伯；崔云：「彭祖壽七百歲，或以爲仙，不死。」成云：「上自有虞，下及殷、周，凡八百年。」傅説得之，以相武丁，奄有天下，乘東維，騎箕尾，而比於列星。司馬云：「東維箕、斗之間，天漢津之東維也。星經：『傅説一星，在尾上。』」崔云：「傅説死，其精神乘東維，託龍尾，乃列宿。」釋文：「崔本此下更有『其生無父母，死，登假，三年而形遯，此言神之無能名者也』。」案：下引七事以明之。

南伯子葵問乎女偊曰：「子之年長矣，而色若孺子，何也？」李云：「葵當爲綦，聲之誤也。」釋文：「偊，徐音禹。一云：是婦人也。」曰：「吾聞道矣。」南伯子葵曰：「道可得學邪？」曰：「惡！惡可！子非其人也。夫卜梁倚有聖人之才，而无聖人之道，我有聖人之道，而无聖人之才，李云：「卜梁姓，倚名。」宣云：「倚聰明，似子貢；偊忘聰明，似顔子也。」吾欲以教之，庶幾其果爲聖人乎！不然，以聖人之道告聖人之才，亦易矣。吾猶守而告之，守而不去，與爲諄復。參日而後能外天下；成云：「心既虛寂，萬境皆空。」

已外天下矣，吾又守之，七日而後能外物；郭云：「物者，朝夕所需，切己難忘。」成云：「天下疏遠易忘，資身之物親近難忘，守經七日，然後遺之。」已外物矣，吾又守之，九日而後能外生；成云：「隳體離形，坐忘我喪。」已外生矣，而後能朝徹；成云：「死生一觀，物我兼忘，豁然如朝陽初啓，故謂之朝徹。」宣云：「朝徹，如平旦之清明。」朝徹，而後能見獨；見一而已。見獨，而後能无古今；成云：「任造物之日新，隨變化而俱往，故無古今之異。」无古今，而後能入於不死不生。宣云：「生死一也。至此，則道在我矣。」殺生者不死，生生者不生。蘇輿云：「『殺生』二語，申釋上文。絶貪生之妄覬，故曰殺生；安性命之自然，故曰生生。死生順受，是不死不生也。」其〔一〕爲物，无不將也，无不迎也；成云：「將，送也。道之爲物，拯濟無方，迎無窮之生，送無量之死。」无不毁也，无不成也。成云：「不送而送，無不毁滅；不迎而迎，無不生成。」其名爲攖寧。攖寧也者，攖而後成者也。」郭嵩燾云：「孟子趙注：『攖，迫也。』物我生死之見迫於中，將迎成毁之機迫於外，而一無所動其心，乃謂之攖寧。置身紛紜蕃變、交争互觸之地，而心固寧焉，則幾於成矣，故曰『攖而後成』。」南伯子葵曰：「子獨惡乎聞之？」曰：「聞諸副墨之子，成云：「副，貳也。」宣云：「文字是翰墨爲之，然文字非道，不過傳

〔一〕「其」字，據集釋本補。

道之助，故謂之副墨。又對初作之文字言，則後之文字，皆其孳生者，故曰『副墨之子』。」**副墨之子聞諸洛誦之孫，**成云：「羅洛誦之。」案：謂連絡誦之，猶言反復讀之也。洛、絡同音借字。對古先讀書者言，故曰「洛誦之孫」。古書先口授而後著之竹帛，故云然。**洛誦之孫聞之瞻明，**見解洞徹。**瞻明聞之聶許，**聶許，小語，猶囁嚅。**聶許聞之需役，**成云：「需，須。役，行也。須勤行勿怠者。」**需役聞之於謳，**釋文：「於音烏。」王云：『謳，歌謠也。』」宣云：「詠歎歌吟，寄趣之深。」**於謳聞之玄冥，**宣云：「玄冥，寂寞之地。」**玄冥聞之參寥，**宣云：「參悟空虛。」**參寥聞之疑始。」**宣云：「至於無端倪，乃聞道也。疑始者，似有始而未嘗有始。」

子祀、子輿、子犁、子來四人相與語曰：崔云：「淮南『子祀』作『子永』，行年五十四，而病傴僂。」顧千里云：「淮南精神篇作『子求』，非。求、永字，經傳多互誤。抱朴子博喻篇：『子永歎天倫之偉。』」案：據此，下「祀」「輿」字當互易。**「孰能以无爲首，以生爲脊，以死爲尻，孰知生死存亡之一體者，吾與之友矣。」**成云：「人起自虛無，故以無爲首；從無生有，生則居次，故以生爲脊；死最居後，故以死爲尻。死生離異，同乎一體。能達斯趣，所遇皆適，豈有存亡欣惡於其間！誰能知是，我與爲友也。」**四人相視而笑，莫逆於心，遂相與爲友。俄而子輿有病，子祀往問之。曰：「偉哉！夫造物者，將以予爲此拘拘也！**成云：「子輿自歎。」司馬云：「拘拘，體拘攣也。」**曲僂發背，**成云：「傴僂曲腰，背骨發露。」**上有五管，**五藏之管向上。頤隱於齊，同臍。肩高於頂，句贅指天。」李云：「句贅，項椎。其形似贅，言其上向。」陰陽之氣有沴，郭云：「沴，陵亂也。」同戾。其心閒而无事，宣云：「不以病攖心。」跰𨇤而鑑於井，成云：「跰𨇤，曳疾貌。曳疾力行，照臨於井。」曰：「嗟乎！夫造物者，又將以予爲此拘拘也！」重歎之。子祀曰：「汝惡之乎？」曰：「亡，无同。予何惡！浸假而化予之左臂以爲雞，予因以求時夜；司夜也。「雞」疑是「卵」字之誤。時夜，卽雞也。既化爲雞，何又云因以求雞？惟雞出於卵，鴞出於彈，故因卵以求時夜，因彈以求鴞炙耳。齊物論云：「見卵而求時夜，見彈而求鴞炙」，與此文大同，亦其明證矣。浸假而化予之右臂以爲彈，予因以求鴞炙；浸假而化予之尻以爲輪，以神爲馬，予因以乘之，豈更駕哉！郭云：「無往不因，無因不可。」且夫得者時也，失者順也，安時而處順，哀樂不能入也。此古之所謂縣解也，成云：「得者，生也；失者，死也。」案養生主篇：「適來，夫子時也；適去，夫子順也。安時而處順，哀樂不能入也。古者謂是帝之縣解。」與此文證合。而不能自解者，物有結之。郭云：「一不能自解，則衆物共結之矣。」且夫物不勝天久矣，吾又何惡焉？」俄而子來有病，喘喘然將死，其妻子環而泣之。成云：「喘喘，氣息急也。」子犁往問之曰：「叱！避！叱令其妻子避。无怛化！」釋文：「怛，驚也。」勿驚將化人。倚其户與之語曰：「偉哉造物！又將奚以汝爲？爲何物？將奚以汝適？適，往也。以汝爲鼠肝乎？以汝爲蟲臂乎？」王云：「取微蔑至賤。」子來曰：「父母於子，東西南北，唯命之從。陰陽於人，不翅於父母，成云：「陰陽造化，何啻二親乎！」彼近吾死而我不聽，我則悍矣，彼何罪焉！彼，陰陽。悍，不順。宣云：「近，迫也。」夫大塊載我以形，勞我以生，佚我以老，息我以死。故善吾生者，乃所以善吾死也。六語又見大宗師篇。今之大冶鑄金，金踊躍曰『我必且爲鏌鋣』，大冶必以爲不祥之金。大冶，鑄金匠。今一犯人之形，而曰『人耳人耳』，夫造化者必以爲不祥之人。犯同笵。偶成爲人，遂欣愛鄭重，以爲異於衆物，則造化亦必以爲不祥。今一以天地爲大鑪，以造化爲大冶，惡乎往而不可哉！」鼠肝、蟲臂，何關念慮！成然寐，蘧然覺。成然爲人，寐也；蘧然長逝，覺也。

子桑户、孟子反、子琴張三人相與友，曰：「孰能相與於无相與，相爲於无相爲？成云：「如百體各有司存，更相御用，無心於相與，無意於相爲，而相濟之功成矣。故於無與而相與周旋，無爲而相爲交友者，其意亦然。」孰能登天游霧，宣云：「超於物外。」撓挑无極，李云：「撓挑，猶宛轉也。宛轉玄曠之中。」相忘以生，无所終窮？」宣云：「不悦生，不惡死。」三人相視而笑，莫逆於心，遂相與友。莫然有閒，崔云：「莫然，定也。閒，頃也。」而子桑户死，未葬。孔子聞之，使子貢往侍事焉。成云：「供給喪事。」或編曲，李云：「曲，蠶薄。」或鼓琴，相和而歌曰：「嗟來桑户乎！嗟來桑户乎！而已反其真，而，汝。而我猶爲人猗！」成云：「猗，相和聲。」子貢趨而進曰：「敢問臨尸而歌，禮乎？」二人相視而笑，曰：「是惡知禮意！」是，謂子貢。子貢反，以告孔子曰：「彼何人者邪？修行无有，無自修之行。而外其形骸，臨尸而歌，顔色不變，无以命之。崔云：「命，名也。」彼何人者邪？」孔子曰：「彼游方之外者也，而丘游方之内者也。成云：「方，區域也。」外内不相及，而丘使女往弔之，丘則陋矣。彼方且與造物者爲人，王引之云：「爲人，猶言爲偶。中庸『仁者人也』，鄭注：『讀如「相人偶」之人，以人意相存偶之言。』公食大夫禮注：『每曲揖，及當碑揖，相人偶。』是人與偶同義。淮南原道篇：『與造化者爲人。』義同。齊俗篇『上與神明爲友，下與造化爲人』，尤其明證。」而遊乎天地之一氣。彼以生爲附贅縣疣，成云：「氣聚而生，譬疣贅附縣，非所樂。」以死爲決𤴯潰癰。釋文：「𤴯，胡亂反。」宣云：「疽屬。」成云：「氣散而死，若𤴯癰決潰，非所惜。」夫若然者，又惡知死生先後之所在！宣云：「一氣循環。」假於異物，託於同體，宣云：「即圓覺經地、風、水、火四大合而成體之説。蓋視生偶然耳。」忘其肝膽，遺其耳目，宣云：「外身也，視死偶然耳。」反覆終始，不知端倪，往來生死，莫知其極。芒然彷徨乎塵垢之外，逍遥乎无爲之業。成云：「芒然，無知貌。放任於塵累之表，逸豫於清曠之鄉。」彼又惡能憒憒然爲世俗之禮，以觀衆人之耳目哉！」成云：「憒憒，煩亂。」釋文：「觀，示也。」子貢曰：「然則夫子何方之依？」成云：「方内方外，未知夫子依從何道?」孔子曰:「丘,天之戮民也。成云:「聖迹禮儀,乃桎梏形性。夫子既依方内,是自然之理,刑戮之人也。故德充篇云『天刑之,安可解乎』!」雖然,吾與汝共之。」宣云:「己之所得不欲隱。」子貢曰:「敢問其方。」孔子曰:「魚相造乎水,人相造乎道。造,詣也。造乎水者魚之樂,造乎道者人之樂。相造乎水者,穿池而養給;相造乎道者,无事而生定。釋文:「池,本亦作地。」案:兩本並通。魚得水則養給,人得道則性定。生、性字通。故曰:魚相忘乎江湖,人相忘乎道術。」宣云:「愈大則愈適,豈但養給、生定而已。」子貢曰:「敢問畸人。」司馬云:「畸,不耦也。」郭云:「問向所謂方外而不偶於俗者安在?」曰:「畸人者,畸於人而侔於天。司馬云:「侔,等也。」成云:「率其本性,與自然之理同。」故曰:天之小人,人之君子;宣云:「拘拘禮法,不知性命之情,而人稱爲有禮。」人之君子,天之小人也。」案:各本皆同。疑複語無義,當作「天之君子,人之小人也」。成云:「子反、琴張,不偶於俗,乃曰畸人,實天之君子。」案不偶於俗,卽謂不偕於禮,則人皆不然之,故曰「天之君子,人之小人也」,文義甚明。蘇輿云:「以人之小人斷定畸人,則琴張、孟孫輩皆非所取,莊生豈真不知禮者哉!」

顏回問仲尼曰:「孟孫才,名才。其母死,哭泣无涕,中心不戚,居喪不哀。无是三者,以善處喪蓋魯國。固有无其實而得其名者乎?回壹怪之。」郭、陸、成本「喪」字絶句。李楨云：「文義未完。『蓋魯國』三字當屬上句，與應帝王篇『功蓋天下』義同。釋言：『弇，蓋也。』釋名：『蓋，加也。』並有高出其上之意。言才以善處喪名蓋魯國也。」仲尼曰：「夫孟孫氏盡之矣，進於知矣。成云：「進，過也。」宣云：「其盡道過於知喪禮者。」唯簡之而不得，宣云：「簡者，略於事。世俗相因，不得獨簡，故未免哭泣居喪之事。」夫已有所簡矣。宣云：「然已無涕、不戚、不哀，是已有所簡矣。」蘇輿云：「二語泛言，不屬孟孫氏説。」姚云：「常人束於生死之情以爲哀痛，簡之而不得，不知於性命之真，已有所簡矣。」似較宣説爲優。孟孫氏不知所以生，不知所以死，宣云：「生死付之自然，此其進於知也。」不知就先，不知就後，成云：「先，生；後，死。既一於死生，故無去無就。」若化爲物，以待其所不知之化已乎！宣云：「順其所以化，以待其將來所不可知之化，如此而已。」案：死爲鬼物，化也。鼠肝、蟲臂，所不知之化也。且方將化，惡知不化哉？方將不化，惡知已化哉？宣云：「四語正不知之化，總非我所能與。」吾特與汝其夢未始覺者邪！宣云：「未能若孟孫之進於知也。」且彼有駭形而无損心，彼孟孫氏雖有駭變之形，而不以損累其心。有旦宅而无情死。成云：「旦，日新也。宅者，神之舍也。以形之改變，爲宅舍之日新耳。」姚云：「情，實也。言本非實有死者。」孟孫氏特覺，人哭亦哭，是自其所以乃。乃，猶言如此。人哭亦哭，己無容心。蘇輿云：「『孟孫氏特覺』句絶。言我汝皆夢，而孟孫獨覺，人哭亦哭，是其隨人發哀。」且也，相與吾之耳矣，庸詎知吾所謂吾之乎？人每見吾暫有身，則相與吾之。豈知吾所謂吾之，果爲吾乎，果非吾乎？且汝夢爲鳥而厲乎天，厲、戾同聲通用，至也。夢爲魚而没於淵，不識今之言者，其覺者乎，夢者乎？未知魚鳥是覺邪夢邪，抑今人之言魚鳥者是覺邪夢邪？造適不及笑，獻笑不及排，宣云："人但知笑爲適意，不知當其忽造適意之境，心先喻之，不及笑也。及忽發爲笑，又是天機自動，亦不及推排而爲之，是適與笑不自主也。"安排而去化，乃入於寥天一。"宣云："由此觀之，凡事皆非己所及排，冥冥中有排之者。今但當安於所排，而忘去死化之悲，乃入於空虚之天之至一者耳。"

意而子見許由，許由曰："堯何以資汝？"成云："意而，古之賢人。"郭云："資者，給濟之謂。"意而子曰："堯謂我：『汝必躬服仁義，而明言是非。』"成云："必須己身服行，亦復明言示物。"許由曰："而奚爲來軹？而，汝也。軹同只。夫堯既已黥汝以仁義，而劓汝以是非矣，宣云："如加之以刑然。"汝將何以遊夫遥蕩、恣睢、轉徙之途乎？"成云："恣睢，縱任也。轉徙，變化也。"案：言汝既爲堯所誤，何以遊乎逍遥放蕩、縱任變化之境乎？意而子曰："雖然，吾願遊於其藩。"宣云："言雖不能遵途，願涉其藩籬。"許由曰："不然。夫盲者无以與乎眉目顔色之好，瞽者无以與乎青黄黼黻之觀。"意而子曰："夫无莊之失其美，成云："无莊，古之美人，爲聞道，故不復莊飾，而自忘其美色。"據梁之失其力，成云：「據梁，古之多力人，爲聞道守雌故，失其力。」黃帝之亡其知，成云：「黃帝有聖知，亦爲聞道，故能亡遺其知。」皆在鑪捶之間耳。釋文：「捶，本又作錘。」成云：「鑪，竈也。錘，鍛也。三人以聞道契真，如器物假鑪冶打鍛，以成用耳。」庸詎知夫造物者之不息我黥而補我劓，使我乘成以隨先生邪？」宣云：「乘，猶載也。黥劓則體不備，息之補之，復完成矣。天今使我遇先生，安知不使我載一成體以相隨邪？」許由曰：「噫！未可知也。我爲汝言其大略。吾師乎！吾師乎！𩐋萬物而不爲義，澤及萬世而不爲仁，司馬云：「𩐋，碎也。」盧文弨云：「說文作𩐋，亦作韲。隸省作𩐋。」成云：「素秋霜降，碎落萬物，非有心斷割而爲義。青春和氣，生育萬物，非有情恩愛而爲仁。」長於上古而不爲老，成云：「萬象之前，先有此道，而日新不窮。」案：語又見前。覆載天地、刻彫衆形而不爲巧。成云：「天覆地載，以道爲原，衆形彫刻，咸資造化，同稟自然，故巧名斯滅。」此所遊已。」宣云：「應上遊。」

顔回曰：「回益矣。」仲尼曰：「何謂也？」曰：「回忘仁義矣。」曰：「可矣，猶未也。」他日復見，曰：「回益矣。」曰：「何謂也？」曰：「回忘禮樂矣。」曰：「可矣，猶未也。」他日復見，曰：「回益矣。」曰：「何謂也？」曰：「回坐忘矣。」司馬云：「坐而自忘其身。」仲尼蹵然曰：「何謂坐忘？」顔回曰：「墮肢體，黜聰明，成云：「墮，毁廢。黜，退除。」離形去知，宣云：「總上二句。」同於大通，成云：「冥同大道。」此謂坐忘。」仲尼曰：

「同則无好也，宣云：「無私心。」化則无常也。宣云：「無滯理。」而果其賢乎！丘也請從而後也。」爾誠賢乎！吾亦願學。極贊以進回。

子輿與子桑友，而霖雨十日。雨三日以往爲霖。子輿曰：「子桑殆病矣！」裹飯而往食之。至子桑之門，則若歌若哭，鼓琴曰：「父邪母邪！天乎人乎！」有不任其聲，而趨舉其詩焉。崔云：「不任其聲，憊也。」成云：「趨，卒疾也。」子輿入，曰：「子之歌詩，何故若是？」成云：「歌詩似有怨望，故驚怪問其所由。」曰：「吾思乎使我至此極者而弗得也。父母豈欲吾貧哉？天无私覆，地无私載，天地豈私貧我哉？求其爲之者而不得也。然而至此極者，命也夫！」知命所爲，順之而已。

内篇

應帝王第七

郭云：「無心而任乎自化者，應爲帝王也。」

齧缺問於王倪，四問而四不知。見齊物論。**齧缺因躍而大喜，行以告蒲衣子。**釋文：「尸子云：『蒲衣八歲，舜讓以天下。』崔云：『卽被衣，王倪之師也。』淮南子曰：『齧缺問道於被衣。』」**蒲衣子曰：「而乃今知之乎？**而，汝。**有虞氏不及泰氏。**成云：「泰氏，卽太昊伏羲也。」**有虞氏，其猶藏仁以要人，亦得人矣，而未〔一〕始出於非人。**崔云：「懷仁心以結人也。」宣云：「非人者，物也。有心要人，猶繫於物，是未能超出於物之外。」**泰氏，其卧徐徐，其覺于于，**司馬云：「徐徐，安穩貌。于于，無所知貌。」**一以己爲馬，一以己爲牛，**成云：「或馬或牛，隨人呼召。」**其知情信，**成云：「率其真知，情無虛矯。」**其德甚真，**郭云：「任其自得，故無僞。」**而未始入於非人。」**宣云：「渾同自然，毫無物累，未始陷入於物之中。」

肩吾見狂接輿。狂接輿曰：「日中始何以語女？」李云：「日中始，人姓名，賢者也。」崔本無「日」字，云：「中始，賢人也。」俞云：「日，猶言日者也。義見左文七年、襄二十六年、

〔一〕「未」原作「非」，據集釋本改。

昭七年、十九年傳。」肩吾曰：「告我：君人者，以己出經式義度，司馬云：「出，行也。」王念孫云：「經式義度，皆謂法也。義讀爲儀，古字通。」人孰敢不聽而化諸！」狂接輿曰：「是欺德也。成云：「以己制物，物喪其真，是欺誑之德，非實道。」其於治天下也，猶涉海鑿河，涉海而鑿爲河。而使蚉負山也。夫聖人之治〔一〕也，治外乎？用法，是治外也。正而後行，正其性而後行化。確乎能其事者而已矣。李云：「確，堅也。」宣云：「不强人以性之所難爲。」且鳥高飛以避矰弋之害，鼷鼠深穴乎神丘之下，以避熏鑿之患，成云：「矰，網。鼷鼠，小鼠。神丘，社壇。」宣云：「物尚有知如此。」而曾二蟲之无知！」曾是人之無知不如二蟲乎！

天根遊於殷陽，崔云：「地名。」至蓼水之上，李云：「蓼水，水名。」適遭无名人而問焉，曰：「請問爲天下。」无名人曰：「去！汝鄙人也，何問之不豫也！俞云：「釋詁：『豫，厭也。』楚詞惜誦『行婞直而不豫兮』，王注：『豫，厭也。』此怪天根之多問，猶云何不憚煩也！」予方將與造物者爲人，人，偶也，詳大宗師篇。厭則又乘夫莽眇之鳥，成云：「莽眇，深遠。」案：謂清虚之氣若鳥然。以出六極之外，成云：「六極，猶六合。」而遊无何有

〔一〕「治」原作「知」，據集釋本改。

之鄉，說見逍遥遊篇。以處壙埌之野。崔云：「壙埌，猶曠蕩也。」汝又何帠以治天下感予之心爲？」帠，徐音藝，未詳何字。崔本作「爲」，當從之。又復問。无名人曰：「汝遊心於淡，合氣於漠，順物自然，而无容私焉，宣云：「不用我智。」而天下治矣。」

陽子居見老聃曰：成云：「姓陽，字子居。」案：即楊朱，見寓言篇注。「有人於此，嚮疾强梁，嚮往敏疾，强幹果決。物徹疏明，事物洞徹，疏通明達。學道不勌。如是者，可比明王乎？」老聃曰：「是於聖人也，胥易技係，勞形怵心者也。言此其學聖人，如胥之易，如技之係，徒役其形心者也。郭慶藩云：「胥徒，民給徭役者。易，治也。胥易，謂胥徒供役治事。技係，若王制『凡執技以事上者，不貳事，不移官』，是爲技所係也。」且也虎豹之文來田，以文致獵。猨狙之便、捷也。執斄之狗來藉。司馬云：「藉，繫也。」案：猴、狗以能致繫。二語亦見天地篇。如是者，可比明王乎？」陽子居蹵然曰：「敢問明王之治。」老聃曰：「明王之治，功蓋天下而似不自己，成云：「聖人功成不居，似非己爲之。」化貸萬物而民弗恃，宣云：「貸，施也。」成云：「百姓謂不賴君之能。」有莫舉名，宣云：「似有，而無能名。」使物自喜，成云：「物各自得。」立乎不測，宣云：「所存者神。」而遊於无有者也。」宣云：「行所無事。」

鄭有神巫曰季咸，列子黄帝篇云：「有神巫自齊來，處於鄭，命曰季咸。」知人之生死存亡，禍福壽夭，期以歲月旬日，若神。或歲或月或旬日，無不神驗。鄭人見之，皆棄而走。宣云：「惟恐言其不吉。」列子見之而心醉，向云：「迷惑於其道也。」歸以告壺子，列子作「壺邱子」。司馬云：「名林，鄭人，列子師。」曰：「始吾以夫子之道爲至矣，則又有至焉者矣。」郭云：「謂季咸之至，又過於夫子。」壺子曰：「吾與汝既其文，未既其實，而固得道與？成云：「與，授。既，盡也。吾比授汝，始盡文言，於其妙理，全未造實。汝固執文字，謂言得道邪？」案：列子「既其文」作「無其文」，張湛注引向秀云：「實由文顯，道以事彰。有道而無事，猶有雌無雄耳。今吾與汝，雖深淺不同，無文相發，故未盡我道之實也。此言聖人之唱，必有感而後和。」衆雌而无雄，而又奚卵焉！郭云：「喻列子未懷道。」而以道與世亢必信，而，汝也。信讀曰伸。言汝之道尚淺，而乃與世亢，以求必伸。列子「亢」作「抗」。夫故使人得而相女。故使人得而窺測之。嘗試與來，以予示之。」明日，列子與之見壺子。出而謂列子曰：「嘻！子之先生死矣，弗活矣，不以旬數矣！吾見怪焉，見溼灰焉。」宣云：「言無氣燄。」列子入，泣涕沾襟，以告壺子。壺子曰：「鄉吾示之以地文，列子注引向云：「塊然若土也。」萌乎不震不正。俞云：「列子作『罪乎不誫不止』，當從之。罪讀爲⿱山非，説文作⿱山非，云：『山貌。』震卽誫之異文。不誫不止者，不動不止也，故以⿱山非乎形容之，言與山同也。今罪誤作萌，止誤作正，失其義矣。據釋文，崔本作『不誫不止』，與列子同，可據以訂正。」案：列子注引向云：「不動，亦不自止，與枯木同其不華，死灰均其寂魄，此至人無感之時也。是殆見吾杜德機也。成云：「杜，塞也。」列子「機」作「幾」，下同。注引向云：「德幾不發，故曰杜。」嘗又與來。」嘗，亦試也。明日，又與之見壺子。出而謂列子曰：「幸矣！子之先生遇我也。有瘳矣，全然有生矣。列子「全」作「灰」。吾見其杜權矣。」宣云：「杜閉中覺有權變。」列子入，以告壺子。壺子曰：「鄉吾示之以天壤，列子注引向云：「天壤之中，覆載之功見矣。比地之文，不猶外乎！」案：郭注「地之」作「之地」，「外」作「卵」，是誤字。昔人謂郭竊向注，殆不然，此類得毋近是乎？名實不入，列子注引向云：「任自然而覆載，則名實皆爲棄物。」案：郭注「則」下，作「天機玄應，而名利之飾皆爲棄物矣」。而機發於踵。宣云：「一段生機，自踵而發。」是殆見吾善者機也。宣云：「善卽生意。」嘗又與來。」明日，又與之見壺子。出而謂列子曰：「子之先生不齊，釋文：「側皆反，本又作齋。下同。」吾无得而相焉。試齊，且復相之。」列子入，以告壺子。壺子曰：「吾鄉示之以太沖莫勝。列子「勝」作「眹」，當從之。注引向云：「居太沖之極，浩然泊心，玄同萬方，莫見其迹。」案：郭注「莫見其迹」作「故勝負莫得厝其間也」。是殆見吾衡氣機也。宣云：「衡，平也。」列子注引向云：「無往不平，混然一之。」案：郭注同。鯢桓之審爲淵，止水之審爲淵，流水之審爲淵。淵有九名，此處三焉。列子「鯢桓之審」作「鯢旋之潘」，張注以爲當作「蟠」，云：「鯢，大魚。桓，盤桓也。蟠，洄流也。言大魚盤桓，其水蟠洄而成深泉。」淵有九名者，謂鯢桓、止水、流水、濫水、（爾雅：「水涌出也。」）沃水、（水泉從上溜下。）氿水、（水泉從旁出。）雍水、（河水决出，還復入也。）汧水、（水流行也。）肥水。（水所出異爲肥。）是爲九淵，皆列子之文。成云：「水體無心，動止隨物，或鯨鯢盤桓，或凝湛止住，或波流湍激。雖多種不同，而玄默無心一也。」嘗又與來。」明日，又與之見壺子。立未定，自失而走。壺子曰：「追之！」列子追之不及，反以報壺子，曰：「已滅矣，已失矣，吾弗及也〔一〕。」壺子曰：「鄉吾示之以未始出吾宗。深根冥極，不出見吾之宗主。吾與之虚而委蛇，成云：「委蛇，隨順貌。」郭云：「無心而隨物化。」案：列子「委蛇」作「猗移」，義同。不知其誰何，向云：「汎然無所係。」案：郭注同。因以爲弟靡，釋文：「弟音頹。弟靡，不窮之貌。」盧文弨云：「正字通弟作弟。後來字書亦因之，而於古無有也。類篇弟字下有徒回反一音，云：『弟靡，不窮皃。』正本此。列子作『茅靡』。」因以爲波流，崔本作「波隨」，云：「常隨從之。」王念孫云：「崔本是也。蛇、何、靡、隨爲韻。蛇，古音徒禾反。靡，古音摩。隨，古亦音徒何反。」故逃也。」成云：「因任前機，曾無執滯，千變萬化，非相者所知，故季咸逃逸也。」案：列子注引向云：「至人其動也天，其静也地，其行也水流，其湛也淵嘿。淵嘿之與水流，天行

〔一〕「也」，集釋本作「矣」。

之與地止，其於不爲而自然，一也。今季咸見其尸居而坐忘，即謂之將死；見其神動而天隨，即謂之有生。苟無心而應感，則與變升降，以世爲量，然後足爲物主，而順時無極耳，豈相者之所覺哉！」**然後列子自以爲未始學而歸**，成云：「始覺壺丘道深，自知未學。」**三年不出。爲其妻爨**，向云：「遺恥辱。」**食豕如食人。**釋文：「食音祀。」郭云：「忘貴賤也。」**於事无與親**，不近世事。**彫琢復朴**，成云：「彫琢華飾之務，悉皆屏除，復於朴素。」**塊然獨以其形立。**塊然無偶。**紛而封哉**，釋文：「紛而，崔云：『亂貌。』哉，崔本作戎，云：『封戎，散亂也。』」李楨云：「崔本是也。列子作『怭然而封戎』。六句人、親、朴、立、戎、終，各自爲韻。」**一以是終。**宣云：「道無復加也。」引季咸、壺子事，明帝王當虛己無爲，立於不測，不可使天下得相其端，以開機智。其取意微渺無倫。」以上引五事爲證。

无爲名尸，成云：「尸，主也。無爲名譽之主。」**无爲謀府**，無爲謀慮之府。**无爲事任**，郭云：「付物使各自任。」**无爲知主。**釋文：「知音智。」成云：「不運智以主物。」**體盡无窮**，體悟真源，冥會無窮。**而遊无朕**，崔云：「朕，兆也。」成云：「朕，迹也。晦迹韜光，故無朕。」**盡其所受於天，而无見得**，全所受於天，而無自以爲得之見。**亦虛而已。**郭云：「不虛，則不能任羣實。」**至人之用心若鏡**，郭云：「鑒物而無情。」**不將不迎，應而不藏**，成云：「將，送也。物感斯應，應不以心，既無將、迎，豈有情於隱匿哉！」**故能勝物而不傷。**成云：「用心不勞，故無損害。」此段正文。

南海之帝爲儵，北海之帝爲忽，中央之帝爲渾沌。簡文云：「儵、忽，取神速爲名。渾沌，以合和爲貌。神速〔一〕譬有爲，合和譬無爲。」崔云：「渾沌，無孔竅也。」儵與忽時相與遇於渾沌之地，渾沌待之甚善。儵與忽謀報渾沌之德，曰：「人皆有七竅，以視聽食息，此獨无有，嘗試鑿之。」日鑿一竅，七日而渾沌死。郭云：「爲者敗之。」此段喻意。

〔一〕「神速」原作「儵忽」，據釋文改。

莊子集解卷三

外篇 駢拇第八

蘇輿云：「駢拇下四篇，多釋老子之義。周雖悦老風，自命固絶高，觀天下篇可見。四篇於申老外，別無精義，蓋學莊者緣老爲之。且文氣直衍，無所發明，亦不類內篇汪洋俶詭。王氏夫之、姚氏鼐皆疑外篇不出莊子，最爲有見。卽如此篇，首云『淫僻於仁義之行』，末復以『淫僻』『仁義』平列，踳駁顯然。且云『余媿乎道德』，莊子焉肯爲此謙語乎？」

駢拇枝指，出乎性哉！而侈於德。李云「駢，併也。」成云：「足大拇指與第二指相連。枝指，手有六指也。」崔云：「『侈，過也。』」案：生而有之，故曰出乎性。德之言得也。所得比人爲過。附贅縣疣，出乎形哉！而侈於性。附贅縣疣，見大宗師篇。形既成而後附，故曰出乎形，然過於自然之性。多方乎仁義而用之者，列於五藏哉！而非道德之正也。成云：「方，道術也。」案：多術以施用仁義者，以五性爲人所同有，而列於五藏，以配五行，然非道德之本然。是故駢於足者，連无用之肉也；枝於手者，樹无用之指也；樹，立。多方駢枝於五藏之情者，情，實。淫僻於仁義之行，淫，過也。過詭於正，故曰淫僻。而多方於聰明之用也。是故駢於明者，亂五色，淫文章，青黄黼黻之煌煌非乎？而離朱是已。言自離朱諸人始也。成云：「斧形謂之黼，兩己相背謂之黻。五色，青、黄、赤、白、黑也。青與赤爲文，赤與白爲章。煌煌，眩目貌。」司馬云：「離朱，黄帝時人，百步見秋毫之末。一云見千里鍼鋒。孟子作離婁。」**多於聰者，亂五聲，淫六律，金石、絲竹、黄鐘、大吕之聲非乎？而師曠是已。**釋文：「師曠，晉大夫，善音律，能致鬼神。史記云：『冀州南和人，生而無目。』」郭云：「生而有耳目者，所困常在於希離慕曠，則離、曠雖聰明，乃亂耳目之至也。」**枝於仁者，擢德塞性以收名聲，使天下簧鼓以奉不及之法非乎？而曾、史是已。**枝於仁者，謂標舉仁義，如枝生一指。曾、史性優於仁義，而性不長者争慕之，天下喧攘，如簧如鼓，以奉不能及之法式也。曾、史，曾參、史魚。王念孫云：「塞與擢，義不相類。塞當爲搴，形近而誤。擢、搴，皆謂拔取之也。廣雅：『搴，取也，拔也。』方言作攓，云：『取也。南楚曰攓。』説文作㩮，云：『拔取也。』淮南俶真篇：『俗世之學，擢德攓性，内愁五藏，外勞耳目，乃始招蟯振繾物之毫芒，搖消掉捎仁義禮樂，暴行越智於天下，以招號名聲於世。』又曰：『今萬物之來，擢拔吾性，攓取吾情。』皆其證。」**駢於辯者，纍瓦結繩竄句，游心於堅白同異之閒，而敝跬譽无用之言非乎？而楊、墨是已。**崔云：「聚無用之語，如瓦之纍，繩之結也。一云：瓦當作丸。」案：竄易文句，游蕩心思於堅白同異之閒也。郭嵩燾云：「敝，謂勞敝也。跬譽，猶云咫言。半步爲跬。司馬法：『一舉足曰跬。』跬，三尺也。跬譽者，邀一時之近譽。勞敝於有近譽、無實用之言，故謂之駢於辯。楊朱、墨翟稟性多辯，故特舉之。」故此皆多駢旁枝之道，非天下之至正也。彼正正者，不失其性命之情。俞云：「上正字乃至字之誤。」故合者不爲駢，而枝者不爲跂；釋文：「跂，其知反。」宣本作「歧」。案：跂、歧同。長者不爲有餘，短者不爲不足。是故鳧脛雖短，續之則憂；鶴脛雖長，斷之則悲。成云：「鳧，小鴨。」故性長非所斷，性短非所續，无所去憂也。宣云：「率其本然，自無憂，何待去？」意仁義其非人情乎！彼仁人何其多憂也？蘇輿云：「『仁人』，宣本作『仁義』，是。郭注云：『恐仁義非人情而憂之者，真可謂多憂也。』似所見本亦作『仁義』。此言仁義束縛，使人失其常性而多憂患。在宥篇『愁其五藏以爲仁義』，即此旨。此緣下『仁人』而誤。」且夫駢於拇者，決之則泣；枝於手者，齕之則啼。二者或有餘於數，或不足於數，其於憂一也。駢者數不足，枝者數有餘。今世之仁人，蒿目而憂世之患；司馬云：「蒿，目亂也。」俞云：「蒿是睢之叚字。玉篇：『睢，目明，又望也。』是睢爲望視之貌。仁人之憂天下，必爲睢然遠望，故云然。睢與蒿，古音相近，故得通用。詩『白鳥翯翯』，孟子作『鶴鶴』，文選景福殿賦作『睢睢』。蒿之通睢，猶翯之通鶴與睢矣。」不仁之人，決性命之情而饕富貴。決，潰也。如水之決隄而出。情，實。饕，貪也。故意仁義其非人情乎！自三代以下者，天下蘇輿云：「自三代以下者，莊子有此文法，胠篋、在宥篇屢見。」何其囂囂也？成云：「囂囂，猶讙聒。」且夫待鉤繩規矩而正者，是削其性；成云：「鉤曲，繩直，規圓，矩方，皆損害本性。」待繩約膠漆而固者，是侵其德也；成云：「約，束縛也。侵傷其德。」屈折禮樂，呴俞仁義，以慰天下之心者，此失其常然也。禮樂周旋，是屈折也。呴俞，猶煦嫗，假仁義也。天下有常然。常然者，曲者不以鉤，直者不以繩，圓者不以規，方者不以矩，附離不以膠漆，約束不以纆索。釋文：「廣雅：『纆，索也。』」故天下誘然皆生，而不知其所以生；宣云：「誘然若有導以生者。」同焉皆得，而不知其所以得。故古今不二，不可虧也。古今無二理，不可以人爲損之。則仁義又奚連連如膠漆纆索，而遊乎道德之閒爲哉？使天下惑也！連連，相續貌。此尊道德而斥仁義。夫小惑易方，迷於所向。大惑易性。失其真性。何以知其然邪？自虞氏招仁義以撓天下也，俞云：「招，舉也。」釋文：「撓，亂也。」天下莫不奔命於仁義，奔馳以從之。是非以仁義易其性與？郭云：「雖虞氏無易之情，而天下之性固已易矣。」故嘗試論之，自三代以下者，天下莫不以物易其性矣。小人則以身殉利，士則以身殉名，以名利易性。大夫則以身殉家，聖人則以身殉天下。以家天下易性。故此數子者，蘇輿云：「數子，猶言此數等人。」事業不同，名聲異號，其於傷性以身爲殉，一也。臧與穀，二人相與牧羊，而俱亡其羊。釋文：「張揖云：『壻婢之子謂之臧。』崔本穀作穀，云：『孺子曰穀。』」問臧奚事，則挾筴讀書；問穀奚事，則博塞以遊。二人者，事業不同，其於亡羊均也。釋文：「筴，字又作策，李云：『竹簡也。』塞，博之類也。」案：策當讀如左傳「繞朝贈策」之策，驅羊鞭也。伯夷死名於首陽之下，盜跖死利於東陵之上。成云：「跖，柳下惠從弟，卒徒九千，常爲巨盜。東陵，山名，又云即太山，在齊州界，去東平十五里，跖死其上。」二人者，所死不同，其於殘生傷性均也，奚必伯夷之是而盜跖之非乎？天下盡殉也。彼其所殉仁義也，則俗謂之君子；其所殉貨財也，則俗謂之小人。其殉一也，則有君子焉，有小人焉；「則有」之則，與而同義。若其殘生損性，則盜跖亦伯夷已，跖與夷同。又惡取君子小人於其間哉？宣云：「稱名何取相異？」且夫屬其性乎仁義者，雖通如曾、史，非吾所謂臧也；釋文：「屬，謂係屬。」成云：「臧，善也。」屬其性於五味，雖通如俞兒，非吾所謂臧也；釋文：「司馬云：『俞兒，古之善識味人也。』崔云：『尸子曰：「膳俞兒和之以薑桂，爲人主上食。」淮南云：「俞兒、狄牙，嘗淄、澠之水而別之。」』一云：俞兒，黃帝時人。狄牙則易牙，齊桓公時識味人也。一云：俞兒亦齊人。』」屬其性乎五聲，雖通如師曠，非吾所謂聰也；屬其性乎五色，雖通如離朱，非吾所謂明也。吾所謂臧者，非仁義之謂也，臧於其德而已矣；善在自得。吾所謂臧者，非所謂仁義之謂也，宣云：「此句疑言味而訛。」任其性命之情而已矣；吾所謂聰者，非謂其聞彼也，自聞而已矣；吾所謂明者，非謂其見彼也，自見而已矣。成云：「心神馳奔，耳目竭喪，此乃愚闇，豈曰聰明！若聽耳之所聞，視目之所見，保分任真，不蕩於外者，即物皆聰明也。」**夫不自見而見彼，不自得而得彼者，是得人之得而不自得其得，適人之適而不自適其適者也。**郭云：「此舍己效人者也，雖效之若人，而己已亡矣。」**夫適人之適而不自適其適，雖盜跖與伯夷，是同爲淫僻也。**郭云：「苟以失性爲淫僻，雖所失之塗異，其於失之一也。」案：大宗師篇：「狐不偕、務光、伯夷、叔齊、箕子胥餘、紀他、申屠狄，是役人之役，適人之適，而不自適其適者也。」莊子以全生爲大，故於伯夷一流人深致不滿，但務光、申徒狄諸人，情事未詳，當時或有可以不死之道。至夷、齊、箕子，所係至重，不可一概而論。此所見與聖人異也。**余愧乎道德，**宣云：「謙詞。」**是以上不敢爲仁義之操，而下不敢爲淫僻之行也。**宣云：「莊子將仁義、淫僻例視，何有上下之目！此上、下二字，就俗見言之。」案：三代以來，視道德甚尊，而論仁義不分析。韓非子混義於仁，此文亦以仁義併入仁人内言之。自孔、孟書外，罕能推見仁義之分者，漆園固別有微恉，世儒亦無復深求。昌黎原道一篇，開宗明義，獨舉「仁」「義」「道」「德」四字，開示學人，所以能拔出唐賢而上契古聖也。

外篇 馬蹄第九

蘇輿云：「老子云：『無爲自化，清靜自正。』通篇皆申此旨，而終始以馬作喻，亦莊子内篇所未有也。」

馬，蹄可以踐霜雪，毛可以禦風寒，齕草飲水，翹足而陸。釋文：「崔本足作尾。司馬云：『陸，跳也，字書作踛。踛，馬健也。』」郭慶藩云：「崔足作尾。文選江賦注引亦作尾，陸作踛，云踛音六。廣韻：『踛，力竹切，翹踛也。』」此馬之真性也。雖有義臺、路寢，無所用之。雖極居處之莊麗，非馬性所適也。釋文：「義，徐音儀。路，正也，大也。崔云：『路寢，正室。』」俞云：「義、儀古通。儀臺，猶言容臺。淮南覽冥篇『容臺振而掩覆』，高注：『容臺，行禮容之臺。』」及至伯樂，曰：「我善治馬。」燒之，剔之，刻之，雒之，釋文：「伯樂，姓孫，名陽，善馭馬。司馬云：『燒鐵以爍之。剔，謂翦其毛。』」郭嵩燾云：「雒同烙，謂印烙。」連之以羈馽，編之以皁棧，釋文：「廣雅：『羈，勒也。』馽，丁邑反。崔云：『絆前後足也。』」文選馬汧督誄注引司馬云：「皁，櫪也。」棧，若欞牀，施之溼地也。馬之死者十二三矣；飢之渴之，馳之驟之，整之齊之，前有橛飾之患，而後有鞭筴之威，而馬之死者已過半矣。司馬云：「橛，銜也。飾，謂加飾於馬鑣也。」成云：「帶皮曰鞭，無皮曰筴。」陶者曰：「我善治埴，圓者中規，方者中

曰：「我善治木，曲者中鉤，直者應繩。」矩。」釋文：「陶，窰也。」崔云：「『埴，土也。』」匠人

夫埴、木之性，豈欲中規矩鉤繩哉？然且世世稱之曰：「伯樂善治馬，而陶、匠善治埴木。」此亦治天下者之過也。其過與治天下者等。吾意善治天下者不然。彼民有常性，織而衣，耕而食，是謂同德；成云：「物各自足，故同德。」一而不黨，命曰天放。成云：「渾一無偏，任天自在。」蘇輿云：「與天爲一，泯善惡之黨，於義亦通。」云：「黨，偏。命，名。天，自然也。」宣云：「黨，偏。命，名。天，自然也。」故至德之世，其行填填，其視顛顛。崔云：「填填，重遲。顛顛，專一也。」當是時也，山无蹊隧，澤无舟梁；成云：「蹊，徑。隧，道。」郭云：「不求非望，故止於一家而足。」萬物羣生，連屬其鄉；宣云：「各就所居爲連屬。」禽獸成羣，草木遂長。郭云：「足性而止，無吞夷之欲，故物全。」是故禽獸可係羈而遊，烏鵲之巢可攀援而闚。郭云：「與物無害，故物馴。」夫至德之世，同與禽獸居，族與萬物並，族，聚也。惡乎知君子小人哉！同乎无知，其德不離；同乎无欲，是謂素樸。素樸而民性得矣。郭云：「知則離道以善，欲則離性以飾。」及至聖人，蹩躠爲仁，踶跂爲義，而天下始疑矣；李云：「蹩躠、踶跂，皆用心爲仁義之貌。」澶漫爲樂，摘僻爲禮，而天下始分矣。李云：「澶漫，猶縱逸也。」郭嵩燾云：「『摘僻』，當作『摘擗』。楚詞王注：『擗，析也。』摘者，摘取之；擗者，分析之。謂煩碎也。」故純樸不殘，孰爲犧尊！白玉不毁，孰爲珪璋！成云：「純樸不殘，全木未彫也。犧尊，

酒器，刻爲牛首，以祭宗廟也。上鋭下方曰珪，半珪曰璋。」道德不廢，安取仁義！老子云：「大道廢，有仁義。」性情不離，安用禮樂！成云：「禮以檢迹，樂以和心。情苟不散，安用和心！性苟不離，何勞檢迹！」五色不亂，孰爲文采！五聲不亂，孰應六律！郭云：「此皆變樸爲華，棄本崇末，於其天素，有殘廢矣。」夫殘樸以爲器，工匠之罪也；毀道德以爲仁義，聖人之過也。成云：「以仁義之迹，毀無爲之道。」夫馬，陸居則食草飲水，喜則交頸相靡，靡與摩同。怒則分背相踶。宣云：「馬之踶必向後，故曰分背。」馬知已此矣。馬所知止此矣。李音智，非。夫加之以衡扼，釋文：「衡，轅前横木，縛軛者。扼，叉馬頸者也。」齊之以月題，司馬云：「馬額上當顱如月形者也。」而馬知介倪、闉扼、鷙曼、李云：「介倪，猶睥睨也。闉，曲也。鷙，抵也。曼，突也。」司馬云：「言曲頸於扼以抵突也。」詭銜、竊轡。成云：「詭銜，吐出其勒。竊轡，盜脱籠頭。」故馬之知而態至盜者，充其所知，而態至於盜。伯樂之罪也。夫赫胥氏之時，民居不知所爲，行不知所之，含哺而熙，鼓腹而遊，民能以此矣。司馬云：「赫胥，上古帝王也。」案：熙與嬉同。以、已通作。及至聖人，屈折禮樂以匡天下之形，縣企仁義以慰天下之心，匡，正也。縣企，縣舉而企及之，使人共慕也。而民乃始踶跂好知，踶跂，自矜。好智，行詐。爭歸於利，不可止也。此亦聖人之過也。

外篇

胠篋第十

將爲胠篋、探囊、發匱之盜而爲守備，司馬云：「從旁開爲胠。」蘇輿云：「説文：『匱，匣也。』俗加木作櫃。」則必攝緘、縢，固扃、鐍，此世俗之所謂知也。釋文：「廣雅云：『緘、縢，皆繩也。』李云：『扃，關。鐍，鈕也。』知音智。」然而巨盜至，則負匱、揭篋、擔囊而趨，唯恐緘、縢、扃、鐍之不固也。釋文：「三蒼云：『揭，舉也。』」然則鄉之所謂知者，不乃爲大盜積者也？也與邪同。故嘗試論之，世俗之所謂知者，有不爲大盜積者乎？所謂聖者，有不爲大盜守者乎？何以知其然邪？昔者齊國鄰邑相望，雞狗之音相聞，罔罟之所布，耒耨之所刺，李云：「耒，犁。耨，鋤也。」方二千餘里。闔四竟之内，成云：「闔，合也。」所以立宗廟社稷，治邑、屋、州、閭、鄉曲者，曷嘗不法聖人哉！成云：「司馬法：『六尺爲步，步百爲畝，畝百爲夫，夫三爲屋，屋三爲井，井四爲邑。』又云：『五家爲比，五比爲閭，五閭爲族，五族爲黨，五黨爲州，五州爲鄉。』鄭玄云：『二十五家爲閭，二千五百家爲州，萬二千五百家爲鄉。』」然而田成子一旦殺齊君而盜其國。所盜者豈獨其國邪？並與其聖知之法而盜之。故田成子有乎盜賊之名，而身處堯、舜之安，小國不敢非，大國不敢誅，十二世有齊國。釋文：「自陳恒弒簡公之時，數至莊子著書之日，其後人爲齊君者已歷十二世。」姚云：「自田常至王建十世，上合桓子無宇、釐子乞爲十二世。田氏自桓子始大，故合言十二世。」則是不乃竊齊國，並與其聖知之法，以守其盜賊之身乎？嘗試論之，世俗之所謂至知者，有不爲大盜積者乎？所謂至聖者，有不爲大盜守者乎？何以知其然邪？昔者龍逢斬，比干剖，萇弘胣，崔云：「讀若拖，或作施字。胣，裂也。淮南子曰：『萇弘鈹裂而死。』」子胥靡，釋文：「密池反。崔云：『爛之於江中。』」故四子之賢而身不免乎戮。郭云：「言暴亂之君亦得據君人之威，以戮賢人，而莫之敢亢者，皆聖法之由也。向無聖法，則桀、紂焉得守斯位而放其毒，使天下側目哉！」蘇輿云：「聖法寄於刑賞，而桀、紂用法以戮賢。」故盜跖之徒問於跖曰：「盜亦有道乎？」跖曰：「何適而无有道邪？成云：「何往非道？」夫妄意室中之藏，成云：「起妄心，斟量商度，有無必中。」聖也；入先，勇也；出後，義也；知可否，知也；分均，仁也。五者不備而能成大盜者，天下未之有也。」由是觀之，善人不得聖人之道不立，跖不得聖人之道不行；天下之善人少而不善人多，則聖人之利天下也少而害天下也多。故曰：「脣竭則齒寒，俞云：「此竭字當讀爲『竭其尾』之竭。說文豕下云：『竭其尾，故謂之豕。』脣竭，謂反舉其脣以向上。」魯酒薄而邯鄲圍，釋文：「許慎注淮南云：『楚會諸侯，魯、趙俱獻酒於楚王，魯酒薄而趙酒厚。楚之主酒吏求酒於趙，趙不與，吏怒，乃以趙厚酒易魯薄酒，奏之。楚王以趙酒薄，故圍邯鄲也。』」聖人生而大盜起。」掊擊聖人，縱舍盜賊，而天下始治矣。夫川竭而谷虚，丘夷而淵實。聖人已死，則大盜不起，天下平而无故矣。聖人不死，大盜不止。雖重聖人而治天下，則是重利盜跖也。爲之斗斛以量之，則並與斗斛而竊之；爲之權衡以稱之，則並與權衡而竊之；爲之符璽以信之，則並與符璽而竊之；爲之仁義以矯之，則並與仁義而竊之。何以知其然邪？彼竊鉤者誅，成云：「鉤，腰帶鉤也。」竊國者爲諸侯，諸侯之門而仁義存焉，王引之云：「『存焉』當作『焉存』。焉，於是也。言仁義於是乎存也。古書如此句法甚多。（不備録。）此四句誅、侯爲韻，門、存爲韻，其韻皆在句末。史記游俠傳作『竊鉤者誅，竊國者侯，諸侯之門，仁義存』，是其明證也。」則是非竊仁義聖知邪？故逐於大盜，揭諸侯，成云：「逐，隨也。」宣云：「揭，舉也。」竊仁義並斗斛、權衡、符璽之利者，雖有軒冕之賞弗能勸，止之。斧鉞之威弗能禁。此重利盜跖而使不可禁者，是乃聖人之過也。故曰：「魚不可脱於淵，國之利器不可以示人。」彼聖人者，天下之利器也，非所以明天下也。明，示也。故絶聖棄知，大盜乃止；擿玉毁珠，釋文：「擿，義與擲同。」小盜不起；焚符破璽，而民朴鄙；掊斗折衡，而民不争；殫殘天下之聖法，而民始可與論議。釋文：「殫，盡也。」擢亂六律，鑠絶竽瑟，成云：「擢，拔也。」釋文：「鑠絶，燒斷之也。」塞瞽曠之耳，而天下始人含其聰矣；滅文章，散五采，膠離朱之目，而天下始人含其明矣；毁絶鉤繩而棄規矩，攦工倕之指，李云：「攦，折也。」而天下始人有其巧矣。成云：「人師分内，咸有其巧。譬猶蜘網、蜣丸，豈關工匠！」故曰：「大巧若拙。」削曾、史之行，鉗楊、墨之口，攘棄仁義，而天下之德始玄同矣。成云：「物不喪真，人皆自得，率性全理，故與玄道混同。」彼人含其明，則天下不鑠矣；崔云：「不消壞也。」人含其聰，則天下不累矣；成云：「累，憂患也。」人含其知，則天下不惑矣；人含其德，則天下不僻矣。彼曾、史、楊、墨、師曠、工倕、離朱，皆外立其德，自炫所得。而以爚亂天下者也，法之所无用也。宣云：「以正法言之，皆當去。」子獨不知至德之世乎？釋文：「三蒼云：『爚，火光消也。』」昔者容成氏、大庭氏、伯皇氏、中央氏、栗陸氏、驪畜氏、軒轅氏、赫胥氏、尊盧氏、祝融氏、伏羲氏、神農氏，司馬云：「此十二氏，皆古帝王。」當是時也，民結繩而用之，甘其食，美其服，樂其俗，安其居，鄰國相望，雞狗之音相聞，民至老死而不相往來。若此之時，則至治已。今遂至使民延頸舉踵曰「某所有賢者」，贏糧而趣之，崔云「贏，裹也。」則内棄其親而外去其主之事，内棄其親，若吴起；外去其主，若虞卿。足跡接乎諸侯之境，車軌結乎千里之外，軌，車轍迹。結，交也。則是上好知之過也。上誠好知而无道，好知以擾物，無道以靖之。則天下大亂矣。何以知其然邪？夫弓弩畢弋機變之知多，則鳥亂於上矣；李云：「兔網曰畢，繳射曰弋，弩牙曰機。」郭嵩燾云：「説文：『率，捕鳥畢也。』詩：『畢之羅之。』鳥罟亦謂之畢。李説非。」鉤餌罔罟罾笱之知多，則魚亂於水矣；王念孫云：「鉤當作釣，釣卽鉤也。釋文：『釣，鉤也。』今正文作鉤，後人妄改。」説詳讀書雜志。削格、羅落、罝罘之知多，則獸亂於澤矣；李云：「削格，所以施羅網也。」郭嵩燾云：「説文繫傳云：『長枝爲格。』削格，謂刮削之。削格、羅落，皆所以遮要禽獸。漢書鼂錯傳『爲中周虎落』，顔注：『謂遮落之。』」釋文：「罝，本又作罦。爾雅：『兔罟謂之罝，罬謂之罦。罦，覆車也。』郭璞云：『今翻車。』」知詐漸毒、頡滑堅白、解垢同異之變多，則俗惑於辯矣。郭慶藩云：「荀子非十二子篇『知而險』，議兵篇『是漸之也』，正論篇『上凶險則下漸詐矣』。『知詐漸毒』四字義同，皆謂欺詐也。釋文：『頡滑，不正之語。解垢，詭曲之辭。』」案：頡，「黠」借字。故天下每每大亂，李云：「每每，猶昏昏也。」罪在於好知。故天下皆知求其所不知而莫知求其所已知者，皆知非其所不善而莫知非其所已善者，是以大亂。故上悖日月之明，下爍山川之精，中墮四時之施，成云：「爍，銷也。墮，壞也。」惴耎之蟲，釋文：「惴耎，謂無足蟲。」肖翹之物，李云：「翾飛之物。」莫不失其性。甚矣夫好知之亂天下也！自三代以下者是已。舍夫種種之民而悦夫役役之佞，李云：「種種，謹慤貌。役役，鬼黠貌。」釋夫恬淡无爲而悦夫啍啍之意，啍啍已亂天下矣。郭云：「啍啍，以己誨人也。」

外篇 在宥第十一

聞在宥天下，不聞治天下也。文選謝靈運從宋公戲馬臺詩注引司馬云：「在，察也。宥，寬也。」蘇輿云：「在不當訓察，察之則固治之矣。在，存也。存諸心而不露是善非惡之迹，以使民相安於渾沌，正胠篋篇含字之旨。」在之也者，恐天下之淫其性也；淫，過也。宥之也者，恐天下之遷其德也。遷而他效。天下不淫其性，不遷其德，有治天下者哉！宣云：「又何須更治之！」昔堯之治天下也，使天下欣欣焉人樂其性，是不恬也；成云：「恬，静也。」桀之治天下也，使天下瘁瘁焉人苦其性，是不愉也。成云：「愉，樂也。」夫不恬不愉，非德也。非德也而可長久者，天下无之。人大喜邪，毗於陽。大怒邪，毗於陰。俞云：「喜屬陽，怒屬陰。毗陽毗陰，言傷陰陽之和也。淮南原道訓『人大怒破陰，大喜墜陽』，與此義同。」陰陽並毗，四時不至，寒暑之和不成，其反傷人之形乎！成云：「人多疾病，豈非反傷形乎！」使人喜怒失位，居處無常，思慮不自得，中道不成章，於是乎天下始喬詰、卓鷙，崔云：「喬詰，意不平；卓鷙，行不平也。」而後有盜跖、曾、史之行。故舉天下以賞其善者不足，舉天下以罰其惡者不給，郭云：「慕賞乃善，故賞不能供；畏罰乃止，故罰不能勝。」故天下之大不足以賞罰。自三代以下者，匈匈焉終以賞罰爲事，彼何暇安其性命之情哉！成云：「匈匈，讙譁也。」而且説明邪，是淫於色也；説聰邪，是淫於聲也；説音悦，下同。説仁邪，是亂於德也；説義邪，是悖於理也；説禮邪，是相於技也；説樂邪，是相於淫也；釋文：「相，助也。」成云：「説禮乃助華浮技能，説樂更助宫商淫聲。」王夫之云：「與之偕而自失曰相。」説聖邪，是相於藝也；説知邪，是相於疵也。成云：「説聖迹，助世間之藝術；愛智計，益是非之疵病也。」天下將安其性命之情，之八者，存可也；亡可也；天下將不安其性命之情，之八者，乃始臠卷、獊囊而亂天下也。司馬云：「臠卷，不申舒之狀。」崔本「獊」作「戕」，云：「戕囊，猶搶攘。」而天下乃始尊之惜之，甚矣天下之惑也！豈直過也而去之邪！宣云：「豈但過時便任其去乎！」乃齊戒以言之，跪坐以進之，鼓歌以儛之，宣云：「乃奕世欣奉，不能已如此。」吾若是何哉！故君子不得已而臨莅天下，莫若无爲。无爲也，而後安其性命之情。故貴以身於爲天下，則可以託天下；愛以身於爲天下，則可以寄天下。宣云：「貴愛其身於爲天下，内重而見外之輕，此所以於天下無爲，乃可以爲天下之君也。」蘇輿云：「身下兩於字當衍。四語見老子。」故君子苟能无解其五藏，釋文：「解，散也。」案：駢拇篇：「多方乎仁義而用之者，列於五藏。」无擢其聰明，擢，猶拔也。謂顯拔之。言以聰明自詡也。尸居而龍見，淵默而雷聲，不動而如神，不言而名章。二語又見天運篇。神動而天隨，精神方動，天機自赴。從容無爲而萬物炊累焉。司馬云：「炊累，猶動升也。」向、郭云：「如埃塵之自動。」案：陽春和煦，如萬物層累而炊熟之。吾又何暇治天下哉！

崔瞿問於老聃曰：「不治天下，安藏人心？」「藏」是「臧」之誤，古字止作「臧」。安藏人心，言人心無由善。老聃曰：「汝慎無攖人心。成云：「攖撓人心。」人心排下而進上，宣云：「排抑則降下，稍進則亢上。」上下囚殺，宣云：「上下之間，係之若囚，傷之若殺。」蘇輿云：「其亢上也如殺，其排下也如囚。殺則驕，囚則僨。」淖約柔乎剛强。成云：「淖約，柔弱也。」郭云：「能淖約則剛强者柔矣。」廉劌彫琢，其熱焦火，其寒凝冰。廉，棱。劌，利。彫琢，刻削也。言尖利刻削之人，其心燥急則熱如焦火，戰惕則寒如凝冰。其疾俛仰之間，而再撫四海之外，撫，臨也。喻其疾速。其居也淵而静，宣云：「言其深伏。」其動也縣而天。宣云：「言其飛浮。」僨驕而不可係者，僨驕不可禁係。其唯人心乎！昔者黄帝始以仁義攖人之心，堯、舜於是乎股无胈，脛无毛，以養天下之形，李云：「胈，白肉。」愁其五藏以爲仁義，矜其血氣以規法度。郭慶藩云：「釋言：『矜，苦也。』矜其血氣，猶孟子言『苦其心志』。」然猶有不勝也。堯於是放讙兜於崇山，投三苗於三峗，流共工於幽都，此不勝天下也夫！釋文：「峗，本亦作危。」案：古注「夫」字下屬，今以屬上。施及三王而天下大駭矣。宣云：「不安其性。」下有桀、跖，上有曾、史，成云：「桀、跖行小人之行爲下，曾、史行君子之行爲上。」而儒、墨畢起。同時並起。於是乎喜怒相疑，愚知相欺，善否相非，誕信相譏，而天下衰矣；大德不同，德本玄同，而此有不同之迹。而性命爛漫矣；成云：「爛漫，散亂。」天下好知，而百姓求竭矣。上窮其智，百姓不能供其求。於是乎釿鋸制焉，釋文：「釿音斤，本亦作斤。」繩墨殺焉，椎鑿決焉。工匠以繩墨正木，人君以禮法正人；工匠以斤鋸椎鑿殘木，人君以刑法殘人。天下脊脊大亂，釋文：「脊脊，相殘藉也。」案：與藉藉同。罪在攖人心。故賢者伏處大山嵁巖之下，俞云：「嵁當爲湛。文選封禪文李注：『湛，深也。』山以大言，巖以深言。」而萬乘之君憂慄乎廟堂之上。今世殊死者相枕也，桁楊者相推也，刑戮者相望也，釋文：「廣雅：『殊，斷也。』」崔云：『械夾頸及脛者，皆曰桁楊。』」案：相枕，謂已死者。相推、相望，言其多。而儒、墨乃始離跂攘臂乎桎梏之間。意！同噫。甚矣哉！其无愧而不知恥也甚矣！吾未知聖知之不爲桁楊椄槢也，仁義之不爲桎梏鑿枘也，司馬云：「椄槢，械楔。」成云：「鑿，孔也。以物内孔中曰枘。」桁楊以椄槢爲管，桎梏以鑿枘爲用。焉知曾、史之不爲桀、跖嚆矢也！向云：「嚆矢，矢之鳴者。」字林云：「嚆，大呼。」郭云：「言曾、史爲桀、跖之利用也。」故曰：『絶聖棄知而天下大治。』」

黄帝立爲天子十九年，令行天下，聞廣成子在於空同之上，故往見之，釋文：「廣成子，或云卽老子。爾雅云：『北戴斗極爲空同。』」曰：「我聞吾子達於至道，敢問至道之精。吾欲取天地之精，以佐五穀，以養民人；成云：「欲取陰陽精氣，助成五穀。」吾又欲官陰陽，以遂羣生。成云：「欲象陰陽，設官分職。遂，順也。」爲之奈何〔一〕？」廣成子曰：「而所欲問者，物之質也；成云：「而，汝也。下同。所問粗淺，不過形質。」而所欲官者，物之殘也。宣云：「猶言朴散之餘。」自而治天下，雲氣不待族而雨，司馬云：「族，聚也。未聚而雨，言澤少。」草木不待黄而落，司馬云：「殺氣多。」日月之光益以荒矣。宣云：「天地之氣凋喪如此。」而佞人之心翦翦者，又奚足以語至道！」成云：「汝是諂佞之人，心甚狹劣。」李云：「翦翦，淺短貌。」案：翦與譾同。黄帝退，捐天下，築特室，席白茅，示潔淨。閒居三月，復往邀之。邀，求請也。廣成子南首而卧，黄帝順下風膝行而進，再拜稽首而問曰：「聞吾子達於至道，敢問治身奈何而可以長久？」廣成子蹶然而起，蹶然，疾起貌。曰：「善哉問乎！來！吾語女至道。至道之精，窈窈冥冥；至道之極，昏昏默默。无視无聽，抱神以静，形將自正。必静必清，无勞女形，无摇女精，乃可以長生。宣云：「此言安外以養内也。」目无所見，耳无所聞，心无所知，女神將守形，形乃長

〔一〕「爲之奈何」四字據集釋本補。

生。慎女內，絶思慮。閉女外，止動作。多知爲敗。宣云：「内外交引，病在於知，故總言之。」我爲女遂於大明之上矣，至彼至陽之原也；爲女入於窈冥之門矣，至彼至陰之原也。遂，徑達也。至人智照如日月，故名大明。有感而動，故曰遂於大明之上；無感之時，深根凝湛，故曰入於窈冥之門。天地有官，宣云：「兩儀分職。」陰陽有藏，宣云：「互爲其根。」慎守女身，物將自壯。宣云：「物卽道也。守身則道得其養，將自成也。」我守其一，以處其和，宣云：「二氣之和也。」故我修身千二百歲矣，吾形未嘗衰。」宣云：「形神相守，長久之道。」黄帝再拜稽首曰：「廣成子之謂天矣！」宣云：「與天合德。」廣成子曰：「來！吾語女。彼其物无窮，而人皆以爲有終；道如循環然，而人以爲没則已焉。彼其物无測，而人皆以爲有極。道本無盡，而人以爲有盡。得吾道者，上爲皇而下爲王；失吾道者，上見光而下爲土。雖見光明，已爲土壤。今夫百昌，百物昌盛，謂之百昌。皆生於土而反於土，宣云：「人不知道，與物何異！」故余將去女，入无窮之門，以遊无極之野。成云：「反歸冥寂之本，入無窮之門；應變天地之間，遊無極之野。」吾與日月參光，吾與天地爲常。成云：「參，同也。」當我，緡乎！遠我，昏乎！釋文：「緡，泯合也。」郭嵩燾云：「緡、昏字通，緡亦昏也。當我，鄉我而來，遠我，背我而去，任人之向背，一以無心應之。」人其盡死，而我獨存乎！」宣云：「與道不息。」

雲將東遊，初學記一引司馬云：「雲將，雲之主帥。」過扶搖之枝，李云：「扶搖，神木也，生東海。」而適遭鴻蒙。司馬云：「自然元氣也。」鴻蒙方將拊髀雀躍而遊。成云：「拊，拍也。雀躍，跳躍也。」雲將見之，倘然止，贄然立，李云：「倘，自失貌。贄，不動貌。」曰：「叟何人邪？叟何爲此？」司馬云：「叟，長者稱。」鴻蒙拊髀雀躍不輟，對雲將曰：「遊。」雲將曰：「朕願有問也。」鴻蒙仰而視雲將曰：「吁！」雲將曰：「天氣不合，地氣鬱結，六氣不調，成云：「陰、陽、風、雨、晦、明。」四時不節。今我願合六氣之精，以育羣生，成云：「欲合六氣精華，以養萬物。」爲之奈何？」鴻蒙拊髀雀躍掉頭曰：「吾弗知，吾弗知。」雲將不得問。又三年，東遊，過有宋之野，而適遭鴻蒙。雲將大喜，行趨而進曰：「天忘朕邪？天忘朕邪？」尊之曰天，如黄帝之稱廣成子。再拜稽首，願聞於鴻蒙。鴻蒙曰：「浮游不知所求，猖狂不知所往，自得所求，自適所往。遊者鞅掌，有鞅在掌，言出遊也。以觀无妄，宣云：「真機之自動者，吾但從而寓目焉。」朕又何知！」雲將曰：「朕也自以爲猖狂，而百姓隨予所往；朕也不得已於民，宣云：「謝之不去。」今則民之放也。郭云：「爲民所放效。」願聞一言。」鴻蒙曰：「亂天之經，逆物之情，玄天弗成；成云：「亂天常道，逆物真性，自然之化不成。」解獸之羣，而鳥皆夜鳴；獸散其羣，鳥鳴於夜。災及草木，禍及止蟲。釋文：「止，本亦作昆。」蘇輿云：「止、豸同。」意！治人之過也！」

釋文：「意，本又作噫，下同。」郭云：「有治之迹，亂之所由生也。」雲將曰：「然則吾奈何？」鴻蒙曰：「意！毒哉！宣云：「言害已深。」僊僊乎歸矣！」成云：「僊僊，輕舉貌。勸令歸。」雲將曰：「吾遇天難，願聞一言。」鴻蒙曰：「意！心養。唯心當養。汝徒處无爲，而物自化。成云：「徒，但也。」墮爾形體，吐爾聰明，成云：「身心兩忘。」倫與物忘，人倫庶物，皆泯其迹。大同乎涬溟，司馬云：「涬溟，自然氣也。」宣云：「與浩氣同體。」解心釋神，莫然无魂。宣云：「解其黏，釋其縛。」成云：「魂，好知爲。莫然，無知。同死灰枯木。」萬物云云，成云：「云云，衆多也。」蘇輿云：「案『云云』，老子作『芸芸』，自然貌。」各復其根，宣云：「皆得其无妄之真本。」各復其根而不知。渾渾沌沌，終身不離；宣云：「不開其知識。」若彼知之，乃是離之。成云：「用知，乃離自然之性。」无問其名，无闚其情，宣云：「物本無名，我不必問；本無情，不必闚。」物故自生。成云：「任於獨化，物得生理也。」雲將曰：「天降朕以德，示朕以默，躬身求之，乃今也得。」再拜稽首，起辭而行。

世俗之人，皆喜人之同乎己，而惡人之異於己也。同於己而欲之、異於己而不欲者，以出乎衆爲心也。宣云：「言己超出於衆，皆當從己也。」夫以出於衆爲心者，曷嘗出乎衆哉！非果能超出於衆也。因衆以寧所聞，不如衆技衆矣。並無獨見，但因聞衆論，遂執一而安之，則反不如能集衆技者之信爲衆矣。而欲爲人之國者，此攬乎三王之利，而不見其患者也。宣云："然且欲以己見治人之國者，此徒以聖知仁義爲利，而不見其害也。"此以人之國僥倖也，幾何僥倖而不喪人之國乎！其存人之國也，无萬分之一；其喪人之國也，一不成而萬有餘喪矣。一事不成，萬事隨之。悲夫！有土者之不知也！夫有土者，有大物也。有大物者，不可以物物；郭云："不能用物而爲物用，即是物耳，豈能物物哉！不能物物，則不足以有大物矣。"蘇輿云："言有土者自以爲若有物存，則爲物所物矣。惟物而不物，故能以一身物萬物。下文『獨有』，卽無物之旨。"而不物，故能物物。宣云："不見有物，則超乎物外，故能主宰乎物也。"明乎物物者之非物也，豈獨治天下百姓而已哉！出入六合，遊乎九州，獨往獨來，是謂獨有。獨有之人，是謂至貴。成云："人欲出衆而己獨遊，衆無此能，是名獨有。獨有之人，百姓荷戴，以斯爲主，可謂至尊至貴也。"

大人之教，若形之於影，聲之於響。有問而應之，盡其所懷，爲天下配。成云："配，匹也。先感爲主，應者爲匹。"處乎无響，郭云："寂以待物。"行乎无方。郭云："隨物轉化。"挈汝適復之撓撓，以遊无端，俞云："釋詁：『適，往也。』適復，猶往復。撓撓，亂也。惟大人能提挈世俗往復撓亂之人，與之共遊於無端。"出入無旁，宣云："去聲。"與日无始，成云："與日俱新，故無終始。"頌論形軀，合乎大同，論其形貌，合乎人羣，不自立異。大同而无己。无己，惡乎得有有！郭云："天下之難無者己也。己既無矣，則羣有不足復有之。"覩有者，昔之君子；宣云：「三代所謂明聖。」覩无者，天地之友。

賤而不可不任者，物也；卑而不可不因者，民也；民、物雖卑賤，惟當因而任之，反其性則亂。匿而不可不爲者，事也；郭云：「事藏於彼，而各自爲，故不可自爲，但當因任耳。」麤而不可不陳者，法也；成云：「法，言教也。理妙法麤，故順陳説。」遠而不可不居者，義也；成云：「義雖去道疏遠，苟其合理，應須取斷。」親而不可不廣者，仁也；成云：「親偏愛狹，周廣乃大仁也。」節而不可不積者，禮也；成云：「積，厚也。節，文也。」中而不可不高者，德也；修德之人，與世中和，自然高遠。一而不可不易者，道也；成云：「妙本一氣，通生萬物，甚自簡易，其唯道乎！」神而不可不爲者，天也。故聖人觀於天而不助，成云：「聖人觀自然妙理，大順羣物，而不助其性分。」成於德而不累，出於道而不謀，郭云：「不謀而一，所以爲易。」會於仁而不恃，所爲自與仁會，不恃賴之。薄於義而不積，應於禮而不諱，俞云：「諱讀爲違。廣雅釋詁：『諱，避也。』國語韋注：『違，避也。』二字聲近義通。不諱，即不違。」接於事而不辭，齊於法而不亂，成云：「因於物性，以法齊之，故不亂。」恃於民而不輕，郭云：「恃其自爲，不輕用也。」因於物而不去。郭云：「因而任之，不去其本。」物者莫足爲也，而不可不爲。成云：「素無之，不可强爲；性中有者，不可不爲。」不明於天者，不純於德；成云：「闇自然之理，則澆薄之德不純。」不通於道者，无自而可。成云：「觸事面牆，無從而可。」不明於道者，悲夫！何謂道？有天道，有人道。无爲而尊者，天道也；有爲而累者，人道也。主者，天道也；臣者，人道也。天道之與人道也〔一〕，相去遠矣，不可不察也。宣云：「此段意膚文雜，與本篇義不甚切，不似莊子之筆，或後人續貂耳。」案：宣疑是也。然郭象有注，則晉世傳本已然。

〔一〕「天道之與人道也」七字，據集釋本補。

外篇　天地第十二

天地雖大，其化均也；郭云：「均於不爲而自化也。」萬物雖多，其治一也；郭云：「一以自得爲治。」人卒雖衆，其主君也。君原於德而成於天，本於有德而成於自然。故曰：玄古之君天下，无爲也，天德而已矣。成云：「玄，遠也。玄古聖君，無爲而治天下，自然之德而已矣。」蘇輿云：「玄字句絶，與下文『玄德』之玄同義。」以道觀言而天下之君正，郭云：「無爲者自然爲君。」郭嵩燾云：「言者，名也。正其君之名，而天下聽命焉。故曰名之必可言也，衷諸道而已矣。」以道觀分而君臣之義明，郭云：「各當其分，無爲位上，有爲位下也。」以道觀能而天下之官治，郭云：「官各當其所能則治。」以道汎觀而萬物之應備。宣云：「泛應不窮。」故通於天地者，德也；郭云：「萬物莫不皆得，則天地通。」行於萬物者，道也；成云：「至理無塞，恣物往來同行，故曰道。」宣云：「道蓋義字之訛。」上治人者，事也；成云：「事事有宜而天下治。」能有所藝者，技也。郭云：「技者，萬物之末用也。」技兼於事，事兼於義，義兼於德，德兼於道，道兼於天。郭云：「天道順則本末俱暢。」故曰：「古之畜天下者，畜，養。无欲而天下足，无爲而萬物化，淵静而百姓定。」成云：「老子曰：『我好静而民自正。』」記曰：釋文：「書名，老子所作。」「通於一而萬事畢，成云：「一，道也。事從理生，理必包事，本能攝末，故知一，萬事畢。語在西升經。」无心得而鬼神服。」以無心得者，無不服也。

夫子曰：司馬云：「莊子也。一云：老子也。」宣云：「孔子也。下言『夫子問於老聃』可知。」「夫道，覆載萬物者也，洋洋乎大哉！君子不可以不刳心焉。成云：「刳，去也，洗也。法道之無爲，洗去有心之累。」无爲爲之之謂天，上爲去聲。成云：「率性而動，天機自張。」无爲言之之謂德，成云：「應答無方，物來斯應。」愛人利物之謂仁，成云：「心無偏執，措其性命。」不同同之之謂大，郭云：「萬物萬形，各止其分，不引彼以同我，乃成大耳。」行不崖異之謂寬，宣云：「和光同塵。」有萬不同之謂富。故執德之謂紀，成云：「能持以前之德行者，可謂羣物之綱紀。」蘇輿云：「故字疑衍。」德成之謂立〔一〕，成云：「德行既成，方可立功濟物。」循於道之謂備，成云：「循，順也。順於虛通，德行方足。」不以物挫志之謂完。成云：「一毁譽，混榮辱，不以物屈，其德完全。」君子明於此十者，則韜乎其事心之大也，成云：「韜，包容也。」俞云：「事心，猶立心也。禮郊特牲鄭注：『事，猶立也。』呂覽論人篇『事心乎自然

〔一〕「立」原作「力」，據集釋本改。

之塗』，亦以事心連文。」沛乎其爲萬物逝也。成云：「逝，往也。爲羣生所歸往。」若然者，藏金於山，藏珠於淵；不利貨財，不近貴富；宣云：「不以物累身。」不樂壽，不哀夭；不榮通，不醜窮；壽夭俱忘，窮通不足言矣。不拘一世之利以爲己私分，郭云：「皆委之萬物。」不以王天下爲己處顯。郭云：「忽然不覺榮之在身。」顯則明，萬物一府，成云：「忘於物我。」死生同狀。」成云：「冥於變化。」

夫子曰：「夫道，淵乎其居也，漻乎其清也。釋文：「廣雅云：『漻，清貌。』」金石不得，无以鳴。金石不得其和不鳴，亦道之見端也。故金石有聲，不考不鳴。感而後應。萬物孰能定之！推此而言，萬物應感無方，孰能定之！夫王德之人，素逝而恥通於事，抱朴以往，羞通於庶務。蘇輿云：「素逝，卽山木篇『晏然體逝』之意。『通於事』與『通於神』對文，恥字疑誤。」立之本原而知通於神。故其德廣，本原既立，智可通神，故德能廣被。其心之出，有物採之。非感不應。故形非道不生，生非德不明。成云：「道能通生萬物，故非道不生；德能鑒照本原，故非德不明。」老經云『道生之，德畜之』也。」存形窮生，立德明道，非王德者邪！蕩蕩乎！忽然出，勃然動，而萬物從之乎！此謂王德之人。郭云：「忽、勃，皆無心而應之貌。」視乎冥冥，聽乎无聲。宣云：「道不在形勢故。」冥冥之中，獨見曉焉；无聲之中，獨聞和焉。宣云：「道又非寂滅故。」故深之又深，而能物焉；宣云：「至不測矣，而物由此出。」神之又神，而能精焉。至無方矣，而精不可掩。故其與萬物接也，至无而供其求，非有而求無不給。時騁而要其宿，行遠而其歸可會。大小、長短、修遠。」宣云：「『修遠』當作『遠近』。大而小，長而短，遠而近。」

黄帝遊乎赤水之北，登乎崑崙之丘而南望，還歸，遺其玄珠，文選廣絶交論注引司馬云：「赤水，假名。玄珠，喻道也。」宣云：「赤者，南方明色，其北則玄境也。南乃明察之方。已遊玄境，不能久守，而復望明處，則玄亡也。」使知索之而不得，釋文：「知音智。」使離朱索之而不得，使喫詬索之而不得也。郭嵩燾云：「廣韻：『喫，同嚱。』嚱，聲也；詬，怒也，怒亦聲也。集韻云『喫詬力諍』者是也。知以神索之，離朱索之形影，喫詬索之聲聞，是以愈索愈遠。象罔者，若有形，若無形，故眸而得之。」乃使象罔，象罔得之。黄帝曰：「異哉！象罔乃可以得之乎？」宣云：「似有象而實無，蓋無心之謂。」

堯之師曰許由，許由之師曰齧缺，齧缺之師曰王倪，王倪之師曰被衣。堯問於許由曰：「齧缺可以配天乎？吾藉王倪以要之。」堯欲讓天下於齧缺，因王倪要致之。許由曰：「殆哉圾乎天下！圾同岌，危也。齧缺之爲人也，聰明叡知，給數以敏，其性過人，釋文：「數音朔。」成云：「叡，聖。給，捷。敏，速也。」而又乃以人受天。宣云：「非純乎天者。」彼審乎禁過，而不知過之所由生。郭云：「過生於聰知，又役知以禁之，其知彌甚矣。」與之配天乎？彼且乘人而无天，若令爲天子，彼且專任人而無復自然之性。方且本身而異形，顯分人己。方且尊知而火馳，宣云：「尚智巧而急用之。」方且爲緒使，宣云：「爲細事所役。」方且爲物絯，釋文：「廣雅云：『束也，公才反。』」宣云：「爲物所拘。」方且四顧而物應，宣云：「酬接不暇。」方且應衆宜，事事求合。方且與物化而未始有恒。宣云：「屢爲物變而不能定。」夫何足以配天乎？雖然，有族有祖，宣云：「凡聚族必有宗祖。」可以爲衆父，而不可以爲衆父父。宣云：「衆父父者，乃族之祖也，萬化之大宗也。齧缺亦可爲衆人之父，但不能爲衆父之父耳。」治亂之率也，率，主也。用智理物，治之主，亦亂之主。北面之禍也，南面之賊也。」宣云：「不可爲人臣，亦不可爲人君。」案：借此言以警堯，非齧缺真如此也。

堯觀乎華。司馬云：「地名。」華封人曰：「嘻！聖人！請祝聖人：使聖人壽。」堯曰：「辭。」「使聖人富」。堯曰：「辭。」「使聖人多男子」。堯曰：「辭。」封人曰：「壽、富、多男子，人之所欲也。女獨不欲，何邪？」堯曰：「多男子則多懼，富則多事，壽則多辱。是三者，非所以養德也，故辭。」封人曰：「始也我以女爲聖人邪，今然君子也。宣云：「今如此，但可爲君子。」天生萬民，必授之職，多男子而授之職，則何懼之有！富而使人分之，則何事之有！夫聖人鶉居而鷇食，宣云：「鶉無常居，言不求安，鷇待母食，言不求飽。」鳥行而无彰；成云：「與物俱冥，如鳥之飛行，無蹤跡可見。」天下有道則與物皆昌，天下无道則修德就閒；千歲厭世，去而上僊，乘彼白雲，至於帝鄉。三患莫至，成云：「三患，前富、壽、多男子也。」身常无殃，則何辱之有！」封人去之，堯隨之，曰：「請問。」封人曰：「退已！」

堯治天下，伯成子高立爲諸侯。釋文：「通變經云：『老子從此天地開闢以來，吾身一千二百變，後世得道，伯成子高是也。』」堯授舜，舜授禹，伯成子高辭爲諸侯而耕。禹往見之，則耕在野。禹趨就下風，立而問焉，曰：「昔堯治天下，吾子立爲諸侯；堯授舜，舜授予，而吾子辭爲諸侯而耕。敢問其故何也？」子高曰：「昔堯治天下，不賞而民勸，不罰而民畏。今子賞罰而民且不仁，德自此衰，刑自此立，後世之亂自此始矣。夫子闔行邪？无落吾事！」俋俋乎耕而不顧。釋文：「闔，本亦作盍。落，猶廢也。字林云：『俋俋，勇壯貌。』」

泰初有无无，並不得謂之無。有无名，可謂之無而不能名。一之所起，有一而未形。宣云：「太極尚未著。」物得以生，謂之德；宣云：「物得此未形之一以生，則性中各有一太極，故謂之德。」未形者有分，且然无間，謂之命；宣云：「雖分陰陽，猶且陽變陰合，流行無間，乃天之所以爲命也。」留動而生物，宣云：「動卽造化之流行，少留於此，卽生一物。」物成生理，謂之形；宣云：「物受之而成生理，謂之形。」形體保神，各有儀則，謂之性。成云：「體，質。」宣云：「形載神而保，合之視聽言動，各有當然之則，乃所謂性也。上所謂『得以生，謂之德』者，此也。言性在形之後者，性須形載之，故曰形體保神。」性修反德，宣云：「性修則復其所得於未形之一。」德至同於初。宣云：「德之至，則同於泰初，此極詣也。」同乃虚，虚乃大。宣云：「形容同於初之妙境。」合喙鳴，宣云：「渾合衆口，蓋忘言也。」喙鳴合，與天地爲合。宣云：「既忘言則與天地一體矣。」其合緡緡，釋文：「緡，武巾反。」若愚若昏，郭云：「坐忘而自合耳。」是謂玄德，同乎大順。郭云：「德玄而所順者大矣。」

夫子問於老聃曰：「有人治道若相放，可不可，然不然。郭云：「若相放效，强以不可爲可，不然爲然。」辯者有言曰：『離堅白若縣寓。』成云：「堅白，公孫龍守白論也。孔穿之徒，堅執此論，當時獨步，天下無敵。今辯者云『我能離析堅白之論，不以爲辯，如縣日月於區寓』也。」若是，則可謂聖人乎？」老聃曰：「是胥易技係，勞形怵心者也。解見應帝王篇。執留之狗成思，猨狙之便自山林來。釋文：「執留，本又作貍，一本作狸。司馬云：『貍，竹鼠也。』一云：『執留之狗，謂有能，故被留係，成愁思也。』」案：説文：「鼲，竹鼠也。」埤雅：「一名竹鼲。」郭璞山海經注「其音如留牛」，亦引此文「執留之狗」爲證。據此，知留是留牛，非竹鼲，特竹鼲之音似留牛耳。留牛卽犛牛，留、犛雙聲字。蓋犛牛身大，逍遥遊篇所謂「若垂天之雲」者，此狗獨能執之，故謂之執留之狗。言狗以有能被係而成愁思，猿狙以便捷亦自山林而來，見拘繫也。應帝王篇引老子語云「猨狙之便、執斄之狗來藉」，與此文微異，而恉大同，尤留、斄同字之明證矣。丘！予告若，而所不能聞與而所不能言。謂道也。若、而，皆汝。凡有首、有趾、无心、无耳者衆，宣云：「具體爲人，而無知無聞者皆是。」有形者與无形无狀而皆存者盡无。有形，人也；無形無狀，道也。能人與道俱存者無之。其動，止也；其死，生也；其廢，起也。此又非其所以也。動静、死生、興廢，皆非道之所在。有治在人，蘇輿云：「言道無可名，徒有治化之迹在人耳。」忘乎物，忘乎天，其名爲忘己。忘物矣，並其自然之天而亦忘之，是之謂忘己。忘己之人，是之謂入於天。」宣云：「與天爲一。」

將閭葂見季徹曰：釋文：「將，一本作蔣。葂，亦作菟，音免。姓將閭，名菟。或云：姓蔣，名閭葂也。季徹，人姓名，蓋季氏之族。」「魯君謂葂也曰：『請受教。』辭不獲命〔一〕，既已告矣，未知中否，請嘗薦之。嘗，試。薦，進也。吾進告徹。吾謂魯君曰：『必服恭儉，拔出公忠之屬，屬，類。而无阿私，行政無私曲。民孰敢不輯！』」輯，和。季徹局局然笑曰：「若夫子之言，於帝王之德，猶螳蜋之怒臂以當車軼，則必不勝任

〔一〕「命」字，據集釋本補。

其觀臺多物，非自安之道。將往投迹者衆。」舉足投迹者衆，君且不勝其煩，且若是，則其自爲處危，矣。釋文：「局局，大笑貌。軼音轍。」觀臺，君所居地。物，事也。言君所自此多事。非帝王修德安人之道。將閭葂覤覤然驚曰：「葂也汒若於夫子之所言矣。釋文：「覤覤，驚懼貌，許逆反。」案：汒若，猶茫然。雖然，願先生之言其風也。」俞云：「風讀爲凡，猶云言其大凡也。風本從凡聲，故得通用。」季徹曰：「大聖之治天下也，搖蕩民心，使之成教易俗，宣云：「搖蕩，猶言鼓舞。」舉滅其賊心而皆進其獨志，成云：「舉，皆也。」宣云：「除其害道之心，進其得一之志。」若性之自爲，而民不知其所由然。若然者，豈兄堯、舜之教民，溟涬然弟之哉？郭云：「溟涬，甚貴之謂。」宣云：「言不肯讓堯、舜居先而己後之。」欲同乎德而心居矣。」宣云：「欲同天下於一德，而心安處於不用矣。」

子貢南遊於楚，反於晉，過漢陰，見一丈人方將爲圃畦，李云：「菜蔬曰圃，埒中曰畦。」鑿隧而入井，成云：「隧，地道。」抱甕而出灌，搰搰然用力甚多而見功寡。郭云：「搰搰，用力貌。」子貢曰：「有械於此，一日浸百畦，用力甚寡而見功多，夫子不欲乎？」爲圃者卬而視之曰：「奈何？」成云：「問其方法。」曰：「鑿木爲機，後重前輕，挈水若抽，李云：「抽，引也。」數如泆湯，釋文：「數，所角反。泆，本或作溢。李云：『疾速如湯沸溢。』」其名爲槔。」釋文：「本又作橋，司馬、李云：『桔槔也。』」爲圃者忿然作色而笑曰：「吾聞之吾師：『有機械者必有機事，有機事者必有機心。』機心存於胸中，則純白不備；純白不備，則神生不定；神生不定者，道之所不載也。生，性同。言不可載道。吾非不知，羞而不爲也。」子貢瞞然慙，釋文：「瞞，李天典反，慙貌。司馬本作憮。」俯而不對。有間，爲圃者曰：「子奚爲者邪？」曰：「孔丘之徒也。」爲圃者曰：「子非夫博學以擬聖，於于以蓋衆，郭嵩燾云：「應帝王篇：『其覺于于。』說文：『于，於也，象氣之舒。』是於、于字同。於于，猶于于也。」獨弦哀歌以賣名聲於天下者乎？汝方將忘汝神氣，墮汝形骸，而庶幾乎！猶云其庶乎！而，汝也。而身之不能治，而何暇治天下乎？子往矣，无乏吾事！」釋文：「乏，廢也。」子貢卑陬失色，頊頊然不自得，行三十里而後愈。李云：「卑陬，愧懼貌。頊頊，自失貌。」其弟子曰：「向之人何爲者邪？夫子何故見之變容失色，終日不自反邪？」成云：「反，復也。崇朝神氣不復。」曰：「始以爲天下一人耳，昔以爲天下止一人耳。意尊孔子。不知復有夫人也。不知復有此輩人也。吾聞之夫子：『事求可，功求成，用力少，見功多者，聖人之道。』今徒不然。徒，輩也，言此輩人。執道者德全，德全者形全，形全者神全。神全者，聖人之道也。託生與民並行，宣云：「寄生於世，與民大同。」而不知其所之，汒乎淳備哉！汒乎，言不能測其所至。功利、機巧，必忘夫人之心。宣云：「夫人之心，必無此四累。」若夫人者，非其志不之，非其心不爲。之，往也。心志有所專執。雖以天下譽之，得其所謂，稱爲全德。謷然不顧；以天下非之，失其所謂，成云：「聲名喪失。」儻然不受。成云：「儻然，無心貌。」天下之非譽，无益損焉，是謂全德之人哉！郭云：「此宋榮子之徒，未足以爲全德。子貢之迷没於此人，卽若列子之心醉於季咸也。」我之謂風波之民。」成云：「水性雖澄，逢風波起，我心不定，類彼波瀾。」反於魯，以告孔子。孔子曰：「彼假修渾沌氏之術者也：郭云：「以其背今向古，羞爲世事，故知其非真渾沌也。」宣云：「假修，言假人事以修之。」案：二說並通。識其一，不知其二；郭云：「徒識修古抱灌之朴，不知因時任物之易。」治其内，而不治其外。成云：「守道抱素，治内也；不能隨時應變，不治外也。」夫明白入素，无爲復朴，體性抱神，以遊世俗之間者，汝將固驚邪？郭云：「此真渾沌也，故與世同波而不自失，則雖遊於世俗而泯然無迹，豈必使汝驚哉！」俞云：「固讀爲胡。胡、固皆從古聲，故得通用。汝將胡驚邪，言汝與真渾沌遇，則何驚也？郭注正得其意。」且渾沌氏之術，予與汝何足以識之哉！」郭云：「渾沌玄同，孰識之哉！」

諄芒將東之大壑，海也。適遇苑風於東海之濱。苑風曰：「子將奚之？」曰：「將之大壑。」曰：「奚爲焉？」曰：「夫大壑之爲物也，注焉而不滿，酌焉而不竭，吾將遊焉。」成云：「大海宏深，以譬至理。雖寄往滄溟，實游心大道也。」苑風曰：「夫子无意於橫目之民乎？成云：「五行之內，惟民橫目。」願聞聖治。」諄芒曰：「聖治乎，官施而不失其宜，司馬云：「施政布教，各得其宜。」拔舉而不失其能，畢見其情事而行其所爲，宣云：「盡見情理，順而行之。」行言自爲而天下化，躬行其言，皆以自爲，而人化之。手撓顧指，四方之民莫不俱至，言以手麾，以顧指，而民畢從。司馬云：「撓，動也。」郭慶藩云：「顧指，謂顧其人而指使之。左思吴都賦『搴旗若顧指』，劉逵注：『謂顧指如意。』」此之謂聖治。」「願聞德人。」曰：「德人者，居无思，行无慮，不藏是非美惡。宣云：「心中過而不留。」四海之內，共利之之謂悦，共給之之謂安；民與上共悦安。爲，謂字同。怊乎若嬰兒之失其母也，儻乎若行而失其道也。釋文：「字林云：『怊，悵也。』」案：儻，心無主也。民仰賴之如此。財用有餘而不知其所自來，飲食取足而不知其所從。成云：「寡欲止分，故財用有餘；不貪滋味，故飲食取足。」此謂德人之容。」郭云：「德者，神人迹也，故曰容。」「願聞神人。」曰：「上神乘光，與形滅亡，上品神人，乘光照物，不見其形迹。此謂照曠。成云：「智周萬物，明逾三景，無幽不燭，豈非曠遠！」姚云：「晉人諱昭，皆書作照，右軍法帖皆然。不知者乃因照字作解，非也。」致命盡情，宣云：「致天命，盡實理。」天地樂而萬事銷亡，宣云：「與天地同樂，而物累皆捐。」萬物復情，齊其情實。此之謂混冥。」混同於玄冥。

門无鬼司馬本作「無畏」，云：「門姓，無畏字。」與赤張滿稽，宣云：「赤張姓，滿稽名。」觀於武王之師。謂孟津之役。赤張滿稽曰：「不及有虞氏乎！故離此患也。」不及有虞之揖讓，故遭離征伐之患。門无鬼曰：「天下均治而有虞氏治之邪，其亂而後治之與？」言天下皆治，而有虞氏又從而治之邪，其必有亂而後治之與？赤張滿稽曰：「天下均治之爲願，而何計以有虞氏爲？郭云：「均治則願各足矣，復何爲計有虞氏之德而推以爲君！」有虞氏之藥瘍也，李云：「瘍，頭創也。」王引之云：「藥，古讀曜，與療聲近義通。方言：『療，治也。』」郭云：「天下皆患創亂，故求虞氏藥之。」禿而施髢，病而求醫。宣云：「不禿何用髢？不病何用醫？」孝子操藥以修慈父，修，治也。其色燋然，聖人羞之。宣云：「言不如養親使不病也。」至治之世，不尚賢，不使能；上如標枝，如樹枝無心而在上。民如野鹿；郭云：「放而自得。」端正而不知以爲義，自然合宜。相愛而不知以爲仁，實而不知以爲忠，當而不知以爲信，成云：「任真當理。」蠢動而相使，不以爲賜。互相役使，故不謝。是故行而无迹，事而无傳。」成云：「率性而動，故無迹可記。迹既昧矣，事亦滅焉。」姚本「无傳」爲一節，從之。

孝子不諛其親，忠臣不諂其君，臣子之盛也。親之所言而然，所行而善，則世俗謂之不肖子；君之所言而然，所行而善，則世俗謂之不肖臣。而未知此其必然邪！

宣云：「明於責臣子之諂諛，卻不知人情皆必然。」世俗之所謂然而然之，所謂善而善之，則不謂之道諛之人也。則與而同義。郭慶藩云：「道卽諂也。漁父篇：『希意道言謂之諂。』荀子不苟篇『非諂諛也』，賈子先醒篇『君好諂諛而惡至言』，韓詩外傳並作『道諛』。道、諂一聲之轉。」宣云：「世俗明道諛，而不謂之道諛。」然則俗固嚴於親而尊於君邪！宣云：「道諛君親則責之，道諛世俗則安之，豈世俗更嚴更尊邪？」謂己道人，則勃然作色；謂己諛人，則怫然作色。而終身道人也，終身諛人也，宣云：「惡其名而甘蹈其實。」合譬飾辭聚衆也，宣云：「廣合譬喻，使人易曉；修飾辭令，使人動聽。所謂招人附己也。」是始終本末不相坐。宣云：「蹈其實，不坐其罪，故曰不相坐。」垂衣裳，設采色，動容貌，以媚一世，而不自謂道諛，指人君。與夫人之爲徒，通是非，而不自謂衆人，宣云：「與衆人爲徒，同是非之習，而又自謂獨異於衆。」愚之至也。知其愚者，非大愚也；知其惑者，非大惑也。大惑者，終身不解；大愚者，終身不靈。司馬云：「靈，曉也。」三人行而一人惑，所適者猶可致也，成云：「適，往也。致，至也。」惑者少也；二人惑則勞而不至，惑者勝也。而今也以天下惑，予雖有祈嚮，祈，求也。不可得也。不亦悲乎！大聲不入於里耳，司馬云：「大聲，謂咸池六音之樂。」折楊、皇荂，成云：「蓋古之俗中小曲。」釋文：「荂，本又作華，音花。」則嗑然而笑。李云：「嗑，笑聲。」是故高言不止於衆人之心，宣云：「不相入也。」成云：

「超出俗表，謂之高言。」至言不出，俗言勝也。成云：「出，顯也。」以二缶鍾惑，而所適不得矣。釋文：「缶，應作垂；鍾，應作踵。言垂脚空中，必不得有之適也。司馬本作『二垂鍾』，云：『鍾，注意也。』」郭嵩燾云：「説文：『缶，瓦器也，所以盛酒漿。』『鍾，酒器也。』小爾雅：『釜二有半謂之藪，藪二有半謂之缶，缶二謂之鍾。』缶、鍾皆量器：缶受四斛，鍾受八斛。以二缶鍾惑，不辨缶鍾所受多寡也，持以爲量，茫乎無所適從矣。上文『一人惑』、『二人惑』，據人言；此『以二缶鍾惑』，據事言。」案：郭注云「各自信據，故不知所之」，所見蓋與今本同。自陸氏易「缶鍾」爲「垂踵」，成疏因之，説究未安。俞氏易「二缶鍾」爲「一企踵」，改字更多，不如郭注望文生義之爲勝也。而今也以天下惑，予雖有祈嚮，其庸可得邪？知其不可得也而强之，又一惑也，故莫若釋之而不推。宣云：「不必推究。」不推，誰其比憂！成云：「比，與也。」案：自寬之詞。厲之人夜半生其子，遽取火而視之，汲汲然惟恐其似己也。宣云：「厲，癩也。醜人惟恐子之相似，今知天下之惑，而我乃欲强所不可得而又成一惑，獨不懼其相似邪？故莫若釋之而遠於憂，蓋惟恐同蹈於惑也。」百年之木，破爲犧尊，淮南俶真篇高注：「犧尊，猶疏鏤之尊。」青黄而文之，其斷在溝中。斷棄之木。比犧尊於溝中之斷，則美惡有間矣，其於失性一也。跖與曾、史，行義有間矣，然其失性均也。且夫失性有五：一曰五色亂目，使目不明；二曰五聲亂耳，使耳不聰；三曰五臭薰鼻，困惾中顙；成云：「五臭，謂羶、薰、香、鯹、腐。惾，塞也。言鼻耽五臭，故壅塞不通而中傷顙額。外書呼香爲臭，故易云『其臭如蘭』；道經謂『五香』，故西升經云『香味是冤』也。」釋文：「惾，子公反，郭音俊。」四曰五味濁口，使口厲爽；郭慶藩云：「大雅思齊箋：『厲，病也。』廣雅：『爽，傷也。』言病傷滋味。」五曰趣舍滑心，使性飛揚。成云：「趣，取。滑，亂也。」此五者，皆生之害也。而楊、墨乃始離跂自以爲得，非吾所謂得也。離跂，離人獨立。夫得者困，成云：「既僞其性，則遭困苦。」可以爲得乎？則鳩鴞之在於籠也，亦可以爲得矣。且夫趣舍聲色以柴其內，如柴之塞。皮弁、鷸冠、搢笏、紳修以約其外，成云：「皮弁，以皮爲冠。鷸鳥翠羽飾冠。搢，插也。笏，猶珪。紳，大帶。修，長也。」內支盈於柴柵，成云：「柵，籠也。支柱充塞於內，故以柴柵擬之。」外重纆繳，釋文：「重，直龍反。」成云：「纆繳，繩也。」睆睆然在纆繳之中成云：「睆睆，視貌。」而自以爲得，則是罪人交〔一〕臂、歷指，司馬云：「交臂，反縛也。」宣云：「歷指，關指。」而虎豹在於囊檻，亦可以爲得矣。

〔一〕「交」原作「支」，據集釋本改。注文「交」字同。

莊子集解卷四

外篇 天道第十三

天道運而无所積，故萬物成；釋文：「積，謂積滯不通。」帝道運而无所積，故天下歸；宣云：「神與化俱。」聖道運而无所積，故海内服。宣云：「至誠無息。」明於天，通於聖，六通四辟於帝王之德者，其自爲也，昧然无不静者矣。釋文：「六通，陰、陽、風、雨、晦、明。四辟，四方開也。」成云：「六通，謂四方上下。四辟，謂四時。任物自動，故曰自爲。晦迹韜光，其猶昧闇，動不傷寂，故無不静也。」聖人之静也，非曰静也善，故静也，非以静爲善而學之。萬物无足以鐃心者，故静也。鐃，撓借字。水静則明燭鬚眉，平中準，大匠取法焉。其平與準相中，故匠人取法焉，謂之水平。中，竹仲反。水静猶明，而況精神！其明更可知。聖人之心静乎，天地之鑑也，萬物之鏡也。果能静，雖天地之精，萬物之理，皆莫能遁。夫虚静恬淡，寂漠无爲者，天地之平而道德之至，故帝王聖人休焉。宣云：「息心於此。」休則虚，虚則實，實則倫矣。休其心則與虚合德，與虚合德則萬理俱涵，萬理俱涵則無不井然有倫。虚則静，静則動，動則得矣。必虚方能静，静則可以動，動則得其宜矣。静則无爲，无爲也，則任事者責矣。静觀無爲，不擾羣下，則任事者各自責矣。无爲則俞俞，俞俞者憂患不能處，年壽長矣。釋文：「廣雅云：『俞俞，喜也。』」宣云：「外患不能居於其心，故神豫而長。」夫虚静恬淡，寂寞无爲者，萬物之本也。明此以南鄉，堯之爲君也；明此以北面，舜之爲臣也。以此處上，帝王天子之德也；以此處下，玄聖素王之道也。成云：「有其道而無其爵者，所謂玄聖素王，自貴者也，即老君、尼父是也。」姚云：「素王十二經，是後人語。」以此退居而閒游，江海山林之士服；成云：「巢、許之流。」以此進爲而撫世，則功大名顯而天下一也。郭云：「無爲之體大矣，天下何所不無爲哉！故主上不爲冢宰之任，則伊、吕静而司尹矣；冢宰不爲百官之所執，則百官静而御事矣；百官不爲萬民之所務，則萬民静而安其業矣；萬民不易彼我之所能，則天下之彼我静而自得矣。故自天子以下至於庶人，孰能有爲而成哉！是以彌無爲而彌尊也。」成云：「進爲，謂顯迹出仕也，伊、望之倫。」静而聖，動而王，无爲也而尊，樸素而天下莫能與之争美。雖大樸而自然至美。夫明白於天地之德者，此之謂大本大宗，與天和者也；郭云：「天地以無爲爲德，故明其宗本則與天無逆。」所以均調天下，與人和者也。郭云：「順天所以應人，故天和至而人和盡也。」成云：「均，平。調，順也。」與人和者，謂之人樂；與天和者，謂之天樂。成云：「俯同塵俗，仰合自然。」莊子曰：「吾師乎！吾師乎！𩐋萬物而不爲戾，澤及萬世而不爲仁，長於上古而不爲壽，覆載天地、刻雕衆形而不爲巧，郭云：「壽者，期之遠耳；無期，故無所稱壽。」案：六語又見大宗師篇。彼文「戾」作「義」，義者秋殺，有似暴戾也；「壽」作「老」，義同。此之謂天樂。故曰：知天樂者，其生也天行，其死也物化；成云：「其生也同天道之四時，其死也混萬物之變化。」靜而與陰同德，動而與陽同波。四語又見刻意篇。故知天樂者，无天怨，无人非，无物累，无鬼責。四語亦見刻意篇。「怨」，彼文作「災」。故曰：其動也天，其靜也地，動靜雖殊，無心則一。一心定而王天下；其鬼不祟，李云：「祟，禍也。」其魂不疲，語亦見刻意篇。一心定而萬物服。言以虛靜推於天地，通於萬物，此之謂天樂。天樂者，聖人之心，以畜天下也。」畜，養也。

夫帝王之德，以天地爲宗，以道德爲主，以无爲爲常。无爲也，則用天下而有餘；有爲也，則爲天下用而不足。故古之人貴夫无爲也。上无爲也，下亦无爲也，是下與上同德，下與上同德則不臣；成云：「上下無爲，則臣僭君德。」下有爲也，上亦有爲也，是上與下同道，上與下同道則不主。上必无爲而用天下，下必有爲爲天下用，此不易之道也。此論有精理，非空談。故古之王天下者，知雖落天地，不自慮也；知音智。落音絡。成云：「三皇、五帝淳古之君，知照籠落二儀，而垂拱無爲，委之臣下，故不自慮也。」

辯雖彫萬物，不自説也；成云：「宏辯如流，彫飾萬物，終不自言。」能雖窮海内，不自爲也。成云：「才能雖冠海内，夫何爲哉！故老子云：『是謂用人之力。』」天不産而萬物化，地不長而萬物育，帝王无爲而天下功。王念孫云：「爾雅：『功，成也。』中庸：『無爲而成。』」故曰：莫神於天，莫富於地，莫大於帝王。故曰：帝王之德配天地。此乘天地，馳萬物，而用人羣之道也。

本在於上，末在於下；要在於主，詳在於臣。三軍、五兵之運，德之末也；成云：「五兵，一弓，二殳，三矛，四戈，五戟。運，動也。」賞罰利害，五刑之辟，教之末也；成云：「辟，法也。」禮法度數，形名比詳，釋文：「比，較。詳，審。」治之末也；鐘鼓之音，羽毛之容，樂之末也；哭泣衰絰，隆殺之服，成云：「隆殺者，言五等喪服，各有差降。此是教迹外儀。」哀之末也。此五末者，須精神之運，心術之動，然後從之者也。末學者，古人有之，而非所以先也。成云：「古人，中古人也。先，本也。」君先而臣從，父先而子從，兄先而弟從，長先而少從，男先而女從，夫先而婦從。夫尊卑先後，天地之行也，故聖人取象焉。天尊地卑，神明之位也；春夏先，秋冬後，四時之序也。萬物化作，萌區有狀，成云：「萌兆區分，各有形狀。」盛衰之殺，變化之流也。盛衰之等殺，乃變化之流行也。夫天地至神，而有尊卑先後之序，而況人道乎！宗廟尚親，朝廷尚尊，鄉黨尚齒，行事尚賢，大道之序也。成云：「理之必然。」語道而非其序者，非其道也；語道而非其道者，安取道！成云：「既失其序，不堪治物。」是故古之明大道者，先明天而道德次之，成云：「自然是道德之本，故道德次之。」道德已明而仁義次之，宣云：「仁義是道德之緒。」仁義已明而分守次之，上下有分，庶職有守。分守已明而形名次之，宣云：「物象名稱。」形名已明而因任次之，因材授任。因任已明而原省次之，原恕省察。原省已明而是非次之，原省已明，是非乃定。是非已明而賞罰次之。郭云：「至治之道，本在於天，而末極於斯。」賞罰已明而愚知處宜，各有所處之宜。貴賤履位，各安其位。仁賢不肖襲情，襲，因。情，實也。各因其實。必分其能，分，別也。必由其名。宣云：「循名責實。」以此事上，以此畜下，以此治物，以此修身，知謀不用，必歸其天，宣云：「復於虛靜無爲。」此之謂太平，治之至也。故書曰：古書也。「有形有名。」形名者，古人有之，而非所以先也。古之語大道者，五變而形名可舉，九變而賞罰可言也。自「明天」以下，至「形名」，五變其説；至「賞罰」，九變其説。驟而語形名，不知其本也；驟而語賞罰，不知其始也。倒道而言，迕道而説者，釋文：「迕音悟，司馬云：『横也。』」案：言語不循次序。人之所治也，但可爲受治之小人。安能治人！驟而語形名賞罰，此有知治之具，非知治之道；可用於天下，不足以用天下。此之謂辯士，一曲之人也。成云：「此苟飾華辭之士，一節曲見偏執之人。」禮法度數，形名比詳，古人有之，此下之所以事上，非上之所以畜下也。上所重在養人。

昔者舜問於堯曰：「天王之用心何如？」堯曰：「吾不敖无告，不以頑民之無可教告而慢之。不廢窮民，成云：「拯恤貧民，此心不替。」苦死者，嘉孺子而哀婦人。苦，悲憫。嘉，喜愛。孺子，稚子。哀，憐也。此吾所以用心也。」舜曰：「美則美矣，而未大也。」堯曰：「然則何如？」舜曰：「天德而出寧，郭云：「與天合德，則雖出而靜。」日月照而四時行，若晝夜之有經，雲行而雨施矣。」郭云：「此皆不爲而自然。」成云：「經，常也。」堯曰：「膠膠擾擾乎！膠膠，固而不解。擾擾，紛而不寧。因舜言發悟，自覺多事。子，天之合也；我，人之合也。」成云：「言子德遠合上天，我心近符人事。」夫天地者，古之所大也，而黃帝、堯、舜之所共美也。故古之王天下者，奚爲哉？天地而已矣。

孔子西藏書於周室，司馬云：「藏其所著書也。」姚云：「此亦漢人語。藏書者，謂聖人知有秦火而預藏之，所謂『藏之名山』。」子路謀曰：「由聞周之徵藏史司馬云：「徵藏，藏名。一云：徵，典也。」史，藏府之史。有老聃者，免而歸居。釋文：「見周之末不可復匡，所以辭去。」夫子欲藏書，則試往因焉。」因之以藏書也。孔子曰：「善。」往見老聃，而老聃不許，不許其藏。於是繙十二經以說。釋文：「說者云：詩、書、易、禮、樂、春秋六經，加六緯，合爲十二經也。一説云：易上下經並十翼爲十二。又一云：春秋十二公經也。」老聃中其説，釋文：「中，丁仲反。」成云：「許其有理也。」宣云：「語未盡也。」案：下云「太謾」，是未許，成説未晰。中其説者，當是觀其説甫及半，故下云然。曰：「大謾，成云：「嫌其繁謾太多。」宣云：「謾，欺也，音滿，平聲。」案：繁則近謾，恐多無實之詞。願聞其要。」孔子曰：「要在仁義。」老聃曰：「請問：仁義，人之性邪？」孔子曰：「然。君子不仁則不成，不義則不生。成、生，皆以道言。仁義，真人之性也，又將奚爲矣？」舍是奚爲？老聃曰：「請問何謂仁義？」孔子曰：「中心物愷，宣云：「與物同樂。」兼愛无私，此仁義之情也。」情，實。老聃曰：「意！噫同。幾乎後言！近乎後世迂儒之言。夫兼愛，不亦迂乎！无私焉，乃私也。蘇輿云：「未忘无私之成心，是亦私也，與下篇莊子答商太宰蕩語相發。」夫子若欲使天下无失其牧乎？司馬云：「牧，養也。」則天地固有常矣，日月固有明矣，星辰固有列矣，禽獸固有羣矣，樹木固有立矣。夫子亦放德而行，宣云：「放同倣。」循道而趨，已至矣，又何偈偈乎揭仁義，若擊鼓而求亡子焉？釋文：「偈偈，用力貌。」成云：「亡子，逃人也。」案：揭，舉也。語又見天運篇。意！同噫。夫子亂人之性也！」郭云：「事至而愛，當義而止，斯忘仁義者也，常念之則亂真矣。」宣云：「夫子所謂『義之與比』，孟子所云『由仁義行』，即此意。」

士成綺見老子而問曰：「吾聞夫子聖人也，吾固不辭遠道而來，願見，百舍重趼而不敢息。司馬云：「百舍，百日止宿。」淮南修務訓高注：「趼，足生胝也。」今吾觀子，非聖人也。鼠壤有餘蔬，而棄妹之者，不仁也，郭云：「言其不惜物也。」成云：「鼠壤，鼠穴土中。妹，猶昧也。」案：成綺就所見言之。蔬可留其有餘，而任其狼藉，滿地散棄，佯若不知，是不仁也。生熟不盡於前，成云：「生，謂粟帛；熟，謂飲食。至充足也。」而積斂无崖。」聚斂無限止。老子漠然不應。成云：「鄙之不足答也。」士成綺明日復見，曰：「昔者吾有刺於子，今吾心正卻矣，心正而卻退，非復從前鄙見。何故也？」老子曰：「夫巧知神聖之人，吾自以爲脱焉。言子儗我聖人，吾久自以爲脱免，其名皆我所不居。昔者子呼我牛也而謂之牛，呼我馬也而謂之馬。子呼馬牛，我卽自謂。苟有其實，人與之名而弗受，再受其殃。有其實而不受其名，是再受殃累也。吾服也恒服，郭云：「服者，容行之謂也。不以毁譽自殃，故能不變其容。」吾非以服有服。」郭云：「有爲爲之，則不能恒服。」士成綺雁行避影，宣云：「側身貌。」履行，蘇輿云：「古者入室脱履而行席上。履行，言失其常。莊子正槩係履而見魏王，則因履穿係之以槩而不得脱，故王訝其憊。」遂進而問：「修身若何？」老子曰：「而汝。容崖然，岸然自異。而目衝然，直視。而顙頯然，釋文：「頯，去軌反，本又作顯。」成云：「頯頯高亢，顯露華飾。」而口闞然，郭云：「虓豁貌。」而狀義然，義讀爲峨，詳大宗師篇。似繫馬而止也。宣云：「志在馳騖。」動而持，宣云：「欲動而强持。」發也機，宣云：「發如機迅。」察而審，察事審詳。知巧而覩於泰，智巧而見於驕泰之色。凡以爲不信。郭嵩燾云：「凡此皆與自然之性不相應，是之謂不信也。」邊竟有人焉，其名爲竊。」司馬云：「言遠方嘗有是人。」竊，賊也。

夫子曰：成云：「莊子師老子，故稱夫子。」「夫道，於大不終，於小不遺，宣云：「大包無窮，小入無間。」故萬物備。廣廣乎其无不容也，廣廣，猶曠曠，見漢書武五子傳。淵乎其不可測也。形德仁義，神之末也，成云：「精神之末迹。」非至人孰能定之！宣云：「世俗鮮不爲末學所惑。」夫至人有世，謂有天下。不亦大乎！而不足以爲之累。天下奮棅而不與之偕，説文：「柄，或从棅。」言天下奮争威柄，獨不並遂。審乎无假而不與利遷，任真而不遷於和。極物之真，能守其本，成云：「窮理盡性，動不傷寂。」故外天地，遺萬物，而神未嘗有所困也。通乎道，合乎德，退仁義，賓禮樂，俞云：「賓讀爲擯。謂擯斥禮樂也。古賓、擯字通。」至人之心有所定矣。」

世之所貴道者，書也，書不過語，語有貴也。語之所貴者，意也，意有所隨。意之所隨者，不可以言傳也，而世因貴言傳書。世雖貴之，我猶不足貴也，爲其貴非其貴也。郭云：「其貴恒在意言之表。」故視而可見者，形與色也；聽而可聞者，名與聲也。

悲夫！世人以形色名聲爲足以得彼之情！夫形色名聲果不足以得彼之情，宣云：「彼，謂道。情，實也。」則知者不言，言者不知，而世豈識之哉！桓公讀書於堂上，輪扁斲輪於堂下，司馬云：「斲輪人名扁。」釋椎鑿而上，問桓公曰：「敢問公之所讀者何言邪？」公曰：「聖人之言也。」曰：「聖人在乎？」公曰：「已死矣。」曰：「然則君之所讀者，古人之糟魄已夫！」司馬云：「糟爛爲魄。」本又作粕。桓公曰：「寡人讀書，輪人安得議乎！有說則可，无說則死。」輪扁曰：「臣也，以臣之事觀之。斲輪，徐則甘而不固，疾則苦而不入。司馬云：「甘，緩也。苦〔一〕，急也。」不徐不疾，得之於手而應於心，口不能言，有數存焉於其間。李云：「數，術也。」臣不能以喻臣之子，臣之子亦不能受之於臣，是以行年七十而老斲輪。成云：「喻，曉也。故知物各有性，不可倣效。」古之人與其不可傳也宣云：「猶者。」死矣，然則君之所讀者，古人之糟魄已夫！」

〔一〕「苦」原作「疾」，據釋文改。

外篇 天運第十四

天其運乎？郭云：「不運而自行。」地其處乎？郭云：「不處而自止。」日月其爭於所乎？郭云：「不爭而自代謝。」孰主張是？孰維綱是？孰居无事推而行是？三句分承「天」「地」「日月」。意者其有機緘而不得已邪？成云：「機，關。緘，閉也。謂有主司關閉，事不得已。」意者其運轉而不能自止邪？雲者爲雨乎？雨者爲雲乎？孰隆施是？宣云：「隆，興也，謂雲。施，謂雨。」孰居无事淫樂而勸是？宣云：「雲雨乃陰陽交和之氣所成，故以爲造化之淫樂。」風起北方，一西一東，有上彷徨，司馬本作「旁皇」，云：「飇風也。」孰噓吸是？孰居无事而披拂是？敢問何故？巫咸袑曰：李云：「巫咸，殷相。袑，寄名也。」宣云：「袑蓋招之訛。託言巫咸相招致荅耳。古來止有巫咸，無巫咸袑也。」「來！吾語女。天有六極五常，司馬云：「六極，四方上下。」成云：「五常，謂五行。」帝王順之則治，逆之則凶。九洛之事，治成德備，監照下土，楊慎云：「九洛，九疇洛書。」天下戴之，此謂上皇。」郭嵩燾云：「言天之運，自然而已，帝王順其自然，以道應之。」

商太宰蕩問仁於莊子。司馬云：「商，宋也。太宰，官。蕩，名。」莊子曰：「虎狼，仁也。」曰：「何謂也？」莊子曰：「父子相親，何爲不仁？」曰：「請問至仁。」莊子曰：「至仁无親。」太宰曰：「蕩聞之：无親則不愛，不愛則不孝。謂至仁不孝，可乎？」莊子曰：「不然。夫至仁尚矣，孝固不足以言之。孝不過仁之一端。此非過孝之言也，不及孝之言也。如子所言，以親愛爲至仁，非過孝之言，不及孝之言也。夫南行者至於郢，北面而不見冥山，司馬云：「冥山，北海山名。」是何也？則去之遠也。喻以親愛爲至仁之言。故曰：以敬孝易，以愛孝難；以愛孝易，以忘親難；忘親易，使親忘我難；使親忘我易，兼忘天下難；兼忘天下易，使天下兼忘我難。夫德遺堯、舜而不爲也，有堯、舜之德，而不刻意效法堯、舜，此我忘天下。利澤施於萬世，天下莫知也，天下忘我。豈直太息而言仁孝乎哉！仁孝不足言。夫孝悌仁義，忠信貞廉，此皆自勉以役其德者也，宣云：「爲修德之名所役。」不足多也。故曰：至貴，國爵并焉；至富，國財并焉；釋文：「并，棄除也。」宣云：「至貴在我，何有於爵！至富在我，何有於財！」案：此讀并爲屏。至願，名譽并焉。至願莫知性適，而名譽不足言。是以道不渝。」成云：「道德淳厚，不隨物變。」

北門成問於黄帝曰：成云：「北門姓，成名，黄帝臣。」帝張咸池之樂於洞庭之野，吾始聞之懼，復聞之怠，卒聞之而惑，成云：「怠，謂懼心退息。」蕩蕩默默，乃不自得。」宣云：「神不能定，口不能言，失其常也。」帝曰：「汝殆其然哉！宣云：「言固宜如此。」吾奏之以人，徵之以天，宣云：「律與上天氣候相準。」行之以禮義，宣云：「禮節之，義宜之。」建之以太清。宣云：「取聲氣之元爲主宰。」夫至樂者，先應之以人事，順之以天理，行之以五德，應之以自然，然後調理四時，太和萬物。姚云：「徐笠山以『夫』至此三十五字爲郭注誤入正文，蓋本之潁濱。宣本亦無此三十五字，云『俗本雜入』。」四時迭起，宣云：「五聲配四時而賡奏。」萬物循生；宣云：「衆器象萬物而環作。」一盛一衰，文武倫經；成云：「倫，理。經，常也。夏盛冬衰，春文秋武，生殺之理，天道之常。」一清一濁，陰陽調和，流光其聲；宣云：「清濁相得，如二氣和合，當其交動，光輝盈溢也。」蟄蟲始作，吾驚之以雷霆；其卒无尾，其始無首；郭嵩燾云：「雷霆之起，莫知其所自起，莫知其所自竟。其所自起，首也，生之端也；其所自竟，尾也，死之歸也。死生者，萬物之大常，與天爲無窮，而忽一至焉，則亦物之所不能待也。以喻樂之變化，動於自然。」俞云：「一不可待者，皆不可待也。一有皆義，見大戴記盧注、荀子楊注。」一死一生，一僨一起，所常无窮，而一不可待。郭云：「以變化爲常，則所常者無窮。」女故懼也。吾又奏之以陰陽之和，燭之以日月之明；郭云：「所謂用天之道。」其聲能短能長，能柔能剛；變化齊一，不主故常；在谷滿谷，在阬滿阬；郭云：「至樂之道，無不周也。」塗郤守神，釋文：「郤，與隙義同。」成云：「塗，塞也。閉心知之孔隙，守凝一之精神。」以物爲量。卽上「在谷」二句意。其聲揮綽，郭云：「所謂闡諧。」成云：「揮，動。綽，寬也。如雷霆之震動，其聲寬廣。」其名高明。成云：「高如上天，明如日月，聲既廣大，名亦高明。」是故鬼神守其幽，成云：「各得其所，而不相撓。老經云『以道利天下，其鬼不神』也。」日月星辰行其紀。郭云：「不失其度。」吾止之於有窮，流之於无止。蘇輿云：「有窮者吾與之爲有窮，无止者吾與之爲無止，止、流一順其自然也。」予欲慮之而不能知也，望之而不能見也，逐之而不能及也，儻然立於四虚之道，成云：「儻然，無心貌。立於四方空大之道。」倚於槁梧而吟。見齊物論。目知窮乎所欲見，力屈乎所欲逐，吾既不及已夫！形充空虚，乃至委蛇。汝委蛇，故怠。蘇輿云：「汝隨樂之委蛇而委蛇，故怠。」吾又奏之以无怠之聲，調之以自然之命，成云：「凡百蒼生，以自然爲其性命。奏此樂者，調造化之心靈，和自然之性命。」故若混逐叢生，林樂而无形；郭嵩燾云：「説文：『叢木曰林。』林樂者，相與羣樂之。五音繁會，不辨聲之所出，故曰無形。」布揮而不曳，布散揮霍，若曳而愈長，而未嘗曳也。幽昏而无聲。言其聲淡。動於无方，居於窈冥；或謂之死，或謂之生；或謂之實，或謂之榮；行流散徙，不主常聲。郭云：「隨物變化。」世疑之，稽於聖人。稽，考也。觀於聖人，則知至樂之妙，不必疑也。聖也者，達於情而遂於命也。成云：「通有物之情，順自然之命，故謂之聖。」天機不張而五官皆備，此之謂天樂，郭云：「忘樂而樂足，非張而後備。」无言而心說。郭云：「心說在適，不在言也。」故有焱氏爲之頌曰：成云：「焱氏，神農也。」釋文：「焱，本亦作炎。」『聽之不聞其聲，視之不見其形，充滿天地，苞裹六極。』頌樂如此。汝欲聽之而无接焉，而故惑也。而亦汝。樂也者，始於懼，懼故祟；樂未大和，聽之悚懼，如有禍祟。吾又次之以怠，怠故遁；其聲遁滅，似不欲聽而怠。卒之於惑，惑故愚；愚故道，成云：「心無分別，有同闇惑，蕩蕩默默，類彼愚迷，雅符真道。」道可載而與之俱也。」蘇輿云：「以混沌爲道，故由怠而幾於愚，則道可得而接焉矣。此章注重在此。」

孔子西遊於衛。成云：「自魯適衛，故曰西遊。」顏淵問師金，李云：「師，魯太師，金其名。」曰：「以夫子之行爲奚如？」師金曰：「惜乎，而夫子其窮哉！」顏淵曰：「何也？」師金曰：「夫芻狗之未陳也，李云：「結芻爲狗，巫祝用之。」盛以篋衍，李云：「衍，笥也。」巾以文繡，尸祝齊戒以將之；及其已陳也，行者踐其首脊，蘇者取而爨之而已。李云：「蘇，草也。取草者得以炊也。」將復取而盛以篋衍，巾以文繡，遊居寢臥其下，彼不得夢，必且數眯焉。釋文：「字林云：『眯，物入眼爲病也。』司馬云：『厭也。』」成云：「假令不致惡夢，必當數數遭魘。」今而夫子，亦取先王已陳芻狗，俞云：「此取字讀爲聚，見易萃象傳釋文、漢書五行志顏注。」聚弟子游居寢臥其下。故伐樹於宋，削迹於衛，窮於商、周，是非其夢邪？圍於陳、蔡之間，七日不火食，死生相與鄰，是非其眯邪？夫水行莫如用舟，而陸行莫如用車。以舟之可行於水也而求推之於陸，則没世不行尋常。八尺曰尋，倍尋曰常。古今非水陸與？周、魯非舟車與？今蘄行周於魯，是猶推舟於陸也，勞而無功，身必有殃。彼未知夫无方之傳，司馬云：「方，常也。」郭慶藩云：「吕覽必己篇高注：『傳，猶轉也。』言無方之轉動。」應物而不窮者也。且子獨不見夫桔槔者乎？引之則俯，舍之則仰。彼，人之所引，非引人也，故俯仰而不得罪於人。故夫三皇、五帝之禮義法度，不矜於同而矜於治。成云：「矜，美也。禮樂威儀，不相沿襲。」郭云：「期合時宜，應治體而已。」故譬三皇、五帝之禮義法度，其猶柤梨橘柚邪！其味相反，而皆可於口。故禮義法度者，應時而變者也。今取猨狙而衣以周公之服，彼必齕齧挽裂，盡去而後慊。釋文：「李云：『慊，足也。本亦作嗛。』」觀古今之異，猶猨狙之異乎周公也。故西施病心而矉其里，矉於其里，字同顰。其里之醜人見而美之，歸亦捧心而矉其里。其里之富人見之，堅閉門而不出；貧人見之，挈妻子而去之走。彼知矉美而不知矉之所以美。惜乎！而夫子其窮哉！」

孔子行年五十有一而不聞道，乃南之沛，見老聃。司馬云：「老子，陳國相人。相，今屬苦縣，與沛相近。」老聃曰：「子來乎？吾聞子北方之賢者也，子亦得道乎？」孔子曰：「未得也。」老子曰：「子惡乎求之哉？」曰：「吾求之於度數，宣云：「制度、名數。」

五年而未得也。」老子曰：「子又惡乎求之哉？」曰：「吾求之於陰陽，十有二年而未得。」老子曰：「然。使道而可獻，則人莫不獻之於其君；使道而可進，則人莫不進之於其親；使道而可以告人，則人莫不告其兄弟；使道而可以與人，則人莫不與其子孫。然而不可者，无佗也，中无主而不止，中心無主，則道過而不留。外无正而不行。俞云：「正乃匹之誤。禮緇衣『唯君子能好其正』，鄭注：『正當爲匹，字之誤也。』是其例矣。此二句與宣三年公羊傳『自內出者無匹不行，自外至者無主不止』，文義相似。自外至者無主不止，故此言中無主而不止也。自內出者無匹不行，故此言外無匹而不行也。則陽篇『自外入者有主而不執，由中出者有正而不距』，正亦當爲匹，誤與此同。」由中出者，不受於外，宣云：「非時世之所宜，故不受。」聖人不出；宣云：「不以施於人。」由外入者，无主於中，宣云：「非吾心之精微，故無主。」聖人不隱。不以藏於心，必也中得吾心之精微，外合時世之變通，乃內外同歸，體用一致，聖人之所以合道也。名，公器也，不可多取。仁義，先王之蘧廬也，司馬云：「蘧廬，猶傳舍也。」止可以一宿而不可以久處，覯而多責。宣云：「數相見，必受譴。」古之至人，假道於仁，託宿於義，以遊逍遥之虚，食於苟簡之田，立於不貸之圃。成云：「苟，且。簡，略也。貸，施與也。知止知足，食於苟簡之田；不損己物，立於不貸之圃。而言田圃者，明是聖人養生之地。」逍遥，无爲也；苟簡，易養也；不貸，无出也。宣云：「不費。」古者謂是采真之遊。宣云：「不爲形迹所役。」姚本以上爲一節。以富爲是者，不能讓禄；以顯爲是者，不能讓名；親權者，不能與人柄。操之則慄，成云：「恐失所以戰慄。」舍之則悲，宣云：「貪戀。」而一无所鑒，宣云：「於理一無所見。」以闚其所不休者，宣云：「但明於逐物不止。」是天之戮民也。成云：「雖楚戮未加，而情性已困。」姚本以上爲一節。怨、恩、取、與、諫、教、生、殺，八者，正之器也，宣云：「正人之具。」唯循大變无所湮者，爲能用之。宣云：「惟與變化相循，無所湮滯者，乃合時宜也。」故曰：正者，正也。宣云：「因其所當正而正之。」其心以爲不然者，天門弗開矣。」成云：「其心之不能如是者，天機之門壅而弗開。天門，心也。」

孔子見老聃而語仁義。老聃曰：「夫播穅眯目，則天地四方易位矣；蚊虻噆膚，則通昔不寐矣。司馬云：「噆，齧也。」郭云：「外物加之雖小，而傷性已大也。」案：昔，夜也。夕、昔古通。夫仁義憯然，乃憒吾心，亂莫大焉。憯同慘。宣云：「使人亂心，更甚於眯目噆膚也。」吾子使天下无失其朴，郭云：「質全而仁義著。」吾子亦放風而動，總德而立矣，放同倣。宣云：「同歸於自然。」又奚傑然若負建鼓而求亡子者邪？成云：「傑然，用力貌。」案：天道篇引老子之言，亦云「又何偈偈乎揭仁義，若擊鼓而求亡子焉」，與此意同，謂驚駭天下也。夫鵠不日浴而白，烏不日黔而黑。宣云：「喻本質自然如此。」黑白之朴，不足以爲辯；宣云：「出於本質者，不足分別妍媸。」名譽之觀，不足以爲廣。名譽之觀美，亦不能於本性有所增廣。泉涸，魚相與處於陸，相呴以溼，相濡以沫，不若相忘於江湖。」宣云：「喻小惠相及，不如相忘於渾沌，各得之爲樂，又烏取乎仁義之區區哉！案：「泉涸」四語，又見大宗師篇。

孔子見老聃歸，三日不談。宣云：「不自得也。」弟子問曰：「夫子見老聃，亦將何歸哉？」宣云：「何以歸正之？」孔子曰：「吾乃今於是乎見龍。龍合而成體，散而成章，乘乎雲氣而養乎陰陽。予口張而不能嗋，予又何規老聃哉！」子貢曰：「然則人固有尸居而龍見，雷聲而淵默，二語又見在宥篇。發動如天地者乎？賜亦可得而觀乎？」遂以孔子聲見老聃。宣云：「稱孔子爲先容。」老聃方將倨堂而應微曰：踞於堂上，其應聲微。「予年運而往矣，運，行。往，邁也。言行年已邁。子將何以戒我乎？」子貢曰：「夫三王、五帝之治天下不同，其係聲名一也。而先生獨以爲非聖人，如何哉？」成云：「謂排三王爲非聖。」釋文：「三王，本或作三皇。依注，作王是也，餘皆作三皇。」老聃曰：「小子少進！子何以謂不同？」對曰：「堯授舜，舜授禹，禹用力而湯用兵，文王順紂而不敢逆，武王逆紂而不肯順，故曰不同。」老聃曰：「小子少進！余語汝三皇、五帝之治天下。黄帝之治天下，使民心一，民有其親死不哭而民不非也。成云：「三皇行道，人心淳一，不獨親其親，不獨子其子，故親死不哭而世俗不非。必欲非之，則强哭者衆。」堯之治天下，使民心親，民有爲其親殺其殺而民不非也。宣云：「欲隆其親，餘皆降殺，則知覺稍開矣。」舜之治天下，使民心競，民孕婦十月生子，子生五月而能言，成云：「古者懷孕之婦，十四月而誕育生子，生子兩歲始能言。今與古乖異。」不至乎孩而始誰，成云：「未解孩笑，已別是非。」郭云：「誰者，別人之意。」則人始有夭矣。宣云：「元氣早凋。」禹之治天下，使民心變，人有心而兵有順，宣云：「人有心機，且以殺伐爲應天順人。」殺盜非殺，宣云：「謂爲當然。」人自爲種而天下耳，自爲黨類而成天下。是以天下大駭，儒、墨皆起。成云：「驚駭天下，致使儒崇堯、舜以飾非，墨遵禹道而自是。」其作始有倫，而今乎婦女，其作始尚有倫理，而今所行，丈夫而有婦女之道。何言哉！余語汝：三皇、五帝之治天下，名曰治之，而亂莫甚焉。三皇之知，此「三皇」當作「三王」，否則不可通。上悖日月之明，下睽山川之精，中墮四時之施。其知憯於蠇蠆之尾，王引之云：「蠇、蠆，皆蝎之異名。廣雅：『蠆、蝲，蠍也。』（今本脫「蝲」字。衆經音義五引作『蠆蝲，蠍也』，集韻引『蝲，蠆也』。）蝲音盧達反。蠆、蝲，皆毒螫傷人之名。蠆之言蛆，（音哲。）蝲之言瘌。廣雅釋詁云『毒、蛆、瘌，痛也』，是其義矣。蝲與蠇，古同聲。蠇、蜇實一字。史記秦本紀『厲共公』，始皇紀作『刺龔公』。刺之通作厲，猶蝲之通作蠇矣。」鮮規之獸，鮮規，未詳，蓋噬人之獸。莫得安其性命之情者，而猶自以爲聖人，不可恥乎？其无恥也！」子貢蹵蹵然立不安。

孔子謂老耼曰：「丘治詩、書、禮、樂、易、春秋六經，自以爲久矣，孰知其故矣，以奸者七十二君，釋文：「三蒼云：『奸，犯也。』」論先王之道而明周、召之迹，一君无所鉤用。釋文：「鉤，取也。」甚矣夫！人之難説也，道之難明邪！」老子曰：「幸矣，子之不遇治世之君也！夫六經，先王之陳迹也，豈其所以迹哉！今子之所言，猶迹也。夫迹，履之所出，而迹豈履哉！夫白鶂之相視，眸子不運而風化；司馬云：「風化，相待風氣而化生也。」又曰：「相視而成陰陽。」宣云：「不運，定睛注視。」案：風，讀如「馬牛其風」之風，謂雌雄相誘也。化者，感而成孕。蟲，雄鳴於上風，雌應於下風而風化。宣云：「傳聲而孕。」類自爲雌雄，故風化。釋文：「山海經：『亶爰之山有獸焉，其狀如狸而有髮，其名曰師類，帶山有鳥，其狀如鳳，五采文，其名曰奇類，皆自牝牡。』」性不可易，命不可變，宣云：「其真常者。」時不可止，道不可壅。宣云：「其變化者。」苟得其道，无自而不可；郭云：「雖化者無方而皆可。」失焉者，无自而可。」郭云：「所在皆不可。」孔子不出三月，復見，曰：「丘得之矣。烏鵲孺，李云：「孺，孚乳而生。」魚傅沫，司馬云：「傅口中沫，相與而生子。」細要者化，列子釋文引司馬云：「穉蜂細要者，取桑蟲祝之，使似己子。」有弟而兄啼。恐失父母之愛也。推極物性之不同。久矣夫，丘不與化爲人！不能與造化爲一人。不與化爲人，安能化人！」老子曰：「可。丘得之矣。」

外篇 刻意第十五

刻意尚行，其意峻刻，其行高尚。離世異俗，高論怨誹，李云：「非世無道，怨己不遇。」爲亢而已矣，此山谷之士，非世之人，宣云：「非，猶輕。」枯槁赴淵者之所好也。司馬云：「枯槁，若鮑焦、介推；赴淵，若申徒狄。」語仁義忠信，恭儉推讓，爲修而已矣，自修其身。此平世之士，教誨之人，成云：「此平時治世之士，施教誨物之人，若宣尼之居洙、泗，子夏之在西河。」遊居學者之所好也。語大功，立大名，禮君臣，正上下，爲治而已矣，此朝廷之士，尊主强國之人，致功并兼者之所好也。并兼敵國。就藪澤，處閒曠，釣魚閒處，無爲而已矣，宣云：「無爲，猶言閒散。」此江海之士，避世之人，閒暇者之所好也。吹呴呼吸，吐故納新，熊經鳥申，成云：「吹冷呼而吐故，呴暖吸而納新，如熊攀樹而自懸，類鳥飛空而伸脚。」爲壽而已矣，此道引之士，李云：「導氣令和，引體令柔。」養形之人，彭祖壽考者之所好也。若夫不刻意而高，无仁義而修，无功名而治，无江海而閒，不道引而壽，无不忘也，无不有也，郭云：「忘，故能有。」澹然无極而衆美從之，宣云：「不立一極而美無不全。」此天地之道，聖人之德也。故曰：夫恬惔同淡。寂寞，虚无无爲，此天地之平而道德之質也。釋文：「質，正也。」宣云：「本也。」故曰：聖人休，休焉則平易矣，釋文：「休，息也。」俞云：「此本作『故曰聖人休焉，休則平易矣』，『休焉』二字，傳寫誤倒。天道篇『故帝王聖人休焉，休則虛』，與此文法相似，可據以訂正。」案：郭注、成疏、陸釋，皆止一「休」字，俞說是也。此後來刊本之誤。平易則恬惔矣。平易恬惔，則憂患不能入，邪氣不能襲，故其德全而神不虧。故曰：聖人之生也天行，郭云：「任自然而運動。」其死也物化；郭云：「蛻然無所係。」靜而與陰同德，動而與陽同波；郭云：「動靜無心，而付之陰陽也。」案：四語又見天道篇。不為福先，不為禍始；感而後應，迫而後動，不得已而後起。去知與故，管子心術篇：「去智與故。」此用其語。淮南主術篇高注：「故，巧也。」循天之理，成云：「循，順也。」故无天災，无物累，无人非，无鬼責。四語亦見天道篇。「災」，彼文作「怨」。其生若浮，其死若休；不思慮，不豫謀；光矣而不耀，信矣而不期；宣云：「無心於取必。」其寢不夢，其覺无憂；其神純粹，其魂不罷。此語亦見天道篇。虛无恬惔，乃合天德。故曰：悲樂者，德之邪；喜怒者，道之過；好惡者，德之失。故心不憂樂，德之至也；郭云：「至德常適，故情無所槩。」一而不變，靜之至也；郭云：「靜而一者，不可變也。」无所於忤，虛之至也；郭云：「其心豁然確盡，乃無纖介之違。」不與物交，惔之至也；郭云：「物自來耳，至惔者無交物之情。」案：惔同淡。无所於逆，粹之至也。郭云：「若雜乎濁欲，則有所不順。」故曰：形勞而不休則弊，精用而不已則勞，勞則竭。水之性，不雜則清，莫動則平，鬱閉而不流，亦不能清，宣云：「又將腐濁。」天德之象也。宣云：「靜而日運。」故曰：純粹而不雜，靜一而不變，惔而无爲，動而以天行，郭云：「若夫逐欲而動，人行也。」此養神之道也。夫有干、越之劍者，司馬云：「干，吴也。吴、越出善劍。」柙而藏之，不敢用也，寶之至也。精神四達並流，无所不極，上際於天，下蟠於地，化育萬物，不可爲象，宣云：「不可得而迹象之。」其名爲同帝。宣云：「與天帝同用。」純素之道，惟神是守，守而勿失，與神爲一，一之精通，合於天倫。合於自然之理。野語有之曰：「衆人重利，廉士重名，賢人尚志，聖人貴精。」故素也者，謂其无所與雜也；純也者，謂其不虧其神也。能體純素，謂之真人。成云：「體，悟解也。妙契純素之理，則所在皆真道也。」

外篇 繕性第十六

繕性於俗，俗學以求復其初，崔云：「繕，治也。」郭云：「已治性於俗矣，而欲以俗學復性命之本。」案：宣本删一「俗」字。據郭注，明有兩「俗」字也，然疑衍一字。蘇輿云：「案當衍一俗字，學與思對文。言性與欲皆已爲俗所汙，雖學、思交致，只益其蒙。宣以『俗學』『俗思』句斷，似失之。」**滑欲於俗，思以求致其明，謂之蔽蒙之民。古之治道者，以恬養知；**釋文：「知音智。」宣云：「定能生慧。」**知生而无以知爲也，謂之以知養恬。**智生而不任智，是以智養其恬静。**知與恬交相養，而和理出其性。**知、恬交養，而道德自其性出矣。**夫德，和也；道，理也。**宣云：「道德止是和順。理，猶順也。」**德无不容，仁也；道无不理，義也；義明而物親，忠也；**宣云：「是爲實有道德。」**中純實而反乎情，樂也；**成云：「雖復涉於物境，而恒歸於真情，所造和適，故謂之樂。」**信行容體而順乎文，禮也。**實行於容體而順乎自然之節文，卽是禮也。**禮樂偏行，則天下亂矣。**釋文：「偏音遍。」郭云：「以一體之所履，一志之所樂，行之天下，則一方得而萬方失也。」俞云：「據郭注，是爲『一偏』之偏，故郭云然。釋文音誤。」案：本當作「偏」，唐時誤「偏」，故陸隨文作音，義不可通。宣本已改「偏」。

彼正而蒙己德，德則不冒，冒則物必失其性也。彼自正而蒙被我之德，是德與德相感，不以己之德强人而冒覆之也。若强天下而冒覆之，是以我正彼，則物之失其性者必多也。古之人在混芒之中，混混芒芒，初分之時也。與一世而得澹漠焉。成云：「恬澹寂漠，無爲之道也。」當是時也，陰陽和静，鬼神不擾，四時得節，萬物不傷，羣生不夭，人雖有知，无所用之，此之謂至一。當是時也，莫之爲而常自然。無所矯飾。逮德下衰，及燧人、伏羲始爲天下，是故順而不一。成云：「燧人變生爲熟，伏羲畫八卦以制文字，作結繩而爲罔罟，智詐萌矣，嗜欲漸焉，順黎庶之心，而不能混同至一也。」德又下衰，及神農、黄帝始爲天下，是故安而不順。成云：「神農有共工之伐，黄帝致蚩尤之戰，苟且欲安天下，未能大順羣生也。」德又下衰，及唐、虞始爲天下，興治化之流，宣云：「失其源也。」澆淳散朴，釋文：「澆，本亦作澆。」成云：「唐、虞設五典而綱紀五行，置百官而平章百姓，五行自兹而荒殆，百姓因此而澆訛，毁淳素而散樸質也。」離道以善，險德以行，險，危也。離於道以企善，危其德以制行，若務光、申徒狄之類是也。然後去性而從於心。宣云：「舍天性，用人心。」心與心識知而不足以定天下，宣云：「人益巧僞。」俞云：「詩：『不識不知。』『識知』二字連文，言必不識不知而後可定天下。諸家從識字斷句，非。」然後附之以文，益之以博。文滅質，博溺心，然後民始惑亂，无以反其性情而復其初。由是觀之，世喪道矣，道喪世矣。宣云：「以非道无以興乎世，世亦何由興乎道哉！道无以興乎世，世无以興乎道，雖聖人不在山林之中，其德隱矣。成云：「使聖人降迹塵俗，混同羣生，韜藏聖德，莫能見用，雖居朝市，無異山林。」隱，故不自隱。宣云：「遭道隱之世，不必自隱而已隱也。」古之所謂隱士者，非伏其身而弗見也，非閉其言而不出也，非藏其知而不發也，時命大謬也。當時命而大行乎天下，則反一无迹；復於至一之世而不見其迹。不當時命而大窮乎天下，則深根寧極而待。深固自然之根，保寧至善之極，以待時也。此存身之道也。古之行身者，不以辯飾知，成云：「古人之行任其身者，不以浮辯飾小智。」不以知窮天下，成云：「不縱知以困蒼生。」不以知窮德，成云：「知止其分，不以無涯而累其自得。」危然處其所而反其性，郭云：「危然，獨正貌。」己又何爲哉！道固不小行，德固不小識。小識傷德，成云：「小識小知，虧損深玄之德。」小行傷道。故曰：正己而已矣。樂全之謂得志。樂全其性，即是得志。古之所謂得志者，非軒冕之謂也，謂其无以益其樂而已矣。郭云：「全其內而足。」今之所謂得志者，軒冕之謂也。軒冕在身，非性命也，物之儻來，寄者也。成云：「儻者，意外忽來。」寄之，其來不可圉，圉，禦也。其去不可止。故不爲軒冕肆志，肆志，放縱其志。不爲窮約趨俗，不貶志以徇俗。其樂彼與此同，視軒冕與窮約無異。故无憂而已矣。故能處貴而無憂。今寄去則不樂，今人所同。由是觀之，雖樂，未嘗不荒也。樂軒冕者，志荒於外。故曰：喪己於物，失性於俗者，謂之倒置之民。向云：「以外易內，可謂倒置。」

外篇 秋水第十七

秋水時至，百川灌河，李云：「水生於春，壯於秋。」涇流之大，司馬云：「涇，通也。」崔本作「徑」，云：「直度曰徑。」兩涘渚崖之間，釋文：「涘，涯也。水中可居曰渚。崖，字又作涯，亦作厓。」不辯牛馬。成云：「隔水遠看，不辨牛之與馬。」於是焉河伯欣然自喜，以天下之美爲盡在己。釋文：「河伯，姓馮名夷，見大宗師篇。」順流而東行，至於北海，東面而視，不見水端，成云：「北海，今萊州是。」於是焉河伯始旋其面目，望洋向若而歎，釋文「望」作「盳」，云：「盳洋，猶望羊，仰視貌。」司馬云：「『若，海神。』」曰：「野語有之曰『聞道百，以爲莫己若』者，我之謂也。李云：「聞道百，萬分之一也。」郭嵩燾云：「百者，多詞也。」郭慶藩云：「百，古讀若博，與若韻。」且夫我嘗聞少仲尼之聞而輕伯夷之義者，始吾弗信，今我睹子之難窮也，吾非至於子之門則殆矣，吾長見笑於大方之家。」司馬云：「大方，大道也。」北海若曰：「井鼃不可以語於海者，拘於虚也；王引之云：「鼃，本作魚，後人改之也。御覽時序部、鱗介部、蟲豸部引此，並云『井魚不可以語於海』，則舊本作魚可知。且釋文於此不出鼃字，直至下文『埳井之鼃』，始云『鼃，本又作蛙，户蝸反』，引司馬注云『鼃，水蟲，形似蝦蟇』，則此處作魚不作鼃明矣。若作鼃，則『户蝸』之音，『水蟲』之注，當先見於此，不應至下文始見也。再淮南原道篇『夫井魚不可與語大，拘於隘也』，梁張綰文『井魚之不識巨海，夏蟲之不見冬冰』，水經贛水注云『聊記奇文，以廣井魚之聽』，皆用莊子之文，則莊子之作『井魚』益明矣。井九二『井谷射鮒』，鄭注曰：『所生魚無大魚，但多鮒魚耳。』（見劉逵吴都賦注。）困學紀聞十引御覽所載莊子曰：『用意如井魚者，吾爲鉤繳以投之。』吕覽諭大篇：『井中之無大魚也。』此皆『井魚』之證。後人以此篇有『埳井鼃』之語，而荀子正論篇亦云『坎井之鼃，不可與語東海之樂』，遂改『井魚』爲『井鼃』，而不知井自有魚，無煩改作鼃也。自有此改，世動稱井鼃夏蟲，不復知有井魚之喻矣。」王念孫云：「虚與墟同，故釋文云：『虚，本亦作墟。』廣雅：『墟，凥也。』（凥，古『居』字。）文選西征賦注引聲類曰：『墟，故所居也。』經傳言丘墟者，皆謂故所居之地。言井魚拘於所居，不知海之大也。以喻河伯居於涯涘。崔注『拘於井中之空也』，訓虚爲空虚。」**夏蟲不可以語於冰者，篤於時也；**郭慶藩云：「司馬訓篤爲厚，迂曲難通。釋詁：『篤，固也。』論語『篤信好學』，謂信之固也；禮儒行『篤行而不倦』，謂所行之固也。凡鄙陋不達，謂之固。夏蟲爲時所蔽，故曰篤於時。篤字與上下文拘、束同義。」**曲士不可以語於道者，束於教也。**司馬云：「曲士，鄉曲之士。」**今爾出於崖涘，觀於大海，乃知爾醜，爾將可與語大理矣。**郭云：「以其知分，故可與言理也。」**天下之水，莫大於海，萬川歸之，不知何時止而不盈；尾閭泄之，不知何時已而不虚；**文選養生論注引司馬云：「尾閭，水之往海外出者也，一名沃焦，在東大海之中。尾者，在百川之下，故稱尾。閭者，聚也，水聚族之處，故稱閭也。在扶桑之東，有一石，方圓四萬里，厚四萬里，海水注者無不燋盡，故曰沃燋。」案：「沃燋」，亦作「沃焦」，見山海經。今環球周通，可釋此説之疑矣。春秋不變，水旱不知。此其過江河之流，不可爲量數。而吾未嘗以此自多者，自以比形於天地而受氣於陰陽，吾在天地之間，猶小石小木之在大山也，方存乎見少，又奚以自多！計四海之在天地之間也，不似礨空之在大澤乎？釋文：「礨，崔音壘。空音孔。壘孔，小穴也。李云：『小封也。』一云：蟻冢也。」計中國之在海内，不似稊米之在大倉乎？釋文：「郭注爾雅：『稊似稗。』大音泰。」號物之數謂之萬，人處一焉；人卒九州，穀食之所生，舟車之所通，人處一焉。崔云：「卒，盡也。」郭嵩燾云：「人卒九州，言極九州之人數。卒者，盡詞。九州之大，人數之繁，其在天之中，要亦萬物之一而已。」此其比萬物也，不似豪末之在於馬體乎？五帝之所連，崔云：「連，續也。」三王之所爭，仁人之所憂，任士之所勞，盡此矣。伯夷辭之以爲名，仲尼語之以爲博，此其自多也，不似爾向之自多於水乎？」河伯曰：「然則吾大天地而小毫末可乎？」北海若曰：「否。夫物，量无窮，宣云：「各有局量。」時无止，宣云：「各據瞬息。」分无常，成云：「所稟分命，隨時變易。」終始无故。宣云：「變化日新。」是故大知觀於遠近，知同智。遠近並觀，不尚一隅之見。故小而不寡，大而不多，知量无窮；不以大小爲多寡，知量之各足也。

證曏今故，郭云：「曏，明也。今故，猶古今。」故遥而不悶，望古雖遥，我自无悶，不必與古爲徒也。掇而不跂，近可掇取，我亦不跂而求之。知時无止；證明今古之大道，不以人世壽夭爲大期，知時之無止也。察乎盈虚，故得而不喜，失而不憂，知分之无常也；知天道有盈虚，則得失無常，何足介意！明乎坦塗，郭云：「死生者，日新之正道也。」故生而不説，音悦。死而不禍，不以爲禍敗。知終始之不可故也。郭云：「明終始之日新，則知故之不可執而留矣。」計人之所知，不若其所不知；知者有窮，而不知者何限！其生之時，不若未生之時。生有盡，而天地無窮。以其至小，求窮其至大之域，是故迷亂而不能自得也。成云：「無窮之境未周，有限之智已喪。」由此觀之，又何以知毫末之足以定至細之倪！又何以知天地之足以窮至大之域！」毫末非小，天地非大。河伯曰：「世之議者皆曰：『至精无形，至大不可圍。』是信情乎？」成云：「信，實也。」北海若曰：「夫自細視大者不盡，宣云：「處小而視大，有所不及偏，故覺不可圍。」自大視細者不明。宣云：「處大而視小，有所不及審，故覺無形。」夫精，小之微也；垺，大之殷也；宣云：「垺音孚，郭也。殷，盛也。」故異便。宣云：「故一覺不可圍，是小者以大爲不便，而自便其小；一覺無形，是大者以小爲不便，而自便其大也。」此勢之有也。此勢所有，不足致辨。夫精粗者，期於有形者也；宣云：「尚在有迹處求道。」無形者，數之所不能分也；謂精。不可圍者，數之所不能窮也。謂粗。可以言論者，物之粗也；曰粗則猶可以言論。可以意致者，物之精也；曰精則猶可以意致。言之所不能論，意之所不能察致者，不期精粗焉。不期於精粗者，在意言之表，即道妙也。是故大人之行，不出乎害人，不多仁恩；固不害人，亦不以仁恩自多。動不爲利，不賤門隸；固不爲利，亦不以求利之守門僕隸爲賤。貨財弗爭，不多辭讓；不爭貨財，亦不以辭讓之德爲高。事焉不借人，不多食乎力，不賤貪污；事不借力於人，而自食其力，但期取足，亦不以人之貪得者爲賤。行殊乎俗，不多辟異；行不隨俗，亦不以乖僻立異爲多。爲在從衆，不賤佞諂；爲順衆情，亦未嘗以佞諂者爲賤。世之爵禄不足以爲勸，戮恥不足以爲辱；知是非之不可爲分，細大之不可爲倪。是非之迹不可分，細大之端不可見，惟大人知之。聞曰：成云：「寓諸他人，故稱聞曰。」『道人不聞，郭云：「任物而物性自通，則功名歸物矣，故不聞。」案：語又見山木篇，「道」作「至」。至德不得，郭云：「得者，生於失也。物各無失，則得名去也。」大人无己。』郭云：「任物而已。」約分之至也。」約己歸於其分。河伯曰：「若物之外，若物之内，惡至而倪貴賤？惡至而倪小大？」問既不期精粗，此物性之内外何由而有貴賤小大之端倪？北海若曰：「以道觀之，物无貴賤；以物觀之，自貴而相賤；物情彼此皆然，故言相。以俗觀之，貴賤不在己。世俗以外來之榮戮爲貴賤。以差觀之，等差之數。因其所大而大之，成云：「以自足爲大。」則萬物莫不大；因其所小而小之，成云：「以無餘爲小。」則萬物莫不小。知天地之爲稊米也，知豪末之爲丘山也，則差數等矣。以功觀之，兩須之事功也。因其所有而有之，則萬物莫不有；因其所无而无之，則萬物莫不无。蘇輿云：「物情以得用爲有，以相勝爲無，猶矢人謂可無函，函人謂可無矢也。然以矢爲有，則函敵矢，亦可爲有；以函爲無，則矢爲函拒，亦可謂無。」知東西之相反，而不可以相无，則功分定矣。東西本相反，然非東無以定西，故就相反而相須言之，則功分可定。以趣觀之，衆人之趣向。因其所然而然之，則萬物莫不然；因其所非而非之，則萬物莫不非。隨人之是非爲是非。知堯、桀之自然而相非，則趣操睹矣。堯非桀，桀亦非堯，附堯、桀者亦各執一是非，則趣操之無定可覩矣。昔者堯、舜讓而帝，之、噲讓而絶；司馬云：「燕王噲用蘇代之説，效堯、舜讓位與相子之，三年而國亂。」湯、武争而王，白公争而滅。釋文：「白公，名勝，楚平王之孫，作亂而死。事見左哀十六年傳。」由此觀之，争讓之禮，堯、桀之行，貴賤有時，未可以爲常也。宣云：「貴賤以此，小大可知。」梁麗可以衝城，而不可以窒穴，言殊器也；崔云：「梁麗，屋棟也。」郭慶藩云：「列子湯問篇：『雍門鬻歌，餘音繞梁欐，三日不絶。』梁欐，即梁麗也。上林賦『連捲欐佹』，注：『欐佹，支柱也。』欐者附著，佹者交午。廣韻：『麗，著也。』玉篇：『麗，偶也。』柱偶曰麗，梁棟相附著亦曰麗，即謂椽柱之屬。爲梁麗必材之大者，故可用以衝城，不當泥視。」釋文：「窒，塞也。」騏驥驊騮，一日而馳千里，捕鼠不如狸狌，言殊技也；鴟鵂夜撮蚤，釋文：「淮南子『鴟夜聚食蚤蝨不失也。』司馬本作蚤，云：『鴟，鵂鶹，夜取蚤食。』」王引之云：「正文鵂字，涉釋文內『鴟，鵂鶹』而衍。釋文：『鴟，尺夷反。崔云：「鴟，鵂鶹。」』而不爲鵂字作音，則正文內無鵂字明矣。埤雅引此已誤。淮南主術篇亦云『鴟夜撮蚤』。」案：聚亦撮也。崔本「撮」作「最」。古書聚、最多通作，故又爲聚。察毫末，晝出瞋目而不見丘山，言殊性也。釋文：「瞋，本或作瞑。」蘇輿云：「作瞋是。言鴟夜察蚤之毫末，及晝則雖瞋目而不見丘山矣。徐无鬼篇『鴟目有所適』，亦謂適夜而不適晝也。」故曰：蓋師是而无非，師治而无亂乎？恒言如此。是未明天地之理，萬物之情者也。是猶師天而无地，師陰而无陽，其不可行明矣。然且語而不舍，非愚則誣也。宣云：「愚者不知，誣則知而妄言。」帝王殊禪，成云：「或宗族相承，或讓與他姓，故言殊禪。」三代殊繼。成云：「或父子相繼，或興兵征誅，故言殊繼。」差其時，逆其俗者，謂之篡夫；時俗既非，而差逆之，如子之、白公，則世以爲篡夫。當其時，順其俗者，謂之義徒。時俗可行而順舉之者，則世以爲義徒，可見貴賤有時。默默乎河伯！戒勿多言。女惡知貴賤之門，大小之家！」河伯曰：「然則我何爲乎？何不爲乎？吾辭受趣舍，吾終奈何？」北海若曰：「以道觀之，何貴何賤，是謂反衍，郭云：「貴賤之道，反覆相尋。」崔云：「無所貴賤，乃反爲美也。」本亦作「畔衍」，李云：「猶漫衍，合爲一家。」无拘而志，而，爾也，下同。貴賤無定，不必拘視。與道大蹇。拘滯則道難行。何少何多，是謂謝施，謝天之施而已。无一而行，與道參差。執一而行，則與道不齊合。嚴乎若國之有君，其无私德；不私惠於物，而物皆被德。繇繇乎若祭之有社，其无私福；繇繇，與由由同，自得之貌。如羣奉一社，咸以爲神之福我也。泛泛乎若四方之无窮，其无所畛域。泛泛如水之無畔岸。兼懷萬物，其孰承翼？是謂无方。萬物皆我懷之，其孰承我而孰助我？是謂無所偏向。萬物一齊，孰短孰長？宣云：「所以無方。」道无終始，物有死生，不恃其成；宣云：「有生死，則物之成不足恃。」一虛一滿，不位乎其形。宣云：「虛滿遞乘，則形無定位。」年不可舉，時不可止；宣云：「往者莫存，逝者莫挽。」消息盈虛，終則有始。是所以語大義之方，論萬物之理也。物之生也若驟若馳，言其速。无動而不變，无時而不移。何爲乎？何不爲乎？夫固將自化。」成云：「安而任之，必自變化，何勞措意爲與不爲？」河伯曰：「然則何貴於道邪？」宣云：「既無爲不爲之分，何貴學道？」北海若曰：「知道者必達於理，達於理者必明於權，明於權者不以物害己。至德者，火弗能熱，水弗能溺，寒暑弗能害，禽獸弗能賊。非謂其薄之也，薄，迫也。非謂其迫近之而不害也。言察乎安危，寧於禍福，成云：「寧，安。禍，窮塞。福，通達也。」謹於去就，莫之能害也。故曰：天在內，宣云：「天機藏於不見。」人在外，宣云：「人事著於作爲。」德在乎天。德以自然者爲尚。知天人之行，本乎天，位乎德，惟知天人之行者，本乎自然而處乎自得。蹢躅而屈伸，成云：「蹢躅，進退不定之貌。隨時屈伸，曾無定執。」反要而語極。」宣云：「乃學之要而道之極也。」曰：「何謂天？何謂人？」北海若曰：「牛馬四足，是謂天；落馬首，穿牛鼻，是謂人。落同絡。故曰：无以人滅天，无以故滅命，无以得殉名。勿以人事毁天然，勿以造作傷性命，勿以有限之得殉無窮之名。謹守而勿失，是謂反其真。」郭云：「真在性分之内。」

夔憐蚿，蚿憐蛇，蛇憐風，風憐目，目憐心。司馬云：「蚿，馬蚿蟲也。廣雅云：『蛆渠，馬蚿。』夔一足，蚿多足，蛇無足，風無形，目形綴於此而明流於彼，心則質幽，爲神遊外。」成云：「憐是愛尚之名。」夔謂蚿曰：「吾以一足趻踔而行，成云：「趻踔，跳躑也。」予无如矣。成云：「簡易無如我者。」今子之使萬足，獨奈何？」以爲煩勞也。蚿曰：「不然。子不見夫唾者乎？噴則大者如珠，小者如霧，雜而下者不可勝數也。今予動吾天機，而不知其所以然。」蚿謂蛇曰：「吾以衆足行，而不及子之无足，不及其速。何也？」蛇曰：「夫天機之所動，何可易邪？吾安用足哉！」蛇謂風曰：「予動吾脊脅而行，則有似也。似有足。今子蓬蓬然起於北海，蓬蓬然入於南海，而似无有，何也？」風曰：「然。予蓬蓬然起於北海而入於南海也，然而指我則勝我，鰌我亦勝我。釋文：

「䲡，本又作蹭。」郭嵩燾云：「荀子强國篇『大燕䲡吾後』，楊注：『䲡，蹴也。言蹴踏於後也。』」成云：「人以手指撝風，風不能折指，以足蹴踏風，風亦不能折足，此小不勝也。」雖然，夫折大木，蜚大屋者，唯我能也，故以衆小不勝爲大勝也。爲大勝者，唯聖人能之。」能爲大勝者，衆小不勝無所容其計較，非知道之聖人不能如此。宣云：「目、心之用更神，當身可自喻之，故省文。」

孔子遊於匡，宋人圍之數帀，而絃歌不惙。釋文：「司馬云：『宋當作衛。衛人誤圍孔子，以爲陽虎，虎嘗暴於匡人也。』惙，本又作輟。」子路入見，曰：「何夫子之娱也？」孔子曰：「來！吾語女。我諱窮久矣，而不免，命也；成云：「諱，忌也。」求通久矣，而不得，時也。當堯、舜而天下无窮人，非知得也，賢士盡升庸，非其智得也。當桀、紂而天下无通人，非知失也，賢人皆隱遁，非其智失也。時勢適然。夫水行不避蛟龍者，漁父之勇也；陸行不避兕虎者，獵夫之勇也；白刃交於前，視死若生者，烈士之勇也；知窮之有命，知通之有時，臨大難而不懼者，聖人之勇也。由處矣！且安息。吾命有所制矣。」制之於天。无幾何，將甲者進，辭曰：釋文：「將，本亦作持。」「以爲陽虎也，故圍之；今非也，請辭而退。」謝過解去。

公孫龍問於魏牟曰：司馬云：「龍，趙人。牟，魏之公子。」姚云：「公孫龍與莊生時不相及，此其弟子所記耳。」「龍少學先生之道，長而明仁義之行，合同異，離堅白，然不然，可不可，困百家之知，窮衆口之辯，吾自以爲至達已。今吾聞莊子之言，汒焉異之，不知論之不及與，知之弗若與？今吾无所開吾喙，敢問其方。」公子牟隱机太息，仰天而笑曰：「子獨不聞夫埳井之鼃乎？埳，郭音陷。成云：「埳井，猶淺井。」謂東海之鱉曰：『吾樂與！自言甚樂。出跳梁乎井幹之上，幹，當從木作「榦」。釋文：「司馬云：『井欄也。』褚詮之音西京賦作韓音。」入休乎缺甃之崖，李云：「甃，如闌，以磚爲之，著井底也。」成云：「休息乎破磚之涯。」赴水則接腋持頤，宣云：「水承兩腋而浮兩頤。」蹶泥則没足滅跗，成云：「跗，腳趺也。」還虷蟹與科斗，莫吾能若也。宣云：「還，回顧也。」釋文：「虷音寒，井中赤蟲，一名蜎。爾雅云『蜎，蠉』，郭注云：『井中小蛣蟩赤蟲也。』科斗，蝦蟇子也。」案：言環顧此輩，無如其樂。且夫擅一壑之水，而跨跱埳井之樂，此亦至矣，夫子奚不時來入觀乎？』東海之鱉左足未入，而右膝已縶矣。司馬云：「縶，拘也。」三蒼云：『絆也。』」案：井小不容。於是逡巡而卻，從容而退。告之海曰：以海之大告之。『夫千里之遠，不足以舉其大；千仞之高，不足以極其深。禹之時，十年九潦，而水弗爲加益；湯之時，八年七旱，而崖不爲加損。夫不爲頃久推移，成云：「頃，少時。久，多時。」不以多少進退者，進退，謂損益。此亦東海之大樂也。』於是埳井之鼃聞之，適適然驚，成云：「適適，驚怖之容。」規規然自失也。規規，小貌，下同。且夫知不知是非之竟，上知音智，下知如字，下同。而猶欲觀於莊子之言，成云：「觀察至理之言。」是猶使蚊負山，商蚷馳河也，成云：「商蚷，馬蚿也。亦名商蚷，亦名且渠。」必不勝任矣。且夫知不知論極妙之言，而自適一時之利者，是非埳井之鼃與？且彼方跐黄泉而登大皇，釋文：「廣雅云：『跐，蹋也。』」成云：「大皇，天也。」无南无北，奭然四解，淪於不測；釋文：「奭音釋。」成云：「奭然無礙。」无東无西，始於玄冥，反於大通。王念孫云：「『無東無西』，當作『無西無東』，與通爲韻。」成云：「始於玄極而其道杳冥，反於域中而大通於物也。」子乃規規然而求之以察，索之以辯，郭云：「遊無窮者，非察辯所得。」是直用管窺天，用錐指地也，不亦小乎！子往矣！且子獨不聞壽陵餘子之學行於邯鄲與？司馬云：「未應丁夫爲餘子。」成云：「壽陵，燕邑。邯鄲，趙都，其俗能行，故燕國少年遠來學步。」未得國能，又失其故行矣，直匍匐而歸耳。成云：「未得趙國之能，更失壽陵之故，以手據地，匍匐而還。」今子不去，將忘子之故，失子之業。」公孫龍口呿而不合，司馬云：「呿，開也。」舌舉而不下，乃逸而走。

莊子釣於濮水，成云：「濮，水名，屬東郡，今濮州濮陽縣是。」楚王使大夫二人往先焉，司馬云：「威王也。」曰：「願以境内累矣！」欲以國事相累。莊子持竿不顧，曰：「吾聞楚有神龜，死已三千歲矣，王巾笥而藏之廟堂之上。此龜者，寧其死爲留骨而貴乎，寧其生而曳尾於塗中乎？」二大夫曰：「寧生而曳尾塗中。」莊子曰：「往矣！吾將曳尾於塗中。」

惠子相梁，成云：「惠施，宋人，爲梁惠王相。」莊子往見之。或謂惠子曰：「莊子來，欲代子相。」於是惠子恐，搜於國中三日三夜。莊子往見之，曰：「南方有鳥，其名爲鵷鶵，李云：「鸞鳳之屬。」子知之乎？夫鵷鶵發於南海而飛於北海，非梧桐不止，非練實不食，成云：「練實，竹實。」非醴泉不飲。於是鴟得腐鼠，鵷鶵過之，仰而視之曰：『嚇！』司馬云：「嚇，怒其聲，恐其奪己也。」詩箋：『以口拒人曰嚇。』」今子欲以子之梁國而嚇我邪？」姚云：「記此語者，莊徒之陋。」

莊子與惠子遊於濠梁之上。成云：「濠，水名，在淮南鍾離郡，有莊子墓在焉。亦有莊、惠遨遊之所。石絶水爲梁。」莊子曰：「儵魚出遊從容，釋文：「李音由，白魚也。」盧文弨云：「儵，當作鯈。」姚云：「儵，卽至樂篇『食之鰌鯈』鯈字耳，而經籍多誤作儵。」是魚之樂也。」惠子曰：「子非魚，安知魚之樂？」莊子曰：「子非我，安知我不知魚之樂？」惠子曰：「我非子，固不知子矣；子固非魚矣，子之不知魚之樂全矣。」宣云：「與魚全無相知之理。」莊子曰：「請循其本。成云：「請尋其源。」子曰『汝安知魚樂』云者，既已知吾知之而問我，郭云：「循子『安知』之云，已知吾之所知矣，而方復問我。」我知之濠上也。」宣云：「我遊濠上而樂，則知魚遊濠下亦樂也。」

莊子集解卷五

外篇 至樂第十八

天下有至樂无有哉？有可以活身者无有哉？今奚爲奚據？奚避奚處？奚就奚去？奚樂奚惡？宣云：「言至樂活身之理俱有，不知人之取舍何如耳。」夫天下之所尊者，富貴壽善也；善者，所遇順善。所樂者，身安、厚味、美服、好色、音聲也；所下者，貧賤夭惡也；夭，短折。惡，惡疾。所苦者，身不得安逸，口不得厚味，形不得美服，目不得好色，耳不得音聲；若不得者，則大憂以懼。其爲形也亦愚哉！爲，于僞反，下同。夫富者，苦身疾作，勤力。多積財而不得盡用，其爲形也亦外矣。郭云：「内其形者，知足而已。」夫貴者，夜以繼日，思慮善否，宣云：「爲固位計。」其爲形也亦疏矣。郭云：「親其形者，自得於身中而已。」人之生也，與憂俱生，壽者惛惛，久憂不死，何苦也！宣本「何」下有「之」字，云：「猶其也。」姚氏章句本亦同，云：「之，是也。言何若是苦也。」其爲形也亦遠矣。烈士爲天下見善矣，人皆稱善。未足以活身。吾未知善之誠善邪，誠不善邪？若以爲善矣，不足活身；以爲不善矣，足以活人。行其言，足以活人。故曰：「忠諫不聽，蹲循勿争。」郭慶藩云：「蹲循，即逡巡。廣雅：『逡巡，卻退也。』管子戒篇作『逡遁』，小問篇作『遵循』，晏子問篇作『逡循』，漢書萬章傳同，皆字異義同。」故夫子胥争之以殘其形，不争，名亦不成。宣云：「意在以争成忠諫之名。」誠有善无有哉？成云：「善不善誠未可定。」今俗之所爲與其所樂，吾又未知樂之果樂邪，果不樂邪？吾觀夫俗之所樂，舉羣趣者，誙誙然如將不得已，舉世羣趨，如不得已。李云：「誙誙，趨死貌。」案：蘇輿云「樂舉，謂數數稱道之也」，於義亦通。而皆曰樂者，吾未之樂也，亦未之不樂也。樂不樂，吾未親歷其境。果有樂无有哉？樂之有無，吾弗知。吾以无爲誠樂矣，又俗之所大苦也。我以恬静無爲爲誠樂，而世俗又不以爲然。故曰：「至樂无樂，至譽无譽。」天下是非果未可定也。雖然，无爲可以定是非。成云：「忘是非而是非定。」至樂活身，唯无爲幾存。存是二者，唯無爲近之。請嘗試言之。天无爲以之清，地无爲以之寧，郭云：「皆自清寧耳，非爲之所得。」故兩无爲相合，萬物皆化。兩儀相合，萬物化生。姚云：「江南本作：『萬物皆化生。』」芒乎芴乎，李芒音荒，芴音忽。荒忽，猶恍惚也。而无從出乎！成云：「尋其從出，莫知所由。」芴乎芒乎，而无有象乎！萬物職職，成云：「職職，繁多貌。」皆從无爲殖。故曰：「天地无爲也，而无不爲也。」人也，孰能得无爲哉！宣云：「人能無爲，則同乎天地矣。」

莊子妻死，惠子弔之，莊子則方箕踞鼓盆而歌。釋文：「盆，瓦缶。」惠子曰：「與人居長子，成云：「共妻居處，長養子孫。」老身死，不哭亦足矣，又鼓盆而歌，不亦甚乎！」莊子曰：「不然。是其始死也，我獨何能无概然！司馬云：「概，感也。」案：古概、慨通作。察其始而本无生，非徒无生也，而本无形，非徒无形也，而本无氣。雜乎芒芴之間，變而有氣，氣變而有形，形變而有生，今又變而之死，是相與爲春秋冬夏四時行也。人且偃然寢於巨室，而我噭噭然隨而哭之，自以爲不通乎命，故止也。」

支離叔與滑介叔李云：「支離忘形，滑介忘智，言二子乃識化也。」觀於冥伯之丘，李云：「丘名。喻杳冥也。」崑崙之虛，黄帝之所休。俄而柳生其左肘，瘤作柳聲，轉借字。其意蹶蹶然惡之。成云：「蹶蹶，驚動貌。」支離叔曰：「子惡之乎？」滑介叔曰：「亡。成云：「亡，無也。」予何惡？生者，假借也；假之而生生者，塵垢也。死生爲晝夜。且吾與子觀化而化及我，我又何惡焉？」

莊子之楚，見空髑髏，髐然有形，宣云：「髐音囂，空枯貌。」撽以馬捶，釋文：「撽，苦弔反。說文作擊，云：『旁擊也。』」因而問之曰：「夫子貪生失理，而爲此乎？將子有亡國之事，斧鉞之誅，而爲此乎？將子有不善之行，愧遺父母妻子之醜，而爲此乎？

將子有凍餒之患，而爲此乎？將子之春秋故及此乎？」於是語卒，援髑髏枕而卧。夜半，髑髏見夢曰：「子之談者似辯士。姚云：「張君房本『子』上有『向』字。」視子所言，皆生人之累也，死則无此矣。子欲聞死之説乎？」莊子曰：「然。」髑髏曰：「死，无君於上，无臣於下，亦无四時之事，從然以天地爲春秋，釋文：「從，李、徐子用反，縱逸也。」雖南面王樂，不能過也。」莊子不信，曰：「吾使司命復生子形，爲子骨肉肌膚，反子父母妻子、閭里、知識，謂朋友。子欲之乎？」髑髏深矉蹙頞曰：矉同顰，皆愁貌。釋文：「頞，於葛反。」「吾安能棄南面王樂而復爲人間之勞乎？」

顔淵東之齊，孔子有憂色。子貢下席而問曰：「小子敢問：回東之齊，夫子有憂色，何邪？」孔子曰：「善哉汝問！昔者管子有言，丘甚善之，曰：『褚小者不可以懷大，綆短者不可以汲深。』成云：「此言出管子書。」郭慶藩云：「玉篇：『褚，裝衣也。』字或作衿。衆經音義引通俗文曰：『裝衣曰衿。』説文繫傳：『褚，衣之橐也。』集韻：『橐也。』左成三年傳：『鄭賈人有將寘於褚中以出。』蓋褚可以裝物，亦可以裝人。」夫若是者，以爲命有所成而形有所適也，夫不可損益。吾恐回與齊侯言堯、舜、黄帝之道，而重以燧人、神農之言。彼將内求於己而不得，不得則惑，人惑則死。成云：「不得解則心生疑惑，於是忿其勝己，必殺顔子。」且女獨不聞邪？昔者海鳥止於魯郊，魯侯御而觴之於廟，司馬云：

「國語『爰居止魯東門之外三日，臧文仲使國人祭之』，不云魯侯也。爰居，一名雜縣，舉頭高八尺。爾雅樊光注：『形似鳳皇。』」案：御，迎也。奏九韶以爲樂，具太牢以爲膳。鳥乃眩視憂悲，不敢食一臠，不敢飲一杯，三日而死。此以己養養鳥也，非以鳥養養鳥也。夫以鳥養養鳥者，宜栖之深林，遊之壇陸，釋文：「壇，司馬本作澶音但，云：『水沙澶也。』」成云：「壇陸，湖渚也。」浮之江湖，食之鰌鰷，成云：「鰌，泥鰌。鰷，白魚子。」隨行列而止，委蛇而處。委蛇，自得。「昔者海鳥」至此，達生篇亦引之。彼唯人言之惡聞，奚以夫譊譊爲乎！成云：「譊，喧聒也。」咸池、九韶之樂，張之洞庭之野，鳥聞之而飛，獸聞之而走，魚聞之而下入，人卒聞之，相與還而觀之。卒、猝同。還，繞。唯人好觀樂。魚處水而生，人處水而死，故必相與異，句。其好惡故異也。故，猶本。故先聖不一其能，不同其事。成云：「聖人因循物性，使人如器，不一其能，各稱其情，不同其事。」名止於實，成云：「因實立名，名以召實，故名止於實，不用實外求名。」義設於適，成云：「隨宜施設，適性而已。」是之謂條達而福持。」如是之道，可謂條理通達而福德扶持者。

列子行食於道，天瑞篇「行」作「適衞」。從見百歲髑髏，天瑞篇「從」下有「者」字。攓蓬而指之曰：成云：「攓，拔也。」天瑞篇作「攓蓬而指顧謂弟子百豐曰」。「唯予與汝知而未嘗死，未嘗生也。而，汝也。天瑞篇「汝」作「彼」，「死」「生」倒換。若果養乎？予果歡乎？」

俞云：「詩二子乘舟『中心養養』，傳訓養爲憂。與下句歡對文。」釋文：「元嘉本『若果』作『汝過』，『予過』作『子過』。」案：天瑞篇作「此過養乎，此過歡乎」，與元嘉本兩「過」字合，而文義亦未愜，疑有誤。

種有幾？成云：「陰陽造物，轉變無窮，論其種類，不可勝計。」**得水則爲㡭，**釋文：「此古絶字，徐音絶，今讀音繼。司馬本作繼。本或作斷，又作『續斷』。」盧文弨云：「古絶字當作𢇍，此㡭乃繼字。」成云：「潤氣生物，從無生有，故更相繼續也。」案：釋草「藚，牛脣」，郭注引毛詩傳曰：「水舄也，如續斷，寸寸有節，拔之可復。」説文：「藚，水舄也。」郝懿行云：「今驗馬舄生水中者，華如車前而大，拔之節節復生。」據此，卽莊子所謂㡭也。拔之寸節復生，故以㡭爲名。其或作「斷」，又作「續斷」者，「㡭」或誤「斷」，後人又妄加「續」字耳。藚如續斷，與生山谷之續斷，判然二物。節節復生，無根著土，故名水舄，與本文「得水爲㡭」合。天瑞篇上有「若鼃爲鶉」句，未得其解。**得水土之際則爲鼃蠙之衣，**司馬云：「言物根在水土際，布在水中，就水上（列注誤「土」。）視不見，按（列注作「鈔」。）之可得，如張綿（列注誤「縣」。）在水中，楚人謂之鼃蠙之衣。」成云：「青苔也，在水中若張綿，俗謂之蝦蟆衣也。」案：此言水與土相際而生，非謂水上之物。釋草：「芣苢，馬舄。馬舄，車前。」郭注：「今車前草，大葉長穗，好生道傍，江東呼爲蝦蟆衣。」則蝦蟆衣非青苔，亦非如司馬所云也。釋草又云「藬，蕮」，郭注：「今澤蕮。」案：卽澤瀉也。本草云：「一名水瀉。」（卽木舄。）陶注：「葉狹而長，叢生淺水中。」蘇頌圖經：「葉似牛舌草，獨葉而長，秋開白花作叢，似穀精草，秋末采根暴乾。」案：此得水土之交，故有根可采也。文選注引韓詩章句曰：「芣苢，澤瀉也。」陸璣疏云：「馬舄，幽州謂之牛舌草。」蓋葉既相似，而水舄、澤舄、芣苢之名稱又復互混，故蝦蟆衣之名亦遂移於道邊之陵舄，而習焉不察也。**生於陵屯則爲陵舄**，司馬云：「言物因水成而陸產，生於陵屯，化作車前，改名陵舄也。一名澤舄，隨燥溼變也。」（此語亦名稱互混之證。）案列子張湛注：「陵屯，高潔處也。」蓋總謂無水之處。詩芣苢釋文引陸璣云：「牛舌，又名當道。」韓詩說云：「直曰車前，瞿曰芣苢。」乃就直道而生，及生道兩旁析言之。直道卽當道，皆與此生於陵屯合。**陵舄得鬱棲則爲烏足**，司馬云：「鬱棲，蟲名。烏足，草名，生水邊也。言鬱棲在陵舄之中，則化爲烏足也。」李云：「鬱棲，糞壤也。言陵舄在糞則化爲烏足也。」案：鬱棲是糞壤，非蟲名，詳見下。**烏足之根爲蠐螬**，司馬本作「螬蠐」，云：「蝎也。」案：蠐螬、螬蠐二物。釋蟲「蟦蠐螬」，郭注：「在糞土中。」又云「蝤蠐，蝎」，郭注：「在木中。今雖通名爲蝎，所在異。」詩「領如蝤蠐」，蔡邕青衣賦作「領如螬蠐」，明「蝤」「螬」同字。說文：「蝤，蝤蠀也。」「蝎，蝤蠀也。」又云：「蠀，蠀螬也。」「蠹，蠀蠹也。」据此，知司馬本誤混爲一。惟說文無「蟦」字，「蟦」疑「糞」之音轉字。烏足係陵舄在糞壤所化，其根在糞土中，而出爲蠐螬，益明矣。本草：「蟦蠐生河內平澤，及人家積糞草中，反行者良。」陶注：「蠐亦作蟦。」方言：「蟦螬謂之蟦。」蠐、蟦雙聲。**其葉爲胡蝶。**大者如足大指，以背行，乃駛於脚，從夏入秋，化爲蟬。論衡無形篇「蠐螬化爲復育，復育化而爲蟬」，是也。**胡蝶，胥也化而爲蟲**，釋文：「胡蝶，一名胥。」俞云：「『胥也』當連下

『化而爲蟲』讀之，與下『鴝掇千日爲鳥』兩文相對。千日爲鳥，言其久也，胥也化而爲蟲，言其速也。天瑞篇釋文：『胥，少也，謂少時也。』得之。」生於竈下，其狀若脱，脱同蜕。其名爲鴝掇。天瑞篇「鴝」作「鴝」，同。鴝掇千日張注：「千日而死。」爲鳥，其名曰乾餘骨。天瑞篇「爲」上有「化而」二字。乾餘骨之沫爲斯彌，李云：「沫，口中汁。」斯彌爲食醯。頤輅成云：「酢甕中蠛蠓，亦爲醯雞也。」生乎食醯，黄軦天瑞篇「生」上再有「食醯頤輅」四字。生乎九猷，天瑞篇「生」上再有「食醯黄軦」四字。瞀芮生乎腐蠸。成云：「腐蠸，螢火蟲，亦言是粉鼠蟲。」釋文：「音權，郭音歡。爾雅云：『一名守瓜。』一云：粉鼠也。」案：天瑞篇此上有「九猷生乎瞀芮」句，張注：「蠸音權，謂瓜中黄甲蟲也。」羊奚比乎不箰，久竹生青寧，釋文「羊奚比乎不箰」句，「久竹生青寧」句。司馬云：「羊奚，草名，根似蕪菁，與久竹比合而爲物，皆生於非類也。青寧，蟲名。」是司馬以「久竹」屬上讀。張湛讀與陸同，「羊奚」句注：「此異類而相親比。」「久竹」句注：「因於林藪而生。」並無確解，未知孰是。又天瑞篇此上有「羊肝化爲地皋」至「醯雞生乎酒」二十二句，莊子删之。青寧生程，成云：「赤蟲名。」程生馬，馬生人，人又反入於機。俞云：「又當作久，字之誤也。久，老也。天瑞篇作『人久入於機』。」萬物皆出於機，皆入於機。

外篇 達生第十九

達生之情者，情，實也。不務生之所无以爲；宣云：「爲無益之養者，生之所無以爲也。」達命之情者，不務知之所无奈何。宣云：「數之不可强者，知之所无奈何也。」養形必先之以物，成云：「謂資貨衣食。」物有餘而形不養者有之矣；宣云：「究竟物不足以養形。」有生必先无離形，形不離而生亡者有之矣。宣云：「究竟形不足以存生。」生之來不能卻，其去不能止。悲夫！世之人以爲養形足以存生，而養形果不足以存生，則世奚足爲哉！雖不足爲而不可不爲者，其爲不免矣。成云：「分外之事不足爲，分内之事不可不爲。」夫欲免爲形者，莫如棄世。棄世則无累，无累則正平，宣云：「遊於坦途。」正平則與彼更生，宣云：「與彼造化同其循環推移。」更生則幾矣。宣云：「近道。」事奚足棄而生奚足遺？成云：「人世虚無，何足捐棄？生涯空幻，何足遺忘？」棄事則形不勞，遺生則精不虧。夫形全精復，與天爲一。宣云：「合造化之自然。」天地者，萬物之父母也，合則成體，散則成始。宣云：「散於此者，爲成於彼之始。」形精不虧，是謂能移；移造化之權。精而又精，反以相天。宣云：「養精之至，化育賴其參贊。」

子列子問關尹曰：李云：「關尹，關令尹喜也。」成云：「姓尹，名喜，字公度，爲函谷關令，故曰關令尹真人，是老子弟子，懷道抱德，故列子詢之。」「至人潛行不窒，成云：「潛伏行世，不爲物境障礙。」案：列子黃帝篇作「不空」。蹈火不熱，行乎萬物之上而不慄。成云：「冥於寒暑，故火不能災；一於高卑，故心不恐懼。」請問何以至於此？」關尹曰：「是純氣之守也，非知巧果敢之列。成云：「是保守純和之氣，非心智巧詐、勇決果敢而得之。」居！吾語女。凡有貌象聲色者，皆物也，物與物何以相遠？郭云：「唯無心者獨遠。」夫奚足以至乎先？是色而已。郭云：「同是形色之物耳，未足以相先也。」姚云：「江南本『色』上有『形』字。」則物之造乎不形，而止乎无所化，列子張湛注：「有既無始，則所造者無形矣；形既無終，則所止者無化矣。」夫得是而窮之者，宣云：「言究心於此。」物焉得而止焉！成云：「非物所制。」案：黃帝篇無「物」字，「而止」誤爲「正曰」。彼將處乎不淫之度，郭云：「止於所受之分。」案：黃帝篇「淫」誤「深」。而藏乎无端之紀，郭云：「冥然與變化日新。」遊乎萬物之所終始，郭云：「終始者，物之極。」壹其性，郭云：「飾則二矣。」養其氣，郭云：「不以心使之。」合其德，郭云：「不以物離性。」案：黃帝篇「合」作「含」。以通乎物之所造。成云：「物之所造，自然也。既一性合德，與物相應，故能達至道之原，通自然之本。」夫若是者，其天守全，其神无郤，同隙。物奚自入焉！外患不能入也。夫醉者之墜車，雖疾不死。骨節與人同，而犯害與人異，其神全也，乘亦不知也，墜亦不知也，死生驚懼不入乎其胷中，是故遻物而不慴。釋文：「音悟。爾雅云：『遻，忤也。』郭注云：『謂干觸。』慴，懼也。」盧云：「今本作遌。」彼得全於酒而猶若是，而況得全於天乎！ 聖人藏於天，故莫之能傷也。」引列子畢。 復讎者不折鏌、干，鏌邪、干將。 雖有忮心者不怨飄瓦，是以天下平均。故无攻戰之亂，无殺戮之刑者，由此道也。 不開人之天，而開天之天，郭云：「不慮而知，開天也；知而後感，開人也。然則開天者，性之動；開人者，知之用。」開天者德生，郭云：「性動者，遇物而當，足則忘餘，斯德生也。」開人者賊生。郭云：「知用者，從感而求，勸而不已，斯賊生也。」不厭其天，不忽於人，常守天德，不厭天也；智能燭物，不忽人也。 民幾乎以其真。 幾，近也。 成云：「率土盡真，蒼生無僞。」

仲尼適楚，出於林中，見痀僂者承蜩，猶掇之也。 成云：「痀僂，老人曲腰之貌。承蜩，以竿取蟬。掇，拾也。」郭慶藩云：「承讀爲拯，謂引取之也。說文作抍。列子黃帝篇：『使弟子並流而承之。』釋文：『承音拯。』」案：黃帝篇「僂」作「瘻」，借字。 仲尼曰：「子巧乎？有道邪？」曰：「我有道也。五六月累丸，司馬云：「五六月，黏蟬時也。累丸，謂累之於竿頭。」案：黃帝篇「累丸」作「纍垸」。 二而不墜，則失者錙銖；蓋所失二三。 累三而不墜，則失者十一；累五而不墜，猶掇之也。 吾處身也若厥株拘，釋文：「厥，本或作橛。」案：斷吾執臂也若槁木之枝，木爲杙也。株，木根也。言身若橛株之拘。黄帝篇作「橛株駒」，借字。雖天地之大，萬物之多，而唯蜩翼之知。吾不反不側，不以萬物易蜩之翼，何爲而不得！」郭云：「不動之至。」孔子顧謂弟子曰：「用志不分，乃凝於神，黄帝篇「凝」作「疑」，是也。下文「津人操舟若神」，「見者驚猶鬼神」，及「器之所以疑神」，並與此「疑於神」同意。其痀僂丈人之謂乎！」

顔淵問仲尼曰：「吾嘗濟乎觴深之淵，成云：「淵名，在宋國。」津人操舟若神。吾問焉，曰：『操舟可學邪？』曰：『可。善游者數能。善浮水者，數習則能。黄帝篇上有「能游者可教也」句。若乃夫没人，則未嘗見舟而便操之也。』没人，能没水者。雖向未見舟，入舟便能操之。黄帝篇「便」作「謖」，注：「謖，起也。」吾問焉而不吾告，敢問何謂也？」仲尼曰：「善游者數能，忘水也。黄帝篇「善」上有「能游者可教也，輕水也」二句。若乃夫没人之未嘗見舟而便操之也，彼視淵若陵，無覆溺之懼。視舟之覆猶其車卻也。郭云：「視舟之覆於淵，猶車之卻退於坂也。」覆卻萬方陳乎前而不得入其舍，黄帝篇「萬」下有「物」字，是也。「覆卻萬物」句，「方陳乎前而不得入其舍」句。俞云：「方，竝也。方之本義爲兩舟相竝，故方有竝義。方陳乎前，謂萬物竝陳乎前也。」張注：「神明之居，故謂之舍。」惡往而不暇！宣云：「神定則隨在暇豫。」以瓦注者巧，李云：「注，擊也。」成云：「用瓦器賤物而戲賭射者，既心無矜惜，故巧而中。」案：黃帝篇「注」作「摳」，張注：「摳，探也。以手藏物，探而取之。」以鉤注者憚，成云：「以鉤帶賭者，其物稍貴，恐不中，故心怖懼而不著。」案張注：「鉤，銀銅爲之。」以黃金注者殙。釋文：「一作泯。說文：『泯，瞀也。』元嘉本作昏。」案：黃帝篇作「惛」。郭云：「所要愈重，則其心愈矜。」其巧一也，而有所矜，則重外也。凡外重者內拙。」

田開之見周威公。釋文：「崔本作『周威公竈』。」俞云：「史記西周桓公之子威公，名不傳，崔本可補史闕。」威公曰：「吾聞祝腎學生。司馬云：「學養生之道。」吾子與祝腎游，亦何聞焉？」田開之曰：「開之操拔篲以倚門庭，成云：「拔篲，掃帚也。」亦何聞於夫子！」威公曰：「田子无讓！寡人願聞之。」開之曰：「聞之夫子曰：『善養生者，若牧羊然，視其後者而鞭之。』」郭嵩燾云：「鞭其後，則前者于于然行矣。」案：意謂謹持其終。威公曰：「何謂也？」田開之曰：「魯有單豹者，巖居而水飲，不與民共利，行年七十而猶有嬰兒之色，不幸遇餓虎，餓虎殺而食之。蘇輿云：「此言不戒畏塗。」有張毅者，高門、縣薄，宣云：「高門，大家。縣簾薄以蔽門，小家也。」无不走也，呂覽必己篇「張毅好恭，門閭、帷薄、聚居衆，無不趨」，高注：「過之必趨。」淮南人間訓：「張毅好恭，過宮室廊廟必趨，見門閭聚衆必下，廝徒馬圉皆與抗禮，然不終其壽，內熱而死。」俞云：「走是趣之壞字。莊子文不備，故學者莫得其解。」行年四十而有內熱之病以死。此言勞形無益。豹養其內而虎食其外，鞭其外而病攻其内，此二子者，皆不鞭其後者也。」

仲尼曰：「无入而藏，无出而陽，宣云：「恐其過静過動。」柴立其中央。宣云：「如槁木之無心，而立於動静之中。」三者若得，其名必極。宣云：「可稱至人。」夫畏塗者，十殺一人，則父子兄弟相戒也，必盛卒徒而後敢出焉，不亦知乎！人之所取畏者，蘇輿云：「取，卽最字。」衽席之上，飲食之間，而不知爲之戒者，過也。」郭云：「十殺一耳，便大畏之。至於色欲之害，動皆之死地，而莫不冒之，斯過之甚也。」

祝宗人玄端以臨牢筴，説彘曰：成云：「祝，祝史。玄端，衣冠。筴，圈也。未祭之間，臨圈説彘，其文在下也。」「汝奚惡死？吾將三月犧汝，十日戒，三日齊，藉白茅，加汝肩尻乎彫俎之上，則汝爲之乎？」釋文：「犧音患，司馬云：『養也。』」爲彘謀曰：「不如食以糠糟，而錯之牢筴之中。」錯，置也。又爲彘設想如此。自爲謀，則苟生有軒冕之尊，死得於腞、楯之上，司馬云：「腞，猶篆也。楯，猶案也。」王念孫云：「腞，讀爲輇，謂載柩車也。雜記『載以輲車』，鄭注：『輲讀爲輇。』釋文：『輇，市專反，又市轉反。』士喪禮注：『載柩車。』周禮謂之蜃車，雜記謂之團。或作輇，或作槫，聲讀皆相附。此作腞聲，義亦同也。楯讀爲輴，亦載柩車也。輴、楯古通。雜記注『載柩以楯』，是其證也。」聚僂之中，釋文：「一説僂當作蔞，力久反。謂殯於菆塗蔞翣之中。」王念孫云：「聚僂，柩車飾也。衆飾所聚，故曰聚；其形中高而四下，故言僂也。釋名：『輿棺之車，其蓋曰柳。柳，聚也，衆飾所聚，亦其形僂也。』檀弓「設蔞翣」，荀子禮論作「縷翣」，呂覽節喪篇作「僂翣」。柳、蔞、僂、縷，並字異而義同。」則爲之。不顧後患也。爲彘謀則去之，自爲謀則取之，所異彘者何也？

桓公田於澤，管仲御，見鬼焉。公撫管仲之手曰：「仲父何見？」對曰：「臣无所見。」公反，誒詒爲病，數日不出。釋文：「誒，於代反，郭音熙。詒，土代反，郭音怡。李音臺，云：『誒詒，失魂魄也。』」齊士有皇子告敖者曰：「公則自傷，鬼惡能傷公！司馬云：「皇姓，告敖字。」夫忿滀之氣，散而不反，則爲不足；李云：「忿，滿也。滀，結聚也。精神有逆，則陰陽結於内，魂魄散於外，故曰不足。」上而不下，則使人善怒；下而不上，則使人善忘；李云：「陽散陰凝，故怒；陰發陽伏，故忘也。」不上不下，中身當心，則爲病。」李云：「上下不和，則陰陽争而攻心，心，精神主，故病也。」桓公曰：「然則有鬼乎？」曰：「有。沈有履，竈有髻。釋文：「司馬本作『沈有漏』，云：『沈，水汙泥也。漏，神名。髻，竈神，著赤衣，狀如美女。』」户内之煩壤，雷霆處之；成云：「門户内糞壤之中，其間有鬼，名曰雷霆。」東北方之下者，倍阿、鮭蠪躍之；釋文：「蠪音龍。司馬云：『倍阿，神名。鮭蠪，狀如小兒，長一尺四寸，黑衣、赤幘、大冠，帶劍持戟。』」西北方之下者，則泆陽處之。司馬云：「泆陽，豹頭馬尾。一作狗頭，一云神名也。」水有罔象，司馬本作「無傷」，云：「狀如小兒，赤黑色，赤爪、大耳、長臂。一云水神名。」丘有峷，釋文：「本又作莘。司馬云：『狀如狗，有角，文身五采。』」山有夔，成云：「如鼓，一足。」野有彷徨，釋文：「本亦作『方皇』，司馬云：『方皇，狀如蛇，兩頭，五采文。』」澤有委蛇。」公曰：「請問委蛇之狀何如？」皇子曰：「委蛇，其大如轂，其長如轅，紫衣而朱冠。其爲物也惡，聞雷車之聲，則捧其首而立。見之者殆乎霸。」桓公囅然而笑曰：「此寡人之所見者也。」釋文：「『朱冠』，司馬本作『俞冠』，云：『俞國之冠也，其制似螺。』」於是正衣冠與之坐，不終日而不知病之去也。郭云：「此言憂來而累生者，不明也；患去而性得者，達理也。」

紀渻子爲王養鬭雞。釋文：「紀渻，人姓名。一本作消。」列子黄帝篇作「周宣王」。十日而問：「雞已乎？」黄帝篇「雞」下有「可鬭」二字，此奪。曰：「未也。方虚憍而恃氣。」張注：「無實而自矜者。」十日又問。曰：「未也。猶應嚮景。」李云：「應嚮鳴，顧景行。」十日又問。曰：「未也。猶疾視而盛氣。」張注：「常求敵而必己之勝。」十日又問。曰：「幾矣。雞雖有鳴者，已无變矣，張注：「彼命敵而我不應，忘勝負矣。」望之似木雞矣，其德全矣，宣云：「精神凝寂。」異雞无敢應者，反走矣。」郭云：「養之以至於全者猶無敵，況自全乎！」案：黄帝篇「矣」作「耳」。

孔子觀於呂梁，司馬云：「河水有石絶處也。今西河離石縣西有此縣絶，世謂之黄梁。淮南子曰『古者龍門未鑿，河出孟門之上』也。」成云：「或言蒲州二百里有龍門，河水所經，瀑布而下，亦名呂梁。或言宋國彭城縣之呂梁。」縣水三十〔一〕仞，流沫四十里，黿鼉魚鼈之所不能游也。見一丈夫游之，以爲有苦而欲死也，有憂患而自沈。使弟子並流而拯之。竝，傍同。黄帝篇作「承」，古通用字。數百步而出，被髮行歌而游於塘下。黄帝篇作「棠行」。孔子從而問焉，曰：「吾以子爲鬼，察子則人也。請問蹈水有道乎？」曰：「亡，音無。吾无道。吾始乎故，長乎性，成乎命。與齊俱入，司馬云：「齊，回水如磨齊也。」郭慶藩云：「齊，物之中央。漢書郊祀志『齊所以爲齊，以天齊也』，蘇林注：『當天中央齊也。』」王念孫云：「人臍居腹之中，故謂之臍。臍者，齊也。」宣云：「水漩入處似臍。」案：黄帝篇作「齎」，誤。與汩偕出，司馬云：「汩，涌波。」從水之道而不爲私焉。郭云：「任水而不任己。」此吾所以蹈之也。」孔子曰：「何謂始乎故，長乎性，成乎命？」曰：「吾生於陵而安於陵，故也；長於水而安於水，性也；不知吾所以然而然，命也。」郭云：「言人有偏能，得其所能而任之，則天下無難矣。用夫無難，以涉夫生生之道，何往而不通也！」

梓慶削木爲鐻，李云：「魯大匠。梓，官名；慶名。」俞云：「左襄四年傳『匠慶』，即此人。」

〔一〕「十」原作「千」，據集釋本及釋文改。

司馬云：「鐻，樂器也，似夾鍾。」釋文：「音據。」鐻成，見者驚猶鬼神。魯侯見而問焉，曰：「子何術以爲焉？」對曰：「臣工人，何術之有！雖然，有一焉。臣將爲鐻，未嘗敢以耗氣也，李云：「氣耗則心動，心動則神不專也。」必齊以靜心。齊三日，而不敢懷慶賞爵祿；宣云：「忘利。」齊五日，不敢懷非譽巧拙；宣云：「忘名。」齊七日，輒然忘吾有四枝形體也。釋文：「輒然，不動貌。」宣云：「忘我。」當是時也，无公朝，宣云：「忘勢。若非爲公家削之。」其巧專而外骨消；釋文：「骨，本亦作滑。」成云：「滑，亂也。」宣云：「外而滑心之事盡消。」然後入山林，觀天性；宣云：「察木之生質。」形軀至矣，木質極合。然後成見鐻，「見」，俗作「現」。如全鐻在目。然後加手焉；從而施工。不然則已。否則舍去。則以天合天，以吾之天，遇木之天。器之所以疑神者，其是與？」此言順其性則工巧若神，乖其性則心勞自拙。

東野稷以御見莊公，荀子哀公篇作「東野畢」，莊公作「定公」。進退中繩，左右旋中規。如繩直，如規圓。莊公以爲文弗過也，司馬云：「謂過織組之文。」案：即詩云「執轡如組」也。使之鉤百而反。成云：「任馬旋回，如鉤之曲，百度反之，皆復其跡。」顏闔遇之，哀公篇作「顏淵」，則魯定公是也。入見曰：「稷之馬將敗。」公密而不應。宣云：「密，默也。」少焉，果敗而反。公曰：「子何以知之？」曰：「其馬力竭矣，而猶求焉，故曰敗。」過耗則敗，無物不然。

工倕旋而蓋規矩，宣云：「蓋，猶過也，謂掩過之。但以手運旋，而巧過於規矩，精之至也。」指與物化，而不以心稽，成云：「手隨物化，因物施巧，心不稽留也。」故其靈臺一而不桎。宣云：「靈臺，神舍也。神凝而無拘束之苦。」忘足，屨之適也；忘要，帶之適也；知忘是非，心之適也；不內變，不外從，事會之適也。內不變志，外不從物，隨所會而皆適。始乎適而未嘗不適者，忘適之適也。本性適而無往不適者，是自適其適，不因物而後適，乃並其適而亦忘之也。

有孫休者，成云：「魯人。」踵門而詫子扁慶子曰：李云：「扁，姓；慶子，字。」「休居鄉不見謂不修，臨難不見謂不勇，然而田原不遇歲，事君不遇世，賓於鄉里，賓、擯同。逐於州部，則胡罪乎天哉？休惡遇此命也？」惡音烏。不解何以遇此命？扁子曰：「子獨不聞夫至人之自行邪？忘其肝膽，遺其耳目，墮身體，黜聰明。芒然彷徨乎塵垢之外，芒然，無知貌。塵垢，謂俗累。逍遥乎无事之業，是謂『爲而不恃，長而不宰』。宣云：「率性而不恃能，長物而不居功。」案：語出老子。今汝飾知以驚愚，修身以明汙，昭昭乎若揭日月而行也。炫己以表異於人。三語又見山木篇。汝得全而形軀，具而九竅，而、爾同。无中道夭於聾盲跛蹇而比於人數，亦幸矣，又何暇乎天之怨哉！子往矣！」孫子出。扁子入坐，有間，仰天而歎。弟子問曰：「先生何爲歎乎？」扁子曰：「向者休來，吾告之以至人之德，吾恐其驚而遂至於惑也。」弟子曰：「不然。孫子之所言是邪，先生之所言非邪，非固不能惑是。孫子所言非邪，先生所言是邪，彼固惑而來矣，又奚罪焉？」扁子曰：「不然。昔者有鳥止於魯郊，魯君説之，爲具太牢以饗之，奏九韶以樂之，鳥乃始憂悲眩視，不敢飲食。此之謂以己養養鳥也。若夫以鳥養養鳥者，宜棲之深林，浮之江湖，食之以委蛇，則平陸而已矣。釋文：「委蛇，李云：『大鳥吞蛇。』司馬云：『委蛇，泥鰌。』」俞云：「養鳥者未聞必食以蛇，泥鰌亦臆説。至樂篇：『夫以鳥養養鳥者，宜棲之深林，游之壇陸，浮之江湖，食之鰌、鰷，隨行列而止，委蛇而處。』然則此文亦當云『食之以鰌、鰷，委蛇而處』，傳寫有闕文耳。且云『委蛇而處』，方與下文『則平陸而已矣』文義相屬，若無『而處』二字，下句便不貫矣。」今休，款啟寡聞之民也，李云：「款，空。啟，開也。如空之開，所見小也。」吾告以至人之德，譬之若載鼷以車馬，樂鴳以鐘鼓也。彼又奚能无驚乎哉？」郭云：「此章言善養生者各任性分之適而至矣。」

外篇 山木第二十

蘇輿云："此亦莊徒所記，旨同於人間世，處濁世、避患害之術也。"

莊子行於山中，見大木，枝葉盛茂，伐木者止其旁而不取也。問其故。曰："无所可用。"莊子曰："此木以不材得終其天年。"夫子出於山，釋文："夫子，謂莊子。"舍於故人之家。故人喜，命豎子殺雁而烹之。釋文："烹，普彭反，煮也。"王念孫云："呂覽必己篇作『令豎子爲殺雁饗之』。據此，烹當作亨，卽饗也。古書亨作饗，烹亦作亨，故釋文誤讀爲烹，今本遂改亨爲烹。因元文作亨，故陸音普彭反，若作烹，則無須音注矣。"案：雁卽鵞。說文："鵝，雁也。"豎子請曰："其一能鳴，其一不能鳴，請奚殺？"主人曰："殺不能鳴者。"明日，弟子問於莊子曰："昨日山中之木，以不材得終其天年；今主人之雁，以不材死。先生將何處？"莊子笑曰："周將處乎材與不材之間。材與不材之間，似之而非也，宣云："處世亦可謂近似，然而非也。"故未免乎累。若夫乘道德而浮游則不然。心乎道德，則不必言材與不材矣。无譽无訾，成云："訾，毀。"一龍一蛇，或龍見，或蛇蟄。與時俱化，而无肯專爲；成云："何肯偏滯而專爲一物！"一上一下，以和爲量，俞云："此本作『一下一上』，上與量爲韻；今作『一上一下』，失其韻矣。古書往往倒文協韻，後人不知而誤改者甚多。此與秋水篇『无東无西』同。」浮游乎萬物之祖；宣云：「未始有物之先。」物物而不物於物，視外物爲世之一物，而我不爲外物之所物。則胡可得而累邪！此黄帝、神農〔一〕之法則也。若夫萬物之情，人倫之傳，人類之相傳。則不然。合則離，成則毁，有合、成，卽有離、毁。廉則挫，有廉隅則被挫傷。釋文亦作「剉」，卽嶢嶢易缺之義。尊則議，俞云：「議讀爲俄。詩賓之初筵箋：『俄，傾貌。』謂崇高必傾側。古書俄字，或以議爲之，或以儀爲之，或以義爲之。管子法禁篇『法制不議，則民不相私』，議亦俄也，謂法制不傾衺也。」有爲則虧，賢則謀，成云：「賢以志高，爲人所謀。」不肖則欺，以上言世事如此。胡可得而必乎哉？不能免累。悲夫！弟子志之，其唯道德之鄉乎！」釋文：「鄉，如字，亦音許亮反。」

市南宜僚見魯侯，釋文：「左傳：『市南有熊宜僚，楚人也。』」俞云：「淮南主術訓高注：『宜遼，姓也，名熊。』疑名姓字互誤。」魯侯有憂色。市南子曰：「君有憂色，何也？」魯侯曰：「吾學先王之道，修先君之業，吾敬鬼尊賢，親而行之，无須臾離居，釋文：「崔本無離字。」俞云：「崔本是也。呂覽愼人篇『胼胝不居』，高注訓居爲止。無須臾居者，無須臾止也。」然不免於患，吾是以憂。」市南子曰：「君之除患之術淺矣。夫豐狐文豹，棲於山

〔一〕「黄帝、神農」，集釋本作「神農、黄帝」。

林，伏於巖穴，静也；夜行晝居，戒也；雖飢渴隱約，隱約，潛藏也。猶且胥疏於江湖之上而求食焉，定也。司馬云：「胥，須也。」蘇輿云：「旦當作且。」案：狐豹求食，何必待旦？蘇説是也。成云：「旦，明也。」則字訛已久。宣云：「疏，遠也。言獸雖潛藏，猶且須遠於江湖無人之地而求飲食，此其處所一定也。」然且不免於罔羅機辟之患，是何罪之有哉？其皮爲之災也。今魯國獨非君之皮邪？吾願君刳形去皮，洒心去欲，而遊於无人之野。南越有邑焉，名爲建德之國。其民愚而朴，少私而寡欲；知作而不知藏，與而不求其報；不知義之所適，不知禮之所將；猖狂妄行，成云：「猖狂，無心。妄行，混跡也。」乃蹈乎大方；其生可樂，其死可葬。郭云：「言可終始處之。」吾願君去國捐俗，與道相輔而行。」君曰：「彼其道遠而險，又有江山，我无舟車，奈何？」市南子曰：「君无形倨，司馬云：「無倨傲其形。」无留居，司馬云：「無留安其居。」以爲舟(一)車。」君曰：「彼其道幽遠而无人，吾誰與爲鄰？吾无糧，我无食，釋文：「我，一本作餓。」安得而至焉？」市南子曰：「少君之費，寡君之欲，雖无糧而乃足。郭云：「所謂知足則無所不足也。」君其涉於江而浮於海，望之而不見其崖，愈往而不知其所窮。宣云：「獨往深造如此。」送

(一)「舟」，集釋本作「君」。

君者皆自崖而反，宣云：「人不相及。」君自此遠矣。郭云：「超然獨立於萬物之上也。」故有人者累，郭云：「有之以爲己私也。」見有於人者憂。郭云：「爲人所役用也。」故堯非有人，宣云：「有天下而不與。」非見有於人也。宣云：「忘帝力於何有。」吾願去君之累，除君之憂，而獨與道遊於大莫之國。大莫，猶廣莫。方舟而濟於河，有虚船來觸舟，雖有惼心之人不怒；釋文：「惼，爾雅云：『急也。』」有一人在其上，則呼張歙之；其口開翕。一呼而不聞，再呼而不聞，於是三呼邪，則必以惡聲隨之。向也不怒而今也怒，向也虚而今也實。以此故也。人能虚己以遊世，其孰能害之！」

北宫奢爲衛靈公賦斂以爲鐘，奢，衛大夫。賦斂，蓋謂募施。爲壇乎國門之外，宣云：「爲壇而登，因鑄於其所。」三月而成上下之縣。司馬云：「八音備，爲縣，而聲高下。」宣云：「時不久，而斂之多。」王子慶忌見而問焉，曰：「子何術之設？」俞云：「慶忌，疑周之王子而仕衛者，與王孫賈同。」奢曰：「一之間，无敢設也。心在一鐘之間，非敢更設術也。奢聞之：『既彫既琢，復歸於朴。』言末俗彫琢之後，宜反於朴，惟誠可以動之。侗乎其无識，釋文：「侗，無知貌。」案：言它無所識，唯冀其成。儻乎其怠疑；儻乎無所向，如怠如疑，又懼其不誠。萃乎芒乎，其送往而迎來；萃，聚也。芒，不辨也。送往迎來，言其多。來者勿禁，往者勿止；聽人自願。從其彊梁，從，讀曰縱。不願者聽之。隨其曲傅，釋文：「傅音附。司馬云：『曲附己者隨之。』本或作傅，張戀反。」因其自窮。黽勉自盡者因之。郭嵩燾云：「如左昭傳『賦晉國一鼓鐵以鑄刑鼎』。名爲賦斂，而聽民之自致，故曰因其自窮。」故朝夕賦斂而毫毛不挫，如未挫人毫毛者。而況有大塗者乎！」況處天下大通之塗者乎！謂道也。

孔子圍於陳、蔡之間，七日不火食。大公任往弔之，李云：「大公，大夫稱，任其名。」俞云：「廣韻一東公字注：『世本有太公穎叔。』然則大公乃複姓，非大夫稱。」曰：「子幾死乎？」曰：「然。」「子惡死乎？」曰：「然。」任曰：「予嘗言不死之道。宣云：「嘗，試也。言不至犯患而死之道。」東海有鳥焉，其名曰意怠。其爲鳥也，翂翂翐翐，釋文：「翂音紛。翐音秩。司馬云：『舒遲貌。』一云：飛不高貌。」而似无能；引援而飛，迫脅而棲；李云：「不敢獨棲，迫脅在衆鳥中，纔足容身而宿，避害之至也。」進不敢爲前，退不敢爲後；食不敢先嘗，必取其緒。王念孫云：「緒，餘也。讓王篇『其緒餘以爲國家』，司馬注：『緒，殘也，謂殘餘也。』」是故其行列不斥，蘇輿云：「言爲衆鳥所容。」而外人卒不得害，是以免於患。直木先伐，甘井先竭。郭云：「才之患也。」子其意者飾知以驚愚，修身以明汙，昭昭乎若揭日月而行，三語已見達生篇。故不免也。昔吾聞之大成之人曰：成云：「大成之人，即老子也。」『自伐者无功，伐，夸也。功成者墮，名成者虧。』郭云：「恃功名以爲已成者，未之嘗全。」孰能去功與名而還與衆人！宣云：「反同於衆。」道流而不明居，道流衍於天下，而不顯然居之。得行而不名處；得，猶德也。德行而不以自名自處。純純常常，宣云：「純一其心，平常其行。」乃比於狂；成云：「既不矜飾，更類於狂人。」削迹捐勢，不爲功名。是故无責於人，人亦无責焉。至人不聞，語見秋水篇，「至」作「道」。子何喜哉？」何大自喜？孔子曰：「善哉！」辭其交遊，去其弟子，逃於大澤；衣裘褐，食杼栗；不取美服珍味。入獸不亂羣，入鳥不亂行。鳥獸不惡，而況人乎！

孔子問子桑雩曰：釋文：「雩音户。又作雩，音于。」俞云：「疑卽大宗師之子桑户。」「吾再逐於魯，伐樹於宋，削迹於衛，窮於商、周，圍於陳、蔡之間。吾犯此數患，親交益疏，徒友益散，何與？」子桑雩曰：「子獨不聞假人之亡與？李云：「假，國名。」林回棄千金之璧，負赤子而趨。林回，人姓名，卽假人之亡者。國亡民散，負子而逃。或曰：『爲其布與？赤子之布寡矣。布，謂財貨。爲其累與？赤子之累多矣。棄千金之璧，負赤子而趨，何也？』林回曰：『彼以利合，彼，謂璧。此以天屬也。』夫以利合者，迫窮禍患害相棄也；以天屬者，迫窮禍患害相收也。夫相收之與相棄亦遠矣。且君子之交淡若水，小人之交甘若醴；君子淡以親，小人甘以絶。彼无故以合者，則无故以離。」宣云：「言非天屬。」孔子曰：「敬聞命矣。」徐行翔佯而歸，絶學捐書，弟子无挹於前，宣云：「無可挹取於前。」其愛益加進。真意相感。異日，桑雩又曰：「舜之將死，真泠禹曰：釋文：「真，司馬本作直。云：『泠，曉也。』泠或爲命。」王引之云：「直當爲卤。卤，籀文乃字，形似直，故訛作直，又訛作真。『真泠禹』，當爲『乃命禹』也。」『汝戒之哉！形莫若緣，情莫若率。成云：「緣，順也。形必順物，情必率中。」緣則不離，率則不勞；宣云：「不離於物，則不勞於安排。」不離不勞，則不求文以待形；宣云：「天然真率，何求於禮文以待形！」不求文以待形，固不待物。』」宣云：「又何求於外物！」

莊子衣大布而補之，正緳係履而過魏王。司馬云：「緳，帶也。王，惠王。」郭嵩燾云：「帶之名緳，別無證据；正帶係履，不得爲憊。說文：『絜，麻一耑也。』與緳通。言整齊麻之一耑，以束其履而係之。履無絇，係之以麻，故曰憊。」魏王曰：「何先生之憊邪？」莊子曰：「貧也，非憊也。宣云：「非，猶不。」士有道德不能行，憊也。衣弊履穿，貧也，非憊也，此所謂非遭時也。王獨不見夫騰猿乎？其得柟梓豫章也，攬蔓其枝，成云：「攬蔓，猶把捉。」而王長其間，王長，猶言自大。雖羿、蓬蒙不能眄睨也。李云：「眄，或作睥。」案：言不能害之。及其得柘棘枳枸之閒也，成云：「並有刺之惡木。」危行側視，振動悼慄，此筋骨非有加急而不柔也，處勢不便，未足以逞其能也。今處昏上亂相之間，而欲无憊，奚可得邪？此比干之見剖心，徵也夫！」處亂世不安於憊，必遭戮辱，比干之見剖心，其明徵也。

孔子窮於陳、蔡之間，七日不火食，左據槁木，右擊槁枝，而歌猋氏之風，猋氏，卽猋氏，已見天運篇。有其具而无其數，宣云：「有枝擊木，而無節奏。」有其聲而无宫角，宣云：「有歌聲而無音律。」木聲與人聲，犁然有當於人心。宣云：「犁然，猶釋然，如犁田者其土釋然也。」顔回端拱還目而窺之。還目，回目。仲尼恐其廣己而造大也，愛己而造哀也，造，至也。自廣而至於自大，自愛而至於自傷，皆非所以處窮。曰：「回！无受天損易，无受人益難。无始而非卒也，郭云：「唯安之故易。」成云：「儻來而寄，推之卽難。」无始而非卒也，郭云：「於今爲始者，於昨爲卒，則所謂始者卽是卒矣。言變化之無窮。」人與天一也。郭云：「皆自然。」夫今之歌者其誰乎？」郭云：「任其自爾，歌者非我也。」回曰：「敢問无受天損易。」仲尼曰：「飢溺寒暑，窮桎不行，天地之行也，運物之泄也，飢渴也，寒暑也，窮困桎梏而不行也，皆天地之行，而運動萬物之所發見也。司馬云：「泄，發也。」言與之偕逝之謂也。宣云：「惟順化，與之偕往而已矣。」爲人臣者，不敢去之。宣云：「臣受君命，理不敢逃。」執臣之道猶若是，而況乎所以待天乎！」順受以待天，則損不能損矣，故曰易。「何謂无受人益難？」仲尼曰：「始用四達，宣云：「始用，初進也。初進之時，卽四達而無不利。」爵禄並至而不窮，宣云：「人益如此。」物之所利，乃非己也，宣云：「此物之利，於己性分無與。」吾命有在外者也。宣云：「此吾氣數之命偶有通於外者也。」君子不爲盜，賢人不爲竊。吾若取之，何哉？宣云：「虚叨爵禄，無異盗竊。此君子賢人所不爲，吾獨取之，何哉？」故曰：鳥莫知於鷾鴯，釋文：「知音智。或曰：鷾鴯，燕也。」目之所不宜處，不給視，見不宜處者，不給於視，卽已棄去，不待囘翔也。雖落其實，棄之而走。銜實落地，亦不收取。其畏人也，而襲諸人間，成云：「襲，入也。」案：其畏人也如此，而入居於人室。社稷存焉爾。」徒以所託在此，無異國之有社稷，人不能離爾。君子居人國，亦當知社稷存焉，盡心所事。至爵禄之益，我性不加，當思危邦不入，亂邦不居，而知之者鮮，故曰難。「何謂无始而非卒？」仲尼曰：「化其萬物而不知其禪之者，天化生萬物，日新不窮，而不知誰爲禪代之者。焉知其所終？焉知其所始？故無始非卒。正而待之而已耳。」守正而俟之而已。「何謂天與人一邪？」仲尼曰：「有人，天也；有天，亦天也。宣云：「人與天，皆天爲之。天卽理也。」人之不能有天，性也，宣云：「人或不能全有其天，以性分有所加損故也。」聖人晏然體逝而終矣。」宣云：「天者日逝而不停，聖人安然體其日逝者而終其身，又惡有以己與天抗者邪！此所以人與天一也。」

莊周遊乎雕陵之樊，司馬云：「雕陵，陵名。樊，藩也。」覩一異鵲自南方來者，翼廣七尺，目大運寸，王念孫云：「運與廣對文，廣爲横，則運爲從。目大運寸，猶言目大徑寸耳。越語『廣運百里』，韋注：『東西爲廣，南北爲運。』是運爲從也。」感周之顙而集於栗林。成云：

感人顙。褰裳躩步，執彈而留之。司馬云：「躩，疾行。留，伺便也。」覩一蟬方得美蔭而忘其身；螳蜋執翳而搏之，據葉自翳，若執之然。見得而忘其形；忘形之爲鵲所見。異鵲從而利之，見利而忘其真。宣云：「失其真性，故不逝不覩。」莊周怵然曰：「噫！物固相累，郭云：「相爲利者，恒相爲累。」二類相召也。」宣云：「蟬召螳蜋，螳蜋召鵲，皆自招害。」捐彈而反走，虞人逐而誶之。成云：「虞人，掌栗園者。疑其盜栗，故逐而誶問之。」莊周反入，三月不庭。釋文：「『三月』，一本作『三日』。司馬云：『不出坐庭中三月。』」王念孫云：「下文言『頃間』，則『三日』是也。如司馬説，庭上須加出字，而義始明。下文『甚不庭』，若解爲甚不出庭，尤不成語。庭當讀爲逞。不逞，不快也；甚不逞，甚不快也。逞字古讀若呈，聲與庭相近，故通作庭。」藺且從而問之：司馬云：「莊子弟子。」「夫子何爲頃間甚不庭乎？」莊周曰：「吾守形而忘身，守物形而忘己身。觀於濁水而迷於清淵。知物類之逐利，而不悟己之當避嫌。且吾聞諸夫子曰：『入其俗，從其俗。』成云：「夫子，謂老聃。言俗有禁令，從而行之。」今吾遊於雕陵而忘吾身，與蟬類。異鵲感吾顙，遊於栗林而忘真，與鵲類。栗林虞人以吾爲戮，戮，辱也。吾所以不庭也。」

陽子之宋，司馬云：「陽子，楊朱。」案：据寓言篇引列子。宿於逆旅。逆旅有妾二人，其一人美，其一人惡，惡者貴而美者賤。陽子問其故，逆旅小子對曰：「其美者自美，自美而驕亢。吾不知其美也；其惡者自惡，自惡而卑下。吾不知其惡也。」陽子曰：「弟子記之！行賢而去自賢之行，二行去聲。安往而不愛哉？」

外篇　田子方第二十一

田子方侍坐於魏文侯，數稱谿工。釋文：「李云：『田子方，魏文侯師，名無擇。谿工，賢人。』司馬本作雞。」文侯曰：「谿工，子之師邪？」子方曰：「非也，无擇之里人也，稱道數當，成云：「稱説言道，頻當於理。」故无擇稱之。」文侯曰：「然則子无師邪？」子方曰：「有。」曰：「子之師誰邪？」子方曰：「東郭順子。」文侯曰：「然則夫子何故未嘗稱之？」子方曰：「其爲人也真，人貌而天虚，俞云：「淮南俶真訓『虚室生白』，注：『虚，心也。』此謂人貌而天心。古以虚屬下讀，非。」緣而葆真，俞云：「緣，順也。『順而葆真，清而容物』，對文。」清而容物。清而不刻。物无道，正容以悟之，使人之意也消。郭云：「曠然清虚，正己而已，而物邪自消。」无擇何足以稱之！」子方出，文侯儻然終日不言，成云：「儻然，自失貌。」召前立臣，前侍立共聞之臣。而語之曰：「遠矣全德之君子！謂順子也。始吾以聖知之言、仁義之行爲至矣，吾聞子方之師，吾形解而不欲動，口鉗而不欲言。吾所學者直土梗耳，直，特也。司馬云：「土梗，土人也，遭雨則壞。」宣云：「喻其至粗。天真之外，皆土梗也。」夫魏真爲我累耳！」郭云：「知至貴者，以人爵爲累。」

温伯雪子適齊，成云：「姓温，名伯，字雪子，楚之懷道人。」舍於魯。魯人有請見之者，温伯雪子曰：「不可。吾聞中國之君子，明乎禮義而陋於知人心，成云：「陋，拙也。」宣云：「習於末學而昧於本體。」吾不欲見也。」至於齊，反舍於魯，是人也又請見。温伯雪子曰：「往也蘄見我，今也又蘄見我，是必有以振我也。」蘄，求也。振我，猶言起予。出而見客，入而歎。明日見客，又入而歎。其僕曰：「每見之客也，蘇輿云：「之客，猶是客。」必入而歎，何邪？」曰：「吾固告子矣：『中國之民，明乎禮義而陋乎知人心。』昔之見我者，進退一成規，一成矩；從容一若龍，一若虎；成云：「擎跪揖讓，前卻方圓，逶迤若龍，槃辟若虎。」其諫我也似子，其道我也似父。是以歎也。」成云：「匡諫我如子之事父，訓導我似父之教子。遠近尊卑，自有情義，既非天性，何事殷勤！是知聖迹之弊，遂有斯矯，是以歎之也。」仲尼見之而不言。子路曰：「吾子欲見温伯雪子久矣，見之而不言，何邪？」仲尼曰：「若夫人者，目擊而道存矣，亦不可以容聲矣。」宣云：「目觸之而知道在其身，復何所容其言説邪？」

顔淵問於仲尼曰：「夫子步亦步，夫子趨亦趨，夫子馳亦馳，夫子奔逸絶塵，而回瞠若乎後矣。」釋文：「瞠，直視貌。」夫子曰：「回，何謂邪？」曰：「夫子步亦步也，夫子言亦言也，夫子趨亦趨也，夫子辯亦辯也，夫子馳亦馳也，夫子言道，回亦言道也。

及奔逸絶塵，而回瞠若乎後者，夫子不言而信，成云：「不言而爲衆所信。」不比而周，不與人親比，而情意自然周徧。」无器而民滔乎前，釋文：「謂無人君之器，而民滔聚其前。」而不知所以然而已矣。」仲尼曰：「惡！歎詞。可不察與！夫哀莫大於心死，而人死亦次之。宣云：「心死則滯於迹，不能與造化同體，其可哀甚於人死也。」日出東方而入於西極，萬物莫不比方。宣云：「從日爲方向。」有目有趾者，待是而後成功，宣云：「以日喻化宰。」待晝而作。是出則存，是入則亡。日出則有世事，日入則無世事。萬物亦然，有待也而死，有待也而生。宣云：「待造化之往來爲生死，如依日之出入爲存亡。」吾一受其成形，而不化以待盡，語又見齊物論，彼「化」作「亡」。效物而動，物動而我亦動，似效之也。日夜无隙，而不知其所終，日夜代嬗，初無間隙，而不知其所終極。薰然其成形，成云：「薰然，自動貌。」知命不能規乎其前，宣云：「雖知命者不能豫規乎其前。」丘以是日徂。惟覺日之云逝。吾終身與汝交一臂而失之，雖吾汝終身相與，不啻把一臂而失之，言其暫也。可不哀與！女殆著乎吾所以著也。言汝殆止見乎吾所以見也，如言辯之迹。彼已盡矣，彼所著者已盡爲陳迹矣。而女求之以爲有，而汝執之以爲有，尚切切求之。是求馬於唐肆也。李云：「唐，亭也。」宣云：「唐，中路。肆，市肆也。馬豈停於唐肆而求之於是哉！因回以馬喻，亦即馬言。」吾服女也甚忘，女服吾也亦甚忘。郭云：「服，思存之謂。甚忘，謂過去之速也。」宣云：「吾與汝皆無可執，過去都卽成忘。」雖然，女奚患焉！雖忘乎故吾，吾有不忘者存。」宣云：「故吾去而新吾又來，無頃刻留，亦無頃刻息，則時時有不忘者存焉。雖奔逸絶塵，何必有瞠若乎後之慮哉！」

孔子見老聃，老聃新沐，方將被髮而乾，慹然似非人。釋文：「慹，乃牒反，又丁立反。司馬云：『不動貌。』」郭云：「寂泊之至。」孔子便而待之，少焉見曰：「丘也眩與？其信然與？向者先生形體掘若槁木，掘同倔。似遺物離人而立於獨也。」老聃曰：「吾遊心於物之初。」宣云：「物之初，無物之際也。遊心於無物之際，遇道之真也。」孔子曰：「何謂邪？」曰：「心困焉而不能知，口辟焉而不能言，司馬云：「辟，卷不開也。」嘗爲女議乎其將。嘗，試也。將者，且然而未必之詞。至陰肅肅，至陽赫赫；肅肅出乎天，赫赫發乎地；宣云：「陰陽互爲其根。」兩者交通成和而物生焉，或爲之紀而莫見其形。孰維綱是？消息滿虛，一晦一明，日改月化，日有所爲，而莫見其功。成云：「陰消陽息，夏滿冬虛，夜晦晝明，日遷月變，新新不已，故日有所爲。」生有所乎萌，死有所乎歸，始終相反乎无端，而莫知其所窮。郭云：「所謂迎之不見其首，隨之不見其後。」蘇輿云：「『終始』二句，卽所謂『方生方死，方死方生』也。」非是也，且孰爲之宗！」成云：「若非是虛通生化之道，誰爲萬物之宗本乎！」孔子曰：「請問遊是。」成云：「請問遊心是道，其術如何？必得遊是，復有何功力也？」老聃曰：「夫得是，至美至樂也。得至美而遊乎至樂，謂之至人。」孔子曰：「願聞其方。」曰：「草食之獸不疾易藪，水生之蟲不疾易水，行小變而不失其大常也，成云：「疾，患。易，移也。夫食草之獸，不患移易藪澤，水生之蟲，不患移易池沼，但有草有水，則不失大常，從東從西，特小變耳。亦猶人處大道之中，隨變任化，未始非我，此則不失大常，生死之變，蓋亦小耳。」喜怒哀樂不入於胸次。李云：「次，中也。」郭云：「知其小變而不失大常故。」夫天下也者，萬物之所一也。宣云：「萬化不踰真宰。」得其所一而同焉，宣云：「與真一合德。」則四肢百體將爲塵垢，而死生終始將爲晝夜而莫之能滑，滑，亂也。而況得喪禍福之所介乎！宣云：「介，際也。」棄隸者若棄泥塗，知身貴於隸也，隸，屬也，謂官屬。貴在於我而不失於變。不以變而失我之貴。且萬化而未始有極也，萬化無極，我亦與之爲無極。夫孰足以患心！宣云：「則逍遥遊之矣。」已爲道者解乎此。」宣云：「惟既履道者知之。」孔子曰：「夫子德配天地，而猶假至言以修心，古之君子，孰能脱焉？」成云：「然則古之君子，誰能遺於言説而免於修爲乎？」老聃曰：「不然。夫水之於汋也，无爲而才自然矣。説文：「井一有水、一無水，謂之瀱汋。」引釋水文郭注云：「山海經『天井夏有水，冬無水』，即此類。」蓋汋乃水之自然涌出，無所作爲，唯其才之自然也。至人之於德也，不修而物不能離焉，不言修而體物不遺。若天之自高，地之自厚，日月之自明，夫何修焉！」孔子出，以告顔回曰：「丘之於道也，其猶醯雞與！郭云：「醯雞，甕中之蠛蠓也。」微夫子之發吾覆也，覆，謂有所蔽而不見。吾不知天地之大全也。」宣云：「天地之大全，卽萬物之所一也。」

莊子見魯哀公。成云：「莊子與魏惠王、齊威王同時，去魯哀公一百二十年，如此云『見魯哀公』，蓋寓言耳。」哀公曰：「魯多儒士，少爲先生方者。」成云：「方，術也。」言魯地鮮莊子無爲之學。莊子曰：「魯少儒。」哀公曰：「舉魯國而儒服，何謂少乎？」莊子曰：「周聞之：儒者冠圜冠者，知天時；履句屨者，知地形；李云：「句，方也。」緩佩玦者，事至而斷。成云：「緩者，五色條繩，穿玉玦以飾佩也。玦，決也。」君子有其道者，未必爲其服也；爲其服者，未必知其道也。公固以爲不然，何不號於國中曰『无此道而爲此服者，其罪死』？」於是哀公號之，五日而魯國无敢儒服者。獨有一丈夫儒服而立乎公門，公卽召而問以國事，千轉萬變而不窮。莊子曰：「以魯國而儒者一人耳，可謂多乎？」

百里奚爵祿不入於心，故飯牛而牛肥，使秦穆公忘其賤，與之政也。有虞氏死生不入於心，完廩、浚井是也。故足以動人。宣云：「成邑成都，師錫帝禪。」宋元君將畫圖，衆史皆至，受司馬云：「受命。」揖而立；舐筆和墨，在外者半。宣云：「此不能畫者。」

有一史後至者，儃儃然不趨，徐音但。李云：「儃儃，舒閒之貌。」受揖不立，因之舍。公使人視之，則解衣般礴，司馬云：「般礴，謂箕坐也。」臝。司馬云：「將畫，故解衣見形。」君曰：「可矣，是真畫者也。」郭云：「内足者，神閒而意定。」

文王觀於臧，成云：「臧，近渭水地名。」見一丈夫釣，而其釣莫釣，無心施餌，意不在魚。非持其釣，非執釣爲事。有釣者也，别有所釣。常釣也。非偶如此。文王欲舉而授之政，而恐大臣父兄之弗安也；父兄，親族。欲終而釋之，釋，弗舉。而不忍百姓之无天也。於是旦而屬之夫夫司馬云：「夫夫，大夫也。」曰：「昔者寡人夢，郭慶藩云：「昔、夕古通。昔者，卽夕者也。或竟作『夕者』，晏子春秋下篇『夕者瞢與二日鬬』是也。或作『昔者』，雜下篇『有梟昔者鳴』是也。（說苑辨物篇同。）或爲『夜者』，外篇『寡人夜者聞西方有男子哭』是也。（「畫」亦作「畫者」，雜上篇：「畫者進膳。」）」見良人黑色而頓，良人，猶言善人。頓、髯同。乘駁馬而偏朱蹄，駁，雜色。一蹄赤。號曰：號，謂命令。『寓而政於臧丈人，寓，寄。而，汝。庶幾乎民有瘳乎！』」諸大夫蹵然曰：「先君王也。」謂季歷。俞云：「『先君』下奪命字，下文『先君之命王』可證。」文王曰：「然則卜之。」諸大夫曰：「先君之命王，其无它，可無它疑。又何卜焉！」遂迎臧丈人而授之政。典法无更，典，常也。偏令无出。無偏私之政令。三年，文王觀於國，則列士壞植散羣，不復植黨。俞云：「左宣二年傳『華元爲植』，杜

注：『植，將主也。』列士必先有主，而後有徒衆，故欲散其羣，必先壞其植也。」長官者不成德，同歸於善，不獨成其德。𨿅斛不敢入於四竟。釋文：「𨿅音庾。李云：『六斛四斗曰𨿅。』」案：言他處之𨿅斛恐大小異式，不入於竟。列士壞植散羣，則尚同也；長官者不成德，則同務也；𨿅斛不敢入於四竟，則諸侯无二心也。文王於是焉以爲大師，北面而問曰：「政可以及天下乎？」臧丈人昧然而不應，泛然而辭，朝令而夜遁，終身无聞。顔淵問於仲尼曰：「文王其猶未邪？宣云：「德未足以信人邪？」又何以夢爲乎？」仲尼曰：「默！汝无言！夫文王盡之也，郭云：「任諸大夫而不自任，斯盡之也。」而又何論刺焉！彼直以循斯須也。」成云：「循，順也。斯須，猶須臾。」郭云：「斯須者，百姓之情當悟未悟之頃，故文王循而發之，以合衆情也。」

列御寇爲伯昏无人射，列子黄帝篇「无」作「瞀」。引之盈貫，司馬云：「貫，鏑也。」案：張湛注：「盡弦窮鏑。」措杯水其肘上，郭云：「左手如拒石，右手如附枝，右手放發而左手不知，故可措之杯水也。」發之，適矢復沓，成云：「沓，重也。」案：「適」，黄帝篇作「鏑」，字同。言矢已發，而其次適矢復重入扣也。方矢復寓。方沓矢，復寄杯於肘矣。當是時，猶象人也。凝然不動，猶木土偶人。伯昏无人曰：「是射之射，非不射之射也。張注：「雖盡射之理，而不能不以矜物。不射之射者，忘其能否，雖不射而同乎射也。」嘗與汝登高山，嘗，試也。黄帝篇誤石，臨百仞之淵，若能射乎？」汝能以不射射乎？於是无人遂登高山，履危石，臨百仞之淵，背逡巡，足二分垂在外，成云：「仍背淵卻行，足垂二分在外空。」揖御寇而進之。御寇伏地，汗流至踵。伯昏无人曰：「夫至人者，上闚青天，下潛黄泉，郭慶藩云：「潛與闚對文，當訓爲測。爾雅：『潛，測也。』」揮斥八極，神氣不變。郭云：「揮斥，猶縱放也。」今汝怵然有恂目之志，釋文：「爾雅：『恂，慄也。』李又作眴，音荀。」案：張注引何承天纂云：「吴人呼瞬目爲恂(字疑作「眴」。)目。」謂心懼而目眩也。爾於中也殆矣夫！」郭云：「有懼則所喪多矣。」

肩吾問於孫叔敖曰：「子三爲令尹而不榮華，三去之而无憂色。吾始也疑子，今視子之鼻間栩栩然，成云：「栩栩，歡暢貌。」子之用心獨奈何？」孫叔敖曰：「吾何以過人哉！吾以其來不可卻也，其去不可止也，吾以爲得失之非我也，而无憂色而已矣。我何以過人哉！且不知其在彼乎，其在我乎？宣云：「不知可貴者在令尹乎，在我乎？」其在彼也，亡乎我；宣云：「若在令尹，與我無與。」在我也，亡乎彼。宣云：「若在我，與令尹無與。」方將躊躇，方將四顧，養生主篇亦云：「爲之四顧，爲之躊躇滿志。」何暇至乎人貴人賤哉！」仲尼聞之曰：「古之真人，知者不得説，美人不得濫，盗人不得劫，伏戲、黄帝不得友。成云：「智人不得辨説，美色不得淫濫，盗賊不能劫剥，三皇、五帝何足交友也！」死生亦大矣，而无變乎己，況爵禄乎！　若然者，其神經乎大山而无介，成云：「介，礙也。」入乎淵泉而不濡，處卑細而不憊，宣云：「貧賤不得而病。」充滿天地，既以與人，己愈有。」神明充滿天地，盡以濟人，而己愈有也。

楚王與凡君坐，少焉，楚王左右曰「凡亡」者三。釋文：「司馬云：『凡，國名，在汲郡共縣。』」案左傳：「凡，周公之後也。」隱七年有凡伯。成云「楚文王共凡僖侯同坐」，未知所出。郭云：「言有三亡徵也。」俞云：「楚子左右言『凡亡』者三人也。郭注非。」凡君曰：「凡之亡也，不足以喪吾存。夫『凡之亡也，不足以喪吾存』，則楚之存不足以存存。由是觀之，則凡未始亡而楚未始存也。」

莊子集解卷六

外篇 知北遊第二十二

知北遊於玄水之上，登隱弅之丘，釋文：「弅音紛。李云：『隱出弅起，丘貌。』」而適遭无爲謂焉。成云：「此章並假立姓名，寓言明理。」知謂无爲謂曰：「予欲有問乎若：汝也。何思何慮則知道？何處何服則安道？居處服習。何從何道則得道？」從，隨從。道，由也。三問而无爲謂不答也，非不答，不知答也。宣云：「本無名言。」知不得問，反於白水之南，登狐闋之丘，而覩狂屈焉。知以之言也問乎狂屈。之，此也。狂屈曰：「唉！釋文：「李音熙，云：『應聲。』」予知之，將語若，汝。中欲言而忘其所欲言。」知不得問，反於帝宮，見黃帝而問焉。黃帝曰：「无思无慮始知道，无處无服始安道，无從无道始得道。」宣云：「皆言自然乃合道也。」知問黃帝曰：「我與若知之，彼與彼不知也，無爲謂與狂屈。其孰是邪？」黃帝曰：「彼无爲謂真是也，狂屈似之，我與汝終不近也。夫知者不言，言者不知，故聖人行不言之教。成云：「引老子經爲證。」道不可致，郭云：「道在自然，非可言致。」德不可至。郭云：「不失德，故稱德，稱德則不至也。」仁可爲也，義可虧也，爲仁可也，虧仁以爲義亦可也。禮相僞也。禮文而僞。故曰：『失道而後德，失德而後仁，失仁而後義，失義而後禮。禮者，道之華而亂之首也。』故曰：『爲道者日損，郭云：「損、華，僞也。」損之又損之，以至於无爲，无爲而无不爲也。』郭云：「華去而朴全，則雖爲而非爲也。」成云：「引老經重明其旨。」今已爲物也，宣云：「朴散爲器。」欲復歸根，宣云：「欲反於道。」不亦難乎！其易也，其唯大人乎！生也死之徒，死也生之始，孰知其紀！宣云：「死生循環無窮。」人之生，氣之聚也，聚則爲生，散則爲死。若死生爲徒，宣云：「死生爲一氣。」吾又何患！故萬物一也，宣云：「萬物之生死，總一氣也。」是其所美者爲神奇，其所惡者爲臭腐；宣云：「以生爲神奇而美之，以死爲臭腐而惡之。」臭腐復化爲神奇，神奇復化爲臭腐。故曰：『通天下一氣耳。』郭云：「死生彼我豈殊哉！」聖人故貴一。」宣云：「以上皆言道也。」知謂黄帝曰：「吾問无爲謂，无爲謂不應我，非不我應，不知應我也。吾問狂屈，狂屈中欲告我而不我告，非不我告，中欲告而忘之也。今予問乎若，若知之，奚故不近？」黄帝曰：「彼其真是也，以其不知也；此其似之也，以其忘之也；宣云：「近於無知。」予與若終不近也，以其知之也。」宣云：「道本不容言。」狂屈聞之，以黄帝爲知言。宣云：「無爲謂終於無言。」

天地有大美而不言，宣云：「利及萬物，不言所利。」四時有明法而不議，宣云：「氣候明分，不須擬議。」萬物有成理而不説。宣云：「各有成性，不煩詞説。」聖人者，原天地之美而達萬物之理。原，本也。以覆載爲心，其本原與天地同，又萬物各有生成之理，因而達之。是故至人无爲，大聖不作，觀於天地之謂也。以天地爲法。今彼神明至精，與彼百化，上彼，彼天地；下彼，彼物。姚本「今」作「舍」，云：「從劉得一本改。」物已死生方圓，莫知其根也，物自變異，莫知根原。扁然而萬物自古以固存。扁然，猶翩然。自古以來，永永固存。六合爲巨，未離其内；秋豪爲小，待之成體。宣云：「大無外，小無間。」天下莫不沈浮，終身不故；成云：「浮沈升降，新新相續。」陰陽四時運行，各得其序。郭云：「不待爲之。」惛然若亡而存，成云：「惛然如昧，似無而有。」油然不形而神，油然而興，不見形迹，化馳若神。萬物畜而不知。萬物被畜養而不自知。此之謂本根，可以觀於天矣。達其本根，可與觀自然之天矣。

齧缺問道乎被衣，釋文：「被音披，本亦作披。」被衣曰：「若正汝形，一汝視，天和將至；宣云：「體静神凝，則和氣自復。」攝汝知，一汝度，神將來舍。俞云：「淮南道應〔一〕篇、

〔一〕「道應」，原誤「道德」，據淮南子改。

文子道原篇並作『正汝度』。此文一當作正。度，猶形也。」案：言心斂形正，神明自歸。**德將爲汝美，道將爲汝居，**自然道德在身。**汝瞳焉如新出之犢而无求其故！」**成云：「瞳焉，無知直視之貌。」案：初生之犢，天性純一，故以爲況。**言未卒，齧缺睡寐。被衣大説，行歌而去之，**釋文：「體向所説，畏〔一〕其視聽以寐耳。受道速，故被衣喜也。」**曰：「形若槁骸，心若死灰，**成云：「形同槁木之骸。」案：徐无鬼篇亦作「槁骸」，齊物論作「槁木」，庚桑楚作「槁木之枝」。人百骸猶木衆枝，是「槁骸」即「槁枝」矣。**真其實知，不以故自持。**郭云：「與變俱也。」**媒媒晦晦，**釋文：「媒音妹。」案：陸讀爲昧也。**无心而不可與謀。**宣云：「彼既無心，我不容有言。」**彼何人哉！」**郭云：「獨化者也。」

舜問乎丞曰：李云：「丞，舜師。一云：古有四輔，前疑後丞，蓋官名。」**「道可得而有乎？」曰：「汝身非汝有也，汝何得有夫道？」舜曰：「吾身非吾有也，孰有之哉？」曰：「是天地之委形也；**俞云：「齊策高注：『委，付也。』左成二年傳杜注：『委，屬也。』天地之委形，謂天地所付屬之形也。下並同。」**生非汝有，是天地之委和也；性命非汝有，是天地之委順也；孫子非汝有，是天地之委蜕也。**宣云：「形形相禪，故曰蜕。」**故行不知所**

〔一〕「畏」原作「謂」，據釋文改。

往，處不知所持，食不知所味。一生之中，行則有往，而究不知所往；處則有持，而究不知所持；食則有味，而究不知所味。天地之强陽氣也，宣云：「就氣之健動言之。」又胡可得而有邪？」

孔子問於老聃曰：「今日晏閒，敢問至道。」老聃曰：「汝齊戒，疏瀹而心，釋文：「瀹音藥。」成云：「疏瀹，猶洒濯。」澡雪而精神，成云：「澡雪，猶精潔。」掊擊而知！釋文：「知音智。」成云：「打破聖智。」夫道，窅然難言哉！將爲汝言其崖略。崖，猶邊際也。夫昭昭生於冥冥，有倫生於无形，有倫序之事，皆自無形生之。精神生於道，形本生於精，宣云：「本，質榦。」而萬物以形相生，故九竅者胎生，人獸。八竅者卵生。禽魚。其來无迹，其往无崖，无門无房，宣云：「無門不知所出，無房不知所歸。」四達之皇皇也。宣云：「大通溥博。」邀於此者，成云：「此，謂道。」俞云：「説文無邀字。彳部：『徼，循也。』卽今邀字。又曰：『循，行順也。』然則邀亦順也。邀於此，猶言順於此。郭訓邀爲遇，非。」四肢彊，思慮恂達，成云：「恂，通也。」耳目聰明，其用心不勞，其應物无方。天不得不高，地不得不廣，日月不得不行，萬物不得不昌，此其道與！郭云：「此皆不得不然而自然耳，非道能使然也。」且夫博之不必知，辯之不必慧，聖人以斷之矣。以、已同。成云：「博讀經典，不必知真；宏辯飾詞，不必慧照。故老經云：『善者不辯，辯者不善；知者不博，博者不知。』斯則聖人斷棄之矣。」若夫益之而不加益，損之而不加損者，聖人之所保也。保其分定。淵淵乎其若海，魏魏乎其終則復始也，釋文：「魏魏，魚威反，讀作巍巍。」運量萬物而不匱，則君子之道，彼其外與！萬物皆往資焉而不匱，此其道與！蘇輿云：「運量萬物，猶有治化之迹，故曰外。萬物往資，猶易『資生資始』之資，此天地自然之功用也，故曰道。」中國有人焉，非陰非陽，宣云：「渾乎陰陽之際。」處於天地之間，直且爲人，稟兩閒之氣，特姑且爲人耳。將反於宗。終將反其本宗。自本觀之，生者，喑醷物也。李云：「喑音飲。醷音意。喑醷，聚氣貌。」案：言自其本宗觀之，生者，特一聚氣之物也。雖有壽夭，相去幾何？同在百年之中。須臾之説也。奚足以爲堯、桀之是非？共此須臾，何分堯、桀！果蓏有理，釋文：「蓏，徐力果反。」宣云：「木實草實，種類不亂，各有倫理。」人倫雖難，所以相齒。人之倫雖難齊，其所以生者自相齒次。聖人遭之而不違，宣云：「順應。」過之而不守。與爲推移。調而應之，德也；調和而應之，即是上德。偶而應之，道也。偶然無心而應之，卽契聖道。帝之所興，王之所起也。郭云：「如斯而已。」

人生天地之間，若白駒之過郤，釋文：「本亦作隙。隙，孔也。」忽然而已。爲時甚暫。注然勃然，莫不出焉；宣云：「興起而生。」油然漻然，莫不入焉。釋文：「漻音流。」宣云：「歸虛而死。」已化而生，又化而死，生物哀之，人類悲之。宣云：「對死者曰生物，別於物曰人類。」解其天弢，墮其天袠，釋文：「弢，字林云：『弓衣也。』墮，許規反。」成云：「袠，束囊也。」案：喻形骸束縛，死則解墮。紛乎宛乎，成云：「紛綸、宛轉，並釋散之貌。」魂魄將往，逝也。乃身從之，乃大歸乎！

不形之形，宣云：「不形者，形所自出。」形之不形，宣云：「形者，不形所爲。」是人之所同知也，非將至之所務也，宣云：「非將至於道者之所務也。」此衆人之所同論也。彼至則不論，論則不至。成云：「彼至聖之人，忘言得理，故無所論說；若論說之，則不至於道。」明見无值，雖明見之而無所值。辯不若默。道不可聞，聞不若塞。不如塞耳。此之謂大得。」成云：「能知此意，可謂深得於大理矣。」

東郭子問於莊子曰：「所謂道，惡乎在？」莊子曰：「无所不在。」東郭子曰：「期而後可。」郭云：「欲令莊子指名所在。」莊子曰：「在螻蟻。」曰：「何其下邪？」曰：「在稊稗。」曰：「何其愈下邪？」曰：「在瓦甓。」曰：「何其愈甚邪？」曰：「在屎溺。」東郭子不應。莊子曰：「夫子之問也，固不及質。成云：「質，實也。固答子之問，猶未逮真也。」正獲之問於監市履狶也，每下愈況。李云：「正，亭卒也；獲，其名也。監市，市魁也。狶，大豕。履，踐也。市魁履豕，履其股腳，狶難肥處，故知豕肥耳。問道亦況下賤，則知道也。」成云：「正，官號，今之市令也。」宣云：「況，顯譬也。」汝唯莫必，无乎逃物。言汝莫期必道在何處，無乎逃於物之外也。至道若是，大言亦然。成云：「至道，理也。大言，教也。」周、徧、咸三者，異名同實，其指一也。周、徧、咸三字一指。嘗相與游乎无何有之宫，同合而論，无所終窮乎！宣云：「遊心於虚際，則見道之同合而無窮極也。」嘗相與无爲乎！澹而静乎！漠而清乎！郭慶藩云：「漠亦清也。釋詁：『漠，察，清也。』樊注：『漠然，清貌。』」調而閒乎！和調而閒逸也。寥已吾志，寥然虚寂者，吾之志。无往焉而不知其所至，本無所往，而已不知其所至極。去而來而不知其所止，去而復來，而又不知其所住止。吾已往來焉而不知其所終；倏往倏來，初無終極。彷徨乎馮閎，郭云：「馮閎者，虚廓之謂。」大知入焉而不知其所窮。大聖智者入焉，恣變化之所如。物物者與物无際，物物者，道也。物在卽道在，故與物無涯際。而物有際者，所謂物際者也；成云：「一物則各有涯際，特謂之物際耳，烏可言道！」不際之際，道本不際，而見於物際。際之不際者也。見於物際，而仍是不際也。謂盈虚衰殺，彼爲盈虚非盈虚，彼爲衰殺非衰殺，彼，彼道也。成云：「富貴爲盈，貧賤爲虚，老病爲衰殺。」彼爲本末非本末，彼爲積散非積散也。」成云：「終始爲本末，生來爲積，死去爲散。」

婀荷甘與神農同學於老龍吉。神農隱几闔户晝瞑，婀荷甘日中奓户而入，釋文：「奓音奢，司馬云：『開也。』」曰：「老龍死矣！」神農隱几擁杖而起，嚗然放杖而笑，上言「隱几」，此「隱几」二字衍。釋文：「嚗音剥，李云：『放杖聲。』」曰：「天知予僻陋慢訑，成云：「老龍有自然之德，故呼曰天。」釋文：「訑，郭音但。」故棄予而死。已矣！夫子无所發予之狂言而死矣夫！」成云：「狂言，猶至言也。非世人之所解，故名至言爲狂也。」弇堈弔聞之，李云：「弇堈，體道人；弔，其名。」宣云：「弇堈來弔也。」曰：「夫體道者，天下之君子所繫焉。郭云：「言體道者，人之宗主也。」今於道，秋豪之端，萬分未得處一焉，宣云：「今謂神農析秋豪之端，爲萬分猶未得處一，極言其少也。」而猶知藏其狂言而死，宣云：「知老龍也。」又況夫體道者乎！宣云：「道本不在言。」視之无形，聽之无聲，於人之論者，謂之冥冥，宣云：「論者終不能明道。」所以論道，而非道也。」郭云：「冥冥而猶非道，明道之無名也。」

於是泰清問乎无窮曰：「子知道乎？」无窮曰：「吾不知。」又問乎无爲。无爲曰：「吾知道。」曰：「子之知道，亦有數乎？」曰：「有。」曰：「其數若何？」无爲曰：「吾知道之可以貴，可以賤，可以約，可以散。此吾所以知道之數也。」成云：「貴爲帝王，賤爲僕隸，約聚爲生，分散爲死，數乃無極。」泰清以之言也問乎无始，之猶是。曰：「若是，則无窮之弗知，與无爲之知，孰是而孰非乎？」无始曰：「不知深矣，知之淺矣；弗知内矣，知之外矣。」於是泰清中而歎曰：釋文：「崔本中作卬。」「弗知乃知乎！

知乃不知乎！孰知不知之知？」无始曰：「道不可聞，聞而非也；道不可見，見而非也；道不可言，言而非也。知形形之不形乎？道不當名。」上云「不形之形，形之不形」。知形形之不形，則知道不當指名也。无始曰：「有問道而應之者，不知道也。雖問道者，亦未聞道。應者固非，問者亦未是。道无問，問无應。郭云：「絕學去教，而歸於自然之意也。」无問問之，是問窮也；本無可問而强問，是問窮也。无應應之，是无内也。無可應而强應，是徇外也，故曰無内。以无内待問窮，若是者，外不觀乎宇宙，内不知乎太初，不知事理在六合，不知道本在己身。是以不過乎崑崙，不遊乎太虛。」何以超崑崙而遊太虛乎？

光曜問乎无有曰：「夫子有乎，其无有乎？」光曜不得問，俞云：「淮南道應訓此句上有『无有弗應也』五字，當從之。此脱，則義不備。」而孰視其狀貌，孰同熟。窅然空然，終日視之而不見，聽之而不聞，搏之而不得也。光曜曰：「至矣！其孰能至此乎！予能有无矣，而未能无无也，宣云：「有曜無質，是能有無矣，未能若竟無之爲愈也。」及爲无有矣，何從至此哉！」宣云：「及爲無而猶未免於有矣，何從至乎無無之境哉！」

大馬之捶鉤者，成云：「大馬，楚之大司馬也。捶，打鍛也。鉤，腰帶也。」年八十矣，而不失豪芒。司馬、郭云：「玷捶鉤之輕重，不失豪芒。」大馬曰：「子巧與？有道與？」

曰：「臣有守也。王念孫云：「守，卽道字。達生篇仲尼曰：『子巧乎？有道邪？』曰：『我有道也。』是其證。道字古讀若守，故與守通。九經、楚詞、老、莊諸子用韻之文，道字皆讀若守。說文：『道，從辵，首聲。』今本無聲字者，二徐不曉古音而删之。」臣之年二十而好捶鉤，於物无視也，非鉤无察也。蘇輿云：「此卽不以萬物易蜩翼之旨。」是用之者，假不用者也以長得其用，成云：「所以至老長得捶鉤之用者，假賴於不用心視察他物故也。」而況乎无不用者乎！不用善矣，乃並此不用而亦無之，所謂無無也。物孰不資焉？」故萬物皆資其用也。

冉求問於仲尼曰：「未有天地可知邪？」仲尼曰：「可。古猶今也。」郭云：「言天地常存，乃無未有之時。」冉求失問而退，成云：「失其問意。」明日復見，曰：「昔者吾問『未有天地可知乎』，夫子曰：『可。古猶今也。』昔者吾昭然，今日吾昧然，敢問何謂也？」仲尼曰：「昔之昭然也，神者先受之；郭云：「虛心以待命，斯神受也。」今之昧然也，且又爲不神者求邪？不神者，迹象也。滯於迹象，故復求解悟。无古无今，无始无終。皆一氣之化。未有子孫而有子孫，可乎？」宣云：「子孫可自無而有，天地不可自無而有乎？」冉求未對。仲尼曰：「已矣，末應矣！成云：「未對之閒，仲尼止令無應。」不以生生死，不以死死生。死者自死，其生也，非以生此死者也。生者自生，其死也，非以死此生者也。死生有待邪？皆有所一體。死生不相待，各有成體。有先天地生者物邪？者猶之。物物者非物。物物者，道也，不得謂之物。物出不得先物也，萬物並出，物不得先物。猶其有物也。猶然萬物皆有也。猶其有物也，无已。猶然萬物皆有，而且至於無已，以有物者在也。聖人之愛人也終无已者，亦乃取於是者也。」聖人以愛人爲心，終無窮已者，亦取法天地之道也。

顔淵問乎仲尼曰：「回嘗聞諸夫子曰：『无有所將，无有所迎。』成云：「將，送也。聖人如鏡，不送不迎。」回敢問其遊。」宣云：「遊心何處？」仲尼曰：「古之人，外化而内不化；宣云：「與物偕逝，天君不動。」今之人，内化而外不化。心神摇徙，凝滯於物。與物化者，一不化者也。郭云：「常無心，故一不化；惟一不化，乃能與物化耳。」安化安不化，成云：「安，任也。聖人無心，隨物流轉，化與不化，皆安任之。」安與之相靡，成云：「靡，順也。」案：任與之相靡順。必與之莫多。成云：「雖與物相順，而亦各止其分，彼我無損。」狶韋氏之囿，黄帝之圃，有虞氏之宫，湯、武之室。世愈降則所處愈隘，聖人順時而安之。君子之人，若儒、墨者師，故以是非相**齏**也，而況今之人乎！釋文：「齏，子兮反，和也。」郭云：「儒、墨之師，天下之難和者，而無心者猶故和之，而況其凡乎！」案：言君子於今世之人，皆能隨而化之。聖人處物不傷物。宣云：「無心是非。」不傷物者，物亦不能傷也。唯无所傷者，爲能與人相將、迎。無將、迎可，將、迎亦可。山林與！皋壤與！使我欣欣然而樂與！皋壤，平原。樂未畢也，哀又繼之。成云：「情隨事遷，哀樂斯變。是知世之哀樂不足計也。」哀樂之來，吾不能禦，其去弗能止。悲夫！世人直爲物逆旅耳！郭云：「不能坐忘自得，而爲哀樂所寄耳。」案：爲外物客舍也。夫知遇而不知所不遇，遇有窮，知亦有窮。知能能而不能所不能。知以能爲能，而不知以不能爲能。无知无能者，固人之所不免也。宣云：「知能無涯，則有所不知，有所不能，此人之常也。」夫務免乎人之所不免者，宣云：「乃欲勞心推測，以冀盡知盡能。」豈不亦悲哉！成云：「愚惑之甚。」至言去言，至爲去爲。成云：「至理之言，無言可言；至理之爲，無爲可爲。」齊知之所知，則淺矣。」宣云：「必欲以知之所知齊之，使皆無不知，豈見道者之爲哉！」

雜篇　庚桑楚第二十三

老聃之役，司馬云：「役，學徒、弟子。」有庚桑楚者，俞云：「列子仲尼篇『老聃之弟子有亢倉子者』，張湛注：『音庚桑。』賈逵姓氏英覽云：『吴郡有庚桑姓，稱爲七族。』然則庚桑子吴人與？」偏得老聃之道，以北居畏壘之山。李云：「畏壘，山名也。或云在魯，又云在梁州。」其臣之畫然知者去之，其妾之挈然仁者遠之，其地之人敬愛庚桑，願爲臣妾。然其中有畫然好明察爲知者，有挈然自標舉爲仁者，庚桑皆遠去之。擁腫之與居，司馬云：「擁腫，醜貌。」鞅掌之爲使。鞅掌，勞苦奔走之人。居三年，畏壘大壤。釋文：「壤，本亦作穰。」廣雅：「豐也。」」盧云：「列子天瑞篇亦以壤爲穰。」畏壘之民相與言曰：「庚桑子之始來，吾洒然異之。崔、李云：「洒然，驚貌。」今吾日計之而不足，向云：「無旦夕小利也。」歲計之而有餘。向云：「順時而大穰也。」庶幾其聖人乎！子胡不相與尸而祝之，社而稷之乎？」尸，主也。言欲奉以爲君。庚桑子聞之，南面而不釋然。語又見齊物論。弟子異之。庚桑子曰：「弟子何異於予？夫春氣發而百草生，正得秋而萬寶成。俞云：「得字疑涉下文而衍。易説卦：『兑，正秋也，萬物之所説也。』疏：『正秋而萬物皆説成也。』即本此文。正秋而萬寶成，文義已足，不必加得字。」夫春與秋，豈无得而然哉？天道已行矣。釋文「天」作「大」。案：時與道爲運行，有得而不覺也。吾聞至人尸居環堵之室，宣云：「隱居不耀。」而百姓猖狂不知所如往。宣云：「如相忘於天地。」今以畏壘之細民而竊竊欲俎豆予于賢人之閒，我其杓之人邪？郭云：「不欲爲物標杓。」吾是以不釋於老聃之言。」成云：「老子云：『功成弗居，長而不宰。』楚既虔稟師訓，畏壘反此，故不釋然。」弟子曰：「不然。夫尋常之溝，巨魚无所還其體，而鯢、鰌爲之制；成云：「八尺曰尋，倍尋曰常。鯢，小魚。」釋文：「制，折也。謂小魚得曲折也。」案：「制」「折」古通用字。步仞之丘陵，巨獸无所隱其軀，而孽狐爲之祥。釋文：「六尺爲步，七尺曰仞。廣一步，高一仞也。崔云：『祥，善也。孽狐以小丘爲善也。』」且夫尊賢授能，先善與利，利祿先與善人。自古堯、舜以然，以、已同。而況畏壘之民乎？夫子亦聽矣！」庚桑子曰：「小子來！夫函車之獸，李云：「函獸，大容車。」介而離山，俞云：「方言：『獸無偶曰介。』」則不免於罔罟之患；吞舟之魚，碭而失水，釋文：「碭，徒浪反。謂碭溢而失水也。」則蟻能苦之。故鳥獸不厭高，魚鼈不厭深。郭云：「去利遠害乃全。」夫全其形生之人，藏其身也，不厭深眇而已矣。與物同。且夫二子者，謂上堯、舜。又何足以稱揚哉！是其於辯也，宣云：「凡事分辯，如尊賢授能，先善與利之爲。」將妄鑿垣牆而殖蓬蒿也。郭云：「將令後世妄行穿鑿而殖穢亂也。」簡髮而櫛，成云：「簡，擇。」數米而炊，言其瑣屑。竊竊乎又何足以濟世哉！舉賢則民相軋，軋，相傾也。任知則民相盜。宣云：「盜，詐也。」之數物者，不足以厚民。民之於利甚勤，子有殺父，臣有殺君，釋文：「殺音試，本又作弑。」正晝爲盜，日中穴阫。釋文：「向音裴，云：『阫，牆也。言無所畏忌。』」吾語女：大亂之本，必生於堯、舜之間，其末存乎千世之後。千世之後，其必有人與人相食者也。」語又見徐无鬼篇。南榮趎蹵然正坐曰：釋文：「趎，昌于反，向音疇。李云：『庚桑弟子。』人表作疇，淮南作幬。」盧云：「今淮南作疇。」「若趎之年者已長矣，將惡乎託業以及此言邪？」惡音烏。成云：「憑〔一〕託何學，方逮斯言？」庚桑子曰：「全汝形，抱汝生，俞云：「釋名：『抱，保也，相親保也。』是抱、保義通。抱汝生，即保汝生也。」无使汝思慮營營。若此三年，則可以及此言矣。」南榮趎曰：「目之與形，吾不知其異也，而盲者不能自見；耳之與形，吾不知其異也，而聾者不能自聞；心之與形，吾不知其異也，而狂者不能自得。形同用異。形之與形亦辟矣，郭嵩燾云：「禮記大學注：『辟猶喻也。』言形之與形易喻也。」案：言我形之與人形亦易喻矣。而物或閒之邪，宣云：「物，物欲。」欲相求而不能相得？常有不能相喻者，故疑或閒隔之。今謂

〔一〕「憑」原誤「惡」，據成疏改。

趎曰：『全汝形，抱汝生，勿使汝思慮營營。』趎勉聞道達耳矣。」釋文：「崔、向云：『僅達於耳，未徹入於心也。』」庚桑子曰：「辭盡矣。曰：引古語。『奔蜂不能化藿蠋，司馬云：「奔蜂，小蜂也。一云土蜂。藿蠋，豆藿中大青蟲也。」成云：「細腰土蜂，能化桑蟲爲己子，而藿蠋不能化也。」越雞不能伏鵠卵，魯雞固能矣。』釋文：「向云：『越雞，小雞。或云荆雞。魯雞，大雞也，今蜀雞。』鵠，本亦作鶴，同。」雞之與雞，其德非不同也，有能有不能者，其才固有巨小也。今吾才小，不足以化子，子胡不南見老子？」南榮趎贏糧，七日七夜至老子之所。釋文：「方言：『贏，儋也。齊、楚、陳、宋之間謂之贏。』」老子曰：「子自楚之所來乎？」南榮趎曰：「唯。」老子曰：「子何與人偕來之衆也？」南榮趎懼然顧其後。懼然，猶瞿然。老子曰：「子不知吾所謂乎？」南榮趎俯而慙，仰而歎曰：「今者吾忘吾答，因失吾問。」老子曰：「何謂也？」南榮趎曰：「不知乎？人謂我朱愚。郭嵩燾云：「左襄四年傳杜注：『短小曰朱儒。』朱愚，蓋智術短小之謂。」蘇輿云：「案朱愚猶顓愚。朱、顓雙聲字。」知乎？反愁我軀。不仁則害人，仁則反愁我身；不義則傷彼，義則反愁我已。我安逃此而可？此三言者，趎之所患也，願因楚而問之。」老子曰：「向吾見若眉睫之間，吾因以得汝矣，已得汝心。今汝又言而信之。知吾言驗。若規規然若喪父母，李云：「規規，細小貌。」揭竿而求諸海也。向云：「言以短小之物，欲測深大之域。」女亡人哉！宣云：「如流亡之人。」惘惘乎汝欲反汝情性而无由入，可憐哉！」宣云：「失其所歸。」南榮趎請入就舍，召其所好，去其所惡，宣云：「召清虚，去物欲。」十日自愁，宣云：「未即能之，故復愁。」復見老子。老子曰：「汝自洒濯，盪滌。熟哉鬱鬱乎！宣云：「如熟物之氣蒸鬱於中。」然而其中津津乎猶有惡也。宣云：「所惡猶未盡去。」夫外韄者不可繁而捉，將内揵；内韄者不可繆而捉，將外揵。釋文：「韄音獲。李云：『韄，縛也。』向云：『揵，閉也。』」案：此言外韄者，耳目爲物所縛，不可以其繁擾而捉搤之，將必内閉其心，以息耳目之紛。内韄者，心思爲欲所縛，不可以其繆亂而捉搤之，將必外閉其耳目，以絶心思之緣。外、内韄者，道德不能持，若外、内物欲膠縛者，雖有道德，不能扶持。而況放道而行者乎！」向云：「放，依也。」南榮趎曰：「里人有病，里人問之，病者能言其病，然其病病者猶未病也。問病者，卽病病者也。若趎之聞大道，譬猶飲藥以加病也，趎願聞衞生之經而已矣。」經，常也。宣云：「且求全生自養而已。」老子曰：「衞生之經，能抱一乎？成云：「守真不二也。」能勿失乎？成云：「還自得也。」能无卜筮而知吉凶乎？王念孫云：「『吉凶』，當爲『凶吉』。一、失、吉爲韻。管子心術篇：『能專乎？能一乎？能无卜筮而知凶吉乎？』是其證。（内業篇『凶吉』亦誤爲『吉凶』，惟心術篇不誤。）」能止乎？成云：「不逐分外。」能已乎？成云：「已過不追。」能舍諸人而求諸己乎？成云：「舍棄效彼之心，追求己身之道。」能儵然乎？成云：「往來無係止。」能侗然乎？宣云：「無知。」能兒子乎？宣云：「元氣自然。」兒子終日嗥而嗌不嗄，和之至也；釋文：「嗥，本又作號。司馬云：『嗌，咽也。』嗄，於邁反。本又作嚘，徐音憂。司馬云：『楚人謂嗁極無聲曰嗄。』」俞云：「作嚘是也。老子『終日號而不嗄』，傅奕本作歔，即嚘之異文。揚子太玄經夷次三曰『柔，嬰兒於號，三日不嚘』，二宋、陸、王本同。蓋以嚘與柔爲韻，可知揚所見老、莊皆作嚘也。」終日握而手不掜，共其德也；釋文：「廣雅云：『掜，捉也。』」宣云：「共同拱。」案：赤子終日捲握，而不必捉物，以拱握其手乃德性固然也。終日視而目不瞚，釋文：「瞚，字又作瞬，同，音舜，動也。」偏不在外也。宣云：「無所偏向於外，視猶不視。」行不知所之，居不知所爲，與物委蛇，而同其波。與物順行，而同其波蕩。以上皆就赤子言。是衞生之經已。」南榮趎曰：「然則是至人之德已乎？」問此即至人之德否？曰：「非也。是乃所謂冰解凍釋者能乎？者猶之。言是特所謂解釋胸中凝滯之能乎？夫至人者，相與交食乎地而交樂乎天，俞云：「徐无鬼篇曰『吾與之邀樂於天，吾與之邀食於地』，與此文異義同。交即邀也。古字止作徼。左文二年傳『寡君願徼福於周公、魯公』，與此『邀食』『邀樂』語意相似。作邀者，後起字；作交者，叚借字。詩桑扈『匪交匪傲』，漢書五行志作『匪徼匪傲』，即其例矣。」不以人物利害相攖，釋文：「廣雅云：『攖，亂也。』」不相與爲怪，不立異。不相與爲謀，不苟同。不相與爲事，不輕交接。儵然而往，侗然而來。解具上。是謂衞生之經已。」曰：「然則是至乎？」已造極乎？曰：「未也。吾固告汝曰：『能兒子乎？』兒子動不知所爲，行不知所之，身若槁木之枝而心若死灰矣。二語見齊物論。又見徐无鬼、知北遊二篇，「木」作「骸」。若是者，禍亦不至，福亦不來。禍福无有，惡有人災也？」釋文：「惡音烏。」郭云：「禍福生於失得，人災由於愛惡。」宣云：「答以未也，而告之無進詞。蓋至道不外上所云，但有心以此爲至，即非道矣，老子所以奪之。」

宇泰定者，發乎天光。郭云：「德宇泰然而定，則其所發者天光耳，非人耀。」發乎天光者，人見其人。宣云：「自人視之，亦人耳。」人有修者，乃今有恒；宣云：「修，卽泰定。恒，純常也。」有恒者，人舍之，天助之。人來依止，天亦佑助。人之所舍，謂之天民；無位而尊。天之所助，謂之天子。

學者，學其所不能學也；行者，行其所不能行也；辯者，辯其所不能辯也。宣云：「三者皆不知止。」知止乎其所不能知，至矣。成云：「所不能知者，不强知之，此學之至妙。」若有不卽是者，天鈞敗之。成云：「若不以分內爲是者，斯敗〔一〕自然之性。」

〔一〕「敗」原誤「貶」，據成疏改。

備物以將形，具衆理以順形。藏不虞以生心，宣云：「退藏於不思慮之地，以活其心。」敬中以達彼，敬慎其内智，以達於外。若是而萬惡至者，宣云：「謂災患。」成云：「若文王之拘羑里，孔子之厄匡人。」皆天也，而非人也，宣云：「非我致之。」不足以滑成，不足以亂我之大成。不可内於靈臺。不可令人而擾吾之心。郭云：「靈臺，心也。」靈臺者有持，而不知其所持，而不可持者也。心不可動於物，貴能持之，但當自然而持，而不可有意執持之也。不見其誠己而發，每發而不當，未見其誠身而妄發，雖發必不當。業入而不舍，每更爲失。成云：「業，事也。」案：外事入擾於心而不舍去，雖更變而亦失。姚云：「上己，此也。不見其誠，則皆妄心耳，如此而發，固無當處，若能入矣，而不能久居，反更易爲失，是知及而仁不能守者也。」於義亦通。

爲不善乎顯明之中者，人得而誅之；爲不善乎幽閒之中者，鬼得而誅之。明乎人、明乎鬼者，然後能獨行。郭云：「幽顯無愧於心，故獨行而不懼。」

券内者行乎无名，宣云：「券，契也。得契合乎内。」成云：「無名，道也。履道者，雖行而無名迹。」券外者志乎期費。俞云：「荀子書每用綦字。王霸篇楊注：『綦，極也。』亦或作期。期費，猶言極費。費謂財用。」案：券外者志乎期費，言契合乎外者，志欲窮極其財用也。行乎无名者，唯庸有光；平常而有光輝。志乎期費者，唯賈人也，與賈人何異？人見其跂，猶之魁然。人見其跂想分外，比之於市魁然。與物窮者，物入焉；郭注：「窮，謂終始。」宣云：「我與物相終始，則物亦來就。」與物且者，其身之不能容，焉能容人！俞云：「且，苟且也。詩東門之枌『穀旦于差』，韓詩旦作且，云：『苟且也。』是重言爲苟且，單言爲且。上文『終始』，是窮極之義，苟且與窮極義正相反。」不能容人者无親，无親者盡人。郭云：「盡是他人。」兵莫憯於志，鏌鋣爲下；説文：「憯，毒也。」字或作「憯」。慘毒莫甚於心，而兵次之。寇莫大於陰陽，无所逃於天地之間。成云：「寇，敵也。」非陰陽賊之，心則使之也。郭云：「心使氣，則陰陽徵（俗作「癥」。）結於五藏而所在皆陰陽也，故不可逃。」

道通，其分也，宣云：「凡分必有畛域。道無畛域，故通乎其所分也。」其成也毁也。此有所成，則彼有所毁，故道無成毁之分。所惡乎分者，其分也以備；分皆求備，故惡分。所以惡乎備者，其有以備。其備有者，仍求備不已，故惡備。故出而不反，見其鬼；情識外馳而不知反，止見其爲鬼耳。出而得，是謂得死。外馳而遂有得，彼自以爲得也，不知是得死耳。滅而有實，鬼之一也。其性既滅，雖有形骸之實，自謂生存，吾以爲鬼之一也。以有形者象无形者而定矣。人有形質，當作無形質觀，則天君泰定矣。

出无本，道之流行無本根。入无竅。道之斂藏無竅隙。有實而无乎處，道有實在，而木枝之遠揚者謂之標，故以訓末。言道之源流甚長，而不見其本末。**有所出而无竅者有實。有實而无乎處者，宇也；**有所出而無竅隙者，自非無實；雖有實而終無處所者，處乎四方上下之宇也。**有長而无本剽者，宙也。**雖有長而不見本末者，以古往今來之宙爲之本末也。**有乎生，有乎死，有乎出，有乎入，**人物有生死，陰陽有出入。**入出而無見其形，是謂天門。**郭云：「天門者，萬物之都名。謂之天門，猶言衆妙之門。」**天門者，无有也，萬物出乎无有。**郭云：「以無爲門。」**有不能以有爲有，**有之未生，非有之所能有。**必出乎无有，**無能生有。**而无有一无有。聖人藏乎是。**宣云：「並『無有』二字亦無之，乃衆妙所在也，故聖人藏焉。」**古之人，其知有所至矣。惡乎至？有以爲未始有物者，至矣盡矣，弗可以加矣。其次以爲有物矣，**以上又見齊物論篇。**將以生爲喪也，以死爲反也，**成云：「俗人以生爲得，以死爲喪。今欲反於迷精，故以生爲喪，以其無也，以死爲反，反於空寂。雖未盡於衆妙，猶可齊於死生。」**是以分已。**以同已。郭云：「雖欲均之，然已分矣。」成云：「猶見生死之異。」**其次曰始无有，既而有生，生俄而死；以无有爲首，以生爲體，以死爲尻。孰知有无死生之一守者，吾與之爲友。**言又次一等人，亦知有無生死之爲一，而守之不疑，孰能知此理者，吾亦與爲友。**是三者雖異，**郭云：「或有而無之，或有而一之，或分而齊之，故謂三也。此三者，雖盡與不盡，俱能無是非於胸中。」**公族也，**楚公族未受姓，如王子、王孫。**昭、景也，著戴也，**宣云：「此二族，著其所戴之先人爲氏。」**甲氏也，著封也，**「甲」，「中」之誤，宣改，今從之。云此一族是著其所封之邑爲氏。**非一也。**亦如上三者同一原也。

有生，黬也，釋文：「徐於減反。字林云：『釜底黑也。』」宣云：「有生皆出於闇穆，如釜底一抹皆黑，無彼此分别也。」**披然曰移是。**今忽然披曉於人曰「汝當移而從是」，此由我而生是非也。**嘗言移是，**試言之。**非所言也。**宣云：「本不足言。」**雖然，不可知者也。**然世人亦不知此也。**臘者之有膍胲，可散而不可散也；**成云：「臘，大祭。膍，牛百葉。胲，備也，亦言是牛蹄也。臘祭之時，牲牢甚備，至於四肢五藏，並皆陳設。祭事既訖，方復散之，則以散爲可；若其祭未了，則不合散，又以散爲不可。」**觀室者周於寢廟，又適其偃焉，**釋文：「司馬、郭云：『偃，屏側也。』」桂馥云：「屏當爲庰。急就篇『庰厠清圂糞土壤』，顔注：『庰，僻偃之名也。』」郭慶藩云：「偃當作匽。周禮宫人『爲其井匽』，鄭司農云：『匽，路厠也。』燕策『宋王鑄諸侯之象，使侍屏匽』，屏匽卽庰厠也。」**爲是舉移是。請嘗言移是。**微物之散否有時，一室之觀覽必悉，爲此而舉及移是，則請試言移是。**是以生爲本，以知爲師，**此以我之生爲根本，以我之心知爲師。**因以乘是非；**因此相乘而起是非。**果有名實，因以己爲質；使人以己爲節，因以死償節。**郭云：「質，主也。」案：果有名實可争，因以己身爲主，使人皆從己以爲節義，因共以死守之，所謂「殺身以成名」也。若然者，以用爲知，以不用爲愚，以徹爲名，以窮爲辱。若然者，非特死生我不自主，卽知愚榮辱亦皆不自主。其舉而用，則我是賢知也；棄而不用，則我是庸愚也；徹而上達，則我爲榮名也；窮而在下，則我爲恥辱也。移是，今之人也，惟以權力移，此今之人也。是蜩與學鳩同於同也。逍遥遊篇言蜩與鷽鳩笑大鵬，是二蟲同一無知也。今人如此，不與二蟲等誚乎！

蹍市人之足，則辭以放驁，釋文：「蹍，女展反。廣雅云：『履也。』」宣云：「辭謝以放肆自引罪。」兄則以嫗，宣云：「蹍兄足則不必辭謝引罪，但煦嫗憐之而已。」大親則已矣。成云：「若父蹍子足，則閔然而已，不復詞費。」宣云：「可知道以相忘爲至也。」故曰：至禮有不人，郭云：「視人若己。」至義不物，郭云：「若得其宜，則物皆我也。」至知不謀，成云：「率性而照。」至仁无親，郭云：「辟之五藏，未曾相親而仁已至矣。」至信辟金。宣云：「不須以金爲質。」

徹志之勃，宣云：「徹，毁。勃，亂也。」解心之繆，成云：「繆，繫縛也。」去德之累，達道之塞。達，通也。富、貴、顯、嚴、名、利六者，嚴，威。勃志也；容、動、色、理、氣、意六者，繆心也；容貌、動作、顔色、詞理、氣息、情意也。惡、欲、喜、怒、哀、樂六者，累德也；去、就、取、與、知、能六者，塞道也。知音智。此四六者不盪胸中則正，郭云：「盪，動也。」正則静，静則明，明則虚，虚則无爲而无不爲也。

道者，德之欽也；道無可見，見其德之流行，則共仰爲有道之人，故曰道者德之欽。**生者，德之光也；**成云：「天地之大德曰生，故生化萬物者，盛德之光華也。」**性者，生之質也。**成云：「質，本也。自然之性，是稟生之本。」**性之動謂之爲，**郭云：「以性自動，故稱爲耳，此乃真爲，非有爲也。」**爲之僞謂之失。**成云：「感物而動，性之欲。僞情，分外有爲，謂之喪道。」

知者，接也；接物而知之，謂之知。**知者，謨也；**知音智。謨，謀也。見事而慮之，故因謨見智。**知者之所不知，猶睨也。**雖智者有所不知，如目斜視一方，故不能徧，是以用智而偏，不如寂照。

動以不得已之謂德，迫而後動，乃見盛德。**動无非我之謂治，**舍我逐物則亂，反是則治。**名相反而實相順也。**鶩名則僞而亂，終至相反；求實則真而治，終無不順。

羿工乎中微而拙於使人无己譽，中微則人譽己，是工拙常相因也。惟大道能無名。**聖人工乎天而拙乎人。**郭云：「任其自然，天也；有心爲之，人也。」**夫工乎天而俍乎人者，唯全人能之。**釋文：「俍音良。」成云：「俍，善也。全人，神人也。」案：聖人謂堯、舜以下，全人謂伏羲以上。**唯蟲能蟲，唯蟲能天。**成云：「鳥飛獸走，能蟲也，蛛網蜣丸，能天也，皆稟之造物，豈仿效之所能致！」案：言蟲之能亦不齊。**全人惡天，惡人之天，而況吾天乎人乎！**人言全人惡天，非惡天也，特惡人之天耳，謂己不順性而僞爲也。若直以人爲天，而使天下皆從己，則更非矣。

一雀適羿，適，遇也。**羿必得之，威也；**成云：「所獲者少，所逃者多。以威御世，其義亦爾。」**以天下爲之籠，則雀無所逃。**成云：「大道曠蕩，無不制圍，故以天下爲之籠，則雀無逃處。是知以威取物，深乖大造。」**是故湯以胞人籠伊尹，秦穆公以五羊之皮籠百里奚。**胞同庖。伊尹以割烹要湯；百里奚自鬻於秦養牲者，五羊之皮，食牛，以要秦穆公。二事皆孟子所斥。**是故非以其所好籠之而可得者，无有也。**

介者拸畫，外非譽也；郭云：「介，刖也。」崔云：「拸畫，不拘法度也。」俞云：「漢書司馬相如傳注：『瘃，自放縱也。』與此拸字義同。穀梁桓六年傳『以其畫我』，公羊傳作『化我』，何注：『行過無禮謂之化。』畫義蓋同。人既刖足，不自顧惜，非譽皆所不計，故不拘法度。」**胥靡登高而不懼，遺死生也。**胥靡，役作之人。傅説胥靡是也。**夫復謵不餽而忘人，**釋文：「餽，元嘉本作愧。」郭嵩燾云：「説文：『讋，失氣言也。』『謵，言謵讋〔一〕也。』復謵，謂人語言慴伏以下我。以物與人曰餽，以言語餉人亦曰餽。不餽，謂不報謝。外非譽，遺死生，忘己者也；復謵不餽，忘人者也。」案：復謵不餽，諸解皆非，郭説爲近，下文所謂「敬之而不喜」也。此處疑有奪文，不敢强説。

〔一〕「謵讋」原誤「讋謵」，據説文乙正。

忘人，因以爲天人矣。能忘人，卽可以爲天人，以其近自然也。故敬之而不喜，侮之而不怒者，唯同乎天和者爲然。成云：「忘其逆順。」出怒不怒，則怒出於不怒矣；出於人所怒之事，而我不怒，則有時而怒，仍自不怒出。此孟子所謂「文王一怒」、「武王一怒」也。出爲无爲，則爲出於无爲矣。出於人所爲之地，而我不爲，則有時而爲，仍自無爲出。中庸所謂「無爲而成」，孔子所謂「無爲而治」也。欲靜則平氣，欲神則順心，郭云：「平氣則靜理足，順心則神功至。」有爲也。欲當則緣於不得已，郭云：「緣於不得已，則所爲皆當。」成云：「不得止者，感而後應，分内之事也。」不得已之類，聖人之道。郭云：「聖人以斯爲道，豈求無爲於恍惚之外哉！」

雜篇

徐无鬼第二十四

徐无鬼因女商見魏武侯，釋文：「徐无鬼，魏隱士。司馬本作『緡山人徐无鬼』。」成云：「女姓，商名，魏宰臣。」武侯，名擊。武侯勞之曰：「先生病矣！苦於山林之勞，故乃肯見於寡人。」徐无鬼曰：「我則勞於君，君有何勞於我？君將盈耆欲，長好惡，釋文：「長，丁丈反。」則性命之情病矣；情，實。君將黜耆欲，掔好惡，釋文：「掔，苦田反，又口閑反。崔云：『引去也。』」則耳目病矣。我將勞君，君有何勞於我？」武侯超然不對。司馬云：「超然，猶悵然。」少焉，徐无鬼曰：「嘗語君，吾相狗也。嘗，試。下之質，執飽而止，材質下者，甚飽而止。是狸德也；俞云：「廣雅釋獸：『狸，猫也。』秋水篇曰：『騏驥驊騮，捕鼠不如狸狌。』此本書以狸爲貓之證。御覽引尸子曰：『使牛捕鼠，不如貓狌之捷。』莊子言狸狌，尸子言猫狌，其義一也。狗取飽而止，與猫同，故云是狸德。」中之質，若視日；宣云：「凝然上視。」上之質，若亡其一。釋文：「一，身也。精神不動，若無其身。」吾相狗，又不若吾相馬也。吾相馬，直者中繩，成云：「謂馬前齒。」曲者中鉤，成云：「謂馬項。」方者中矩，成云：「謂馬頭。」圓者中規，成云：「謂馬眼。」是國馬也，國君得之爲上品。而未若天下馬也。天下馬有成材，釋文：「自然已足，不須教習。」若卹若失，釋文：「失音逸。司馬本作佚。李云：『卹、失，皆驚悚若飛也。』」成云：「眼自顧視，既似憂虞；蹄足緩疏，又如奔佚。」若喪其一，成云：「觀其神彩，若忘己身。」若是者，超軼絶塵，不知其所。」所，謂止所。武侯大悦而笑。徐无鬼出，女商曰：「先生獨何以説吾君乎？說同悦，下同。吾所以説吾君者，横説之則以詩、書、禮、樂，從説之則以金板、六弢，釋文：「司馬、崔云：『金版、六弢，皆周書篇名。』或曰祕讖也。本又作六韜，謂太公六韜，文、武、虎、豹、龍、犬也。版，本又作板。」成云：「横，遠也；從，近也。武侯好武而惡文，故以兵法爲從，六經爲横也。」奉事而大有功者不可爲數，而吾君未嘗啟齒。笑也。今先生何以説吾君，使吾君説若此乎？」徐无鬼曰：「吾直告之吾相狗馬耳。」直，特也。女商曰：「若是乎？」成云：「怪其術淺。」曰：「子不聞夫越之流人乎？蓋當日相傳越之流人有是言也。去國數日，見其所知而喜；去國旬月，或旬或月。見其所嘗見於國中者喜；及期年也，見似人者而喜矣。似鄉里人也。不亦去人滋久，思人滋深乎！滋，愈。夫逃虚空者，司馬云：「故壞冢處爲空虚也。」案：謂墟旁有空處也，故下云「位其空」。藜、藋柱乎鼪、鼬之逕，其地但有鼪、鼬往來徑路，藜、藋森立如柱，極言其荒穢也。藜，蒿也。爾雅「拜，商藋」，郭注：「商藋似藜。」踉位其空，踉蹌而處其空地。

聞人足音跫然而喜矣，成云：「跫，行聲。」而況乎兄[一]弟親戚之謦欬其側者乎！李云：「謦欬，喻言笑也。」案：喻武侯有狗馬之好，驟聞而喜，不異流人之見鄉人，逃者之聞骨肉言笑也。久矣夫！莫以真人之言謦欬吾君之側乎！」正人之言，則莫以進君側也。徐无鬼見武侯，武侯曰：「先生居山林，食芧栗，郭慶藩云：「芧，卽櫟也，一名栩，一名柔，一名采。其實謂之皁，亦謂之樣。今書傳樣皆作橡。芧、柔、杼三字通。此篇『芧栗』，山木篇作『杼栗』。」厭葱韭，厭，足。以賓寡人，賓同擯。久矣夫！今老邪？其欲干酒肉之味邪？李云：「干，求也。」其寡人亦有社稷之福邪？」李云：「謂善言嘉謀，可以利社稷也。」徐无鬼曰：「无鬼生於貧賤，未嘗敢飲食君之酒肉，將來勞君也。」君曰：「何哉？奚勞寡人？」曰：「勞君之神與形。」成云：「形勞神倦，故慰之。」武侯曰：「何謂邪？」徐无鬼曰：「天地之養也一，宣云：「天地之生人皆同。」登高不可以爲長，居下不可以爲短。高、下，貴、賤也。君獨爲萬乘之主，以苦一國之民，以養耳目鼻口，夫神者不自許也。宣云：「心神當有不自得處。」夫神者，好和而惡姦。宣云：「和同物。姦，自私。」夫姦，病也，故勞之。唯君所病之，何也？」宣云：「何故自蹈此病？」武侯曰：「欲見先生久矣。

〔一〕「兄」，集釋本作「昆」。

吾欲愛民而爲義偃兵，可乎？」偃息兵戈，是爲裁制之義。徐无鬼曰：「不可。愛民，害民之始也；名爲愛民，而實役之，是愛卽害之始也。爲義偃兵，造兵之本也。號稱偃兵，敵國潛伺，是偃卽造之本也。君自此爲之，則殆不成。自名入實，近於不成。凡成美，惡器也。凡欲成美名者，惡其滯於器也。君雖爲仁義，幾且僞哉！雖欲成仁成義，不且滯於名器而爲僞哉！形固造形，無形之形，可以造衆形。成固有伐，其名之成，則有功自夸。變固外戰。其事之變，則日與外戰。君必无盛鶴列於麗譙之間，无徒驥於錙壇之宫，李云：「鶴列，謂兵如鶴之列。麗譙，樓觀名。」案：徒驥，猶言步騎。錙壇，宫名。蓋魏有此宫。麗譙之間，錙壇之宫，非可列兵走馬之地，喻令毋騁心兵也。无藏逆於得，順得可也，毋非理妄取，而藏逆於得。无以巧勝人，无以謀勝人，无以戰勝人。三者皆藏逆於得之事。夫殺人之士民，兼人之土地，以養吾私與吾神者，養吾私體，與吾心神。其戰不知孰善？無所謂善。勝之惡乎在？無所謂勝。君若勿已矣，若有不已於斯民之故。修胸中之誠，以應天地之情而勿攖。在吾修己之誠，以順應天地，而勿有所攖擾。夫民死已脱矣，君將惡乎用夫偃兵哉！」如是則民已脱於死亡矣，何用偃兵？

黄帝將見大隗乎具茨之山，釋文：「大隗，神名。司馬云：『具茨，在滎陽密縣東，今名泰隗山。』」方明爲御，昌寓驂乘，張若、謵朋前馬，司馬云：「先馬導。」昆閽、滑稽後車。至於襄城之野，成云：「汝州有襄城縣，在大隗山南。」七聖皆迷，无所問塗。適遇牧馬童子，問塗焉，曰：「若知具茨之山乎？」曰：「然。」「若知大隗之所存乎？」曰：「然。」黄帝曰：「異哉小童！非徒知具茨之山，又知大隗之所存。請問爲天下。」小童曰：「夫爲天下者，亦若此而已矣，亦若此遊於襄城之野而已。又奚事焉？不必更欲多事。予少而自遊於六合之内，予適有瞀病，釋文：「瞀，莫豆反。李云：『風眩貌。』」有長者教予曰：『若乘日之車，司馬云：「以日爲車也。」郭云：「日出而遊，日入而息。」而遊於襄城之野。』今予病少痊，予又且復遊於六合之外。夫爲天下，亦若此而已。予又奚事焉？」言非我所事也。黄帝曰：「夫爲天下者，則誠非吾子之事。雖然，請問爲天下。」小童辭。黄帝又問。小童曰：「夫爲天下者，亦奚以異乎牧馬者哉？亦去其害馬者而已矣。」見害於馬者去之，使馬得全其天也。黄帝再拜稽首，稱天師而退。已見大隗矣。

知士无思慮之變則不樂，辯士无談説之序則不樂，察士无淩誶之事則不樂，俞云：「禮鄉飲酒鄭注：『察，猶察察，嚴殺之貌。』老子『俗人察察』，河上公注：『察察，急且疾也。』察有嚴急之意，故以淩誶爲樂。李云：『淩，謂相淩轢。』廣雅：『誶，問也。』」皆囿於物者也。務自見其能，此爲物事所囿也。招世之士興朝，招致世人，相與共濟，此務興其朝者也。中民之士榮官，士僅中庸，持禄保位，此但榮其官者也。筋力之士矜難，筋力强壯，遇難則矜。勇敢之士奮患，性情勇敢，見患則奮。兵革之士樂戰，久於兵革，以戰爲樂。枯槁之士宿名，山林枯槁，留戀名高。法律之士廣治，講求法律，思廣治術。禮教之士敬容，束身禮教，敬飾容儀。仁義之士貴際。施用仁義，貴在交際。農夫无草萊之事則不比，商賈无市井之事則不比。成云：「比，和樂。古者因井爲市，故謂之市井。」庶人有旦暮之業則勸，庶人偶有旦暮與共之事，相聚爲業則競勸。百工有器械之巧則壯。器械巧便，工良費少，其氣自壯。錢財不積則貪者憂，權勢不尤則夸者悲。尤，異於衆。夸，矜驕也。勢物之徒樂變，遭時有所用，不能无爲也。物，事也。逞勢生事之徒，喜樂禍變，遭時而後有所用，其人不能安静。此皆順比於歲，不物於易者也，順歲時相追逐，無一息之停，各自囿於一物，不能相易。馳其形性，二者並馳。潛之萬物，宣云：「潛，汩没也。」終身不反，悲夫！

莊子曰：「射者非前期而中，謂之善射，成云：「期，準的也。射無期準而誤中一物，即以爲善射。」天下皆羿也，可乎？」惠子曰：「可。」莊子曰：「天下非有公是也，而各是其所是，天下皆堯也，可乎？」成云：「各私其是，故無公是。」郭云：「若謂謬中者羿也，則私自是者亦可謂堯矣。」莊子以此明妄中者非羿，而自是者非堯。」惠子曰：「可。」宣云：「惠子亦自是者，故以爲可。」莊子曰：「然則[一]，儒、墨、楊、秉四，與夫子爲五，果孰是邪？成云：「儒，姓鄭，名緩。墨名翟。楊名朱。秉者，公孫龍字。增惠施爲五，各相是非，用誰爲是？若天下皆堯，何爲五復相非乎？」或者若魯遽者邪？李云：「姓魯，名遽，周初人。」案：下引魯事。其弟子曰：『我得夫子之道矣，吾能冬爨鼎而夏造冰矣。』成云：「冬取千年燥灰以擁火，須臾出火，可以爨鼎；盛夏以瓦瓶盛水，湯中煮之，縣瓶井中，須臾成冰也。」魯遽曰：『是直以陽召陽，以陰召陰，成云：「千年灰，陽也，火又陽也，此以陽召陽；井中，陰也，水又陰也，此以陰召陰。」非吾所謂道也。吾示子乎吾道。』於是爲之調瑟，廢一於堂，廢一於室，鼓宮宮動，鼓角角動，音律同矣。宣云：「舉宮角以該五音。弟子言氣之相召者，遽示以音之相動者。廢，置也。置一瑟於堂，置一瑟於室，相去異地，鼓之而宮角相應，律無不同。此遽自謂是道者也。」夫或改調一弦，於五音无當也，鼓之二十五弦皆動，未始異於聲，而音之君已。宣云：「莊子駁魯遽之道未足爲異也。言無論二瑟五音相應，姑就一瑟言之，當其本調既成，五音各有定弦，今或改調一弦，而爲變調，則於本調之五音移動而無當也，宜不相應矣。乃鼓之而二十五弦亦隨之而變，無不相應，此豈於五音之外有異聲哉？蓋五音可旋相爲宮，今所

〔一〕「然則」二字，據集釋本補。

改一弦，便是變調之宫，如君主然，則餘弦自隨之而動也。夫一瑟之閒，又是變調，無不相應如此，則二瑟五音之上，其相應尤理之常然，何足異乎？今遽以此誇其弟子，自謂積微，不知五音之相動與二氣之相召有以異乎？可見在人則見以爲非，在己則見以爲是，究之相等耳。」且若是者邪？」宣云：「惠與四人各是所是，究無公是，毋乃如魯遽邪？」惠子曰：「今夫儒、墨、楊、秉，且方與我以辯，相拂以辭，相鎮以聲，以言辭相拂拭，以聲譽相鎮定。而未始吾非也，則奚若矣？」宣云：「言四家皆不以我爲非，則何如矣？」郭云：「未始吾非者，各自是也。惠子便欲以此爲至。」莊子曰：「齊人蹢子於宋者，其命閽也不以完，宣云：「蹢與躑同。齊人殘其子足，使躑躅於宋，命爲彼閽人，蓋爲閽不以完人也。」郭云：「此齊人之不慈，然亦自以爲是，故爲之。」其求鈃鍾也以束縛，釋文：「字林云：『鈃，似小鍾而長頸。』又云：『似壺而大。』」郭云：「乃反以愛鍾器爲是。束縛，恐其破傷。」姚云：「鈃上求字衍。」其求唐子也而未始出域，有遺類矣夫！郭云：「唐，失也。失亡其子，而不能遠索，遺其氣類，而未始自非。人之自是，有斯謬矣。」俞云：「夫字上屬，與左襄二十四年傳『有令德也夫』、『有令名也夫』句法相似。」今從之。楚人寄而蹢閽者，俞云：「蹢，當讀爲謫。方言：『謫，怒也。』廣雅：『謫，責也。』楚人寄而謫閽者，謂寄居人家而怒謫其閽者也。」案：自來注家，就本文解釋，與下文連爲一事，萬無可通之理。此「蹢」字緣上「蹢」字而誤。今斷從俞說。夜半於无人之時而與舟人鬭，未始離於岑，而足以造於怨也。」郭云：「岑，岸也。齊、楚二人所行若此，未嘗自以爲非。今五子自是，豈異斯哉！」宣云：「離同麗。」案：夜半無人之時，舟未著岸而與舟人鬭，將有性命之虞，與寄而謫閽之事，皆足以造怨也。

莊子送葬，過惠子之墓，顧謂從者曰：「郢人堊慢其鼻端若蠅翼，使匠石斲之。釋文：「慢，本亦作漫。『郢人』，漢書音義作『獿人』，服虔曰：『獿人，古之善塗塈者，施廣領大袖以仰塗，而領袖不污，有小飛泥誤著其鼻，因令匠石揮斤而斲之。』獿音饒，韋昭乃回反。」成云：「堊，白善土也。漫，汙也。」案：聽而斲之，衹是放手爲之之義。當局本極審諦，旁人見若不甚經心，故云聽耳。而郭象以爲「瞑目恣手」，失之遠矣。石，匠人名。盡堊而鼻不傷，郢人立不失容。宋元君聞之，召匠石曰：『嘗試爲寡人爲之。』匠石曰：『臣則嘗能斲之。雖然，臣之質死久矣。』宣云：「質，施技之地，謂郢人也。」自夫子之死也，吾无以爲質矣，吾无與言之矣。」夫子，謂惠。莊、惠行事不同，而相投契，惠死而莊無可與縱言之人，是以歎也。

管仲有病，桓公問之曰：「仲父之病病矣，列子力命篇作「疾矣」，言病甚也。可不謂云，力命篇作「可不諱云」，言不可復諱而不言也。「謂」字誤。至於大病，則寡人惡乎屬國而可？」管仲曰：「公誰欲與？」公曰：「鮑叔牙。」曰：「不可。其爲人，絜廉善士也，其於不己若者不比之，不似己清潔者不與爲友，嫉惡太嚴也。力命篇作「不比之人」，不以人比數也。下文「又」字，蓋「人」字之誤。又一聞人之過，終身不忘。念舊惡。使之治國，上且鉤乎君，釋文：「鉤，反也。亦作拘。」宣云：「亦逆意。」下且逆乎民。其得罪於君也，將弗久矣。」公曰：「然則孰可？」對曰：「勿已，則隰朋可。其爲人也，上忘而下畔，力命篇「畔」上有「不」字，是。此脱。宣云：「上忘者，不自矜其能，故在己上者與之相忘。下不畔者，汎愛衆，故在己下者不忍畔之。」張湛注：「居高而自忘，則不憂下之離畔。」愧不若黄帝而哀不己若者。張注：「慚其道之不及聖，矜其民之不逮己，故能無棄人也。」以德分人謂之聖，以財分人謂之賢。以賢臨人，未有得人者也；臨人而自賢，人所不與也。以賢下人，未有不得人者也。張注：「與物升降者，物必歸。」其於國有不聞也，其於家有不見也。宣云：「不事察察。」勿已，則隰朋可。」

吴王浮於江，登乎狙之山。衆狙見之，恂然棄而走，逃於深蓁。成云：「恂，怖懼。蓁，棘叢。」有一狙焉，委蛇攫搔，見巧乎王。釋文：「搔，本又作搔，素報反。徐本作搽，七活反。司馬本作條。」成云：「委蛇，從容。攫搽，騰擲也。」王射之，敏給搏捷矢。俞云：「敏、給二字同義。後漢酈炎傳〔一〕『言論給捷』，李注：『給，敏也。』敏給當以狙言，謂狙性敏給，能搏接矢也。舊注以敏給屬王射言，非。捷、接古字通。」王命相者趨射，狙執死。司馬云：「相，佐王獵者也。執死，見執而死也。」王顧謂其友顏不疑曰：「之狙也，伐其巧、恃其便，捷也。以敖予，敖、傲同。以至此殛也。殛，死也。戒之哉！嗟乎，无以汝色驕人哉！」色，猶言意態。顏不疑歸而師董梧，釋文：「董梧，有道者也。」以助其色，釋文：「助，本亦作鋤。」成云：「除去也。」去樂辭顯，屏去聲樂，辭謝榮顯。三年而國人稱之。

南伯子綦隱几而坐，仰天而噓。南伯，即南郭，伯、郭聲近通用字。事又見齊物論篇，「几」作「机」。顏成子入見曰：「夫子，物之尤也。宣云：「言其出類拔萃。」案：齊物論篇作「何居乎」。形固可使若槁骸，心固可使若死灰乎？」齊物論篇作「槁木」，庚桑楚篇作「槁木之枝」。此與知北遊作「槁骸」，猶言槁枝也。以下異。曰：「吾嘗居山穴之中矣。當是時也，田禾一覩我，而齊國之衆三賀之。釋文：「齊君尊德，故國人慶之。」盧云：「田禾，即齊太公和。」我必先之，彼故知之；我必賣之，彼故鬻之。我名先著，彼乃知之，是我賣而彼鬻之也。若我而不有之，自有其名。彼惡得而知之？若我而不賣之，彼惡得而鬻之？

〔一〕「傳」原誤「注」，據後漢書改。

嗟乎！我悲人之自喪者，宣云：「逐外喪真。」吾又悲夫悲人者，宣云：「又自喪也。」吾又悲夫悲人之悲者，宣云：「亦自喪也。」其後而日遠矣。」宣云：「衆心盡遣，乃有此槁木死灰之象。」

仲尼之楚，楚王觴之，孫叔敖執爵而立，市南宜僚受酒而祭曰：「古之人乎！於此言已。」釋文：「左傳，孫叔敖是楚莊王相，孔子未生。哀公十六年仲尼卒後，白公爲亂，宜僚未嘗仕楚。又宣十二年傳，楚有熊相宜僚，與叔敖同時，去孔子甚遠。蓋寄言也。」成云：「古人飲必先祭，宜僚瀝酒祭，故祝聖人。」宣云：「燕會之際，正乞言憲道時也。蓋二子導孔子使言。」曰：「丘也聞不言之言矣，未之嘗言，於此乎言之。前此未嘗言不言之言，乃今言之。市南宜僚弄丸而兩家之難解，司馬云：「宜僚，楚勇士也，善弄丸。白公將作亂，殺子西。子期、石乞曰：『市南有熊宜僚者，若得之，可以當五百人。』往告，不許；承之以劍，不動，弄丸如故，曰：『吾亦不泄子。』白公遂殺子西。子期歎息兩家而已，宜僚不預其患。」案：言「難解」，非也。或記載有異。孫叔敖甘寢秉羽而郢人投兵。司馬云：「叔敖安寢恬卧，養德於廟堂之上，折衝於千里之外，敵國不敢犯，郢人投兵，無所攻伐。郢，楚都也。」釋文：「羽，雩舞者之所執。」案：淮南主術訓「昔孫叔敖恬卧而郢人無所害其鋒」，與此文意同。（「害」，王氏雜志正作「用」。）丘願有喙三尺。」能言之具，願有之而已。引孔子語畢。彼之謂不道之道，彼，謂宜僚。叔敖難解兵投，不煩論説，是不言之道也。此之謂不言之辯〔一〕。故德總乎道之所一，無論行德若何，期於合道，一而已矣。而言休乎知之所不知，至矣。上知音智。止其分，卽至矣。道之所一者，德不能同也；宣云：「非見德者所能同。」知之所不能知者，辯不能舉也。宣云：「非善辯者所能舉。」名若儒、墨而凶矣。宣云：「以名相標，凶德也。」故海不辭東流，大之至也。聖人并包天地，澤及天下，而不知其誰氏。是故生无爵，郭云：「有而無之。」死无謚，成云：「生既以功推物，故死亦無可謚。」實不聚，郭云：「令萬物各知足。」名不立，此之謂大人。狗不以善吠爲良，人不以善言爲賢，而況爲大乎！郭云：「大愈不可爲而得。」夫爲大不足以爲大，而況爲德乎！郭云：「唯自然乃德耳。」夫大備矣，莫若天地；然奚求焉，而大備矣。天地何求，自無不備。知大備者，无求、无失、无棄，不以物易己也。宣云：「己貴於物故也。」反己而不窮，自然不窮。循古而不摩，順古道而行，無須摩飾。大人之誠。實也。

子綦有八子，陳諸前，召九方歅曰：「爲我相吾子，孰爲祥？」九方歅曰：「梱也爲祥。」子綦瞿然喜曰：「奚若？」曰：「梱也將與國君同食以終其身。」子綦索然出

〔一〕「此之謂不言之辯」句，據集釋本補。

涕曰：索然，涕下連綿之貌。「吾子何爲以至於是極也！」哀其不幸。九方歅曰：「夫與國君同食，澤及三族，而況父母乎？今夫子聞之而泣，是禦福也。釋文：「禦，距也。」子則祥矣，父則不祥。」子綦曰：「歅！汝何足以識之？而梱祥邪，盡於酒肉，入於鼻口矣。言汝何謂梱祥邪？夫所謂祥者，特鼻入酒肉之香，口入酒肉之味，二者盡之矣。而何足以知其所自來？其所自來，皆虐取於民者。吾未嘗爲牧而牂生於奥，未嘗好田而鶉生於宎，若勿怪，何邪？釋文：「爾雅云：『牂，牝羊也。』奥，西南隅，未地也。宎，字又作窔，司馬云：『東北隅也。』一云東南隅。」盧云：「釋宫：『東南隅謂之窔。』東北隅乃宧也。」案：牂所自來，牧也；鶉所自來，田也。未田、牧而有牂、鶉，雖非如國君之取於民，亦必有由而至，汝未嘗一怪問，何邪？吾所與吾子遊者，遊於天地。逍遥遊也。吾與之邀樂於天，吾與之邀食於地；邀同徼。義具庚桑楚篇，彼「邀」作「交」。吾不與之爲事，不與之爲謀，不與之爲怪；庚桑楚篇大同。吾與之乘天地之誠而不以物與之相攖，上文「修胸中之誠，以應天地之情而勿攖」，與此義相應。吾與之一委蛇而不與之爲事所宜。吾一與之順應，而不必擇事所宜者爲之。凡此皆與吾子修道之實也。今也然有世俗之償焉！吾子不爲世俗酒肉之人，而今也居然有世俗酒食之報，可怪也！凡有怪徵者，必有怪行。宣云：「此常事也。」殆乎！非我與吾子之罪，幾天與之也！吾是以泣也。」宣云：「今無怪行，而有怪徵，殆非我與吾子之罪，幾於天危我家乎！是以泣也。无幾何而使梱之於燕，盜得之於道，全而鬻之則難，不若刖之則易，郭云：「全恐其逃，不若刖之易售也。」於是乎刖而鬻之於齊，適當渠公之街，然身食肉而終。宣云：「渠公，蓋齊所封國，如楚葉公之類。適當君門之街爲閽者，故曰與國君同食也。」

齧缺遇許由，曰：「子將奚之？」曰：「將逃堯。」曰：「奚謂邪？」曰：「夫堯，畜畜然仁，王云：「畜畜，愛卹勤勞之貌。」吾恐其爲天下笑。後世其人與人相食與！釋文：「言相〔一〕馳走於仁義，不復營農，飢則相食。」案：語又見庚桑楚篇。夫民不難聚也，愛之則親，利之則至，譽之則勸，致其所惡則散。愛利出乎仁義，捐仁義者寡，利仁義者衆。夫仁義之行，唯且无誠，郭云：「仁義既行，將僞以爲之。」且假乎禽貪者器〔二〕。且以利器假禽貪者。宣云：「如禽者之貪得，猶貪漁也，卽重利盜跖意。」是以一人之斷制利天下，譬之猶一覕也。釋文：「司馬云：『覕，暫見貌。』又甫莅反，又普結反。」宣云：「一人之斷制，所見有限，猶目之一瞥，豈能盡萬物之情乎？」夫堯知賢人之利天下也，而不知其賊天

〔一〕「相」，釋文及集釋所引均作「將」。
〔二〕「器」字，據集釋本補。

下也，夫唯外乎賢者知之矣。」宣云：「惟不矜賢者，始知有心之賊天下。」有暖姝者，釋文：「暖，柔貌。姝，妖貌。」有濡需者，釋文：「濡需，謂偷安須臾之頃。」有卷婁者。釋文：「卷婁，猶拘攣也。」所謂暖姝者，學一先生之言，則暖暖姝姝而私自説也，説同悦。自以爲足矣，而未知未始有物也，成云：「不知所學，未有一物可稱。」是以謂暖姝者也。濡需者，豕蝨是也。擇疏鬣，成云：「疏長之毛鬣。」自以爲廣宮大囿，奎蹏曲隈，乳閒股脚，自以爲安室利處，釋文：「奎，本亦作睽。」郭慶藩云：「曲隈，蓋謂胯内。淮南覽冥訓高注：『隈，曲深處。』左僖二十五年傳杜注：『隈，隱蔽之處。』是知言隈者，皆在内曲深之謂。」不知屠者之一旦鼓臂、布草、操煙火，而己與豕俱焦也。此以域進，此以域退，進退滯於境域。此其所謂濡需者也。卷婁者，舜也。羊肉不慕蟻，蟻慕羊肉，羊肉羶也。舜有羶行，百姓悦之，故三徙成都，至鄧之虛而十有萬家。釋文：「向云：『鄧，邑名。』虛，本又作墟。」堯聞舜之賢，舉之童土之地，向云：「童土，地無草木也。」曰冀得其來之澤。云望得舜來而施澤也。舜舉乎童土之地，年齒長矣，聰明衰矣，而不得休歸，所謂卷婁者也。是以神人惡衆至，超世之神人，則不願衆附。衆至則不比，衆至則不與親比。不比則不利也。宣云：「不與親比，則人亦不以爲利而就之。」故无所甚親，无所甚疏，抱德煬和，釋文：「煬，徐餘亮反。李云：『煬，炙也。爲和氣所炙。』」以順天下，此謂真人。

於蟻棄知，於魚得計，於羊棄意。郭嵩燾云：「蟻之附羶也，有利而趨之，卽其知也；羊之羶也，與以可歆之利，卽其意也。蟻無知而有知，羊無意而有意，當兩棄之。魚相忘於江湖，人相忘於道德，何羶之可慕哉！故曰於魚得計。」

以目視目，不外視。以耳聽耳，不外聽。以心復心，不外用。若然者，其平也繩，成云：「無心而正物。」其變也循。循，順也。與變推移。

古之真人，以天待之，成云：「用自然之道，虛其心以待物。」宣云：「之，當作人。」是。不以人入天。成云：「不以人事變天然之知。」古之真人。姚云：「覆言真人以美之。」

得之也生，失之也死；得之也死，失之也生。得自然則生，失自然則死；得外榮則死，失外榮則生。藥也，其實堇也，司馬云：「烏頭。」桔梗也，雞廱也，司馬云：「卽雞頭，一名芡。」豕零也，司馬云：「一名豬苓。」是時爲帝者也，藥有君臣，此數者，視時所宜，迭相爲君。何可勝言！

句踐也以甲楯三千，棲於會稽。唯種也能知亡之所以存，宣云：「明於謀國。」唯種也不知身之所以愁。暗於全身。故曰：鴟目有所適，成云：「適夜不適晝。」鶴脛有所節，解之也悲。以長爲節，去之則悲。故曰：風之過河也有損焉，日之過河也有損焉。宣云：「吹曬能令水耗。」請只風與日相與守河，而河以爲未始其攖也，恃源而往者也。

試請風、日常守河上，而河以爲未始擾而損之，何也？以河源長遠，有所恃而往也。釋文：「恃，本亦作持。」故水之守土也審，影之守人也審，物之守物也審。物各守其類，言皆止而不移。故目之於明也殆，耳之於聰也殆，心之於殉也殆。用有時而竭。凡能其於府也殆，凡藏府之有能者，亦皆危殆。殆之成也不給改。不能自反，及殆之已成，雖欲改而不給矣。禍之長也兹萃，禍患之長，多聚於人身。其反也緣功，其反於自然，皆緣功力。其果也待久。其果決自反，亦待積久。而人以爲己寶，而人以耳目心藏府爲身之寶，務竭其用，而不悟其日損。不亦悲乎！故有亡國戮民无已，所以亡國戮民相續於世。不知問是也。皆由於此，不一審問也。姚云：「是者，源也。」故足之於地也踐，雖踐，恃其所不蹍而後善博也；踐、蹍，皆履也。博，廣遠也。言足得地踐之，雖地任其踐，恃有不蹍者在，而後能善致其博遠也。人之於知也少，雖少，恃其所不知而後知天之所謂也。人之於知，每苦其少，然知雖少，恃有不知者在，而後知天道之自然。不知，即真知也。知大一，知大陰，知大目，知大均，知大方，知大信，知大定，至矣。宣云：「知此方爲真知，他何足云！」大一通之，成云：「大一，天也。能通生萬物，故曰通。」大陰解之，成云：「大陰，地也。」宣云：「解紛擾。」大目視之，務見其大。大均緣之，成云：「緣，順也。」郭云：「順其本性，令各自得，則大均也。」大方體之，郭云：「體之使各得其分，則萬方俱得，所以爲大方也。」大信稽之，成云：「稽，至也。循而任之，各至其實，斯大信也。」**大定持之。**郭云：「真不撓則自定，故持之以大定。」

盡有天，成云：「上七大，未有不由自然者。」**循有照，**成云：「順其自然，智自明照。」**冥有樞，**窈冥不言中，自有樞機。**始有彼。**大始之中，而彼我之端已見。**則其解之也似不解之者，**郭云：「解之無功，故似不解。」**其知之也似不知之也，**成云：「能忘其知，故似不知也。」**不知而後知之。**不知而後爲真知。**其問之也，不可以有崖，**問道無方。**而不可以無崖。**爲道固有方。**頡滑有實，**向云：「頡滑，謂錯亂也。」案：物物各有實理。**古今不代，**郭云：「各自有故，不可相代。」**而不可以虧，**郭云：「宜各盡其分。」**則可不謂有大揚搉乎！**成云：「其道廣大，豈不謂顯揚妙理而搉實論之乎？」**闔不亦問是已，奚惑然爲！**宣云：「闔同曷。」案：言曷不推問此理，爲惑然爲乎！姚讀「盡有天循」句，「有照冥」句，「有樞始」句，「有彼則」句，釋云：「天循者，常無以知其妙也；照冥者，常有以知其徼也。天循爲體，故有樞始；照冥爲用，故有彼則。言因彼爲則，無常則也。此非必其人也，人盡有之，特知解者鮮耳。而又不可以知解求也，故問者難而又不可不問。此理真實不虛，盍不問而終身惑乎！」今併取之。**以不惑解惑，復於不惑，是尚大不惑。**今以我之不惑，解人之惑，以反於不惑，是尚爲大不惑也。

莊子集解卷七

雜篇　則陽第二十五

則陽游於楚，成云：「姓彭名陽，字則陽，魯人。」夷節言之於王，王未之見，夷節歸。成云：「夷姓，名節，楚臣。」王，楚文王也。」彭陽見王果曰：「夫子何不譚我於王？」司馬云：「王果，楚賢人。」李云：「譚，說也。」王果曰：「我不若公閱休。」釋文：「公閱休，隱士也。」彭陽曰：「公閱休奚爲者邪？」曰：「冬則擉鼈於江，司馬云：「擉，刺也。」夏則休乎山樊。有過而問者，曰：『此予宅也。』」釋文：「廣雅云：『樊，邊也。』司馬云：『以隱居山陰自顯。』」郭云：「言此者，以抑彭陽之進趣。」夫夷節已不能，而況我乎！吾又不若夷節。夫夷節之爲人也，无德而有知，同智。不自許，以之神其交，不以氣誼自爲人又不相似。固顛冥乎富貴之地，固顛倒冥蒙於富貴之地。非相助以德，許與，惟以推薦神其交結之術。相助消也。非能以德相助，相助以消德也。夫凍者假衣於春，凍者逢春，不啻假之以衣。暍者反冬乎冷風。釋文：「字林云：『暍，傷暑也。』」若得冷風，則不啻反爲冬時。夫楚王之爲人也，形尊而嚴，其於罪也，无赦如虎，暴戾如此。非夫佞人、正德，其孰能撓焉！王云：「佞人以才辯奪之，正德以至道服之，否則不撓屈也。」故聖人，上文「正德」，此文「聖人」，皆謂公閲休。其窮也使家人忘其貧，其達也使王公忘其爵禄而化卑。郭云：「失其所以爲高。」其於物也，與之爲娱矣；其於人也，樂物之通而保己焉。成云：「混迹人間而無滯塞，雖復通物而不喪我。」故或不言而飲人以和，郭云：「人各自得，斯飲和矣，豈待言哉！」與人並立而使人化。郭云：「望其風而靡。」父子之宜，彼其乎歸居，彼其，猶詩云「彼其之子」也。歸居，猶言安居。易云「父父子子而家道正，正家而天下定」，即其義也。而一閒其所施。既歸隱不出，則所施於物者爲之一閒也。釋文：「閒音閑。」其於人心者，若是其遠也。其清高遠於人心。故曰待公閲休。」郭云：「欲其釋楚王而從閲休，將以静泰之風鎮其動心也。」

聖人達綢繆，周盡一體矣，聖人自愛其身，由中達外，周至無閒。而不知其然，性也。復命摇作而以天爲師，人則從而命之也。作，動也。或有摇動，皆復其本命，而以己之天爲師，人不過從而命之。憂乎知而所行恒无幾時，其有止也若之何？知貴能行，專以知爲憂而所行無幾時，甫行又止，吾將若之何哉？言行不可有止。生而美者，人與之鑑，人告以美，不啻予以鏡也。不告則不知其美於人也。若知之，若不知之，若聞之，若不聞之，其可喜也終无已，人之好之亦无已，性也。以上借美爲喻。聖人之愛人也，人與之名，奉以至仁之名。不告則不知其愛人也。若知之，若不知之，若聞之，若不聞之，其愛人也終无已，人之安之亦无已，性也。循性而行，貴在無已。

舊國舊都，望之暢然；宣云：「以故鄉喻本性。」雖使丘陵草木之緡，郭云：「緡，合也。」姚云：「緡乃芒昧不分明之意。在宥篇『當我緡乎』同此解。」入之者十九，猶之暢然。況見見聞聞者也？俞云：「入，謂入於丘陵草木掩蔽之中也。入之者十九，則其出外而可望見者十之一耳，而猶覺暢然喜悦，況見所嘗見，聞所嘗聞者乎？」以十仞之臺縣衆閒者也！俞云：「猶以十仞之臺，懸衆人耳目之閒，無不共見共聞，其暢然更可知。」

冉相氏得其環中以隨成，俞云：「路史循蜚紀有冉相氏。」郭云：「居空以隨物，而物自成。」案齊物論篇：「樞始得其環中，以應無窮。」與物无終无始，无幾无時。日。成云：「無始，無過去。無終，無未來。無幾無時，無見在。」案：「日」字當屬上讀。與物化者，一不化者也，郭云：「與物化，故常無我；常無我，故常不化也。」案：語又見知北遊篇。闔嘗舍之！闔同曷。成云：「與化俱往，曷嘗暫舍也！」夫師天而不得師天，與物皆殉，其以爲事也若之何？夫欲師天之自然而卒不得，以致與物皆殉，其以應物爲事也究如何？夫聖人未始有天，未始有人，未始有始，未始有物，宣云：「無心若此。」與世偕行而不替，所行之備而不洫，王云：「洫，敗壞也。」案：與物偕行而無所替廢，所行皆備而無所敗壞，所謂「無爲而無不爲」

也。**其合之也若之何？**其無心而合道也又如何？兩言「若之何」，欲人之自審擇。

湯得其司御門尹登恒爲之傅之，宣云：「司御門尹，官名。」向云：「登恒，人名。」成云：「殷湯忘物，得良臣爲師傅，端拱而不爲也。」案：司御門尹，當是兩官，疑「御」下或有奪文，故郭云「委之百官而不與」也。不止一師，故下云「從師而不囿」。**從師而不囿，得其隨成；**宣云：「從師而不囿於師，得環中隨成之道。」**爲之司其名之名，**成云：「推功司御，名不在己。」**羸法得其兩見。**成云：「羸然，無心也。見，顯也。」案：無師法而君臣兩顯，所謂「以其君顯」也。**仲尼之盡慮，爲之傅之。**郭云：「仲尼曰：『天下何思何慮！』慮已盡矣。」宣云：「當以仲尼爲師而化之。」

容成氏曰：「除日无歲，郭云：「今所以有歲而存日者，爲有死生故也。若無死無生，則歲日之計除。」案：淮南本經訓高注：「容成氏，黄帝時造曆日者。」**无内无外。」**成云：「内，我也；外，物也。爲計死生，故有内外。歲日既遣，物我何施！」姚云：「除日無歲，積少以爲多也。無内無外，積微以成著也。此古之格言。」

魏瑩與田侯牟約，司馬云：「瑩，惠王。牟，齊威王。」**田侯牟背之。魏瑩怒，將使人刺之。犀首聞而恥之，曰：「君爲萬乘之君也，而以匹夫從讎！**釋文：「犀首，魏官名。司馬云：『若今虎牙將軍，公孫衍爲此官。』」**衍請受甲二十萬，爲君攻之，虜其人民，係其**

牛馬，使其君内熱發於背，然後拔其國。忌也出走，田忌也。然後抶其背，折其脊。」釋文：「三蒼云：『抶，擊也。』」季子聞而恥之，曰：釋文：「季子，魏臣。」「築十仞之城，城者既十仞矣，則又壞之，俞云：「下十乃七之誤。七仞去十仞不遠，城基已厚。若既十仞，直謂之已成可耳。此與下文『兵不起七年，是王之基』，對文爲喻，十當作七無疑。」此胥靡之所苦也。成云：「胥靡，徒役人也。」今兵不起七年矣，此王之基也。衍亂人，不可聽也。」宣云：「胥靡尚惜已築之城，犀首乃欲傾可王之基，此亂人也。」華子聞而醜之，曰：釋文：「華子，亦魏臣。」「善言伐齊者，亂人也；成云：「善，巧。」善言勿伐者，亦亂人也；謂伐之與不伐亂人也者，又亂人也。」成云：「此華子自道之詞。」宣云：「猶未免營心於事也。」王曰：「然則若何？」曰：「君求其道而已矣。」宣云：「道與太虛同體，王業且不足言，況騁怒乎！」惠子聞之而見戴晉人。釋文：「晉人，梁國賢人，惠施薦之魏王。」戴晉人曰：「有所謂蝸者，君知之乎？」釋文：「蝸音瓜。李云：『有兩角，俗謂之蝸牛。』三蒼云：『小牛螺也。俗名黄犢。』」曰：「然。」「有國於蝸之左角者曰觸氏，有國於蝸之右角者曰蠻氏，時相與争地而戰，伏尸數萬，逐北旬有五日而後反。」君曰：「噫！其虚言與？」曰：「臣請爲君實之。君以意在四方上下有窮乎？」蘇輿云：「在，猶察也。」君曰：「无窮。」曰：「知遊心於无窮，而反在通達之國，若存若亡乎？」郭云：「人迹所及爲通達，謂今四海之内也。」成云：「語其大小，可謂如有如無。」君曰：「然。」曰：「通達之中有魏，於魏中有梁，成云：「昔在河東，國號爲魏，爲秦所逼，徙都於梁。」於梁中有王。王與蠻氏，有辯乎？」君曰：「无辯。」客出，而君惝然若有亡也。釋文：「惝，惘也。」如有所失。客出，惠子見。上言「客出」，此「客出」二字當衍。君曰：「客，大人也，聖人不足以當之。」成云：「晉人所談，其理宏博，堯、舜聖人之行，不足以當之。」惠子曰：「夫吹筦也，猶有嗃也；釋文：「嗃，許交反，管聲也。」吹劍首者，吷而已矣。釋文：「吷音血，又呼悦反。司馬云：『劍首，謂劍環頭小孔也。吷然如風過。』」堯、舜，人之所譽也；道堯、舜於戴晉人之前，譬猶一吷也。」

孔子之楚，舍於蟻丘之漿。李云：「蟻丘，山名。賣漿家。」其鄰有夫妻臣妾登極者，司馬云：「極，屋棟也。升之以觀。」子路曰：「是稯稯何爲者邪？」釋文：「稯，本亦作總。」成云：「衆聚也。」仲尼曰：「是聖人僕也。成云：「古者淑人君子均號聖人，故孔子名宜僚爲聖人。言衆多者是市南宜僚之僕隸也。」是自埋於民，郭云：「與民同。」自藏於畔。王云：「隱藏於壠畔。」其聲銷，其志无窮，志在大道。其口雖言，其心未嘗言，心恆凝寂。方且與世違而心不屑與之俱。成云：「心迹俱異。」是陸沈者也，宣云：「無水而自沈也。」是其市南宜僚邪？」子路請往召之。孔子曰：「已矣！彼知丘之著於己也，成云：「著，明識也。」知丘之適楚也，以丘爲必使楚王之召己也，彼且以丘爲佞人也。夫若然者，其於佞人也羞聞其言，而況親見其身乎！必不相見。而何以爲存？」宣云：「言必避去。」子路往視之，其室虚矣。

長梧封人問子牢曰：釋文：「長梧，地名。封人，守封疆之人。司馬云：『子牢，卽琴牢，孔子弟子。』」「君爲政焉勿鹵莽，治民焉勿滅裂。司馬云：「鹵莽，猶麤粗也，謂淺耕稀種也。滅裂，斷其草也。」盧云：「麤，千奴反；粗，才古反。二字古多連用。繁露俞序篇：『始於麤粗，終於精微。』論衡正説篇：『略正題目麤粗之説，以照篇中微妙之文。』其他以『麤觕』連用者亦多，猶麤粗也。有欲改爲『粗疏』者，故正之。」昔予爲禾，耕而鹵莽之，則其實亦鹵莽而報予；芸而滅裂之，其實亦滅裂而報予。予來年變齊，來年，猶言次年。變齊者，更變而整齊之。深其耕而熟耰之，司馬云：「耰，鋤也。」其禾蘩以滋，予終年厭飧。」厭，足。莊子聞之曰：「今人之治其形，理其心，多有似封人之所謂：遁其天，離其性，滅其情，亡其神，以衆爲。無所不營。故鹵莽其性者，欲惡之孽，爲性萑葦蒹葭，案：言所欲、所惡叢生而傷正性，是吾性之萑葦蒹葭也。始萌以扶吾形，尋擢吾性，俞云：「尋與始，相對爲義。漢書郊祀志『寖尋於泰山矣』，晉灼注：『尋，遂往之意也。』言欲、惡之事，其始萌若足以扶助吾形，寖尋既久，則引誘吾心，拔擢吾性也。」並潰漏發，不擇所出，並潰，奔潰也。漏發，穿孔而出也。言情欲之害，奔潰偏發，不擇處所，精神既敗，形氣隨之也。漂疽疥癰，内熱溲膏是也。」

釋文：「漂，本亦作瘭。瘭疽，謂病瘡膿出。溲膏，謂虚勞人屎上生肥白沫也。」

柏矩學於老聃，釋文：「柏矩，有道人。」曰：「請之天下遊。」老聃曰：「已矣！天下猶是也。」又請之，老聃曰：「汝將何始？」曰：「始於齊。」至齊，見辜人焉，推而强之，解朝服而幕之，成云：「推而强之，令其正卧。」司馬云：「幕，覆也。」俞云：「周官掌戮『殺王之親者辜之』，鄭注：『辜之言枯也，謂磔之。』漢景帝紀『改磔曰棄市』，顔注：『磔，謂張其尸也。』是古之辜磔人者，必張尸於市，故柏矩如此。」號天而哭之曰：「子乎子乎！天下有大菑，子獨先離之！」大菑，謂被殺也。曰：「莫爲盗！莫爲殺人！宣云：「又言不是爲盗乎？不是爲殺人乎？」榮辱立，然後覩所病；郭云：「各自得則無榮辱，得失紛紜，故榮辱立，榮辱立則夸其所謂辱而跂其所謂榮矣。奔馳乎夸、跂之間，非病如何！」貨財聚，然後覩所争。郭云：「若以知足爲富，將何争乎！」今立人之所病，聚人之所争，窮困人之身，使无休時，欲无至此，得乎！郭云：「上有所好，則下不能安其本分。」古之君人者，以得爲在民，以失爲在己；以正爲在民，以枉爲在己。成云：「引過責躬。」故一形有失其形者，退而自責。一形，人也。成云：「一物失所，虧其形性，自責，若殷湯自翦，千里來霖，是也。」今則不然。匿爲物而愚不識，隱匿爲事，而責不識此物者爲愚。大爲難而罪不敢，大爲艱難，而以不敢爲者爲罪。重爲任而罰不勝，宣云：「過重其任，而於不勝者加罰。」遠其塗而誅不至。

宣云：「遠其程塗，而於不至者加誅。」民知力竭，則以僞繼之，郭云：「將以避誅罰也。」日出多僞，士民安得不僞！宣云：「蓋上行下效耳。」夫力不足則僞，知不足則欺，財不足則盜。盜竊之行，於誰責而可乎？」郭云：「當責上也。」

蘧伯玉行年六十而六十化，宣云：「不囿於故也。」未嘗不始於是之而卒詘之以非也，成云：「一歲之中，是非常出，故始時之是，終詘爲非。」未知今之所謂是之非五十九年非也。與寓言篇孔子同。

萬物有乎生而莫見其根，有乎出而莫見其門。人皆尊其知之所知，而莫知恃其知之所不知而後知，可不謂大疑乎！上兩其知，音智；下如字。郭云：「我所不知，物有知之者矣。故用物之知，則無所不知；獨任我知，知甚寡矣。今不恃物以知，而自尊知，則物不告我，非大疑如何！」宣云：「知之所不知，上所言『莫見』者是。」已乎已乎！且無所逃。宣云：「不知之理，古今誰能逃之！」此所謂然與，然乎？釋文：「然乎，言未然。」案：此與論語「其然，豈其然乎」意同。

仲尼問於大史大弢、伯常騫、豨韋曰：大弢三人，史官名。「夫衞靈公飲酒湛樂，不聽國家之政；田獵畢弋，不應諸侯之際。司馬云：「際，謂盟會之事。」其所以爲靈公者何邪？」郭云：「靈有二義。」大弢曰：「是因是也。」成云：「亂而不損曰靈，無道之謚，故曰是因是也。」伯常騫曰：「夫靈公有妻三人，同濫而浴。釋文：「濫，浴器。」史鰌奉御而進所，至其所。搏幣而扶翼。成云：「公見史魚，深懷愧悚，假遣人搏捉幣帛，令扶將羽翼，慰而送之。」其慢若彼之甚也，見賢人若此其肅也，是其所以爲靈公也。」成云：「又謚法：『德之精明曰靈。』」狶韋曰：「夫靈公也死，卜葬於故墓不吉，卜葬於沙丘而吉。掘之數仞，得石槨焉，洗而視之，有銘焉，曰：『不馮其子，靈公奪而里之。』釋文：「里，居處也。」郭嵩燾云：「古之葬者，謂子孫無能馮依以保其墓，靈公得而奪之。」夫靈公之爲靈也久矣，之二人何足以識之？」蘇輿云：「狶韋歸之前定，言命、言神者之所祖也。」

少知問於大公調曰：「何謂丘里之言？」李云：「四井爲邑，四邑爲丘。五家爲鄰，五鄰爲里。」大公調曰：「丘里者，合十姓百名而以爲風俗也。合異以爲同，宣云：「合十百爲丘里。」散同以爲異。宣云：「散丘里爲十百。」今指馬之百體而不得馬，而馬係於前者，立其百體而謂之馬也。宣云：「可見合異爲同，方能見道。天下理皆如此。」是故丘山積卑而爲高，江河合水而爲大，俞云：「水乃小之誤。高、卑，小、大，相對爲文。」大人合并而爲公。郭云：「無私於天下，則天下之風一也。」是以自外入者，有主而不執；宣云：「心爲天下大本，故自外入者，有存主而無偏執。」由中出者，有正而不距。宣云：「行爲天下達道，故由中出者，得正理而物不能距。」案：「正」作「匹」，説見天運篇注。四時殊氣，天不賜，故歲成；宣云：「賜則私也。」五官殊職，君不私，故國治；郭云：「殊職自有其才，故任之耳，非私而與之。」文武大人不賜，故德備；郭云：「文者自文，武者自武，非大人所賜也。若由賜而能，則有時而闕矣。豈唯文武，凡性皆然。」案：宣本「武」下有「殊材」二字。文似有闕，而郭本已無，釋文、成疏皆然，自係後人增竄。萬物殊理，道不私，故无名。宣云：「道渾同，不得而名。」无名故无爲，无爲而无不爲。郭云：「名止於實，故無爲；實各自爲，故無不爲。」時有終始，世有變化，禍福淳淳，至有所拂者而有所宜；王云：「淳淳，流行貌。」宣云：「禍福渾然，自爲倚伏，失意中藏有好處。」自殉殊面，成云：「殉，逐也。面，向也。彼此是非，紛然固執，故各逐己見而所向不同。」有所正者有所差。郭嵩燾云：「強之以異趣，名爲正之，而實已兩差。」比於大澤，百材皆度；百木隨川而下，皆於水次受量度，無棄材。比，譬也。觀於大山，木石同壇。木石同生於大山之基址。成云：「壇，基也。」此之謂丘里之言。」少知曰：「然則謂之道，足乎？」大公調曰：「不然。今計物之數，不止於萬，而期曰『萬物』者，成云：「期，限也。」以數之多者號而讀之也。李云：「讀猶語也。」是故天地者，形之大者也；陰陽者，氣之大者也；道者爲之公。宣云：「道者，天地陰陽所公共，不可指之爲形，不可指之爲氣，是其大更爲無偶也。」因其大而號以讀之，則可也。宣云：「譬物之萬不可數，而約略號之，便於稱謂。道之大更無可指稱，亦借一道字約略號之耳，豈真有一事一物可名爲道哉！」已有之矣，乃將得比哉！宣云：「既有道之名，卽不可與無名比。」則若以斯辯，譬猶狗馬，其不及遠矣。」宣云：「如子云『謂之道』，則是道猶狗之名狗，馬之名馬，同於一物，其不及道遠矣。」少知曰：「四方之內，六合之裏，萬物之所生惡起？」宣云：「疑不可名爲道，則萬物以何爲本？」太公調曰：「陰陽相照、相蓋、相治，俞云：「蓋，當讀爲害。釋言：『蓋，割裂也。』釋文：『蓋，舍人本作害。』是蓋、害古字通。陰陽或相害，或相治，猶下云『四時相生相殺』也。」四時相代、相生、相殺，欲惡去就於是橋起，宣云：「橋同矯，下同。」成云：「起貌也。」雌雄片合於是庸有。釋文：「片音判。」成云：「庸，常也。」安危相易，禍福相生，緩急相摩，聚散以成。緩急，謂壽夭。聚散，謂生死。此名實之可紀，精微之可志也。隨序之相理，橋運之相使，成云：「四序相隨，更相治理；五行運動，遞相驅使。」窮則反，終則始。此物之所有，言之所盡，知之所至，極物而已。極於可見之物而已。覩道之人，不隨其所廢，不原其所起，宣云：「知其無端，任其自然。隨，猶追尋也。」此議之所止。」宣云：「烏可妄言萬物起於何處哉！」少知曰：「季真之莫爲，接子之或使，二家之議，孰正於其情？孰偏於其理？」成云：「季真、接子，齊賢人，俱遊稷下。莫，無也。使，爲也。季真以無爲爲道，接子謂道有爲使物之功，各執一家，未爲通論，故問以定臧否。」俞云：「禮祭義鄭注、孟子公孫丑趙注，並云：『或，有也。』此文或與莫對。莫，無也；或，有也。易益上九『莫益之，或擊之』，亦以莫、或相對。」郭慶藩云：「接子，漢書人表作捷子。接、捷古字通。史記孟子荀卿列傳索隱：『接子，古著書者之名號。』」**太公調曰：「雞鳴狗吠，是人之所知，雖有大知，**同智。**不能以言讀其所自化，**宣云：「若究其一鳴一吠，天然之故，雖智者不能解説其自化之妙。」**又不能以意其所將爲。**宣云：「又不能意度其所將欲爲之機。」**斯而析之，**宣云：「斯，割也。詩：『斧以斯之。』」**精至於无倫，大至於不可圍，**精，細。倫，比也。宣云：「微物鳴吠，尚不能明其所以然，則小至莫破，大至莫載，烏可言讀意測邪！」**或之使，莫之爲，未免於物而終以爲過。**宣云：「二説猶未免物累，終是立言之過。」**或使則實，**成云：「滯有爲也。」**莫爲則虚。**成云：「溺無故也。」**有名有實，是物之居；**宣云：「説實，則是物之所居也。此或使之説之過。」**无名无實，在物之虚。**宣云：「説虚，則是全空。此莫爲之説之過。」**可言可意，言而愈疏。**以爲可以言詮，可以意測，不知言則去道愈遠。**未生不可忌，**物之未生，不可忌禁而使之不生。**已死不可阻。**釋文：「本亦作徂。」案：其已死也，不可礙阻而令其不死。**死生非遠也，理不可覩。**死生止在目前，而其理莫能覩。**或之使，莫之爲，疑之所假。**二説爲後世獻疑者之所借端。**吾觀之本，其往无窮；吾求之末，其來无止。**宣云：「欲究其始，則往者已無窮，不知所始；欲究其終，則來者方無止，不知其終。」**无窮、无止，言之无也，與物同理；**郭云：「物理無窮，故知言無窮，然後與物同理也。」**或使、莫爲，言之本也，與物終始。**曰或使，曰莫爲，言者以二説爲本也，然終始滯於物。道不可有，有不可无。成云：「至道不絶，非有非無，故執有執無，二俱不可。」道之爲名，所假而行。郭云：「物所由而行，故假名之曰道。」或使莫爲，在物一曲，夫胡爲於大方？二説僅居物之一偏，何足語於大方之家？言而足，則終日言而盡道；郭云：「求道於意言之表則足。」言而不足，則終日言而盡物。郭云：「不能忘言而存意則不足。」道、物之極，言、默不足以載；窮道與物之極，言與默莫能載。非言非默，議其有極〔一〕。」宣云：「離乎言、默，可以求道，此至論也。」

〔一〕「議其有極」，集釋本作「議有所極」。

雜篇

外物第二十六

外物不可必，凡物之自外至者，其利害皆不可必。故龍逢誅，比干戮，箕子狂，宣云：「善不可爲。」惡來死，桀、紂亡。宣云：「惡不可爲。」人主莫不欲其臣之忠，而忠未必信，故伍員流於江，成云：「忠諫夫差，夫差殺之，取馬皮作袋，爲鴟鳥之形，盛其屍，浮之江水。」萇弘死於蜀，藏其血三年，化而爲碧。成云：「萇弘放歸蜀，自恨忠而遭譖，刳腸而死。蜀人感之，以匱盛其血，三年而化爲碧玉。」釋文：「見呂氏春秋。」人親莫不欲其子之孝，而孝未必愛，故孝己憂而曾參悲。成云：「孝己，殷高宗之子，遭後母之難，憂苦而死。曾參至孝，父母憎之，常遭父母打，鄰乎死地，故悲泣也。」李云：「曾參至孝，爲父所憎，常見絶糧而後蘇。」

木與木相摩則然，俞云：「淮南原道訓亦云：『兩木相摩而然。』但兩木相摩，未見其然。下句作『金與火』，疑此亦當作『木與火』。下文多言火，益知此文當爲『木與火』矣。蓋金木二物皆畏火，故舉以爲言，見火之爲害大也。」金與火相守則流。陰陽錯行，則天地大絯，釋文：「音駭。」宣云：「駭，動也。」於是乎有雷有霆，水中有火，乃焚大槐。司馬云：「水中有火，謂電也。焚，謂霹靂時燒大樹也。」有甚憂兩陷而无所逃，人亦有甚憂者，利害是也。害固害，

「猶怵惕也。」蟨螴不得成，釋文：「蟨螴，郭音陳惇。」成云：「猶怵惕也。」心若縣於天地之間，釋文：「縣音玄。」言馳情外物，極乎宇宙。慰暋沈屯，乍慰乍暋，乍沈乍屯。李云：「暋，悶也。」利害相摩，生火甚多，案：言人視外物過重，雖怵惕恐懼，卒無所成。眾人焚和。眾皆溺於利害，是自焚其心中太和之氣也。月固不勝火，人心之清明，譬猶月也，豈能勝此火乎？郭云：「内熱故也。」於是乎有僓然而道盡。釋文：「僓音頹。」宣云：「於是乎頹然隳壞，天理盡而生機熄矣。」

莊周家貧，故往貸粟於監河侯。釋文：「説苑作魏文侯。」監河侯曰：「諾。我將得邑金，將貸子三百金，可乎？」成云：「待我歲終得百姓租賦封邑之物，乃貸子。銅鐵之類，皆名爲金，非黄金也。」莊周忿然作色曰：「周昨來，有中道而呼者。周顧視車轍中，有鮒魚焉。周問之曰：『鮒魚來！子何爲者邪？』對曰：『我，東海之波臣也。君豈有斗升之水而活我哉？』周曰：『諾。我且南遊吴、越之王，激西江之水而迎子，可乎？』成云：「西江，蜀江也。」鮒魚忿然作色曰：『吾失我常與，我无所處。吾得斗升之水然活耳，君乃言此，曾不如早索我於枯魚之肆！』」

任公子李云：「任，國名。」爲大鉤巨緇，司馬云：「大黑綸也。」五十犗以爲餌，釋文：「犗，犍牛也。」蹲乎會稽，投竿東海，旦旦而釣，期年不得魚。已而大魚食之，牽巨鉤錎没而下，釋文：「鉊，字林云：『猶陷字。』」鶩揚而奮鬐，白波若山，海水震蕩，聲侔鬼神，憚赫千里。郭慶藩云：「憚者，盛威之名。賈子解縣篇『陛下威憚大信』，（同伸。）與此同。」案：赫亦怒也，皆以魚言。任公子得若魚，若，是也。離而腊之，自制河以東，蒼梧以北，制同淛，浙江也。古「折」「制」字通。司馬云：「今在會稽錢塘。」蒼梧，山名，在嶺南。莫不厭若魚者。厭，飽食。已而後世輇才諷説之徒，皆驚而相告也。釋文：「李云：『輇，量人也。』本或作軨。軨，小也。本又或作輕。」夫揭竿累，司馬云：「累，綸也。」趣灌瀆，守鯢鮒，李云：「皆小魚。」其於得大魚難矣；飾小説以干縣令，其於大達亦遠矣。成云：「干，求也。縣，高也。令，謂令問。」宣云：「縣令，猶賞格也。」是以未嘗聞任氏之風俗，其不可與經於世亦遠矣。

儒以詩禮發冢。求詩禮，發古冢。大儒臚傳曰：釋文：「上傳語告下曰臚。」「東方作矣，司馬云：「謂日出。」事之何若？」小儒曰：「未解裙襦，口中有珠。詩固有之曰：『青青之麥，生於陵陂。生不布施，死何含珠爲？』司馬云：「此逸詩，刺死人也。」接其鬢，成云：「接，撮也。」壓其顪，釋文：「字林云：『壓，一指按也。』顪，許穢反，司馬云：『頤下毛。』」儒以金椎控其頤，徐別其頰，无傷口中珠！」成云：「田恆資仁義以竊齊，儒生誦詩禮以發冢，由是觀之，聖迹不足賴。」蘇輿云：「苟無詩禮，何至啟奸！此莊子一偏之論，猶謂堯、舜以仁義教民，其流至於人與人相食，而田恆又因之以盜齊耳。」

老萊子之弟子出薪，遇仲尼，反以告曰：「有人於彼，修上而趨下，郭云：「長上而促下。」末僂而後耳，成云：「肩背傴僂。」司馬云：「耳卻後。」視若營四海，成云：「瞻視高遠，似營天下。」不知其誰氏之子。」老萊子曰：「是丘也，召而來！」仲尼至。曰：「丘！去汝躬矜與汝容知，宣云：「躬矜，矜持之行。容知，智慧之貌。」斯爲君子矣。」仲尼揖而退，蹙然改容而問曰：「業可得進乎？」老萊子曰：「夫不忍一世之傷，而驁萬世之患，釋文：「驁，本亦作敖，同。」案：言孔子不忍一世之傷，而傲然貽萬世之患。抑固窶邪？抑子胸中固素無蓄備而爲窶人邪？亡其略弗及邪？郭慶藩云：「亡讀如無。亡其，轉語也。史記范睢蔡澤傳：『亡其言臣者賤不可用乎？』呂覽愛類篇：『亡其不得宋且不義猶攻之乎？』韓策：『又亡其行子之術而廢子之謁乎？』是凡言亡其，皆轉語詞也。」案：古言「亡其」，若今之言「無亦」。言無亦子智略弗及此邪？惠以歡爲驁，終身之醜，中民之行進焉耳，夫以施仁惠爲事者，博衆人之歡欣，長一己之驕傲，此之謂以歡爲驁，乃終身之醜，意惟庸人之行或及此焉耳。宣云：「中民，庸人也。」蘇輿云：「中民，亦見徐无鬼篇。」相引以名，相結以隱。俞云：「隱，訓爲私。呂覽圜道篇高注：『隱，私也。』文選赭白馬賦『恩隱同渥』，李善引國語注曰：『隱，私也。』相結以隱，謂相結以私恩。」與其譽堯而非桀，不如兩忘而閉其所譽。善惡兩忘，閉塞之使無可譬，則所非者亦止。語又見齊物論篇，下四字作「廢其道」。反无非傷也，動无非邪也。成云：「反於物性，無不傷損，擾動心靈，皆非正法。」聖人躊躇以興事，以每成功。成云：「躊躇，從容也。聖人無心，應機而動，興起事業，恆自從容，不逆物情，故其功每就。」蘇輿云：「每與敏同。言興事不迫而成功自速。」奈何哉其載焉終矜爾！」奈何哉子載此仁義之迹，終於自矜爾乎！

宋元君夜半而夢人被髮闚阿門，釋文：「李云：『元公也。』案：宋元公名佐，平公之子。阿門，司馬云：『阿，屋曲簷也。』」曰：「予自宰路之淵，李云：「淵，名龜所居。」予爲清江使河伯之所，漁者余且得予。」俞云：「史記龜筴傳作豫且。」元君覺，使人占之，曰：「此神龜也。」君曰：「漁者有余且乎？」左右曰：「有。」君曰：「令余且會朝。」明日，余且朝。君曰：「漁何得？」對曰：「且之網，得白龜焉，其圓五尺。」君曰：「獻若之龜。」龜至，君再欲殺之，再欲活之，心疑，卜之，曰：「殺龜以卜，吉。」卜詞。乃刳龜，七十二鑽而无遺筴。每占必鑽龜，凡七十二次皆驗。仲尼曰：「神龜能見夢於元君而不能避余且之網；知能七十二鑽而无遺筴，知同智，下同。不能避刳腸之患。如是，則知有所困，神有所不及也。雖有至知，萬人謀之。蘇輿云：「言一物之智，不敵萬人之謀。山木篇『賢則謀，不肖則欺』，言賢則爲人所謀，與此謀義同。」魚不畏網而畏鵜鶘。姚云：「網之害大於鵜鶘，人之用小智者，猶魚之不知畏網也。」去小知而大知明，郭云：「小知自私，大知任物。」去善而自善矣。」成云：「遺矜尚之小心，合自然之大善。」嬰兒生无石師而能言，與能言者處也。釋文：「石，本又作碩。」案：「石」「碩」古字通用。宣云：「無知者有自然之能也。」

惠子謂莊子曰：「子言无用。」莊子曰：「知无用而始可與言用矣。夫地非不廣且大也，人之所用容足耳。然則厠足而墊之，致黄泉，人尚有用乎？」釋文：「厠音側。墊，下也，掘也。致，至也，本亦作至。」案：言地廣大無用者多，然使側足之外，掘之至於黄泉，則有用者尚有用乎？惠子曰：「无用。」莊子曰：「然則无用之爲用也亦明矣。」

莊子曰：「人有能遊，且得不遊乎？人有能自適者，何所不自適乎？人而不能遊，且得遊乎？人而不能自適，何所得自適乎？夫流遁之志，決絶之行，浮游隱遁，決絶棄世。噫！其非至知厚德之任與！真智大德之所任，殆不如此。覆墜而不反，火馳而不顧，火馳，猶後世言火速、火急也。雖遇覆墜，猶疾馳而不返顧，此果於用世者。蘇輿云：「火馳，亦見天地篇。」雖相與爲君臣，時也，時之適然。易世而无以相賤。世代變易，二者相等。故曰：至人不留行焉。至人於此，絶無流滯。夫尊古而卑今，學者之流也。且以狶韋氏之流觀今之世，夫孰能不波？且以淳古之風，視今之世，夫孰能不動於中！波，動也。唯至人乃能遊於世而不僻，與世同遊而不僻處，與流〔一〕遁、決絶者異。順人而不失己。與覆墜、火馳者異。彼教不學，承意不彼。彼尊古卑今之教，我固不必學之，亦承其意而不必與彼分别也。

目徹爲明，耳徹爲聰，鼻徹爲顫，成云：「顫，辛臭之事也。」口徹爲甘，心徹爲知，知徹爲德。下知音智。徹，通也。凡道不欲壅，壅則哽，哽而不止則跈，道乃人所共由，不欲壅滯，壅滯則必至哽塞，哽塞而不止，則妄行而相騰踐矣。郭云：「跈，騰踐也。」跈則衆害生。郭云：「生，起也。」物之有知者恃息，宣云：「息所以通一身之氣。」其不殷，非天之罪。殷，正也。其或不正，非天之過，天之賦性無不中和也。天之穿之，日夜无降，成云：「降，止也。自然之理，穿通萬物，自晝及夜，未嘗止息。」人則顧塞其竇。成云：「竇，孔也。流俗之人，反於天理，雍塞根竅，滯溺不通。」胞有重閬，釋文：「胞，腹中胎。」郭云：「閬，空曠也。」成云：「人腹内空虚，故容藏胃；藏胃空虚，故通氣液。」心有天遊。宣云：「心必有閒處以適天機。」室无空虚，則婦姑勃谿；司馬云：「勃谿，反戾也。」宣云：「勃谿，逼塞相乘也。謂室無餘地，則尊卑逼塞，相乘踐也。」心无天遊，則六鑿相攘。宣云：「六鑿，六根之鑿性者也。無閒適處，則六根用

〔一〕「流」原作「遊」，據正文改。

事而奪性。」大林丘山之善於人也，亦神者不勝。宣云：「夫心有天遊，則方寸之内，逍遥無際，何假清曠之處而後適哉！今人見大林丘山之曠，而喜以爲善者，亦由平日胸次逼狹，神明不勝故也。」

德溢乎名，名溢乎暴，郭嵩燾云：「德所以洋溢，名爲之也；名所以洋溢，表暴以成之也。荀子富國篇：『聲名足以暴炙之。』」謀稽乎誸，郭云：「誸，急也。急而後考其謀。」知出乎争，宣云：「争而後騁智。」柴生乎守，柴，猶獨也。有守而後獨立不懼。達生篇云：「柴立其中央。」官事果乎衆宜。官之設事，必衆皆宜之，而後果行。春雨日時，草木怒生，「日」疑「曰」之誤。銚鎒於是乎始修，成云：「銚，耜之類也。鎒，鋤也。」草木之到植者過半，而不知其然。釋文：「植，立也。司馬云：『鋤拔反之更生曰到植。』」盧云：「到，古倒字。」成云：「鋤罷到生，時節使然。故制法立教，必須順時。」

静然可以補病，宣云：「静則神氣來復，故可以補病。」眥㨜可以休老，釋文：「㨜，本亦作搣。」郭嵩燾云：「廣韻：『搣，案也，摩也。』謂以兩手按摩目眥。」宣云：「此蓋養生之術，可以沐浴老容。」寧可以止遽。宣云：「寧定則心閒泰，可以止迫遽也。」雖然，若是，勞者之務也，宣云：「姑教勞者以自息之方耳。」非佚者之所未嘗過而問焉。宣云：「未能佚者不事此。」案：「非」字當衍。聖人之所以駴天下，神人未嘗過而問焉；聖人，如黄帝、堯、舜。神人，如廣成、大隗。賢人所以駴世，聖人未嘗過而問焉；務光、申徒狄之輩，蓋賢人也。君子所以駴國，賢人未嘗過而問焉；君子駴國，蓋田恆之徒。小人所以合時，君子未嘗過而問焉。

演門有親死者，釋文：「演門，宋城門名。」以善毁，毁，瘠。爵爲官師，宋君旌其孝行。其黨人毁而死者半。郭云：「慕賞而孝，去真遠矣，斯尚賢之過也。」黨，鄉黨。堯與許由天下，許由逃之；湯與務光天下，務光怒之。紀他聞之，帥弟子而踆於窾水，諸侯弔之三年，申徒狄因以踣河。釋文：「踆，字林云：『古蹲字。』司馬云：『窾，水名。』」成云：「他恐及己，與弟子蹲踞水旁。諸侯聞之，重其廉素，時往弔慰，恐其沈没。狄聞斯事，慕其高名，遂赴河自溺而死。」

荃者所以在魚，得魚而忘荃；釋文：「荃，崔音孫，香草也，可以餌魚。或云：積柴水中，使魚依而食焉。一云：魚笱也。」盧云：「如或所云，是潛也。見詩周頌。」案：成本作「筌」。在者，生致之。蹄者所以在兔，得兔而忘蹄；釋文：「蹄，兔罝也。係其脚，故曰蹄。」言者所以在意，得意而忘言。吾安得忘言之人而與之言哉？

雜篇　寓言第二十七

寓言十九，宣云：「寄寓之言，十居其九。」案：意在此而言寄於彼。重言十七，宣云：「引重之言，十居其七。」巵言日出，釋文：「巵，字又作卮，音支。字略云：『圓酒器也。』」王云：「『巵器滿卽傾，空則仰，隨物而變，非執一守故者也。施之於言，故隨人從變，已無常主也。』」郭云：「日出，謂日新。」和以天倪。成云：「和，合也。天倪，自然之分也。」案：謂止能應以自然。

寓言十九，藉外論之。郭云：「言出於己，俗多不受，故借外耳。肩吾、連叔之類。」親父不爲其子媒。成云：「媒，媾合也。父談其子，人多不信；他人譽之，信者多矣。」親父譽之，不若非其父者也；非吾罪也，人之罪也。非吾故爲支離之過，乃人妄起疑議之過也。與己同則應，不與己同則反，同於己爲是之，異於己爲非之。人情專以同異爲是非，故須寓言。重言十七，姚云：「莊生書，凡託爲人言者，十有其九；就寓言中，其託爲神農、黄帝、堯、舜、孔、顔之類，言足爲世重者，又十有其七。」所以已言也，已，止也。止天下淆亂之言。是爲耆艾。此爲長老之言，則稱引之。釋詁：「耆艾，長也。」年先矣，而无經緯本末以期年耆者，是非先也。處事貴有經緯，立言貴有本末，所重乎耆艾者，年高而有道者也。若年居先矣，而胸無經緯本末，徒稱年耆者，是烏得爲先乎？蘇輿云：「期，猶限也。言他無以先人，徒以年爲限。則陽篇『計物之數，不止於萬，而期曰萬物』，與此期字義同。」人而无以先人，无人道也；宣云：「不能盡人之道。」人而无人道，是之謂陳人。郭云：「直是陳久之人耳。」宣云：「猶老朽也。」巵言日出，和以天倪，因以曼衍，所以窮年。因其事理而曼衍之，日出不窮，聊以盡我之年歲耳。齊物論云：「和之以天倪，因之以曼衍，所以窮年也。」不言則齊，齊與言不齊，言與齊不齊也，故曰无言。蘇輿云：「不言而道存，物論齊矣。言則有正有差，齊與言，言與齊，終無可齊之日，故曰莫若無言。」言无言，郭云：「言彼所言，故雖有言而我仍無言也。」終身言，未嘗言；終身不言，未嘗不言。有自也而可，有自也而不可；有自也而然，有自也而不然。郭云：「自，由也。由彼我之情偏，故有可不可，然不然。」惡乎然？然於然。惡乎不然？不然於不然。惡乎可？可於可。惡乎不可？不可於不可。物固有所然，物固有所可，无物不然，无物不可。以上又見齊物論篇。非巵言日出，和以天倪，孰得其久！非此無言之言，孰能傳久？萬物皆種也，以不同形相禪，宣云：「皆有種類，各以其形禪於無窮。」始卒若環，莫得其倫，郭云：「倫，理也。」案：如環無端，莫得其理。是謂天均。天均者，天倪也。成云：「均，齊也。是謂天然齊等之道。即以齊均之道，亦名自然之分也。」案：齊物論亦云：「是以聖人和之以是非，而休乎天均，是之謂兩行。」

莊子謂惠子曰：「孔子行年六十而六十化，始時所是，卒而非之，未知今之所謂是之非五十九年非也。」與則陽篇稱蘧伯玉同。惠子曰：「孔子勤志服知也。」宣云：「疑孔子勤勞心志，從事於多知，未得爲化也。」莊子曰：「孔子謝之矣，而其未之嘗言。宣云：「言孔子已謝去勤勞之迹而進於道，但口未之言耳。」孔子云：宣云：「引孔子雅言。」『夫受才乎大本，復靈以生。』大本，天也。人受才於天，而復其性靈以生。鳴而當律，聲爲律。言而當法，言而世爲天下法。利義陳乎前，而好惡是非直服人之口而已矣。使人乃以心服而不敢蘁立，定天下之定。釋文：「蘁音悟，逆也。」案：言但取服人口而已。而能使人心服，自不敢迕，如此者，斯足以立定天下之定理也。子言如此。已乎已乎！吾且不得及彼乎！」成云：「此莊子歎美宣尼之詞。」姚云：「勤志服知，孔子所言以教弟子者，然非孔子所以爲孔子，故曰謝之，若所未嘗言者，乃所爲孔子云也。何也？蓋有大本存焉。受才於大本，復善以反其生，孔子所以爲孔子也，還其大而已矣。若夫當律當法而明是非，此德之小者，豈孔子之謂哉！」義亦可采。

曾子再仕而心再化，宣云：「化，變也。」曰：「吾及親仕，三釜而心樂；成云：「六斗四升曰釜。」後仕，三千鍾而不洎，成云：「六斛四斗曰鍾。洎，及也。」案：不及親。吾心悲。」弟子問於仲尼曰：「若參者，可謂无所縣其罪乎？」郭云：「縣，係也。」宣云：「爲親而仕，心無係禄之罪。」曰：「既已縣矣。宣云：「已縣係於禄養矣。」夫无所縣者，可以有哀乎？成云：「孝子事親，務在於適，無論禄之厚薄，盡於色養而已，故有傭賃而稱孝子，三仕猶爲不孝。既心存哀樂，得無係禄之罪乎！夫唯無係者，故當無哀樂也。」彼視三釜、三千鍾，如觀雀蚊虻相過乎前也。」彼，謂無係者。俞云：「雀字衍。釋文云：『元嘉本作「如鸛蚊」，無虻字。』是陸所見本未衍雀字，故但言元嘉本無虻字，不言其無雀字也。惟鸛與蚊虻，一鳥一蟲，取喻不倫。王云：『鸛蚊，取大小相縣，以喻三釜、三千鍾之多少。』夫至人之視物，一吷而已，豈屑屑於三釜、三千鍾之多少，而必分别其爲鸛爲蚊乎！釋文又云：『鸛，本亦作觀。』疑是古本如此。其文云：『彼視三釜、三千鍾，如觀蚊虻相過乎前也。』淮南俶真篇『毁譽之於己，猶蚊虻之一過也』，義與此同。因觀誤作鸛，則『鸛蚊虻』三字不倫，乃有删一虻字，使鸛與蚊二文相稱者，元嘉本是也。又有增一雀字，使鸛雀與蚊虻二文相稱者，今本是也。皆非莊子之舊矣。」

顔成子游謂東郭子綦曰：成云：「居在郭東，曰東郭，猶是齊物篇中南郭子綦也。」自吾聞子之言，一年而野，成云：「野，質樸也。聞道一年，學心未孰，稍能樸素去浮華耳。」二年而從，成云：「順於俗也。」三年而通，成云：「不滯境也。」四年而物，成云：「與物同也。」五年而來，成云：「爲衆歸也。」六年而鬼入，成云：「神會物理。」七年而天成，成云：「合自然成。」八年而不知死、不知生，成云：「不覺死生聚散之異。」九年而大妙。成云：「妙，精微也。知照宏博，故稱大也。」

生有爲，死也。郭云：「生而有爲，則喪其生。」勸公：宣云：「設爲勸人之語，如下二句。」以其死也，有自也；郭云：「自，由也。由有爲，故死；由私其生，故有爲。」而生陽也，无自也。宣云：「死爲陰，生爲陽。」郭云：「生之陽，以其絶迹無爲而然，非有由也。」而果然乎？而，汝也。言汝果能無爲乎？惡乎其所適？惡乎其所不適？成云：「所在皆適。」天有曆數，氣數有定。地有人據，各據其所。吾惡乎求之？成云：「吾於何處分外求之？」莫知其所終，若之何其无命也？成云：「時來運去，非命如何！言有命也。」莫知其所始，若之何其有命也？成云：「死去生來，猶春秋冬夏，豈其命乎！言無命也。」有以相應也，若之何其无鬼邪？郭云：「理必有應，若有神靈以致之也。」无以相應也，若之何其有鬼邪？」相應之理，有時而不靈。

衆罔兩問於景曰：影外微陰甚多，故曰衆罔兩。「若向也俯而今也仰，若，汝。向也括而今被髮，括，束髮。向也坐而今也起，向也行而今也止，何也？」景曰：「搜搜也，釋文：「搜，本又作叟。」成云：「叟叟，無心運動之貌。」奚稍問也？宣云：「何率爾而問！」予有而不知其所以。予雖居然有之矣，而不知所以然。予，蜩甲也，蛇蜕也，似之而非也。宣云：「甲、蜕猶有一定之形，故似之而非。」案：以上與齊物論同而繁簡異。火與日，吾屯也；

釋文：「屯，聚也。」宣云：「得火、日，則屯聚而顯。」陰與夜，吾代也。司馬云：「代，謂使得休息也。」彼，吾所以有待邪？彼，謂形。而況乎以有待者乎！謂形待天機而動也。齊物篇云：「吾所待又有待而然者邪？」彼來則我與之來，彼往則我與之往，彼强陽則我與之强陽。宣云：「强陽，謂健動也。」强陽者，又何以有問乎！」有，卽上文「予有」之有也。言彼健動者，又何能以予問乎！

陽子居南之沛，列子黄帝篇作楊朱。老聃西遊於秦，邀於郊，邀，約也。宣云：「子居邀老子於沛郊。」至於梁而遇老子。宣云：「梁，沛郊地名。」老子中道仰天而歎曰：「始以汝爲可教，今不可也。」陽子居不答。至舍，進盥漱巾櫛，黄帝篇「盥」作「涫」。脱屨户外，膝行而前曰：「向者弟子欲請夫子，夫子行不閒，是以不敢。今閒矣，請問其過。」老子曰：「而睢睢盱盱，郭云：「跋扈之貌。」人將畏而疏遠。」而誰與居？誰與汝居處乎？大白若辱，盛德若不足。」辱，汙也。此道德經文。陽子居蹵然變容曰：「敬聞命矣。」其往也，舍者迎將其家，張湛注：「客舍家也。」公執席，妻執巾櫛，舍者避席，成云：「先坐者避席而走。」煬者避竈。成云：「然火者不敢當竈。」其反也，舍者與之争席矣。郭云：「去其夸矜故也。」

莊子集解卷八

雜篇 讓王第二十八

讓王下四篇，古今學者多以爲僞作。

堯以天下讓許由，許由不受。又讓於子州支父，李云：「支父，字也，卽支伯也。」子州支父曰：「以我爲天子，猶之可也。雖然，我適有幽憂之病，王云：「謂其病深固也。」方且治之，未暇治天下也。」夫天下至重也，而不以害其生，又況他物乎！唯无以天下爲者，可以託天下也。

舜讓天下於子州支伯，子州支伯曰：「予適有幽憂之病，方且治之，未暇治天下也。」故天下大器也，而不以易生，此有道者之所以異乎俗者也。

舜以天下讓善卷，善卷曰：「余立於宇宙之中，冬日衣皮毛，夏日衣葛絺；春耕種，形足以勞動；秋收斂，身足以休息；日出而作，日入而息，逍遥於天地之間而心意自得。吾何以天下爲哉？悲夫！子之不知余也！」遂不受。於是去而入深山，莫知其處。

舜以天下讓其友石户之農，石户之農曰：釋文：「石户，本亦作后。石户，地名。」成云：「户字亦有作后者。」「捲捲乎后之爲人，葆力之士也。」釋文：「捲音權，郭音眷，用力貌。」案：「户」亦作「后」。此后乃自稱，言我捲捲勤苦，是葆力之士，未暇治天下也。以舜之德爲未至也，於是夫負妻戴，攜子以入於海，終身不反也。

大王亶父居邠，狄人攻之。事之以皮帛而不受，事之以犬馬而不受，事之以珠玉而不受，狄人之所求者土地也。大王亶父曰：「與人之兄居而殺其弟，與人之父居而殺其子，吾不忍也。子皆勉居矣！爲吾臣與爲狄人臣，奚以異？且吾聞之，不以所用養害所養。成云：「用養，土地。所養，百姓。」因杖筴而去之。民相連而從之，司馬云：「連，讀曰輦。」遂成國於岐山之下。夫大王亶父可謂能尊生矣。以生命爲貴。能尊生者，雖貴富不以養傷身，雖貧賤不以利累形。有養者不以嗜養傷身，無利者不以求財累形。今世之人，居高官尊爵者，皆重失之，唯恐失之。見利輕亡其身，豈不惑哉！

越人三世弑其君，王子搜患之，逃乎丹穴。釋文：「李云：『搜，王子名。』淮南子作翳。爾雅云：『南戴日爲丹穴。』」成云：「丹穴，南山洞也。」俞云：「翳前無三世弑君事。史記越世家索隱以搜爲翳之子無顓。據竹書紀年，翳爲其子所弑，越人殺其子，立無余，又見弑而立無顓。是無顓以前三世皆不善終，則王子搜是無顓之異名無疑矣。淮南子蓋傳聞之誤，當据索隱訂正。」而越國无君，求王子搜不得，從之丹穴。王子搜不肯出，越人薰之以艾，乘以王輿。王子搜援綏登車，仰天而呼曰：「君乎君乎！獨不可以舍我乎！」王子搜非惡爲君也，惡爲君之患也。若王子搜者，可謂不以國傷生矣，此固越人之所欲得爲君也。

韓、魏相與爭侵地。子華子見昭僖侯，昭僖侯有憂色。司馬云：「子華子，魏人。昭僖，韓侯。」俞云：「呂覽貴生篇引子華子曰：『全生爲上，虧生次之，死次之，迫生爲下。』又誣徒篇引子華子曰：『王者樂其所以王，亡者樂其所以亡。』高注並云：『子華子，古體道人。』知度、審爲兩篇注同。韓有昭侯，有僖王，無昭僖侯。」子華子曰：「今使天下書銘於君之前，成云：「銘，書記也。」書之言曰：『左手攫之則右手廢，釋文：「司馬云：『廢，病也。』一云：攫者，援書銘。廢者，斬右手。」右手攫之則左手廢，然而攫之者必有天下。』君能攫之乎？」昭僖侯曰：「寡人不攫也。」子華子曰：「甚善！自是觀之，兩臂重於天下也，身亦重於兩臂。韓之輕於天下亦遠矣，今之所爭者，其輕於韓又遠。君固愁身傷生以憂戚不得也！」憂其不得。僖侯曰：「善哉！教寡人者衆矣，未嘗得聞此言也。」子華子可謂知輕重矣。「僖」上脱「昭」字。

魯君聞顔闔得道之人也，使人以幣先焉。顔闔守陋閭，苴布之衣而自飯牛。李云：「苴，有子麻也。」魯君之使者至，顏闔自對之。使者曰：「此顏闔之家與？」顏闔對曰：「此闔之家也。」使者致幣，顏闔曰：「恐聽者謬而遺使者罪，不若審之。」俞云：「聽下者字衍，吕覽貴生篇無。」使者還，反審之，復來求之，則不得已。已避去。故若顏闔者，真惡富貴也。故曰：道之真以治身，其緒餘以爲國家，其土苴以治天下。司馬云：「土苴，如糞草也。」由此觀之，帝王之功，聖人之餘事也，非所以完身養生也。今世俗之君子，多爲身棄生以殉物，豈不悲哉！凡聖人之動作也，必察其所以之，與其所以爲。王云：「所以之者，謂德所加之方也。所爲者，謂所以待物也。」今且有人於此，以隨侯之珠彈千仞之雀，世必笑之。是何也？則其所用者重而所要者輕也。夫生者，豈特隨侯之重哉！俞云：「貴生篇侯下有珠字，當据補。」

子列子窮，容貌有飢色。客有言之於鄭子陽者曰：「列御寇，蓋有道之士也，居君之國而窮，君无乃爲不好士乎？」釋文：「子陽，鄭相。」鄭子陽卽令官遺之粟。成云：「主倉之官。」子列子見使者，再拜而辭。使者去，子列子入，其妻望之而拊心曰：「妾聞爲有道者之妻子，皆得佚樂，今有飢色。君過而遺先生食，言相君過聽，有此嘉惠。先生不受，豈不命邪！」子列子笑謂之曰：「君非自知我也。以人之言而遺我粟，至其罪我也，又且以人之言。此吾所以不受也。」其卒，民果作難而殺子陽。俞云：「子陽事見呂覽適威篇、淮南氾論訓。至史記鄭世家，則云『繻公二十五年，鄭繻公殺其相子陽，二十七年，子陽之黨共弒繻公駘』，又與諸書不同。」

楚昭王失國，屠羊説走而從於昭王。昭王反國，將賞從者，及屠羊説。屠羊説曰：「大王失國，説失屠羊；大王反國，説亦反屠羊。臣之爵禄已復矣，又何賞之言〔一〕？」王曰：「强之！」强令受賞。屠羊説曰：「大王失國，非臣之罪，故不敢伏其誅；大王反國，非臣之功，故不敢當其賞。」王曰：「見之！」屠羊説曰：「楚國之法，必有重賞大功而後得見。今臣之知不足以存國，知音智。而勇不足以死寇。吴軍入郢，説畏難而避寇，非故隨大王也。今大王欲廢法毁約而見説，約，與百姓共守法之約。此非臣之所以聞於天下也。」王謂司馬子綦曰：「屠羊説居處卑賤而陳義甚高，子綦爲我延之以三旌之位。」釋文：「三旌，三公位也。司馬本作『三珪』，云：『謂諸侯之三卿皆執珪也。』」宣云：「車服各有旌别，故曰三旌。」俞云：「爲上綦字衍。」案：「綦」或當作「其」。屠羊説曰：「夫三旌之位，吾知其貴於屠羊之肆也；萬鍾之禄，吾知其富於屠羊之利也。然豈可以食爵禄而使吾君有妄施之名乎！説不敢當，願復反吾屠羊之肆。」遂不受

〔一〕「言」，集釋本作「有」。

也。遂，竟也。

原憲居魯，環堵之室，茨以生草，成云：「以草蓋屋，謂之茨。」蓬户不完，釋文：「織蓬爲户。」桑以爲樞而甕牖，司馬云：「屈桑條爲户樞，破甕爲牖。」二室，司馬云：「夫妻各一室。」褐以爲塞，司馬云：「以褐衣塞牖。」上漏下溼，匡坐而弦。司馬云：「匡，正也。」釋文：「弦，謂弦歌。」子貢乘大馬，中紺而表素，李云：「紺爲中衣，加素爲表。」軒車不容巷，往見原憲。原憲華冠縰履，釋文：「以華木皮爲冠。」郭慶藩云：「上林賦『華楓枰櫨〔一〕』，張揖曰：『華，皮可以爲索。』即樗也。説文：『樗，木也。以其皮裹松脂。讀若華。』李云：『縰履，謂履無跟也。』三蒼解詁蹝作躧，云：『躡也。』聲類或作屣。通俗文：『履不著跟曰屣。』」杖藜而應門。子貢曰：「嘻！先生何病？」原憲應之曰：「憲聞之：『无財謂之貧，學而不能行謂之病。』今憲，貧也，非病也。」子貢逡巡而有愧色。原憲笑曰：「夫希世而行，司馬云：「希，望也。所行常顧世譽而動。」比周而友，成云：「周旋親比，以結朋黨。」學以爲人，教以爲己，釋文：「學當爲己，教當爲人，今不然也。」仁義之慝，司馬云：「依託仁義爲姦惡。」輿馬之飾，憲不忍爲也。」

〔一〕「枰櫨」原誤「秤櫨」，據漢書司馬相如傳及文選上林賦改。史記本傳作「華氾檘櫨」，字通用。

曾子居衛，緼袍无表，顏色腫噲，司馬云：「腫噲，剥錯也。」郭慶藩云：「疑噲當爲癐，病甚也。」手足胼胝。三日不舉火，十年不製衣，正冠而纓絶，捉衿而肘見，納履而踵決。曳縰而歌商頌，聲滿天地，若出金石。天子不得臣，諸侯不得友。故養志者忘形，成云：「賢人君子，不以形挫志。」養形者忘利，成云：「攝衛之士，不以利傷生。」致道者忘心矣。成云：「得道之人，忘心知之術。」

孔子謂顏回曰：「回來！家貧居卑，胡不仕乎？」顏回對曰：「不願仕。回有郭外之田五十畝，足以給飦粥；釋文：「飦，或作饘，廣雅云：『糜也。』」郭内之田十畝，足以爲絲麻；鼓琴足以自娱；所學夫子之道者足以自樂也。回不願仕。」孔子愀然變容曰：「善哉回之意！丘聞之：『知足者不以利自累也，審自得者失之而不懼，之，卽謂利。行修於内者无位而不怍。』丘誦之久矣，今於回而後見之，是丘之得也。」喜得此人也。

中山公子牟謂瞻子曰：司馬云：「魏之公子，封中山，名牟。」釋文：「瞻子，賢人也。淮南作詹。」「身在江海之上，心居乎魏闕之下，釋文：「魏，淮南作魏。司馬本同，云：『魏，讀曰魏。象魏觀闕，人君門也。』許慎云：『天子兩觀也。』」奈何？」瞻子曰：「重生。重生則利輕。」宣云：「重生，猶尊生。」中山公子牟曰：「雖知之，未能自勝也。」瞻子曰：「不能自勝則從，神无惡乎？釋文：「『不能自勝則從』絶句。一讀至神字絶句。」成云：「若不勝於情欲，則宜從順心神，亦不勞妄生嫌惡也。」俞云：「從字絶句，是也。呂覽審爲篇作『不能自勝則縱之』，文子下德篇、淮南道應篇並作『從之』，且疊『從之』二字，則『從神』之不當連讀明矣。」不能自勝而强不從者，此之謂重傷。重傷之人，无壽類矣。」釋文：「重，直用反。」俞云：「重傷，猶再傷也。不能自勝，則已傷矣；又强制之而不使縱，是再傷也。呂覽高注：『重，讀「復重」之重。』是也。釋文非。」魏牟，萬乘之公子也，其隱巖穴也，難爲於布衣之士，雖未至乎道，可謂有其意矣。

孔子窮於陳、蔡之間，七日不火食，藜羹不糝，成云：「藜菜之羹，不加米糝。」顔色甚憊，而弦歌於室。顔回擇菜，子路、子貢相與言曰：「夫子再逐於魯，削迹於衛，伐樹於宋，窮於商、周，圍於陳、蔡，殺夫子者无罪，藉夫子者无禁。釋文：「藉，陵藉也。」弦歌鼓琴，未嘗絶音，君子之无恥也若此乎？」顔回无以應，入告孔子。孔子推琴喟然而歎曰：「由與賜，細人也。召而來！吾語之。」子路、子貢入。子路曰：「如此者可謂窮矣。」孔子曰：「是何言也！君子通於道之謂通，窮於道之謂窮。今丘抱仁義之道，以遭亂世之患，其何窮之爲？郭慶藩云：「呂覽慎人篇爲作謂，是也。古爲、謂字通。」故内省而不窮於道，臨難而不失其德，天寒既至，俞云：「呂覽慎人篇天作大。此誤。」霜露既降，吾是以知松柏之茂也。陳、蔡之隘，釋文：「隘音厄。」於丘其幸乎！」孔子削然反琴而弦歌，成云：「削然，取琴聲。」子路扢然執干而舞。李云：「扢然，奮舞貌。」子貢曰：「吾不知天之高也，地之下也。」古之得道者，窮亦樂，通亦樂。所樂非窮通也，道德於此，則窮通爲寒暑風雨之序矣。俞云：「德當作得。呂覽慎人篇作『道得於此，則窮達一也，爲寒暑風雨之序矣』。疑此文『窮通』下亦當有『一也』二字，而今奪之。」案：成云：「得道之人，處窮通而常樂。」是成所見本「德」作「得」，與呂覽同。故許由娱於潁陽，而共伯得乎共首。司馬云：「共伯，名和，修其行，好賢人，諸侯皆以爲賢。周厲王之難，天子曠絶，諸侯皆請以爲天子，共伯不聽，（據路史，當補「弗獲免」三字。）即干王位。十四年，大旱屋焚，卜於太陽，兆曰：『厲王爲祟。』召公乃立宣王，共伯復歸於宗，逍遥得意共山之首。共丘山，今在河南共縣西。」

舜以天下讓其友北人无擇，北人无擇曰：「異哉！后之爲人也，居於畎畝之中，而遊堯之門。不若是而已，言不惟若此。又欲以其辱行漫我。漫，汙也。吾羞見之。」因自投清泠之淵。釋文：「山海經云：『在江南。』一云：在南陽郡西崿山下。」

湯將伐桀，因卞隨而謀，卞隨曰：「非吾事也。」湯曰：「孰可？」曰：「吾不知也。」湯又因瞀光而謀，瞀光曰：「非吾事也。」湯曰：「孰可？」曰：「吾不知也。」湯曰：「伊尹何如？」曰：「强力忍垢，吾不知其他也。」湯遂與伊尹謀伐桀，剋之，以讓卞隨。卞隨辭曰：「后之伐桀也謀乎我，必以我爲賊也；勝桀而讓我，必以我爲貪也。吾生乎亂世，而无道之人再來漫我以其辱行，吾不忍數聞也。」乃自投椆水而死。釋文：「司馬本椆作洞，云：『洞水，在潁川。』一云：在范陽郡界。」湯又讓瞀光曰：「知者謀之，武者遂之，仁者居之，古之道也。吾子胡不立乎？」瞀光辭曰：「廢上，非義也；殺民，非仁也；人犯其難，我享其利，非廉也。吾聞之曰：『非其義者，不受其禄；无道之世，不踐其土。』況尊我乎！吾不忍久見也。」乃負石而自沈於廬水。釋文：「司馬本作盧水，在遼東西界。一云：在北平郡界。」

昔周之興，有士二人處於孤竹，曰伯夷、叔齊。二人相謂曰：「吾聞西方有人，似有道者，試往觀焉。」至於岐陽，武王聞之，使叔旦往見之，與盟曰：「加富二等，成云：「加禄二級。」就官一列。」血牲而埋之。二人相視而笑曰：「嘻！異哉！此非吾所謂道也。昔者神農之有天下也，時祀盡敬而不祈喜；俞云：「喜當作禧。釋詁：『禧，福也。』不祈禧〔一〕，不祈福也。呂覽誠廉篇作『時祀盡敬而不祈福』，與此字異義同。」其於人也，

〔一〕「禧」原作「喜」，據集釋引俞樾説改。

忠信盡治而无求焉。樂與政爲政，樂與治爲治，不以人之壞自成也，不以人之卑自高也，不以遭時自利也。今周見殷之亂而遽爲政，上謀而下行貨，王念孫云：「下字誤加。上與尚同。呂覽誠廉篇正作『上謀而行貨』。」阻兵而保威，割牲而盟以爲信，揚行以説衆，殺伐以要利，是推亂以易暴也。吾聞古之士遭治世不避其任，遇亂世不爲苟存。今天下闇，周德衰，其竝乎周以塗吾身也，其，猶與其。竝，依。塗，汙也。不如避之以絜吾行。」二子北至於首陽之山，遂餓而死焉。若伯夷、叔齊者，其於富貴也，苟可得已，則必不賴。恃也。高節戾行，獨樂其志，不事於世，此二士之節也。

雜篇　盗跖第二十九

孔子與柳下季爲友。柳下季之弟名曰盗跖。盗跖從卒九千人，横行天下，侵暴諸侯，釋文：「李奇注漢書云：『跖，秦之大盗也。』」俞云：「史記伯夷傳正義云：『跖者，黄帝時大盗之名。』是跖之爲何時人，竟無定説。孔子與柳下惠不同時，柳下惠與盗跖亦不同時，讀者勿以寓言爲實也。」穴室樞户，司馬云：「破人户樞而取物也。」驅人牛馬，取人婦女，貪得忘親，不顧父母兄弟，不祭先祖。所過之邑，大國守城，小國入保，釋文：「禮記鄭注：『小城曰保。』」萬民苦之。孔子謂柳下季曰：「夫爲人父者，必能詔其子；爲人兄者，必能教其弟。若父不能詔其子，兄不能教其弟，則无貴父子兄弟之親矣。今先生，世之才士也，弟爲盗跖，爲天下害，而弗能教也，丘竊爲先生羞之。丘請爲先生往説之。」柳下季曰：「先生言『爲人父者必能詔其子，爲人兄者必能教其弟』，若子不聽父之詔，弟不受兄之教，雖今先生之辯，將奈之何哉？且跖之爲人也，心如涌泉，意如飄風，强足以距敵，辯足以飾非，順其心則喜，逆其心則怒，易辱人以言。先生必无往。」孔子不聽，顔回爲御，子貢爲右，往見盗跖。盗跖乃方休卒徒太山之陽，膾人肝而餔之。釋文：「餔，字林云：『日申時食也。』」孔子下車而前，見謁者曰：「魯人孔丘，聞將軍高義，敬再拜謁者。」謁者入通，盗跖聞之大怒，目如明星，髮上指冠，曰：「此夫魯國之巧僞人孔丘非邪？爲我告之：『爾作言造語，妄稱文、武，成云：「言憲章文、武。」冠枝木之冠，司馬云：「冠多華飾，如木之枝繁。」帶死牛之脅，司馬云：「取牛皮爲大革帶。」多辭繆説，不耕而食，不織而衣，摇脣鼓舌，擅生是非，以迷天下之主，使天下學士不反其本，妄作孝弟而儌倖於封侯富貴者也。子之罪大極重，俞云：「極當作殛。釋言：『殛，誅也。』言罪大而誅重也。極、殛古字通。書洪範、多士、左僖二十八年傳、昭七年傳釋文並曰：『殛，本作極。』」疾走歸！不然，我將以子肝益晝餔之膳。』」孔子復通曰：「丘得幸於季，願望履幕下。」釋文：「司馬本幕作綦，云：『言視不敢望跖面，望履結而還也。』」謁者復通，盗跖曰：「使來前！」孔子趨而進，避席反走，再拜盗跖。盗跖大怒，兩展其足，案劍瞋目，聲如乳虎，曰：「丘來前！若所言，順吾意則生，逆吾心則死。」孔子曰：「丘聞之，凡天下有三德：生而長大，美好无雙，少長貴賤見而皆説之，此上德也；知維天地，釋文：「知音智。」能辯諸物，此中德也；勇悍果敢，聚衆率兵，此下德也。凡人有此一德者，足以南面稱孤矣。今將軍兼此三者，身長八尺二寸，面目有光，脣如激丹，司馬云：「明也。」齒如齊貝，音中黄鐘，而名曰盗跖，丘竊爲將軍耻不取使爲將軍造大城數百里，立數十萬户之邑，尊將軍爲諸侯，與天下更始，罷兵休卒，收養昆弟，共祭先祖。共讀曰供。此聖人才士之行，而天下之願也。」盜跖大怒曰：「丘來前！夫可規以利而可諫以言者，皆愚陋恒民之謂耳。今長大美好，人見而悦之者，此吾父母之遺德也。丘雖不吾譽，吾獨不自知邪？且吾聞之：『好面譽人者，亦好背而毁之。』今丘告我以大城衆民，是欲規我以利而恒民畜我也，安可久長也？城之大者，莫大乎天下矣。堯、舜有天下，子孫无置錐之地，朱、均不嗣。湯、武立爲天子而後世絶滅〔一〕，成云：「湯、武子孫咸遭篡弑。」非以其利大故邪？且吾聞之：古者禽獸多而人少，於是民皆巢居以避之，晝拾橡栗，暮栖木上，故命之曰有巢氏之民。古者民不知衣服，夏多積薪，冬則煬之，故命之曰知生之民。神農之世，卧則居居，成云：「居居，安静之容。」起則于于，郭慶藩云：「于于，廣大之意。方言：『于，大也。』禮檀弓『于則于』，正義亦訓于爲廣大。于于，重言。」民知其母，不知其父，與麋鹿共處，耕而食，織而衣，无有相害之心，此至德之隆也。然而黄帝不能致德，與蚩尤戰於涿鹿之野，流血

〔一〕此句原作「湯武立而天下後世絶滅」，據集釋本改。

百里。堯、舜作，立羣臣，湯放其主，武王殺紂。自是之後，以强陵弱，以衆暴寡。湯、武以來，皆亂人之徒也。今子修文、武之道，掌天下之辯，以教後世，成云：「辯説仁義，爲後世之教。」縫衣淺帶，釋文「縫」作「摓」。郭慶藩云：「列子黄帝篇注引向秀云：『摓衣，儒服寬而長大。』釋文：『摓，又作縫。』縫衣，大衣也。或作逢。禮儒行『逢掖之衣』，鄭注：『逢，猶大也。』釋文：『淺帶，縫帶使淺狹。』」矯言僞行，以迷惑天下之主，而欲求富貴焉，盗莫大於子。天下何故不謂子爲盗丘而乃謂我爲盗跖？子以甘辭説子路而使從之，使子路去其危冠，解其長劍，而受教於子，天下皆曰『孔丘能止暴禁非』。其卒之也，子路欲殺衞君而事不成，身菹於衞東門之上，是子教之不至也。子自謂才士聖人邪！則再逐於魯，削迹於衞，窮於齊，圍於陳、蔡，不容身於天下。子教子路菹此患，疑有奪文。上无以爲身，下无以爲人，子之道豈足貴邪？世之所高，莫若黄帝，黄帝尚不能全德，而戰涿鹿之野，流血百里。堯不慈，舜不孝，成云：「堯不授丹朱，舜爲父所疾。」禹偏枯，成云：「治水勤勞致疾。」湯放其主，武王伐紂，文王拘羑里。句應在「武王」上而誤倒。此六子者，世之所高也，孰論之，孰同熟。猶言精熟討論之。皆以利惑其真而强反其情性，其行乃甚可羞也！世之所謂賢士，伯夷、叔齊，伯夷、叔齊辭孤竹之君，而餓死於首陽之山，骨肉不葬。鮑焦飾行非世，抱木而死。成云：「鮑焦，周時隱者，飾行非世，荷擔采樵，拾橡充食。子貢遇之，曰：『吾聞非其政者不履其地，汙其君者不受其利。今子履其地，食其利，其可乎？』焦曰：『吾聞廉士重進而輕退，賢人易愧而輕死。』遂抱木立枯焉。」申徒狄諫而不聽，負石自投於河，爲魚鼈所食。成云：「諫而不聽，未詳所據。」介子推至忠也，自割其股以食文公，文公後背之，子推怒而去，抱木而燔死。尾生與女子期於梁下，女子不來，水至不去，抱梁柱而死。此六子者，无異於磔犬、流豕、操瓢而乞者，李云：「言人不得其死，猶猪、狗、乞兒流轉溝中者也。」皆離名輕死，釋文：「離，力智反。」不念本養壽命者也。不念本在養生，壽由天命者也。世之所謂忠臣者，莫若王子比干、伍子胥，子胥沈江，比干剖心。此二子者，世謂忠臣也，然卒爲天下笑。成云：「爲達道者所嗤。」自上觀之，至於子胥、比干，二子以身殉國，在諸人中猶爲最上。皆不足貴也。丘之所以説我者，若告我以鬼事，則我不能知也；若告我以人事者，不過此矣，皆吾所聞知也。今吾告子以人之情：目欲視色，耳欲聽聲，口欲察味，志氣欲盈。人上壽百歲，中壽八十，下壽六十，除病瘦、死喪、憂患，王念孫云：「瘦當爲瘐字之誤也。病瘐一類，死喪一類，憂患一類。瘐字或作瘉。」其中開口而笑者，一月之中不過四五日而已矣。天與地无窮，人死者有時，操有時之具而託於无窮之間，忽然无異騏驥之馳過隙也。不能説其志意，養其壽命者，皆非通道者也。丘之所言，皆吾之所棄也，亟去走歸，无復言之！子之道，狂狂汲汲，成云：「狂狂，失性〔一〕也。汲汲，不足也。」詐巧虚僞事也，非可以全真也，奚足論哉？」孔子再拜趨走，出門上車，執轡三失，目芒然无見，色若死灰，據軾低頭，不能出氣。歸到魯東門外，適遇柳下季。柳下季曰：「今者闕然數日不見，車馬有行色，得微往見跖邪？」成云：「微，無也。」孔子仰天而歎曰：「然。」柳下季曰：「跖得无逆汝意若前乎？」卽篇首柳下所云也。孔子曰：「然。丘所謂无病而自灸也，疾走料虎頭，釋文：「料音聊。」成云：「料，觸。」編虎須，幾不免虎口哉！」

子張問於滿苟得曰：「盍不爲行？何不行義乎？无行則不信，不信則不任，不任則不利。若無所行，則人不見信，不見信則無人任用，不見任用則無利禄。故觀之名，計之利，而義真是也。故觀之於名，計之於利，惟行義真是也。若棄名利，反之於心，則夫士之爲行，不可一日不爲乎？」上爲殉名利言也。若棄名利而反之我心，士之爲行，亦不可一日不爲也。滿苟得曰：「无恥者富，多信者顯。成云：「多信，猶多言也。無恥貪殘則富，多言夸伐則顯。」夫名利之大者，幾在无恥而信〔二〕。故觀之名，計之利，而信真是也。若棄名

〔一〕「性」原作「信」，據集釋引成疏改。
〔二〕「夫名利之大者，幾在無恥而信」句，據集釋本補。

利，反之於心，則夫士之爲行，抱其天乎！」觀之於名，計之於利，惟信真是也。若棄名利而反之吾心，則士之爲行，惟抱其自然之道而可乎！子張曰：「昔者桀、紂貴爲天子，富有天下，今謂臧聚曰司馬云：「臧聚，謂臧獲、盜濫、竊聚之人。」『汝行如桀、紂』，則有怍色，有不服之心者，小人所賤也。仲尼、墨翟，窮爲匹夫，今謂宰相曰『子行如仲尼、墨翟』，則變容易色稱不足者，士誠貴也。故勢爲天子，未必貴也；窮爲匹夫，未必賤也。貴賤之分，在行之美惡。」滿苟得曰：「小盜者拘，大盜者爲諸侯，諸侯之門，義士存焉。四語又見胠篋篇，「義士」作「仁義」。昔者桓公小白殺兄入嫂司馬云：「以嫂爲室家。」而管仲爲臣，田成子常卽恆。殺君竊國而孔子受幣。論則賤之，行則下之，則是言行之情悖戰於胸中也，言行相反而交戰。不亦拂乎！成云：「拂，戾也。」故書曰：『孰惡孰美？成者爲首，不成者爲尾。』」宣云：「言貴於成事，不在矯飾。」子張曰：「子不爲行，卽將疏戚无倫，貴賤无義，長幼无序，五紀六位將何以爲別乎？」俞云：「五紀卽五倫，六位卽六紀。白虎通：『六紀，謂諸父、兄弟、族人、諸舅、師長、朋友也。』不曰五倫而曰五紀，不曰六紀而曰六位，古人之語異耳。」滿苟得曰：「堯殺長子，崔云：「堯殺長子考監明。」舜流母弟，釋文：「弟，謂象也。流，放也。孟子曰：『封之也。或曰放焉。』」疏戚有倫乎？湯放桀，武王伐紂，貴賤有義乎？王季爲適，周公殺兄，長幼有序乎？儒者僞辭，墨者兼愛，五紀六位將有别乎？且子正爲名，我正爲利。名利之實，不順於理，不監於道。成云：「監，明也，見也。名利二途，既乖至理，豈明見於玄道！」吾日與子訟於无約，成云：「訟，謂論説也。」曰：宣云：「以下無約之言。」『小人殉財，君子殉名。其所以變其情，易其性，則異矣；乃至於棄其所爲成云：「捨己。」而殉其所不爲，成云：「逐物。」則一也。』故曰：无爲小人，反殉而天；反己而求汝自然之道。无爲君子，從天之理。若枉若直，相而天極，無問枉直，視汝自然以爲極。面觀四方，與時消息。成云：「觀照四方，隨四時而消息。」若是若非，執而圓機，成云：「圓機，猶環中也。執環中之道以應是非。」獨成而意，與道徘徊。成云：「徘徊，猶轉變。意用於獨化之心以成其意，故能冥其虛通之理，轉變無窮者也。」无轉而行，无成而義，將失而所爲。王念孫云：「轉讀爲專。山木篇『一龍一蛇，與時俱化，而無肯專爲』，卽此所謂『無專而行』也。承上文言當隨時順道，而不可專行仁義；若專而行，成而義，則將失其所爲矣。秋水篇『無一而行，與道參差』，一亦專也。無專而行，猶言『無一而行』也。」无赴而富，无殉而成，將棄而天。成云：「無奔赴於富貴，無殉逐於成功，背於天然之性也。」比干剖心，子胥抉眼，忠之禍也；直躬證父，尾生溺死，信之患也；鮑子立乾，申子不自理，廉之害也；釋文作「勝子自理」，云：「本又作『申子自理』。或云：謂申屠狄抱甕之河也。一本作『申子不自理』，謂申生也。」案：申生不得云「廉之害」，作「申子自理」者是。孔子不見母，匡子不見父，義之失也。釋文：「孔子事，李云：『未聞。』司馬云：『匡子，名章，齊人，諫其父，爲父所逐，終身不見父。』案：此事見孟子。」盧云：「疑父、母二字當互易。」案：盧説又非「義之失」。此上世之所傳，下世之所語，以爲士者正其言，必其行，故服其殃，離其患也。」

无足問於知和曰：「人卒未有不興名就利者。彼富則人歸之，歸則下之，下則貴之。夫見下貴者，所以長生、安體、樂意之道也。今子獨无意焉，知不足邪？意知而力不能行邪？意同抑。古抑、意字通。言抑或知而不能行，故推求正道，念念不忘，而外富貴邪？故推正不忘邪？」知和曰：「今夫此人以爲與己同時而生、同鄉而處者，以爲夫絶俗過世之士焉，是專无主正，所以覽古今之時，是非之分也，此人，卽上「興名就利」之人。彼以爲與己同時同鄉，而有絶俗過世之士，是其專於無爲，主於正道，足以覽古今之時，是非之分也，胡不效之？與俗化世。乃混同於俗，化合於世，其去絶俗過世之士遠矣。去至重，棄至尊，以爲其所爲也，此其所以論長生、安體、樂意之道，不亦遠乎！去至重之生，棄至尊之道，以爲其所謂富貴者，此其所以論長生之道，不亦遠於事情乎！慘怛之疾，恬愉之安，不監於體；疾而悲，安而樂，體之真適與否，不見於此也。怵惕之恐，欣懽之喜，不監於心。恐而懼，喜而快，心之真適與否，不見於此也。知爲爲而不知所以爲，是以貴爲天子，富有天下，而不免於患也。」成云：「爲爲者，有爲也；所以爲者，無爲也。知爲之有爲，不知其出於無爲，故雖富貴，而不免憂患。」无足曰：「夫富之於人，无所不利，窮美究埶，至人之所不得逮，賢人之所不能及，賢，過也。俠人之勇力而以爲威强，俠同挾。釋文：「音勢。本亦作勢。」秉人之知謀以爲明察，因人之德以爲賢良，非享國而嚴若君父。且夫聲色、滋味、權勢之於人，心不待學而樂之，體不待象而安之。夫欲惡避就，固不待師，此人之性也。天下雖非我，孰能辭之！」言天下與我同欲。知和曰：「知者之爲，故動以百姓，不違其度，知者之爲天下，必以百姓而動，百姓亦不違背其法度。是以足而不争，无以爲故不求。知足，故不争；無爲，故無外求。不足故求之，争四處而不自以爲貪；成云：「四處，猶四方也。」有餘故辭之，棄天下而不自以爲廉。此聖、凡之分。廉貪之實，非以迫外也，反監之度。廉貪之實，非外有所迫也，反視其度量何若而已知之矣。勢爲天子而不以貴驕人，富有天下而不以財戲人。計其患，慮其反，詩衛風：「思其反。」以爲害於性，故辭而不受也，非以要名譽也。堯、舜爲帝而雍，黎民時雍。非仁天下也，不以美害生也；竭美利以奉一己，是自害其生也。善卷、許由得帝而不受，非虛辭讓也，不以事害己。此皆就其利，辭其害，而天下稱賢焉，則可以有之，彼非以興名譽也。」可以有此賢名而居之，非彼之欲興賢名也。无足曰：「必持其名，苦體絶甘，約養以持生，則亦久病長阨而不死者也。」言必欲謹持其名，苦身體，絶甘美，約奉養以持生，則與久病長阨而不死者同，究何益乎？知和曰：「平爲福，有餘爲害者，物莫不然，而財其甚者也。今富人耳營鐘鼓筦籥之聲，口嗛於芻豢醪醴之味，説文：「嗛，口有所快也。」以感其意，遺忘其業，可謂亂矣；侅溺於馮氣，若負重行而上也，可謂苦矣；釋文：「徐音礙，五代反。又户該反。飲食至咽爲侅。」王念孫云：「左昭五年傳注：『馮，盛也。』馮氣，猶盛氣。」案：貪欲既多，侅塞沈溺於盛氣，如負重上行，其苦甚矣。貪財而取慰，貪權而取竭，郭慶藩云：「淮南繆稱訓高注：『慰，病也。』與竭對文，皆疾也。」静居則溺，體澤則馮，平居則酣溺，體澤則馮怒。可謂疾矣；爲欲富就利，故滿若堵耳而不知避，且馮而不舍，可謂辱矣；財積而无用，服膺而不舍，滿心戚醮，成云：「戚醮，猶煩惱也。」求益而不止，可謂憂矣；内則疑刧請之賊，外則畏寇盗之害，内周樓疏，李云：「重樓内市，疏窗外通，謂設備守具。」外不敢獨行，可謂畏矣。此六者，天下之至害也，皆遺忘而不知察，及其患至，求盡性竭財，嗜財若天性。財卽性也，故曰盡性竭財。單以反一日之无故而不可得也。郭嵩燾云：「單、亶古字通。亶訓但，單亦訓但。」故觀之名則不見，求之利則不得，繚意體而争此，不亦惑乎！」繚，曲也。言曲意屈體而争之。

雜篇 説劍第三十

昔趙文王喜劍，釋文：「司馬云：『惠文王也，名何，武靈王子，後莊子三百五十年。』洞紀云：『周赧王十七年，趙惠文王之元年。』」一云：案長曆推惠文王與莊子相值，恐彪之言誤。」劍士夾門而客三千餘人，日夜相擊於前，死傷者歲百餘人，好之不厭。如是三年，國衰，諸侯謀之。太子悝患之，俞云：「惠文王後爲孝成王丹，則此太子蓋不立。」募左右曰：「孰能説王之意止劍士者，賜之千金。」左右曰：「莊子當能。」太子乃使人以千金奉莊子。莊子弗受，與使者俱往見太子曰：「太子何以教周，賜周千金？」太子曰：「聞夫子明聖，謹奉千金以幣從者。夫子弗受，悝尚何敢言！」莊子曰：「聞太子所欲用周者，欲絶王之喜好也。使臣上説大王而逆王意，下不當太子，則身刑而死，周尚安所事金乎！使臣上説大王，下當太子，趙國何求而不得也？」太子曰：「然。吾王所見，唯劍士也。」莊子曰：「諾。周善爲劍。」太子曰：「然吾王所見劍士，皆蓬頭、突鬢、垂冠，釋文：「將欲鬭，故冠低傾也。」曼胡之纓，司馬云：「謂麤纓無文理也。」短後之衣，釋文：「爲便於事也。」瞋目而語難，釋文：「難，如字，艱難也。勇士憤怒積於心胸，言不流利也。」王乃説之。今夫子必儒服而見王，事必大逆。」莊子曰：「請治劍服。」治劍服三日，乃見太子。太子乃與見王，王脱白刃待之。莊子入殿門不趨，見王不拜。王曰：「子欲何以教寡人，使太子先？」成云：「使太子先言於我。」曰：「臣聞大王喜劍，故以劍見王。」王曰：「子之劍何能禁制？」曰：「臣之劍，十步一人，千里不留行。」俞云：「十步之内，輒殺一人，則歷千里之遠，所殺多矣，而劍鋒不缺，所當無撓，極言劍之利也。行以劍言，非以人言。」王大悦之，曰：「天下無敵矣。」莊子曰：「夫爲劍者，示之以虚，開之以利，後之以發，先之以至。願得試之。」成云：「忘己虚心，開通利物，感而後應，幾照物先，莊子之用劍也。」王曰：「夫子休就舍，待命令設戲請夫子。」王乃校劍士七日，死傷者六十餘人，得五六人，使奉劍於殿下，乃召莊子。王曰：「今日試使士敦劍。」郭嵩燾云：「魯頌『敦商之旅』，箋：『敦，治也。』」莊子曰：「望之久矣。」王曰：「夫子所御杖，長短何如？」成云：「御，用也。」案：杖，持也。曰：「臣之所奉皆可。然臣有三劍，唯王所用，請先言而後試。」王曰：「願聞三劍。」曰：「有天子劍，有諸侯劍，有庶人劍。」王曰：「天子之劍何如？」曰：「天子之劍，以燕谿、石城爲鋒，齊、岱爲鍔，釋文：「燕谿，地名，在燕國。司馬云：『鍔，劍刃。』一云：劍棱也。」成云：「石城，塞外山。此地居北，以爲劍鋒。齊國、岱岳在東，爲劍刃也。」晉、魏爲脊，周、宋爲鐔，成云：「鐔，環也。晉、魏近乎趙地，故以爲脊。周、宋近南，故以爲環也。」韓、魏爲夾，司馬云：「夾，把也。一本作鋏，同。一云：鐔，從棱向背；鋏，從棱向刃也。」包以四夷，裹以四時，成云：「懷四夷以道德，順四時以生化。」繞以渤海，帶以常山，遠統北海，近帶北岳。二句應在「包以四夷」上。制以五行，論以刑德，刑，罰；德，賞也。皆以劍言。古人有劍論。開以陰陽，持以春夏，行以秋冬。春夏〔一〕長養，則持而不御；秋冬肅殺，故行用之。此劍直之无前，直，當也。舉之无上，案之无下，運之无旁，上決浮雲，下絶地紀。此劍一用，匡諸侯，天下服矣。此天子之劍也。」文王芒然自失，曰：「諸侯之劍何如？」曰：「諸侯之劍，以知勇士爲鋒，以清廉士爲鍔，以賢良士爲脊，以忠聖士爲鐔，以豪桀士爲夾。此劍直之亦无前，舉之亦无上，案之亦无下，運之亦无旁，上法圓天以順三光，下法方地以順四時，中和民意以安四鄉。成云：「四鄉，猶四方。」此劍一用，如雷霆之震也，四封之内，無不賓服而聽從君命者矣。此諸侯之劍也。」王曰：「庶人之劍何如？」曰：「庶人之劍，蓬頭、突鬢、垂冠，曼胡之纓，短後之衣，瞋目而語難，相擊於前，上斬頸領，下決肝肺。此庶人之劍，无異於鬬雞，一旦命已絶矣，无所用於國事。今大王有天子之位，而好庶人之

〔一〕「夏」原作「秋」，據正文文義改。

劍，臣竊爲大王薄之。」王乃牽而上殿，宰人上食，王三環之。成云：「繞食三周，不能安坐。」莊子曰：「大王安坐定氣，劍事已畢奏矣。」於是文王不出宮三月，劍士皆服斃其處也。司馬云：「忿不見禮，皆自殺也。」

雜篇 漁父第三十一

孔子遊乎緇帷之林，司馬云：「黑林名也。」休坐乎杏壇之上。司馬云：「澤中高處也。」弟子讀書，孔子絃歌鼓琴，奏曲未半。有漁父者下船而來，須眉交白，被髮揄袂，行原以上，距陸而止，左手據膝，右手持頤以聽。曲終而招子貢、子路，二人俱對。客指孔子曰：「彼何爲者也？」子路對曰：「魯之君子也。」客問其族。子路對曰：「族孔氏。」客曰：「孔氏者何治也？」治何術業？子路未應，子貢對曰：「孔氏者，性服忠信，身行仁義，飾禮樂，選人倫，鑒而擇之。上以忠於世主，下以化於齊民，李云：「齊，等也。」許慎云：「齊等之民。」將以利天下。此孔氏之所治也。」又問曰：「有土之君與？」子貢曰：「非也。」「侯王之佐與？」子貢曰：「非也。」客乃笑而還行，言曰：「仁則仁矣，恐不免其身，苦心勞形以危其真。嗚乎遠哉！其分於道也！」成云：「分離於玄道。」釋文：「又作介。司馬云：『離也。』」子貢還報孔子。孔子推琴而起曰：「其聖人與！」乃下求之，至於澤畔，方將杖拏而引其船，司馬云：「拏，橈也，音餘。」顧見孔子，還鄉而立。釋文：「鄉，或作嚮。」孔子反走，再拜而進。客曰：「子將何求？」孔子曰：「曩者先生有緒言而去，俞云：「緒，餘也。未畢而去，故曰緒言。」丘不肖，未知所謂，竊待於下風，幸聞咳唾之音，以卒相丘也！」成云：「助我不逮。」客曰：「嘻！甚矣子之好學也！」孔子再拜而起曰：「丘少而修學，以至於今，六十九歲矣，无所得聞至教，敢不虚心！」客曰：「同類相從，同聲相應，固天之理也。吾請釋吾之所有而經子之所以。司馬云：「經，理也。」下同。子之所以者，人事也。天子、諸侯、大夫、庶人，此四者自正，各守其位。治之美也，四者離位而亂莫大焉。官治其職，人憂其事，乃无所陵。成云：「陵，亂也。」故田荒室露，衣食不足，徵賦不屬，妻妾不和，長少无序，庶人之憂也；能不勝任，官事不治，行不清白，羣下荒怠，功美不有，無功於國，無譽於民。爵禄不持，不能保持其爵禄。大夫之憂也；廷无忠臣，國家昏亂，工技不巧，貢職不美，春秋後倫，釋文：「朝覲不及等比也。」不順天子，諸侯之憂也；陰陽不和，寒暑不時，以傷庶物，諸侯暴亂，擅相攘伐，以殘民人，禮樂不節，財用窮匱，人倫不飭，百姓淫亂，天子有司之憂也。今子既上无君侯有司之勢，而下无大臣職事之官，而擅飭禮樂，選人倫，以化齊民，不泰多事乎？且人有八疵，事有四患，不可不察也。非其事而事之，謂之摠；成云：「摠，濫也。」莫之顧而進之，謂之佞；成云：「人不采顧，强進忠言。」希意道言，謂之諂；成云：「希望意氣，導達其言。」不擇是非而言，謂之諛；成云：

「苟且順物，不簡是非。」好言人之惡，謂之讒；析交離親，謂之賊；稱譽詐僞以敗惡人，謂之慝；詐僞則稱譽之，惡其人則毀敗之，是爲奸慝。姚云：「張本惡作德，謂『顛倒是非以敗人之德』，意更警。」不擇善否，兩容頰適，偷拔其所欲，謂之險。釋文：「兩容頰適者，善惡皆容，顏貌調適也。頰，或作顏。」宣云：「偷拔，謂潛引人心中之欲。」此八疵者，外以亂人，內以傷身，君子不友，明君不臣。所謂四患者，好經大事，變更易常，以挂功名，謂之叨；變易常節，以倖功名，是叨濫也。專知擅事，侵人自用，謂之貪；專知，自謂予知也。見過不更，聞諫愈甚，謂之很；人同於己則可，不同於己，雖善不善，謂之矜。此四患也。能去八疵，无行四患，而始可教已。」孔子愀然而歎，再拜而起曰：「丘再逐於魯，削迹於衛，伐樹於宋，圍於陳、蔡。丘不知所失，而離此四謗者何也？」客悽然變容曰：「甚矣子之難悟也！人有畏影惡迹而去之走者，舉足愈數而迹愈多，走愈疾而影不離身，自以爲尚遲，疾走不休，絶力而死。不知處陰以休影，處静以息迹，愚亦甚矣！子審仁義之間，察同異之際，觀動静之變，適受與之度，理好惡之情，和喜怒之節，而幾於不免矣。子審度於接物者如〔一〕此，而猶幾於不免。謹修而身，慎守其真，還

〔一〕「如」原誤「知」，據萬有文庫本改。

以物與人，則无所累矣。外物不與人争，自無患累也。今不修之身而求之人，不亦外乎！」孔子愀然曰：「請問何謂真？」客曰：「真者，精誠之至也。不精不誠，不能動人。故强哭者雖悲不哀，强怒者雖嚴不威，强親者雖笑不和。真悲无聲而哀，真怒未發而威，真親未笑而和。真在内者，神動於外，是所以貴真也。其用於人理也，理，倫也。事親則慈孝，事君則忠貞，飲酒則歡樂，處喪則悲哀。忠貞以功爲主，飲酒以樂爲主，處喪以哀爲主，事親以適爲主，功成之美，无一其迹矣。成功可見者甚多，故不一其事迹。事親以適，不論所以矣；以，用也。飲酒以樂，不選其具矣；不在具殽。處喪以哀，无問其禮矣。臨喪盡哀，於是觀禮。禮者，世俗之所爲也；真者，所以受於天也，自然不可易也。故聖人法天貴真，不拘於俗。愚者反此，不能法天而恤於人，惟人事是憂。不知貴真，禄禄而受變於俗，故不足。釋文：「禄，司馬本作録。」案：禄禄，猶録録也。漢書蕭曹贊作「録録」，顔注：「猶鹿鹿，言在凡庶之中。」惜哉！子之早湛於人僞，湛與沈同。而晚聞大道也！」孔子又再拜而起曰：「今者丘得遇也，若天幸然。先生不羞而比之服役，若僕從然。而身教之。敢問舍所在，請因受業而卒學大道。」客曰：「吾聞之：可與往者與之，至於妙道；成云：「從迷適悟爲往。妙道，真本也。」不可與往者，不知其道，慎勿與之，身乃无咎。子勉之！吾去子矣，吾去子矣。」乃刺船而去，延緣葦間。顔淵還車，子路授綏，孔子不顧，待水波定，釋文：「船行故水波，去遠則波定。」不聞拏音，而後敢乘。子路旁車而問曰：旁同傍。「由得爲役久矣，未嘗見夫子遇人如此其威也。宣云：「威，敬畏。」萬乘之主，千乘之君，見夫子未嘗不分庭伉禮，夫子猶有倨敖之容。今漁者杖拏逆立，而夫子曲要磬折，言拜而應，成云：「受言必拜而應。」得无太甚乎？門人皆怪夫子矣，漁人何以得此乎？」孔子伏軾而歎曰：「甚矣由之難化也！湛於禮義有間矣，宣云：「言已久。」而樸鄙之心至今未去。進！吾語汝。夫遇長不敬，失禮也；見賢不尊，不仁也。彼非至人，不能下人，成云：「若非至德之人，則不能使人謙下。」下人不精，不得其真，上文云：「真者，精誠之至也。」故長傷身。惜哉！不仁之於人也，禍莫大焉，而由獨擅之。擅者，專有之。且道者，萬物之所出也，庶物失之者死，得之者生；爲事逆之則敗，順之則成。故道之所在，聖人尊之。今漁父之道，可謂有矣，吾敢不敬乎！」

雜篇　列禦寇第三十二

列禦寇之齊，中道而反，遇伯昏瞀人。見列子黄帝篇。伯昏瞀人曰：「奚方而反？」李云：「方，道也。」曰：「吾驚焉。」曰：「惡乎驚？」曰：「吾嘗食於十饕，司馬云：「饕讀曰漿。十家並賣漿也。」案：黄帝篇作「漿」。而五饕先饋。」釋文：「饋，遺也。謂十家中五家先見遺。」案張湛注：「人皆敬下之也。」伯昏瞀人曰：「若是，則汝何爲驚已？」曰：「夫内誠不解，郭云：「外自矜飾。」案：語氣不了。張注引下有「内不釋然也」五字。形諜成光，郭云：「舉動便辟而成光儀也。」釋文：「諜，徒協反。郭云：『便辟也。』説文云：『閒也。』」以外鎮人心，張注：「外以矜嚴服物，内實不足。」使人輕乎貴老，釋文：「謂重禦寇過於老人。」而整其所患。釋文：「整，子兮反，亂也。」蘇輿云：「下所謂任事效功，即所患也。言將以己所患者攪亂之也。莊子中其字多如此用。下云『盍胡嘗視其良』，亦儒緩自謂。」宣云：「整有釀意。一説整與齎同，猶致也。並通。」夫饕特爲食羹之貨，多餘之贏，黄帝篇「多」上有「無」字，張注：「一本無無字。」案：無者與莊本同，有「無」字，理較圓。其爲利也薄，其爲權也輕，而猶若是，而況於萬乘之主乎！身勞於國而知盡於事，黄帝篇無「乎」字。二語屬齊君説。

彼將任我以事而效我以功，成云：「驗我以功績。」吾是以驚。」言往見齊君，彼將任事而課功，責望甚重，將有患亂，故以賣饕之事推之，驚而走也。伯昏瞀人曰：「善哉觀乎！善其能觀察人情。汝處已，人將保汝矣。」司馬云：「保，附也。」案：言汝且處乎家，人將附汝矣。无幾何而往，則户外之屨滿矣。成云：「既及升堂，請益者多。」伯昏瞀人北面而立，敦杖蹙之乎頤，司馬云：「敦，豎也。」成云：「以杖柱頤，聽其言説。」立有間，不言而出。成云：「忘言而歸。」賓者以告列子，釋文：「賓，本亦作儐，謂通客之人。」列子提屨，跣而走，暨乎門，曰：「先生既來，曾不發藥乎？」釋文：「司馬本發作廢。」郭慶藩云：「發、廢，古同聲通用。」案：黄帝篇作「廢」，張注：「廢，置也。曾無善言以當藥石也。」曰：「已矣！吾固告汝曰『人將保汝』，果保汝矣。非汝能使人保汝，而汝不能使人无保汝也，而焉用之感豫出異也！黄帝篇「之」下多「感也」二字，「異」下無「也」字，張注云：「汝用何術能感物如此乎！」案：本文「而焉用之」，其義自明。黄帝篇當釋作「汝焉用此感也」！張説非。感豫出異者，先物施惠，豫出以感人，是自異也。必且有感，摇而本才，又无謂也。黄帝篇「必且」作「且必」，「感」下有「也」字，「才」作「身」。案：本才，即本質也，與孟子「非才之罪也」義同。釋文「一本才作性」，意亦同也。言必有惠以感人，則此心逐物，摇汝本質，究何謂乎！與汝遊者，又莫汝告也，宣云：「無忠告。」彼所小言，盡人毒也。張注：「小言細巧，易以感人，故爲人毒害也。」莫覺莫悟，何相執也！　郭嵩燾云：「漢書賈誼傳『日夜念此至執也』，顏注：『執，審也。』言既無覺悟，又何人相審詳乎！」巧者勞而知者憂，无能者无所求，飽食而敖遊，汎若不繫之舟，虚而敖遊者也。」成云：「物必以智巧困弊。惟聖人汎然無係，譬彼虚舟，任運逍遥。」案：「巧者」以下，莊子所增。

鄭人緩也呻吟裘氏之地。　司馬云：「緩，人名也。」釋文：「裘氏，地名。」郭云：「呻吟，吟詠之謂。」祇三年而緩爲儒，郭云：「祇，適也。」河潤九里，澤及三族，宣云：「喻學問既成，必及人。」使其弟墨。　緩使弟學墨。弟名見下。　儒、墨相與辯，其父助翟。　成云：「儒憲章文、武，祖述堯、舜，甚固吝，好多言。墨遵禹道，勤儉好施。儒、墨途別，各執是非，父黨小兒，遂助翟也。」十年而緩自殺。　其父夢之，曰：「使而子爲墨者，予也。　闔胡嘗視其良，既爲秋柏之實矣！」　闔同盍，何不也。胡，亦何也。「闔胡」連文，如古書「尚猶」「惟獨」之例，自有複語耳。嘗，試也。釋文：「良，或作埌，音浪，冢也。」案：緩見夢其父，言弟之爲墨，是我之力，何不試視我冢上，所種秋柏已結實矣！　冤魂告語，深致其怨。　夫造物者之報人也，不報其人而報其人之天。　郭云：「自此以下，莊子詞也。」成云：「造物者，無物也，能造化萬物，故謂之造物。物之智能，稟乎造化，非由從師而學也。故假於學習，輔道自然，報其天性，不報人功也。翟有墨性，不從緩得，緩言我教，不亦繆乎！」彼故使彼。　有墨性，故使墨。　夫人以己爲有以異於人，以賤其親，夫人，猶言此人。成云：「言緩自恃己有學植之功，異於常人，故輕賤其親而汝於父也。」齊人之井，飲者相捽也。故曰：「今之世皆緩也。」齊人穿鑿得井，行李汲而飲之，井主護水，至捽飲者之頭，不知泉之天然也。喻緩不知翟天然之墨而忿之。（此注兼采陸、成。）自是，有德者以不知也，而況有道者乎！釋文：「知音智。」案：以、已字同。德之爲言得也。言知得之爲德，而自是其德，已爲不智，況於有道之人，而可不因任其天乎！古者謂之遁天之刑。上文云「巧者勞而知者憂」，是爲天所刑也。德充符篇云：「天刑之，安可解！」不以有道自命，則可逃遁天之刑矣。語又見養生主篇。

聖人安其所安，不安其所不安；成云：「安，任也。任羣生之性，不引物從己，性之無者，不强安之，此所以爲聖人也。」衆人安其所不安，不安其所安。捨己以徇物，安其所不安也；不安其素分，不安其所安也。

莊子曰：「知道易，勿言難。成云：「運知則易，忘言則難。」知而不言，所以之天也；之，往也。成云：「詣於自然之境。」知而言之，所以之人也。古之人，天而不人。」成云：「復古真人，知道之士，天然淳素，無復人情。」

朱泙漫學屠龍於支離益，司馬云：「朱泙漫、支離益，皆人姓名。」單千金之家，單同殫，盡也。三年技成，而无所用其巧。宣云：「無龍可屠也。」是以君子不貴絶藝，而貴中庸之道。」

聖人以必不必，故无兵；郭云：「理雖必然，猶不必之，斯至順矣，兵其安有！」衆人以不必必之，故多兵〔一〕。宣云：「以理之不必然者，而各必其所偏見，則乖争生矣。」順於兵，故行有求。宣云：「徇於兵争，故動則求濟所欲。」兵，恃之則亡。雖有兵，不可恃。

小夫之知，釋文：「音智。下爲知同。」不離苞苴竿牘，宣云：「裹曰苞，藉曰苴。詩鄭箋：『以果實相遺者，必苞苴之。』」司馬云：「竿牘，謂竹簡爲書，以相問遺。」敝精神乎蹇淺，而欲兼濟道物，太一形虛。若是者，迷惑於宇宙，形累不知太初。勞於蹇難淺薄之事，而欲導羣物以成兼濟之功，虛形器以合太一之理，若是者，已爲宇宙之羣形物累所迷惑，安能知太初妙理邪！彼至人者，歸精神乎无始，而甘冥乎无何有之鄉。郭云：「無始，妙本也。無何有之鄉，道境也。」俞云：「釋文：『冥，本亦作瞑。又音眠。』是也。瞑、眠古今字。文選養生論『達旦不瞑』，李注：『瞑，古眠字。』是也。甘瞑，卽甘眠。徐无鬼篇：『孫叔敖甘寢秉羽。』甘眠與甘寢義同。淮南俶真訓『甘瞑於溷澖之域』，卽本此文。」水流乎无形，發泄乎太清。宣云：「出於虛，歸於虛。」案：以喻至人之自然流行也。悲哉乎！汝爲知在毫毛，而不知大寧！汝，

〔一〕「兵」原誤「矣」，據集釋本改。

謂上「小夫」。大寧，無爲泰定之宇。言人見小而遺大也。

宋人有曹商者，爲宋王使秦。其往也，得車數乘；王説之，秦王。益車百乘。反於宋，見莊子曰：「夫處窮閭阨巷，阨同隘。困窘織屨，槁項黄馘者，司馬云：「槁項，項槁立也。黄馘，面黄熟也。」商之所短也；一悟萬乘之主，而從車百乘者，商之所長也。」莊子曰：「秦王有病召醫，破癰潰痤者得車一乘，舐痔者得車五乘，所治愈下，得車愈多。子豈治其痔邪？何得車之多也？子行矣！」

魯哀公問於顔闔曰：「吾以仲尼爲貞幹，國其有瘳乎？」宣云：「貞同楨。」曰：「殆哉圾乎！郭云：「圾，危也。」仲尼方且飾羽而畫，宣云：「羽有自然之文采，飾而畫之，則務人巧。」從事華辭，以支爲旨，以支辭爲正旨。忍性以視民而不知不信，受乎心，宰乎神，夫何足以上民！視、示同。梏其聰明，是不知也；習於矯僞，是不信也。忍飾性以示民，而此不知不信之道，使民受之於其心，主之於其神，此豈足以上民乎！彼宜女與？予頤與？誤而可矣。彼，謂仲尼。女，謂哀公。頤，養也。言彼或宜於公與，抑彼待我而養與？有此誤舉，猶之可矣。今使民離實學僞，非所以視民也。爲後世慮，不若休之，勿用爲是。難治也。」難於圖治。

施於人而不忘，非天布也。施於人則欲勿忘，有心見德，非上天布施之大道。商賈不齒，雖以事齒之，神者勿齒。世之賤商賈者，以其有市易之情也，故抑之不與士民齒，雖或因事齒之，而其心之神理，仍有不齒之見。今以德相布，與商賈何異！「神者」二字，與下文「神者徵之」義同。莊子多用此等句法。

爲外刑者，金與木也；郭云：「金，謂刀鋸斧鉞；木，謂捶楚桎梏。」爲内刑者，動與過也。郭云：「静而當，則内無刑。」宵人之離外刑者，金木訊之；宵、小古字通用。離同罹，下同。訊，問也。離内刑者，陰陽食之。成云：「若不止分，則内結寒暑，陰陽殘食之也。」夫免乎外内之刑者，唯真人能之。成云：「心若死灰，内不滑靈府，形同槁木，外不挂桎梏，唯真人哉！」

孔子曰：「凡人心險於山川，難於知天。天猶有春秋冬夏旦暮之期，人者厚貌深情。故有貌愿而益，釋文：「愿，謹慤也。」俞云：「益當作溢。溢之言驕溢也。荀子不苟篇『以驕溢人』是也。愿與溢，義正相反。」有長若不肖，成云：「心實長者，形如不肖。」有順懁而達，柔順懁急而内通事理。有堅而縵，外堅强而内緩弱。有緩而釬。釋文：「釬，胡旦反，又音干，急也。」案：外舒遲而内悍急。故其就義若渴者，其去義若熱。宣云：「進鋭而退速。」故君子遠使之而觀其忠，遠則多欺。近使之而觀其敬，近則多狎。煩使之而觀其能，宣云：「煩則難理。」卒然問焉而觀其知，宣云：「猝則難辨。」急與之期而觀其信，宣云：「急則易爽。」委之以財而觀其仁，告之以危而觀其節，宣云：「財易起貪，危易改節。」醉之以酒而觀其側，釋文：「側，不正也。或作則。」俞云：「上文皆舉美德言之，此獨觀其不正，則不倫矣。其云『或作則』，當從之。國語周語〔一〕：『威儀有則。』周書官人篇『醉之酒，以觀其恭』，語意相近。大戴禮文王官人篇作『醉之酒，以觀其不失也』。不失，卽謂不失法則也。」郭嵩燾云：『飲酒孔嘉，維其令儀』，所謂則也。」雜之以處而觀其色。男女參居而觀其色之邪正。九徵至，不肖人得矣。以九事徵驗，雖至不肖之人，亦得其情矣。

正考父一命而傴，再命而僂，三命而俯，循牆而走，孰敢不軌！成云：「正考父，孔子十代祖，宋大夫也。士一命，大夫再命，卿三命。傴僂、循牆，並敬容極恭，卑退若此，誰敢將不軌之事而侮之也！」如而夫者，郭云：「而夫，謂凡夫也。」一命而呂鉅，郭嵩燾云：「方言：『呂，長也。』說文：『鉅，大剛也。』亦通作巨，大也。呂鉅，謂自高大，蓋矜張之意。」再命而於車上儛，三命而名諸父，孰協唐、許！釋文：「協，同也。唐，唐堯；許，許由。皆崇讓者也。言誰比同於唐、許也！」

賊莫大乎德有心而心有睫，宣云：「德而有心，已非自然，心中又有多竅，如有睫然，賊何如之！」及其有睫也而內視，及其有睫，則方寸之內，審視多端。內視而敗矣。多紛擾之害。

〔一〕「語」原誤「書」，據國語周語中改。

凶德有五，中德爲首。謂耳、目、口、鼻、心，而心爲首。何謂中德？中德也者，有以自好也而吡其所不爲者也。郭云：「吡，訾也。」成云：「心所好者，自以爲是；所不爲者，訾而非之。以心中自是爲得，故曰中德。」

窮有八極，達有三必，形有六府。美、髯、長、大、壯、麗、勇、敢，八者俱過人也，因以是窮。宣云：「自恃故也。」緣循、成云：「循，順也。緣物順他，不能自立也。」偃佒、釋文：「偃佒，守分歸一也。」郭嵩燾云：「尋釋文意，偃佒卽偃仰，猶言俛仰從人也。」困畏郭云：「困畏，怯弱也。」不若人，三者俱通達。不若人，與上「俱過人」對文。三者皆自處於不若人，然必通達。知慧外通，逐外者，其神勞，下文所云「其功外」也。勇動多怨，壯往者仇隙衆。仁義多責。言仁義者責望厚。達生之情者傀，達於知者肖；郭云：「傀然，大恬解之貌也。」王念孫云：「郭以傀爲大，是也。肖當訓小。方言：『肖，小也。』廣韻同。肖與傀正相反，言任天則大，任智則小也。」達大命者隨，大命，謂天命之精微，達之則委隨於自然而已。達小命者遭。小命，謂人各有命，達之則安於所遭，亦無怨懟。

人有見宋王者，錫車十乘，以其十乘驕穉莊子。李云：「自驕而穉莊子也。」郭慶藩云：「穉亦驕也。管子軍令篇『工以雕文刻鏤相穉』，尹知章注：『穉，驕也。』」莊子曰：「河上有家貧恃緯蕭而食者，郭慶藩云：「北堂書鈔簾部、御覽七百並引司馬云：『蕭，蒿也。織緝蒿爲薄簾也。』」其子没於淵，得千金之珠。其父謂其子曰：『取石來鍛之！釋文：「謂椎破之。」夫千金之珠，必在九重之淵而驪龍頷下，子能得珠者，必遭其睡也。使驪龍而寤，子尚奚微之有哉！』宣云：「言殘食無餘也。」今宋國之深，非直九重之淵也；宋王之猛，非直驪龍也。子能得車者，必遭其睡也。使宋王而寤，子爲虀粉夫！」

或聘於莊子，莊子應其使曰：「子見夫犧牛乎？成云：「犧，養也。君王預前三月養牛祭宗廟曰犧。」衣以文繡，食以芻叔，釋文：「叔，大豆也。」及其牽而入於太廟，雖欲爲孤犢，其可得乎！」

莊子將死，弟子欲厚葬之。莊子曰：「吾以天地爲棺槨，以日月爲連璧，星辰爲珠璣，萬物爲齎送。吾葬具豈不備邪？何以加此！」弟子曰：「吾恐烏鳶之食夫子也。」莊子曰：「在上爲烏鳶食，在下爲螻蟻食，奪彼與此，何其偏也！」

以不平平，其平也不平；以偏見平天下，其平仍是不平。以不徵徵，其徵也不徵。郭云：「徵，應也。」成云：「聖人無心，有感則應，此真應也，若有心應物，不能應也。」明者唯爲之使，成云：「自炫其明以應務，爲物驅使，何能役人！」神者徵之。宣云：「任神理者，則無往而不應。」夫明之不勝神也久矣，而愚者恃其所見專用己智。入於人，宣云：「溺於人事。」其功外也，其功力皆徇外矣。不亦悲乎！

雜篇　天下第三十三

天下之治方術者多矣，成云：「方，道也。」皆以其有爲不可加矣。宣云：「其有，謂所學。」古之所謂道術者，果惡乎在？曰：「无乎不在。」曰：「神何由降？明何由出？」既無不在，則神聖明王何由降出，獨與衆異？宣云：「又設問也。」「聖有所生，王有所成，皆原於一。」下文所云「内聖外王之道」。宣云：「又答。」不離於宗，謂之天人。不離，若孔子言顏氏之不違宗主也。謂自然。不離於精，謂之神人。成云：「淳粹不雜，謂之神妙。」不離於真，謂之至人。成云：「凝然不假，謂之至極。」以天爲宗，以德爲本，以道爲門，兆於變化，變化不測，隨物見端。謂之聖人。成云：「以上四人，止是一耳，隨其功用，故有四名。」以仁爲恩，以義爲理，以禮爲行，以樂爲和，薰然慈仁，謂之君子。宣云：「君子是道之緒餘。」以法爲分，以名爲表，宣云：「以法度爲分別，以名號爲表率。」以參爲驗，釋文：「參，本又作操。」宣云：「以所操文書爲徵驗。」以稽爲決，宣云：「以稽考所操而決事。」其數一二三四是也。宣云：「分明不爽如是。」百官以此相齒，宣云：「此又一等人。相齒，謂以此爲序也。官職是名法之迹。」以事爲常，事，謂日用。以衣食爲主，蕃息畜藏，老弱孤寡爲意，皆有以養，蕃息，謂物産；畜藏，謂貨財。兼養及無告之人。民之理也。宣云：「又一等人。」古之人其備乎！配神明，醇天地，育萬物，和天下，澤及百姓，明於本數，係於末度，郭云：「本數明，故末不離。」六通四辟，釋文：「本又作闢。」小大精粗，其運无乎不在。其明而在數度者，舊法世傳之史尚多有之。宣云：「言史所由傳。」其在於詩、書、禮、樂者，鄒、魯之士、搢紳先生多能明之。士，儒者。搢紳先生，服官者。成云：「搢，笏也，亦插也。紳，大帶。」宣云：「六經所由傳。」詩以道志，書以道事，禮以道行，樂以道和，易以道陰陽，春秋以道名分。釋文：「道音導。」其數散於天下而設於中國者，設，施也。百家之學時或稱而道之。宣云：「百家所由傳。」天下大亂，賢聖不明，成云：「韜光晦迹。」道德不一，成云：「法教多端。」天下多得一察焉以自好。一察，猶言一隙之明。譬如耳目鼻口，皆有所明，不能相通。猶百家衆技也，皆有所長，時有所用。雖然，不該不徧，一曲之士也。判天地之美，析萬物之理，郭云：「各用其一曲，故析判。」察古人之全，寡能備於天地之美，稱神明之容。釋文：「稱，尺證反。」成云：「觀察古昔全德之人，猶鮮能備兩儀之亭毒，稱神明之容貌，況一曲者乎！」是故内聖外王之道，闇而不明，鬱而不發，天下之人各爲其所欲焉以自爲方。道術。悲夫！百家往而不反，必不合矣。後世之學者，不幸不見天地之純，古人之大體，道術將爲天下裂。

不侈於後世，不靡於萬物，不暉於數度，宣云：「不示奢侈，不事靡費，不務光華。」以繩墨自矯，成云：「矯，厲也。用仁義爲繩墨，以厲其志行。」而備世之急，郭云：「勤而儉則財有餘，故急有備。」古之道術有在於是者。墨翟、禽滑釐聞其風而説之。釋文：「墨翟，宋大夫，尚儉素。禽滑釐，翟弟子，不順五帝、三王之樂，嫌其奢。」爲之大過，已之大循。循，順也。其爲之大過，特己之大順而已，不堪教世也。作爲非樂，命之曰節用，生不歌，死无服。成云：「非樂、節用，墨子書二篇名。生不歌，故非樂；死無服，故節用。謂無衣衾棺槨等資葬之服。」墨子汎愛兼利而非鬭，釋文：「化同己儉爲汎愛兼利。」郭云：「令百姓皆勤儉各有餘，故以鬭爲非。」其道不怒，成云：「克己，故不怨怒於物。」又好學而博，不異，郭云：「既自以爲是，則欲令萬物皆同乎己。」不與先王同，不以先王爲然。毁古之禮樂。郭云：「嫌其侈靡。」黄帝有咸池，堯有大章，舜有大韶，禹有大夏，湯有大濩，文王有辟雍之樂，武王、周公作武。古之喪禮，貴賤有儀，上下有等，天子棺槨七重，諸侯五重，大夫三重，士再重。今墨子獨生不歌，死不服，桐棺三寸而无槨，以爲法式。以此教人，恐不愛人；以此自行，固不愛己。宣云：「既拂人之性，亦自處於薄。」未敗墨子道，今墨之道尚未敗也。雖然，歌而非歌，哭而非哭，樂而非樂，是果類乎？是果與人情類乎？其生也勤，其死也薄，其道大觳，郭嵩燾云：「釋詁：『觳，盡也。』管子地員篇：『又次曰五觳。』觳者，薄也。」

使人憂，使人悲，其行難爲也，恐其不可以爲聖人之道，反天下之心，天下不堪。墨子雖能獨任，自爲之。奈天下何！離於天下，其去王也遠矣。宣云：「非王者之道。」墨子稱道曰：稱其道之所由。「昔者禹之湮洪水，決江河而通四夷九州也，名山三百，俞云：「山當作川，字之誤也。此文專以川言，不當言支川而不及名川。呂覽始覽篇、淮南地形訓並曰『名川六百』。」支川三千，小者无數。禹親自操橐耜而九雜天下之川，釋文：「橐，舊古考反。崔、郭音託，則應作橐。司馬云：『盛土器也。』耜音似，三蒼云：『耒頭鐵也。』崔云：『棰也。』司馬云：『盛水器也。』九，本亦作鳩，聚也。」郭嵩燾云：「雜匯諸川之水，使同歸於大川，故曰九雜。」腓无胈，脛无毛，沐甚雨，櫛疾風，置萬國。奠定萬國。禹，大聖也，而形勞天下也如此。」使後世之墨者多以裘褐爲衣，以跂蹻爲服，成云：「後世墨者，翟之弟子。裘褐，粗衣。木曰跂，草曰蹻。」日夜不休，以自苦爲極，曰：「不能如此，非禹之道也，不足謂墨。」墨戒其徒如此。相里勤之弟子五侯之徒，南方之墨者成云：「姓相里，名勤，南方之墨師。五侯，並學墨人。」韓非顯學篇：「有相里氏之墨，有相夫氏之墨，有鄉陵氏之墨。」苦獲、已齒、鄧陵子之屬，俱誦墨經，李云：「苦獲、已齒，二人姓字也。」案：鄧陵疑即鄉陵，形近致譌。而倍譎不同，相謂別墨，倍譎，倍異詭譎也。自謂墨之別派。以堅白、同異之辯相訾，宣云：「非彼說。」以觭偶不仵之辭相應，宣云：「是一說。」觭同奇。釋文：「仵，同也。」案：奇偶本不同，强以相應，則無不可同。以巨子爲聖人，宣云：「巨子，墨之高弟。」釋文：「若儒家之碩儒。」皆願爲之尸，成云：「以爲師主。」冀得爲其後世，宣云：「思繼其統。」至今不決。宣云：「其教不絶。」墨翟、禽滑釐之意則是，其行則非也。成云：「意在救世，所以是也；爲之太過，所以非也。」將使後世之墨者必自苦以腓无胈、脛无毛，相進而已矣。相進，猶相競。亂之上也，治之下也。宣云：「亂天下之罪多，教天下之功少。」雖然，墨子真天下之好也，真天下能好人者也。俞云：「卽孟子『墨子兼愛』意。」將求之不得也，將求救天下之術而不得邪！古「邪」「也」字通用。俞云：「卽『心誠求之』意。」雖枯槁不舍也。雖枯槁其身，不忍舍去也。俞云：「卽孟子『摩頂放踵爲之』意。」才士也夫！可謂竭才之士也夫！

不累於俗，不爲物累。不飾於物，不自矯飾。不苟於人，無所苟且。不忮於衆，無所忌害。願天下之安寧以活民命，以天下生民爲重。人我之養畢足而止，不必求有餘也。以此白心，宣云：「暴白其志之無他。」古之道術有在於是者。宋鈃、尹文聞其風而悦之。成云：「宋、尹，並齊宣王時人，同遊稷下。（案：二見漢書藝文志名家。）宋著書一篇，尹著書二篇，咸師於黔而爲之名也。性與教合，故聞風悦愛。」作爲華山之冠以自表，郭云：「華山上下均平。」接萬物以别宥爲始。釋文：「始，首也。崔云：『别善惡，宥不及。』」語心之容，命之曰心之行，成云：「命，名也。發語吐詞，每令心容萬物，卽名此容受而爲心行。」案：言我心如此，推心而行亦如此。以聏合驩，釋文：「聏，崔音而，郭音餌。司馬云：『色厚貌。』崔、郭、王云：『和也。』聏和萬物，物合則歡矣。」以調海内，强以其道調之。請欲置之以爲主。請欲時君皆置此心以爲主。見侮不辱，不自謂辱。救民之鬭；禁攻寢兵，救世之戰。寢，息也。以此周行天下，上説下教，雖天下不取，不取其説。强聒而不舍者也。故曰：「上下見厭而强見也。」上，時君；下，謀臣。雖然，其爲人太多，其自爲太少，曰：其言若此。「請欲固置五升之飯足矣，先生恐不得飽，弟子雖飢，不忘天下。」成云：「宋、尹稱黔首爲先生，自謂爲弟子，先物後己故也。」案：宋、尹見爲置餐者，言請欲先生惟置五升之飯足矣。日夜不休，曰：「我必得活哉！」圖傲乎救世之士哉！宣云：「又言『我必得以自活哉』！圖活民命，傲救世之士耳。」曰：「君子不爲苛察，不以身假物。」以爲无益於天下者，明之不如已也。又言『君子不宜苛察，故侮厭弗顧，不假外物以爲身』，故飢飽弗計，人皆自炫其明。然計較太多，雖有益於世而莫之爲，故宋、尹以爲彼之無益於天下者，明之不如已也。以禁攻寢兵爲外，宣云：「外以此救世。」以情欲寡淺爲内，宣云：「内以此克己。」其小大精粗，其行適至是而止。其行止於是，則其道術之大小精粗亦不過如是。

公而不當，崔本作「黨」，云：「至公無黨也。」盧云：「作『不黨』是。」易而无私，成云：「平易。」決然无主，宣云：「決去係累，而無偏主。」趣物而不兩，宣云：「隨物而趨，不生兩意。」不顧於慮，不謀於知，無旁顧，無巧謀。於物无擇，與之俱往，古之道術有在於是者。彭蒙、田駢、慎到聞其風而説之。成云：「並齊之隱士，俱遊稷下，各著書數篇。」俞云：「據下文，彭蒙當是田駢之師。意林引尹文子有彭蒙曰：『雉兔在野，衆皆逐之，分未定也；雞豕滿市，莫有志者，分定故也。』」齊萬物以爲首，宣云：「以此爲第一事。」曰：「天能覆之而不能載之，地能載之而不能覆之，大道能包之而不能辯之。」知萬物皆有所可，有所不可，故曰：「選則不徧，必有未應選。教則不至，必有未受教。道則无遺者矣。」唯道兼包之，所謂齊也。是故慎到，俞云：「史記孟荀列傳：『慎到，趙人，著十二論。』漢書藝文志法家有『慎子四十二篇』。名到，先申、韓，申、韓稱之。」棄知去己，成云：「息慮棄知，忘身去己。」而緣不得已，泠汰於物以爲道理，釋文：「泠汰，猶沙汰也。泠音零。」案：言到雖棄知去己，而因必不得已，始沙汰人物一番，守此以爲道理。曰：「知不知，將薄知而後鄰傷之者也。」其言曰：「凡知人之道，當如不知，將薄有所知，而已近於傷之者也。」此到之棄知。成云：「鄰，近也。」謑髁无任而笑天下之尚賢也，釋文：「謑髁，訛倪不正貌。」案：其用人雖謑髁不正，無可任使，而以天下尚賢爲笑。縱脱无行而非天下之大聖，其在己縱恣脱略，無行可稱，而以天下大聖爲非，卑之無高論也。椎拍輐斷，與物宛轉，郭云：「猶有椎拍，故未泯合。」釋文：「輐，圓也。」案：郭釋椎拍，謂如椎之拍。凡物稍未合，以椎重拍之，無不合矣。是椎拍之義，言强不合者使合也。

輐斷，謂雖斷而甚圓，不見決裂之迹，皆與物宛轉之意也。此到之去己。舍是與非，苟可以免，宣云：「不執是非，庶無累也。」不師知慮，不知前後，釋文：「上知音智。」案：不師人之智慮，不問事之前後。魏然而已矣。大公平易，故能巍然。推而後行，曳而後往，若飄風之還，宣云：「迴還無方。」若羽之旋，宣云：「羽自空而下，旋轉不定。」若磨石之隧，磨文石作隧道，喻其光滑。全而无非，故能自全而不見非責。動静无過，未嘗有罪。静無過，動亦無過，罪何由至！是何故？假設疑問，言何故能如此？夫无知之物，无建己之患，无用知之累，動静不離於理，是以終身无譽。无知之物，木石是也。言譬彼無知之物，不建己以爲標準，故不來指目之患；不用智以相推測，故不受嫉忌之累。移之則動，置之則静，恆不離於物理，明白易見，是以終其身無譽之者，無譽則亦無咎矣。故曰：「至於若无知之物而已，到之言推極於此。无用賢聖，夫塊不失道。」何用賢聖爲哉！彼土塊亦不失爲道也。豪桀相與笑之曰：「慎到之道，非生人之行而至死人之理，適得怪焉。」其能事之豪桀，則相與笑之曰：「慎子之道，非是生人之行，而至於有死人之理，適足得世之怪詫焉而已。」田駢亦然，其言相同，舉到以包駢。學於彭蒙，得不教焉。不教之教，觀其所行，學焉而心自得也。彭蒙之弟與師，而蒙可知。彭蒙之師曰：「古之道人，至於莫之是、莫之非而已矣。與慎到言「至於若無知之物」無異。其風窢然，惡可而言？」向、郭云：「窢，逆風聲。」言古道人之風教，窢然迅過，惡可言傳？**常反人，不見觀，**常反人之意議，不見爲人所觀美。下文云：「以反人爲實。」**而不免於魭斷。**卽不得已而用斷決，亦惟與物宛轉，不免於愼到之輐斷。輐、魭音義同也。**其所謂道非道，而所言之韙不免於非。**郭云：「韙，是也。」案：謂彭師之言，是中有非，於道則未見也。**彭蒙、田駢、慎到不知道。**故此三人者，直謂之不知道。**雖然，概乎皆嘗有聞者也。**然論其梗概，皆嘗有舊聞。如「棄知去己」，必非無所師承，乃其緒論去之彌遠耳。

以本爲精，以物爲粗，成云：「本，無也。物，有也。用無爲妙道爲精，用有爲事物爲粗。」**以有積爲不足，**郭云：「寄之天下，皆有餘也。」**澹然獨與神明居，**宣云：「此虛玄無爲之教。」**古之道術有在於是者。關尹、老聃聞其風而悅之。**釋文：「關尹，關令尹喜也。或云：尹喜，字公度。老聃，卽老子也，爲喜著書十九篇。」成云：「周平王時函谷關令，故謂之關尹。」俞云：「漢志道家有『關尹子九篇』，注云：『名喜，爲關吏。』或以尹喜爲姓名，失之。又漢志無老子十九篇之書。呂覽不二篇『關尹貴清』，高注：『關尹，關正也，名喜，能相風角，知將有神人而老子到，喜説之，請著上至經五千言。』上至經之名，他書未見也。」**建之以常无有，主之以太一，**成云：「建立言教，以凝常無物爲宗；悟其指歸，以虛通太一爲主。」**以濡弱謙下爲表，以空虛不毁萬物爲實。**成云：「表，外也。以柔弱謙和爲權智外行，以空惠圓明爲實智内德。」**關尹曰：「在己无居，形物自著。**宣云：「己無私主，隨物同著。」**其動若水，其靜若鏡，其應若響。**

宣云：「同物則和，自得則失。」**芴乎若亡，寂乎若清，同焉者和，得焉者失。**宣云：「皆無心故。」**未嘗先人而常隨人。**成云：「和而不唱。」**老聃曰：「知其雄，守其雌，**宣云：「能而處於不能。」**爲天下谿；**宣云：「處下待輸，有而不積。」**知其白，守其辱，**潔而不爲自潔。**爲天下谷。」**宣云：「居虛受感，應而不藏。」**人皆取先，己獨取後，曰：「受天下之垢。」人皆取實，己獨取虛，无藏也故有餘，巋然而有餘。**郭云：「獨立自足之謂。」宣云：「疊一語，甚言之。」**其行身也，徐而不費，**宣云：「不先故徐。不先則少事，少事故不費。」**无爲也而笑巧。**無爲似拙，而可以笑彼巧者。**人皆求福，己獨曲全，曰：「苟免於咎。」**人求福不已，己獨委曲以保安全，曰「苟免咎禍而已」。**以深爲根，以約爲紀，**成云：「以深玄爲德之本根，以儉約爲行之綱紀。」**曰：「堅則毁矣，鋭則挫矣。」常寬容於物，不削於人，**成云：「知足守分，故不侵削於人。」**可謂至極。**姚本「可謂」作「雖未」，云：「從李氏本改。」**關尹、老聃乎！古之博大真人哉！**

芴漠无形，變化无常，死與生與！天地並與！齊物論篇云：「天地與我並生。」**神明往與！芒乎何之？忽乎何適？**神明往而不知所適。**萬物畢羅，**宣云：「無不包也。」**莫足以歸，**無可爲我歸宿者。**古之道術有在於是者。莊周聞其風而悦之。以謬悠之説，**釋文：「謂若忘於情實者也。」**荒唐之言，**荒，大也。唐，空也。**无端崖之辭，**無端可尋，無崖可見。**時恣縱而不儻，**恣縱，謂縱談恣論。不儻，成云「不偏黨」，非也。釋文作「而儻」，無「不」字，近之。謂忽然而至也。**不以觭見之也。**成云：「觭，不偶也。」宣云：「言不以一端自見。」**以天下爲沈濁，不可與莊語；**莊語，猶正論。**以卮言爲曼衍，以重言爲真，以寓言爲廣。**因世人不可與莊語，故以此三言爲説。已見寓言篇。曼衍，因其事理而推衍之，所謂「卮言日出，因以曼衍」也。重言，述尊老之言，使人聽之而以爲真，故曰「所以已言」也。寓言，以廣人之意，所謂「藉外論之」也。**獨與天地精神往來，**以精神與天地往來，寄於至高之境。姚云：「莊以關尹、老聃不過如篇首所云『不離於真』之至人，猶未至極。若莊生之獨與天地精神往來，則所謂『不離於宗，謂之天人』者。」**而不敖倪於萬物，**未嘗鄙棄萬物，存驕亢之見。敖倪，與傲睨字同。**不譴是非，以與世俗處。**不責人之是非，以與世俗混處。成云：「譴，責也。」**其書雖瓌瑋而連犿无傷也，**釋文：「瓌瑋，奇特也。」犿，本亦作抃，同，芳袁反，又敷晚反。李云：「『宛轉貌。』一云相從貌。」謂與物相從不違，故無傷也。」**其辭雖參差而諔詭可觀。**成云：「參差者，或虚或實，不一其言也。諔詭，言滑稽也。」**彼其充實不可以已，**夫其詞理充實，不能自已。**上與造物者遊，而下與外死生、无終始者爲友。其於本也，宏大而辟，**同闢。**深閎而肆；**宣云：「放縱也。」**其於宗也，可謂稠適而上遂矣。**釋文：「稠音調，本亦作調。」案：遂，竟也，達也。言其於所宗主也，可謂調通而上達者矣。蘇輿云：「此卽篇首所謂『不離於宗』者。」

雖然，其應於化而解於物也，其理不竭，其來不蛻，芒乎昧乎，未之盡者。然其因應於變化而冥解於物情也，其用不竭，其來不遺，芒昧如不可見，未有能盡其妙者。

惠施多方，方，術也。其書五車，言其多。其道舛駁，郭慶藩云：「司馬本舛作踳。文選魏都賦注引司馬云：『踳讀曰舛。駁，色雜不同也。』又引司馬此注，一作『舛馳』。法言敘曰：『諸子各以其知舛馳。』淮南俶真訓：『二者代謝舛馳。』氾論訓：『見聞舛馳於外。』說山訓『分流舛馳』，玉篇引作『僢馳』，義亦同也。」其言也不中。中，竹仲反。歷物之意，曰：其歷指事物之意，有曰。「至大无外，謂之大一；至小无內，謂之小一。杜撰小一，以配大一。无厚不可積也，其大千里。司馬云：「苟其可積，何但千里乎！」天與地卑，山與澤平。天地一致，山澤均平。日方中方睨，物方生方死。成云：「睨，側視也。居西者呼爲中，處東者呼爲側，則無中、側也。猶生死也：生者以死爲死，死者以生爲死。日既中、側不殊，物亦死生無異也。」大同而與小同異，此之謂小同異；謂之大同而與小同有異，是同異雜也，然止謂之小同異。萬物畢同畢異，此之謂大同異。如寒暑晝夜，是萬物畢同畢異也，方謂之大同異。南方无窮而有窮，宣云：「謂之南，已有分際，舉一以反三也。」今日適越而昔來。宣云：「知有越時，心已先到。」案：此語又見齊物論篇，彼「來」作「至」。連環可解也。成云：「環之相貫，貫於空虛，不貫於環。是以兩環貫空，不相涉入，各自通轉，故可解也。」我知天下之中央，燕之北，越之

南是也。此擬議地球中懸，陸路可達，故燕北即是越南，與鄒衍瀛海之談又别。**氾愛萬物，天地一體也。**」宣云：「天地非大，我非小。」**惠施以此爲大觀於天下而曉辯者，天下之辯者相與樂之。**惠自以爲於天下之理，獨觀其大，以此曉示辯人，辯人亦樂之也。**卵有毛，**宣云：「卵無毛，則鳥何自有也？」**雞三足，**司馬云：「雞兩足，所以行而非動也，故行由足發，動由神御。今雞雖兩足，須神而行，故曰三足也。」**郢有天下，**宣云：「稱王自大。」**犬可以爲羊，**宣云：「犬羊之名，皆人所命，若先名犬爲羊，則爲羊矣。」**馬有卵，**成云：「胎、卵溼化，人情分别，以道觀者，未始不同。鳥卵既有毛，獸胎何妨名卵！」**丁子有尾，**成云：「楚人呼蝦蟇爲丁子。蝦蟇無尾，人所共知。以道觀之，無體非無，非無尚得稱無，何妨非有可名尾也！」案：蝦蟇初生，無足有尾，聞雷後，足出而尾没矣。**火不熱，**宣云：「人皆火食，是不熱。」**山出口，**宣云：「空谷傳聲。」**輪不蹍地，**輪轉不停，蹍地則何以轉？**目不見，**宣云：「見則何以不自照？」**指不至，至不絶，**有所指則有所遺，故曰指不至。下「至」字疑「耳」之誤。數語皆就人身言，耳雖有絶響之時，然天下古今，究無不傳之事物，是不絶也。「至」字緣上而誤，遂不可通矣。**龜長於蛇，**成云：「夫長短相形，無長非短。謂蛇長龜短，乃物之滯情，今欲遣此迷惑，故云龜長於蛇。」俞云：「即『莫大於秋豪之末而泰山爲小』意。」**矩不方，**宣云：「天下自有方，非以矩。」**規不可以爲圓，**宣云：「天下自有圓，非以規。」**鑿不圍枘，**成云：「鑿，孔也。枘者，内孔中之木。」宣云：「枘自入之耳，鑿未嘗圍之。」飛鳥之景未嘗動也，鳥飛多以晝，故云影未嘗動。司馬引墨子云：「影不徙也。」鏃矢之疾而有〔一〕不行不止之時，鏃矢行止，人爲之也。專以鏃矢言，是有不行不止之時矣。狗非犬，成云：「狗、犬同實異名。名實合，則彼所謂狗，此所謂犬也；名實離，則彼所謂狗，異於犬也。墨子曰：『狗，犬也，然狗非犬也。』」黄馬、驪牛三，宣云：「二色與體爲三。」白狗黑，宣云：「白黑，人所名，烏知白之不當爲黑乎？」孤駒未嘗有母，李云：「駒生有母，言孤則無母，孤稱立，則母名去也，故孤駒未嘗有母。」一尺之捶，日取其半，萬世不竭。司馬云：「捶，杖也。若其可析，則常有兩，若其不可析，其一常存，故曰萬世不竭。」辯者以此與惠施相應，終身无窮。桓團、公孫龍辯者之徒，成云：「桓、公孫並趙人，辯士，客遊平原君之門。而公孫龍著守白論，見行於世。」飾人之心，易人之意，成云：「彫飾人心，改易人意。」能勝人之口，不能服人之心，辯者之囿也。宣云：「辯者迷於其中而不能出。」惠施日以其知，同智。與人之辯，及其同遊之人所辯論。特與天下之辯者爲怪，成云：「特，獨也，字亦有作將者。」案：爲怪，謂騁其譎異。此其柢也。俞云：「柢與氐通。史記秦始皇紀『大氐盡畔秦吏』，正義：『氐，猶略也。』此其柢也，猶云此其略也。」然惠施之口談，自以爲最賢，自以爲解理最賢於衆。曰：「天地其

〔一〕「有」原誤「若」，據集釋本改。

壯乎！」司馬云：「惠唯以天地爲壯於己也。」施存雄而无術。司馬云：「施意在勝人，而無道理之術。」南方有倚人焉，曰黄繚，釋文：「倚，本或作畸，同。李云：『異也。』」成云：「姓黄，名繚，不偶於俗。」問天地所以不墜不陷，風雨雷霆之故。惠施不辭而應，不慮而對，成云：「不辭謝而應機，不思慮而對答。」偏爲萬物説；成云：「偏爲陳説萬物根由。」説而不休，多而无已，猶以爲寡，益之以怪。成云：「加奇怪以騁其能。」以反人爲實，而欲以勝人爲名，是以與衆不適也。成云：「不能和適。」弱於德，陳於物，内弱外强。其塗隩矣。隩，曲而隱也。非大道。由天地之道觀惠施之能，其猶一蚉一宝之勞者也，其於物也何庸！成云：「庸，用也。」夫充一尚可，宣云：「内聖外王，皆原於一，充之而可，何須逐物邪！」曰愈貴，道幾矣！曰，詞也。言愈自貴重，不須多言，於道亦庶幾矣。惠施不能以此自寧，自安定其心。散於萬物而不厭，成云：「散亂精神。」卒以善辯爲名。惜乎！惠施之才，駘蕩而不得，釋文：「駘，李音殆，放也。」宣云：「不得，無所得。」逐萬物而不反，是窮響以聲，形與影競走也。聞響大而高聲，不知聲宏而響愈振；見影來而疾走，不知形捷而影競隨之也。悲夫！

莊子集解内篇補正

目録

莊子集解内篇補正

逍遥遊第一

言逍遥乎物外，任天而遊無窮也。　補釋文：「逍音銷。遥亦作揺。遊亦作游。逍遥遊者，篇名，義取閒放不拘，怡適自得。」武按：本書讓王篇善卷曰：「逍遥於天地之間，而心意自得。」足明此義。蓋遊之逍遥，喻心意之逍遥自得也。天運篇云：「以遊逍遥之虚。」逍遥，無爲也。是欲心意之逍遥自得，重在無爲也。而郭象云：「夫大小雖殊，而放於自得之場，則物任其性，事稱其能，各當其分，逍遥一也。豈容勝負於其間哉！」郭氏此説，自樹一義則可，若以之釋本篇，則失其旨矣。本篇之旨在凝神，而神之能凝，在心意之逍遥，欲心意之逍遥，則在無爲。人之不能逍遥者，有爲也。其所爲者，名也，功也，己也。此外則有有用之材也。故篇中揭其綱曰，聖人無名，神人無功，至人無己，大樗無用。夫至於無名、無功、無己、無用，斯無爲矣，斯逍遥矣。故篇中要之曰「其神凝」，結之曰「彷徨乎無爲其側，逍遥乎寢卧其下」。本篇之大旨，如斯而已矣。莊子恐人之不明也，特借遊之説以明之。遊有大小，特設鵬鷽之喻以明之。蜩鷽自以爲遊之至而逍遥矣，然偈促數仞之高，搶攘榆蓬之間，以視鵬之一舉九萬里，其遊固至小而有限也。鵬之遊較大矣，然必積九萬里之厚風，而後乃今掊之以圖南，則其遊猶有所待也。夫遊有限與有待，烏在其能逍遥也？且鵬所適者南冥也，非能遊於無窮也，非能遊於無何有之鄉也，猶之於有限也，又烏在其能逍遥也？此喻之以物也。更證之以人，由效一官以至徵一國之流，其自視其德，亦猶鵬鷽自視其遊之至也。然日斤斤於效、比、合、徵，心之爲累亦甚矣，未若宋榮子不隨世之非譽而勸阻也。然尚有内外榮辱之見存，未若列子之乘風，灑落世務，超脱塵垢也。然必待風而後行，猶之鵬翼必待風而後舉，未若乘天地之正，御六氣之辨，以遊無窮而無所待也。而其所以能至此者，其功夫則在無名、無功、無己。能至於無己，則在己之一心，斯真逍遥矣。然桂以可食致伐，漆以可用致割，虎豹之文來射，猨狖之捷來格；人則以材之有用，恒召世之繫累。是能逍遥於心者，未必能逍遥於境也。又必無所可用焉，然後心、境兩適，無所遊而不逍遥矣。無所遊而不逍遥，然後能專精抱一，而神凝矣。斯旨也，文更舉證以明之。許由之辭天子，無名也。藐姑射神人，物莫之傷，無己而神凝也。四子使堯見之而喪其天下，無功也。而終之以大樗之無用。斯之爲文，由小以至大，由淺以及深，喻之以物，襯之以人，旁敲側擊，反托正喻，無非説明無爲之道而已。郭氏乃謂大小雖殊，逍遥一也，按諸文旨，豈其然乎！

北冥有魚，釋文：「本一作溟，北海也。」正釋文：「北冥，本一作溟，覓經反，北海也。嵇康云：『取其溟溟無涯也。』梁簡文帝云：『窅冥無極，故謂之冥。』東方朔十洲記云：『水黑色，謂之冥海。』」近人朱桂曜云：「王氏誤解釋文，以冥爲北海，大非。如其説，是北冥爲北北海矣。且下文『南冥』又何解乎？冥卽海也。」武按：王氏之誤，在删去釋文爲首「北冥」二字，故「北海也」三字遂專訓冥矣。然朱氏謂冥卽海，亦大非。下文「窮髮之北有冥海者」，如朱氏説，是冥海爲海海矣。考説文：「冥，幽也。從日、六，冖聲。日數十，十六日而月始虧。」冖亦夜也。簡文宵冥之訓得之。十洲記云：「水黑色，謂之冥海。」以水言海，以黑言冥，非謂冥卽海也，冥僅表色而已。今就「北冥」二字言，北表方，冥表色，卽北方幽黑。其義止此。釋文之釋爲北海者，以本文自釋爲天池也。故北冥、南冥，謂爲南北天池之名則是，謂冥卽海則非也。**其名爲鯤。**釋魚：「鯤，魚子。」方以智云：「鯤本小魚，莊子用爲大魚之名。」正鯤，釋文：「徐音昆，李侯温反，大魚名也。」朱桂曜云：「鯤自有大魚之義，非莊子假借用之。關尹子一字篇：『能運大鯤大鯨。』孔子家語『鯤魚，其大盈車』，卽以鯤爲大魚。文選宋玉對楚王問『故鳥有鳳而魚有鯤』，亦以鯤爲大魚。」**鯤之大，不知其幾千里也。化而爲鳥，其名爲鵬。**補鵬，釋文：「徐音朋。説文云朋及鵬，皆古文鳳字也。『朋，鳥象形。鳳飛，羣鳥從以萬數，故以鵬爲朋黨字。』」**鵬之背，不知其幾千里也；怒而飛，其翼若垂天之雲。是鳥也，海運則將徙於南冥。**玉篇：「運，行也。」案：行於海上，故曰「海運」。下云「水擊」，是也。正林希逸云：「海運者，海動也。今海瀕俚歌，猶有『六月海動』之語。海動必有大風，其水湧沸，自海底而起，聲聞數里。」武按：藝文類聚八，引莊子佚文云：「海水三歲一周，流波相薄，故地動。」此爲海運確證。**南冥者，天池也。**成玄英云：

「大海洪川，原夫造化，非人所作，故曰天池。」按：言物之大者，任天而遊。**正**按語謂「物之大者，任天而游」，意是指鵬之遊能逍遥也，則與文意適相反。文寫鵬之將徙天池也，甚難而有待。待海運，待飆風，而後水擊三千，而後摶上九萬，翼莫夭閼，息須六月。如此種種，乃極寫鵬遊之不逍遥，以反襯神人之逍遥，所謂背面敷粉法也。故按語非是。**齊諧者，志怪者也。**司馬彪云：「齊諧，人姓名。」簡文云：「書名。」**補**諧，正韻音骸。釋文：「齊諧，户皆反。」又云：「怪，異也。」周禮：「外史掌四方之志。」鄭注：「志，記也。」武按：言齊諧者，記載怪異之事者也。以作書名爲允。俞樾云：「按下文『諧之言曰』，若是書名，不得但稱諧。」然文心雕龍有諧隱篇，是諧卽隱也。劉向新序，言齊宣王發隱書而驗之。齊諧，卽隱書之類，亦卽齊之諧書也。書名諧，何得不可但稱諧乎？**諧之言曰：「鵬之徙於南冥也，水擊三千里，**崔譔云：「將飛舉翼，擊水踉蹌。」**摶扶搖而上者九萬里，**崔云：「附翼徘徊而上。」爾雅：「扶搖謂之飆。」郭注：「暴風從下上。」**補**摶，釋文：「徒端反。」郭慶藩曰：「文選江文通雜體詩注引司馬云：『摶，圜也。扶搖，上行風也，圜飛而上行若扶搖也。』」説文：『摶，以手圜之也。』」武按：扶搖，卽下文羊角風。此風之勢，扶疏摇曳，曲行而上，如羊角也。鵬亦隨風勢圜轉而上飛，所謂摶也。章炳麟謂字當從「搏」，崔説得之。不知搏者拍也，摶亦有拍義，於義較完，不須從「搏」也。**去以六月息者也。」**成云：「六月，半歲，至天池而息。」引齊諧一證。**補**「六月」字，伏下「大年」「小年」句。**野馬也，**司馬云：「野馬，春月澤中游氣也。」成云：「青春之時，陽氣發動，遥望藪澤，猶如奔馬，故謂之野馬。」**正**自此句至「則已矣」，就齊諧所言之九萬里，説明其高之形狀。野馬者，乃高九萬里内游動雲氣之形也。吕覽云：「至亂之世，其雲狀有若犬若馬。」又云：「其狀若衆馬以鬬，其名曰滑馬。」前漢書天文志云：「石氏『見槍雲如馬』。」以此證知野馬爲言雲氣，猶之吕氏所云之「滑馬」也。下文「絶雲氣」，卽指此，故郭訓爲遊氣。崔云「天地間氣如野馬馳」，爲得其旨。司馬與成僅就澤氣言，與上之「九萬里」，下之「天之蒼蒼」，不相應矣。**塵埃也，**成云：「揚土曰塵。塵之細者曰埃。」**補**釋文：「埃音哀。」**生物之以息相吹也。**成云：「天地之間，生物氣息，更相吹動。」按：漢書揚雄傳注：「息，出入氣也。」言物之微者，亦任天而遊，入此義。見物無大小，皆任天而動。「鵬」下不言，於此點出。**正**按語非也。郭慶藩云：「既言鵬之飛與息各適其性，又申言野馬塵埃皆生物之以息相吹，蓋喻鵬之純任自然，亦猶野馬，塵埃之累動而升，無成心也。郭氏謂『鵬之所馮以飛者』，疑誤。」武按：此説與王氏按語相類。本文正寫鵬南徙時之情狀，尚未涉及物各適性一層，如忽插入此義，則上下文意不貫。莊子文不如是駁雜也。且以「生物」句總承「野馬」二句，亦欠分曉。至郭象謂「此皆鵬之所馮以飛者」，説原不誤。蓋莊子欲寫鵬摶上九萬里之高，須寫天之高。然天之高不易寫也，特寫輕虚而居上層者，狀如野馬之雲氣也；其下，則浮空之塵埃也；又下，則生物相吹之息也。有此三層，則天之高見矣。鵬升乎三者之上，而馮之以飛，則九萬里之高見矣。此三者，卽所以成風者也。先提於此，以爲下文風之伏筆。而人自下仰望，所見蒼蒼然者，卽此三者之色也。三者原無色，厚則有色，如水原無色，深則有色，色亦蒼蒼然也。色爲三者之色，而非天之正色也，故下接以「天之蒼蒼，其正色耶」之疑問辭也。如此解，則上下文意一串矣。**天之蒼蒼，其正色邪！其遠而無所至極邪！其視下也亦若是，則已矣。**其，謂鵬。是，謂人視天。鳥在九萬里上，率數約略如此，故曰「則已矣」，非謂遂止也。補自此至「將圖南」，説明必須九萬里高之理由。借人視天喻鵬視下，極言搏上之高。**且夫水之積也不厚，則其負大舟也無力。**其中以水喻風，以芥與杯喻鵬，喻中之喻也。**覆杯水於坳堂之上，**支遁云：「謂堂有坳垤形也。」補坳，廣韻：「於交反，地不平也。」集韻：「窊下也。」**則芥爲之舟，**李頤云：「芥，小草。」**置杯焉則膠，**崔云：「著地。」**水淺而舟大也。風之積也不厚，則其負大翼也無力。故九萬里則風斯在下矣，而後乃今培風；**王念孫曰：「培，馮也。周禮馮相氏注：『馮，乘也。』鵬在風上，故言馮。培、馮音近義通。漢書周緤傳，緤封蒯城侯，顔注：『吕忱蒯音陪，楚漢春秋作馮城侯。』是培、馮音近之證。」正王念孫之説太迂曲。武意「培」當爲「掊」之誤，字形相差甚微，易誤也。人間世「自掊擊於世俗」，則掊者擊也。文意謂背負青天，已居於風之上，而後乃今以翼擊風而飛，猶前之水擊三千里，亦以居水之上，以翼擊水而飛也。且「掊」字與上「摶」字相應，摶亦有擊義，特爲圜勢耳。如此，則文意前後相顧。**背負青天而莫之夭閼者，**司馬云：「夭，折也。閼，止也。言無有折止使不行者。」補釋文云：「一讀以背字屬上句。」武按：此「背」字，承上「鵬之背不知其幾千里也」之「背」字來，其爲鵬之背而非風之背明矣，故當屬此句。**而後乃今**

將圖南。謀向南行。借水喻風，唯力厚，故能負而行，明物非以息相吹不能遊也。**補**玩兩「而後」字，足見鵬飛之不易而有待，必待至九萬里之高，而後乃培風；必待無夭閼，而後將圖南。以此可知物之大、飛之高且遠如鵬者，其遊實未能逍遥，反襯神人之逍遥；所摶者扶摇，反襯乘天地之正；所適者南冥，反襯遊四海之外；有待，反襯無待。無一不與後文針鋒相對，無一不爲後文設喻蓄勢。注中「明物」二句宜删。**蜩與學鳩笑之曰：**釋文：「學，本又作鷽。本或作鷽，音預。司馬云：『學鳩，小鳩。』」俞樾云：「文選江淹詩『鷽斯高下飛』，李注引莊子此文説之。又引司馬云：『鷽鳩，小鳥。』是司馬注作鷽，不作鷽。」**補**釋文：「蜩音條，司馬云：蟬。」武按：此段言蜩鳩之飛雖無所待，然數仞而止，其遊有限，以喻物之小者亦不能逍遥也。**「我決起而飛，**李云：「決，疾貌。」**補**「決起而飛」，無待也，反映鵬之有待。**槍榆枋，**支云：「槍，突也。」李云：「猶集也。」榆枋，二木名。枋音方，李云：「檀木。」**補**釋文：「槍，七良反。榆，徐音踰。」武按：榆枋數仞耳，反映鵬之九萬里。**時則不至而控於地而已矣，**王念孫云：「則猶或也。」司馬云：「控，投也。」**正**成玄英云：「突榆檀而栖集，時困不到前林，投地息而更起。」俞樾云：「其決起而飛槍榆枋也，有時能至，有時不能至。至則集於榆枋，不至則投於地。」武按：鳥類無論如何小，斷無不能飛集於樹之理。俞説殊昧物理，成則謂「困不到前林」，本文無此義，亦屬意增，皆由誤解「至」字爲至於栖集之所也。實則審上下文義，時者，時辰也。韓詩外傳九言雉云：「常啄粱粟，不且時而飽。」且，未定之辭，姑且也，將也。言不將至一時或不定至一時而即飽也，與此「時」

字義同。時則不至者，言槍集榆枋，一個時辰且不至，即投於地，反映鵬之必以六月息也。兩相對照，文意極爲完密。蓋大年、小年與大知、小知，爲本篇兩要素，一時與六月，即大年、小年之類也。**奚以之九萬里而南爲？**」借蜩鳩之笑，爲惠施寫照。**正**注傅會。惠施非本篇主人，主人乃無己之姑射神人也。篇末二段，莊子特借己與惠施論辯之言，明無所可用之旨，非寫惠施也。注乃謂爲之寫照，殊屬誤解。下倣此。俞樾云：「而字下，當有圖字。上文『而後乃今將圖南』，此即承上文而言也。文選注引此，正作『奚以之九萬里而圖南爲』。」武按：俞説非也。蓋上句乃將然之謀，記者之所記也；此句則已然之跡，故二蟲得據而笑之。如加「圖」字，則亦爲將然之謀，二蟲又何從知而據之以爲笑乎？文選注必涉上句而誤也。九萬里者，高也，非言其遠。**適莽蒼者三湌而反，**釋文：「蒼，七蕩反，或如字。崔云：『草野之色。』」三湌，猶言竟日。**補**釋文：「莽，莫浪反。湌，七丹反。」**腹猶果然；補**果，説文：「木實也。」張晏曰：「有核曰果。」按果狀多圓凸。腹飽則隆起，猶如果之狀然。**適百里者，宿舂糧；**隔宿擣米儲食。**適千里者，三月聚糧。**

補郭注：「所適彌遠，則聚糧彌多。」武按：上引三事係插喻，以喻榆枋之槍，不至一時，南冥之去，息以六月，以伏下「大年」「小年」句。**之二蟲**謂蜩、鳩。**補**之，是也。**又何知！**借人爲二蟲設喻。**正**注非。此係借二蟲爲下「知效一官」等人及宋、列設喻，蓋同一不能逍遥也。文謂蜩、鳩二蟲以一時笑鵬之六月，以數仞笑鵬之九萬里，此由己小不知彼大，故下言「小知不及大知」

也。**小知不及大知，**釋文：「音智，本亦作智。下大知同。」**正**知，承上「又何知」之知字，應如字讀，音智非。玉篇：「知，識也，覺也。」謂心與境遇而覺識也。智之度，較知爲深。禮記「禮用知（音智）者之謀」句，疏云：「智，謂謀計，曉達前事。」荀子正名云：「知有所合謂之智。」白虎通情性節云：「獨見前聞，不惑於事，見微知著也。」合上三說言之，謂就其所知者，加以思索謀計，而能曉達前事，見微知著，於事機有合者，方謂之智。夫莊子之道，一則曰「離形去知」，再則曰「同乎无知，其德不離」，觀此，則知尚應去，何況勞精敝神之智乎？下文「朝菌不知晦朔」二句，卽釋小知也。齊物論云「小知閒閒」，亦同此義。又云「閑閑」，及「知止其所不知，至矣」，與王倪之四不知，則釋大知也。以此知音智之不當也。**小年不及大年。**上語明顯，設喻駢列，以掩其迹。**正**此與上「小知」句，同爲本篇主要字句，束上啓下。注乃謂爲設喻掩迹，非也。**奚以知其然也？**

朝菌不知晦朔，列子湯問篇：「朽壤之上，有菌芝者，生於朝，死於晦。」晦謂夜。釋文：「朔，旦也。」補奚，何也。然，如此也。釋文：「朝菌，徐其隕反。司馬云：『大芝也。天陰生糞上，見日則死，一名日及，故不知月之終始也。』」**惠蛄不知春秋，此小年也。**釋文：「惠，本作蟪。司馬云：『惠蛄，寒蟬也，一名蝭蟧，春生夏死，夏生秋死。』」補釋文：「蛄音姑。廣雅云：『蟪蛄，蛁蟧也。』按卽楚辭所云『寒螀』者也。蝭音提。蟧音勞。蛁音彫。螀音將。」武按：不知晦朔與春秋，不僅小年，亦小知也，意係雙承。**楚之南有冥靈者，以五百歲爲春，五百歲爲秋；上**

古有大椿者，以八千歲爲春，八千歲爲秋。「楚之南」下，全引列子湯問篇。「楚」，彼作「荆」。　補釋文：「冥，本或作榠，同。李頤云：『冥靈，木名也。江南生。以葉生爲春，葉落爲秋。』椿，丑倫反。」武按：陳碧虚闕誤此下有「此大年也」，言見成玄英本。於法應有，以與上「小年」句爲對文也。**而彭祖乃今以久特聞，**李云：「彭祖，名鏗，堯臣，封彭城，歷虞、夏至商，年七百歲，故以久壽見聞。」　補成玄英云：「彭祖養性，能調鼎，進雉羹於堯。」又云：「特，獨也。」釋文：「世本云：『姓籛〔一〕，名鏗。』籛音翦。」**衆人匹之，不亦悲乎！**此段從「小年」句演出。

補成云：「世人比匹彭祖，深可悲傷。」武按：菌、蛄與冥、椿，衆人與彭祖，皆小年不及大年。自「朝菌」至此，證實「小知大知，小年大年」二句。「不亦悲乎」句，特就衆人之情説，非莊子重視彭祖之壽而爲衆人悲也。觀刻意篇所言可知。其言曰：「此道引之士，養形之人，彭祖〔二〕壽考者之所好也。」繼曰：「不道引而壽，无不忘也，无不有也，澹然无極，而衆美從之。此天地之道，聖人之德也。」蓋本篇之旨，在无爲而凝神。如彭祖之道引，非无爲也；養形，非凝神也；特以久聞，非澹然无極也。與莊子之道異，非莊子所取也。讀者於此等處如不認清，則於本書必多隔膜。**湯之問棘也是已。**湯問篇「殷湯問於夏革」，張湛注：「湯大夫。」棘、革古同聲通用。　補郭慶藩云：

〔一〕「籛」原作「錢」，據釋文改。

〔二〕「彭祖」原誤「彭變」，據刻意篇原文訂正。

「論語『棘子成』，漢書古今人表作『革子成』。詩『匪棘其欲』，禮坊記作『匪革其猶』。漢書『煮棗侯革朱』，史記索隱革音棘，皆其證。」武按：此段辭意，與前文複。所以引之者，以前語近怪，且出齊諧，恐人疑其不典，故引湯、棘問答以實之。且前後詳略各異，足以互明。如前言北冥，謂爲北方窅冥之天或窅冥之地皆可，此則以「窮髮」「天池」句明之。前言鯤之大，此則言其廣與修。前言鵬背幾千里，當指其修也，此則以泰山形其高與大。扶摇不知其狀也，此則以羊角形之。野馬等不知其實也，此則以「雲氣」二字釋之。騰躍而上，明槍之勢也；數仞而下，明槍之高也。「飛之至也」句，則所以笑之意較前益明矣。非此，則前語未了，前意未申，且不足徵，故複而非複也，夫豈漫爾引之乎！　**窮髮之北，有冥海者，天池也。有魚焉，其廣數千里，未有知其修者，其名爲鯤。有鳥焉，其名爲鵬，背若泰山，翼若垂天之雲，**湯問篇：「終髮北之北，有溟海者，天池也。有魚焉，其廣數千里，其長稱焉，其名爲鯤。有鳥焉，其名爲鵬，翼若垂天之雲，其體稱焉。」按：列子不言鯤化爲鵬。又此下至「而彼且奚適也」，皆列子所無，而其文若〔一〕相屬爲義。漆園引古，在有意無意之間，所謂「洸洋自恣以適己」者，此類是也。補釋文：「李云：『髮，猶毛也。』司馬云：『北極之下，無毛之地也。』」按：毛，草也。成玄英云：「修，長也。」**搏扶摇羊角而上者九萬里，**司馬云：「風曲上行若羊角。」補淮南原道訓高注：「扶，攀也。摇，動也。扶摇，

〔一〕「若」原作「皆」，據王氏莊子集解原刻本（以下簡稱王氏原刻）改。

直如羊角轉曲縈行而上也。」**絶雲氣，**補史記天官書注，索隱曰：「絶，度也。」荀子勸學篇注：「絶，過也。」謂鵬度過雲氣，至背負青天，然後摶風而飛也。雲氣，卽上文野馬等氣也。此句與下文「乘雲氣」不同，説見下。**負青天，然後圖南，且適南冥也。**引湯問再證。**斥鴳笑之曰：**司馬云：「斥，小澤。鴳，雀也。斥，本作尺。」古字通。夏侯湛抵疑：「尺鷃不能陵桑榆。」文選七啓注：「鷃雀飛不過一尺，言其劣弱也。」按：雀飛何止一尺？下文明言「數仞」矣。「**彼且奚適也？**彼，鵬。**我騰躍而上，不過數仞而下，翱翔蓬蒿之間，此亦飛之至也。而彼且奚適也？」**又借斥鴳之笑，爲惠施寫照。**補正**成云：「八尺曰仞。翱翔，猶嬉戲也。」釋文：「躍，曲若反。翱，五刀反。蒿，好刀反。」蓬，唐韻：「薄紅切。」集韻：「蒿，好平聲。」説文：「菣（去刃切）也。」禮月令注：「蒿亦蓬蕭之屬。」爾雅釋草：「蘩之醜，秋爲蒿。」陸佃疏：「蒿，草之高者。」武按：斥鴳之笑，以小笑大；榮子之笑，以大笑小。前後映射，在有意無意之間。**此小大之辯也。**

補正辯同辨，集韻：「皮莧切。」説文：「判也。」廣韻：「別也。」武按：此句爲通篇關鍵。點明。

鵬之與蜩、鷽，宋、列之與藐姑射，皆小大之辨也，而莊子所明者在大。蓋道之大者，至人、神人、聖人也。藐姑射，則至人、神人之實證也。故「藐姑射」一段爲本篇之主文，藐姑射神人則爲本篇之主人。生物之鵬，無生物之冥靈大椿，人之彭祖，宋、列之屬，皆藐姑射之陪襯也；蜩、鷽也，菌、蟪也，藐姑射之反襯也。後段惠、莊之辯論，則「大」字之餘波，且借以明無用之旨者也。如此讀本篇，則前後脈絡氣勢。皆成一串。郭象於此句，乃謂「或翺翔天池，或畢志榆枋，各稱體而足」。繹其所言，是無分乎大小也，夫豈本篇之旨乎？

故夫知效一官，行比一鄉，李云：「比，合也。」**補**知音智。效，户教反。行，下孟反。比，毗至反。**德合一君而徵一國者，**郭慶藩云：「而讀爲能。能、而，古字通用。官、鄉、君、國相對，知、行、德、能亦相對。」司馬云：「徵，信也。」**正**此段與「宋榮子」「列子」二段，均爲至人無己、神人無功、聖人無名之反襯。此段隱示世人之數數於功與名。若就世情言之，知能效官，行能比鄉，德能合君徵國，自高於常人一等，然就道言之，未免於世之功名數數然也。如是，則足以累心而損道，尚何逍遥之有乎？以視榮子之不數數然者，則非所及矣。注中郭説，未免穿鑿。官，職位也，與鄉、國對，君則國之君也。而，應如字讀。「德」字統君與國言，中以「而」字連屬成句。就狹義言，德合于一君；就廣義言，德見信于一國也。且本篇所重，在道與德，而不在能。又知效一官，卽含能義，無庸讀而爲能，添此蛇足也。**其自視也亦若此矣。**此，謂斥鴳。方説到人，暗指惠施一輩人。**正**「暗指」句，傅會，説見上。宣云：「如斥鴳之自以爲至。」此段由知而行而德，由官而鄉而君而國，亦小大之辨也。**而宋榮子猶然笑之。**司馬、李云：「榮子，宋國人。」崔云：「賢者。」謂猶以爲笑。**補**韓非子顯學篇：「宋榮子之議，設不鬥争，取不隨仇，不羞囹圄，見侮不辱。」王先慎曰：「宋榮，卽宋鈃。」天下篇：「宋鈃、尹文聞其風而悦之。」釋文：「鈃音形。郭音堅。」武按：又卽孟子之宋牼。牼將説罷秦、楚之兵，與榮子設不鬥争同，故知卽一人也。其所以笑之者，以彼輩效官比鄉，合君徵國，於世數數然也。**且舉世譽之而不加勸，舉世非之而不加沮，**郭象云：「審自得也。」補成云：「舉，皆也。勸，勵勉也。沮，怨喪也。」釋文：「沮，慈呂反，敗也。」武按：齊語「且有後命」注：「且，猶復也。」此文「且」字，言榮子不僅不效上舉諸人汲汲於世之功名，且復世譽之不勸，世非之不沮，實高於上舉諸人一等。此亦小大之辨也。**定乎内外之分，**郭云：「内我而外物。」**辨乎榮辱之境，**郭云：「榮己而辱人。」正心，内也。譽與非，外也。内心有主，而不爲外所動，卽所謂「定乎内外之分」也。不以譽爲榮而加勸，不以非爲辱而加沮，卽所謂「辨乎榮辱之境」也。郭注非是。**斯已矣。**成云：「榮子智德，止盡於斯。」正注非。言榮子僅定内外，辨榮辱，如斯而止矣。意注射下句。**彼其於世，未數數然也。**言不數數見如此者也。正注欠分曉。釋文：「數數，音朔，下同。」司馬云：『猶汲汲也。』」武按：言榮子於世未嘗汲汲也。世之所重者，惟功與名。榮子之於世未數數然者，卽不汲汲以求世之功與名也。然如列子，則並功與名之心而無之，又高榮子一等矣。此亦小大之辨也。淮南俶真訓：「是故舉世而譽之不加勸，舉世而非之不加沮，定於死生之境，而通於榮辱之理。（中略）視天下之間，猶飛羽浮芥也。孰肯分分然以物爲事也？」足證本義。分分，猶數數也。**雖然，猶有未樹也。**司馬云：「樹，立也。至德未立。」按：言宋榮子不足慕。正按語宜删。榮子不以世之譽與非而勸沮，較之比鄉、合君、徵國者，能自樹立矣。然定内外，辨榮辱，是尚有物我榮辱之見存，猶未能脱然無累，卓然自樹也。且定内外之分，未能無己也；辨榮辱之境，未能無功與名也。未能無己、無功與名，心亦何能逍遥乎？ **夫列子御風而行，**成云：「列禦寇，鄭人，與鄭繻〔一〕公同時。」按：列子黄帝篇：「列子師老商氏，友伯高子，盡二子之道，乘風而歸。」下又云：「隨風東西，猶木葉幹殼，竟不知風乘我邪，我乘風乎？」 補田子方篇：「列禦寇爲〔二〕伯昏无人射。」德充符篇：「子産師伯昏无人。」應帝王篇「列子歸，以告壺子」，列子黄帝篇作「壺邱子」。司馬云：「名林，鄭人，列子師。」吕覽下賢篇：「子産往見壺丘子林。」以此知列子與子産同時。而劉向云「列子與鄭繆公同時」，成氏之説當本此。讓王篇言鄭子陽遺列子粟，并見吕覽、列子、淮南等書。考左傳魯襄二年，言子罕當國，子駟（卽子陽）爲政。時鄭爲成公之十四年，去繆公之卒，已三十四年矣。如劉向所説，則其時列子之年在四十上下。今假定爲年四十，越五年，爲鄭簡公元年，鄭侵蔡，獲蔡司馬。鄭人皆喜，惟子産不順，云云。子國怒之曰：「爾何知？童子言焉，將爲戮矣。」以此知子陽遺粟時，子産尚在童年也。簡公十二年，子産始爲卿。二十三年，子皮授子産政。定公八年，子産卒，去子駟爲政時已四十九年，此時列子年且九十矣。是年爲魯昭公二十年，孔子年約五十一。天運篇言孔子行年五十有一，南之沛見老聃。是此時老子尚未出函谷關也。達生篇、吕覽審己

〔一〕「繻」，原作「繆」，據王氏原刻及成疏改。
〔二〕「爲」原誤「與」，據田子方篇改。

篇，均言列子問道於關尹，此事必在關尹函谷問道之後。蓋列子未及老子之門，間接問之於關尹也。此時列子之年且踰百歲矣。其卒於何時，書闕有間，無從稽考。然彼能乘風者，自不可以恒人之壽例之也。**泠然善也，**郭云〔一〕：「泠然，輕妙之貌。」補釋文：「泠音零。」武按：此喻列子超然世外，無功無名，故能泠然善也。然其遊猶有所待，亦僅泠然善而已，尚未能逍遥也。**旬有五日而後反。彼於致福者，未數數然也。**成云：「致，得也。得風仙之福。」按：言得此福者，亦不數數見也。正按語非。郭注：「苟有待焉，則雖御風而行，不能以一時而周也。」又云：「自然御風行耳，非數數然求之也。」成疏：「旬，十日也。」武按：此喻列子尚不能如至人之無己。蓋福者，一己免乎行，御風泠然而善之福也。列子猶待風而行，是未能捨己之福，卽未能無己也，特不汲汲求此福而已。「風」爲篇中着意之字。蓋效、比、合、徵，及榮子等輩，塵累濁重，不能乘風也。鵬能乘風矣，然必待扶摇之飆風，而後能絶雲負天；必待九萬里之厚風，而後將圖南。夫飆則非風之正，厚則非泠然之輕妙也。列子能乘輕妙之風矣，然不能無所待也，不能乘天地之正，御六氣之辯也。觀此，知已上各文，無一不從反面爲下文蓄勢。**此雖免乎行，猶有所待者也。**雖免步行，猶必待風。**若夫乘天地之正，而御六氣之辯，**司馬云：「六氣，陰、陽、風、雨、晦、明。」郭慶藩云：「辯讀爲變，與正對文。辯、變，古字通。」補郭説是也。管子戒第二十六：「是

〔一〕「云」，原作「注」，據王氏原刻改。

故聖人齊滋味而時動静，御正六氣之變。」可證古辯、變通。此二句言乘天地陰陽之正，御陰陽六種之變氣也。正者，未變者也。順之而遊，故曰乘。及變而爲六氣，則因勢而動，隨感而應，如御馬之有控、磬、縱、送然，故曰御。此二句在本篇最爲精要。下「藐姑射」一節，即設喻證明此義者也。素問陰陽應象大論云：「陰陽者，天地之道也。」天元紀大論云：「陰陽之氣，各有多少，故曰三陰三陽也。」至真要大論云：「帝曰：『善！願聞陰陽之三也何謂？』岐伯曰：『氣有多少異用也。』」王冰注：「太陰爲正陰，太陽爲正陽；次少者爲少陰，次少者爲少陽；又次爲陽明，又次爲厥陰。」據此，則所謂乘天地之正者，乘天地之正陰正陽，即乘太陰太陽也。或問：此僅曰「乘天地之正」，何以知「正」字指陰陽言也？答曰：天地，即表陰陽也。陰陽應象大論云：「積陽爲天，積陰爲地。」吕覽有始篇注：「天，陽也。地，陰也。」文選東都賦注引范子云：「天者陽也，地者陰也。」蓋陰陽者，天地之道；天地者，陰陽之象。潛移默運者，陰陽也；形象著明者，天地也。一而二，二而一者也。故此卽以「天地」二字代陰陽。本書如此活用之例不一。如秋水篇云「牛馬四足是謂天」，以天表自然之義也。天地篇云「無爲爲之之謂天」，以天表無爲之義也。應帝王篇云「示之以天壤」，亦活用者也。故此「乘天地之正」，卽乘陰陽之正也。然不直曰「乘陰陽之正」，而必曰「乘天地之正」者何也？答曰：以陰陽有多少也。如陽明、厥陰之類，陰陽少而未盛，不得謂之正也。必陽升於天，陰降於地，然後至於極盛之位，方可謂之正陰正陽，方可以「天地」之字表之。今姑以陽論。易曰「時乘六龍以御天」，謂按時節，次第乘六種之龍以上升。自乾之初九，以至九五，陽方盛而至於天。故九五之爻曰「飛龍在天」，卽在天之陽也。此陽，方可謂之正，方可表以天。九五以下，如少陽、陽明等，其陽未盛，未至於天，則不可以天表之也。地之表陰，可以類推。易所謂「御天」，卽此之「乘天」也。故不曰「乘陰陽之正」，而曰「乘天地之正」也。天元紀大論又云：「寒、暑、燥、溼、風、火，天之陰陽也。三陰三陽上奉之。」至真要大論又云：「岐伯曰：『厥陰司天，其化以風。少陰司天，其化以熱。太陰司天，其化以溼。少陽司天，其化以火。陽明司天，其化以燥。太陽司天，其化以寒。』」是此所謂「六氣」者，卽寒、暑、燥、溼、風、火也。所謂「御六氣之辯」者，卽御此三陰三陽所化寒、暑、燥、溼、風、火之氣也。陰陽無質，化氣則有質，故此謂「乘天地之正」，而不謂「乘天地之正氣」，以正陰正陽尚未變化爲氣也。至司馬以陰、陽、風、雨、晦、明訓六氣，係據左傳昭公元年秦醫和之說。素問在和前，和說當本諸素問，皆醫學家之言也。在易則於三陰三陽升降變化之際，分之爲六位，演之以六爻。六爻之在乾陽卦内者，就其高下之位，象之以六龍。故易曰：「六位時成，時乘六龍以御天。」疏言：「乾之爲德，以依時乘駕六爻之陽氣，以拱御於天體。六龍，卽六位之龍也。以所居上下言之，謂之六位也。陽氣升降，謂之六龍也。」疏語最爲明晰。下「御飛龍」，卽乾卦六龍内第五位之龍，實卽升居五位之陽氣也。故此二句之義，本之於易。又本之於老子之言。田子方篇，老子曰：「至陰肅肅，至陽赫赫。肅肅出乎天，赫赫發乎地，兩者交通成和，而物生焉。」所謂「乘天地之正」，卽乘此肅肅之至陰，赫赫之至陽也。交通成和者，謂陰陽由交通變化成和氣也。易乾卦亦曰：「乾道變化，各正性命，保合太和。」其義正同。而陰陽之在天地與在人身，一也。惟天地之陰陽交通出於自然，人身之陰陽，欲其交通，則必有道以御之，然後能合以成和，凝以成神。是故變由於交通，交通在於御，故曰「御六氣之辯」也。夫莊子此書，所以明道也。其所謂道，非仁義之謂，乃陰陽之謂也。上已舉素問「陰陽者，天地之道」之語矣。易繫辭曰：「一陰一陽之謂道。」管子正篇曰：「陰陽同度曰道。」本書則陽篇曰：「陰陽者，氣之大者也，道者爲之公。」言道爲陰陽之公名也。由此知莊子所修之道，即修陰陽及其所化之六氣，以合和凝神之道也。曰乘曰御，即喻修之之工夫也。此理觀慎子所言而益明。慎子之言曰：「五日爲候，三候爲氣，六氣爲時，四時爲年，而天地備矣。天地相去八萬四千里，沖和之氣在其中，四萬二千里已上爲陽位，四萬二千里已下爲陰位。冬至之候，陽發於地，一氣上升七千里。至六氣，則上升四萬二千里，而陽至陽位，故其氣温，爲春分之節也。六氣，而陽極陽位，故熱而爲夏至之節也。夏至之候，陰出於天，一氣下降七千里。至六氣，則下降四萬二千里，而陰至陰位，故其氣涼，爲秋分之節也。六氣，而陰極陰位，故其氣寒，而爲冬至之節也。天地之所以能長能久者，以其陽中有陰，下降極而生陽，陰中有陽，上升極而生陰。二者交通，合爲太和，相因而爲氤，相昷而爲氲。以此施生化之功，此變化之所以兆也。」其所謂冬至陽發於地，夏至陰出於天，乃本老子「肅肅出天、赫赫發地」之説也。所謂升降之候，陰陽之位，實易「六位時成」二句最明顯之注脚。惟天地相去，不知其極。慎子謂「相去八萬四千里」，人或以爲非是。不知慎子乃言陰陽在天地間循環升降之距離，猶之地文學家言包地球之空氣，厚止二百里，非謂天去地止有此數也。漢鍾離權復本慎子之説，著靈寶畢法一書，取法天地陰陽升降之位與時之理，以攝養一身之陰陽。後世修煉家遂有「運周天」、「駕河車」之説，且區之爲六候，分之爲三百六十爻。其説近則本之於鍾離，遠則源於易、老及此二句，與養生主篇「緣督以爲經」句，非盡妄誕無稽也。故此二句係寓言修道家養氣凝神之理，讀者當與養生主篇「緣督以爲經」，人間世篇「無聽之以耳」，「惟道集虚」，「徇耳目内通」，應帝王篇「機發於踵」各句下補、正之語，滙通觀之，方可明其大凡。惟此理精妙，此事幽玄，天地間自有此一種道術，特不足爲淺人道耳。**以遊无窮者，彼且惡乎待哉！**無所待而遊於無窮，方是逍遥遊一篇綱要。**補**釋文：「惡音烏。」**故曰：至人无己，神人无功，聖人无名。**釋文：「己音紀。」成云：「至言其體，神言其用，聖言其名，其實一也。」**正**郭慶藩曰：「文選任彦昇到大司馬記室牋注引司馬云：『神人無功，言修自然，不立功也。聖人無名，不立名也。』釋文闕。」武按：齊物論篇云：「王倪曰：『至人神矣。』」是至人、神人一也。故下藐姑射神人，亦至人也。惟聖人則有間。則陽篇云：「客大人也，聖人不足以當之。」秋水篇云：「大人无己。」此言「至人无己」，則至人即大人也，聖人不足以當之矣。列子力命篇云：「横私天下之身，横私天下之物，其唯聖人乎！公天下之身，公天下之物，其唯至人乎！」公天下之身，即無己也，此明言聖人不及至人矣。外物篇云：「聖人之所以駴天下，神人未嘗過而問焉。賢人之所以駴世，聖人未嘗過而問焉。」此明言聖人不及神人矣。成氏乃謂「其實一也」，尚欠詳審。自「若夫乘天地之正」至此，爲本段之主，下則逐一舉事證明之。此三句，爲本段之主；「至人无己」句，則又三句中之主也。

堯讓天下於許由，司馬云：「潁川陽城人。」補此段引許由不願居天子之名，證明聖人無名。曰：「日月出矣，而爝火不息，字林：「爝，炬火也。」補釋文：「爝，本亦作燋，音爵。郭祖繳反。」又曰：「小火也。」淮南人間訓：「夫爝火在縹煙之中也，一指所能息也。」武按：一指能息，其爲小火明矣。其於光也，不亦難乎！夫子立而天下治，而我猶尸之，成云：「尸，主也。」補釋文：「浸，子鴆反。灌，古亂反。」正韻：「浸，漬也。」博雅：「灌，漑也。澤音宅，潤澤也。」淮南原道訓：「上天則爲雨露，下地則爲潤澤。」天地篇：「堯之師曰許由。」故堯謂由爲夫子。言若夫子立爲天子，天下必致太平。吾自視缺然，請致天下。」許由曰：「子治天下，天下既已治也。而我猶代子，吾將爲名乎？名者，實之賓也。吾將爲賓乎？正俞樾云：「本作『吾將爲實乎』，與上『吾將爲名乎』相對成文。『吾將爲名乎，名者，實之賓也』，其意已足。『吾將爲實乎』，當連下文讀之。實與賓形似，涉上句『實之賓也』而誤。若如今本，則爲賓卽是爲名，兩文複矣。」武按：俞說非也。名既爲實之賓，是實重而名輕也。吾將爲賓乎，言吾將捨其實之重而爲名之輕乎？用「乎」之疑問詞者，乃反言以見意，謂不就輕而爲賓也。此句係校量名、實二者，而以「賓」字表名之輕，故「賓」字與「名」字不複，非涉上句而誤也。鷦鷯巢於深林，不過一枝；李云：「鷦鷯，小鳥。」郭璞云：「桃雀。」補釋文：「鷦，子遥反。鷯音遼。」成云：「鷦鷯，巧婦鳥也，一名工雀，一名女匠，亦名桃蟲，好深處而巧爲巢也。」**偃鼠飲河，不過滿腹。**李頤云：「偃鼠，鼷鼠也。」李楨云：「偃，或作鼴，俗作鼹。」本草陶注：「一名鼢鼠，常穿耕地中行，討掘即得。」説文「鼢」下云：「地行鼠，伯勞所化也。」李説誤。**歸休乎君！予无所用天下爲。庖人雖不治庖，尸祝不越樽俎而代之矣。」**釋文：「傳鬼神言曰祝。」補釋文：「庖，鮑交反，掌廚人也。祝，之六反。樽，子存反，本亦作尊。俎，側吕反。」武按：淮南泰族訓：「調五味者，庖也。陳簠簋，列樽俎，設籩豆者，祝也。齊明盛服，淵默不言，而神之所依者，尸也。宰祝雖不能，尸不越樽俎而代之。」可謂此處的解。

肩吾問於連叔成云：「並古之懷道者。」**曰：「吾聞言於接輿，**釋文：「皇甫謐云：『接輿躬耕，楚王遣使以黄金百鎰、車二駟聘之，不應。』」補成云：「接輿，姓陸，名通，楚人，與孔子同時，而佯狂不仕。」武按：此段引藐姑射神人，證明至人無己。**大而无當，**釋文：「丁浪反。」按：當，底也。正淮南本經訓：「留於口，則其言當。」齊俗訓：「晉平公出言而不當。」注：「當，合也。」此謂接輿之言誇大，而於情理無所合也，故下言「不近人情」焉。**往而不返。吾驚怖其言，猶河、漢而无極也；**成云：「猶上天河漢，迢遞清高，尋其源流，略無窮極。」補釋文：「怖，普布反，廣雅云：『懼也。』」正成説非。「河、漢」句，係往而不返之譬況語，謂其言往而不返，無所歸宿，猶如河、漢之水，滔滔長流，無所止極，非謂上天河漢之清高也。**大有逕庭，**宣穎云：「逕，門外路；庭，堂外地。大有，謂相遠之甚。」**不近人情焉。」**　補上句爲此句之譬況語，謂門外之逕，與門内之庭，所處限隔，不相接近也。而此句則申説「大而无當」句之義。焉，釋文：「猶然也。」王引之云：「狀事之詞，與然同義。」**連叔曰：「其言謂何哉？」曰：「藐姑射之山，**釋文：「藐音邈，簡文云：『遠也。』姑射，山名，在北海中。」　補釋文：「射，徐音夜。又食亦反。」　正簡文僅取姑射爲山名，非也。下文「往見四子藐姑射之山」，而山海經海内北經有列姑射山，列子黄帝篇「姑射山」，一本作「列姑射」，可證山名當爲藐姑射也。又其云「在北海中」，不知何據。山海經東山經有姑射山，所在非北海；在海内北經之山爲列姑射，而非姑射。黄帝篇内之姑射山，僅云在海中，不言北也。但此係借山名以寓意，無庸求實其所在。蓋説文解「射」字云：「弓弩發於身而中於遠也。」藐姑射者，謂深遠之旨，姑以下文所言影射之也。深遠之旨何？下「其神凝」之神也。「神凝」二字，爲本篇主旨，且爲全書主旨，以其爲神人之德，修道之果也。觀本段均注射凝神立論，故「神」字實爲本段所射之鵠也。**有神人居焉，肌膚若冰雪，**　補釋文：「肌，居其反。」武按：刻意篇云：「純素之道，惟神是守。守而勿失，與神爲一。」又云：「能體純素，謂之真人。」肌膚若冰雪，喻其體純素也。純素，則與神爲一，一則凝矣。真人，即神人也。真言其體，神言其用也。又天地篇云：「機心存於胸中，則純白不備，純白不備，則神生不定。」若冰雪，喻純白備也。純白備，則神生定，定則凝矣。故「冰雪」句實爲下「神凝」二字寫照。如曰不然，此寫神人，非寫美女，何用敍其肌膚之白乎？　**淖約若處子。**　李云：「淖約，好貌。」釋文：「處子，在

「淖約微達。」荀子宥座篇：「淖約微達。」

楊倞注：「淖當爲綽。約，弱也。綽約，柔弱也。」説苑作「綽約微達」，訓柔弱是也。在宥篇：「淖約柔乎剛強。」老子曰：「柔弱勝剛強。」又曰：「弱者道之用。」文子道原篇亦曰：「柔弱者道之用。」卽淖約所喻之意也。上句冰雪言其體，此句淖約言其用。道之用，卽神也。處子，黄帝篇作「處女」。孫子曰：「靜如處女。」老、莊之道貴靜，故以處女喻之。且老子曰「守雌」，曰「牝常以靜勝牡」，皆處女所喻之意也。**不食五穀，**補成云：「五穀者，黍、稷、麻、菽、麥也。」**吸風飲露。**補春秋元命包云：「陰陽怒而爲風。」愼子云：「陽在外者不得入，則周旋六合而爲風。」故上言風爲陰陽之變氣也。吸，説文：「内息也。」因風爲陰陽之變氣，故吸於内以調之。蔡邕月令云：「露者，陰之液也。」愼子云：「陽感之，則液而爲露。」謂陰受感而爲露也。吸風合言陰陽，飲露則單言陰，總之喻神人之呼吸陰陽於内也。淮南俶真訓云：「是故聖人呼吸陰陽之氣，而羣生莫不顒顒然仰其德以和順。」所謂呼吸陰陽，卽此句所喻之意；所謂其德，卽下之「神凝」也；所謂羣生和順，卽下「物不疵癘」也。**乘雲氣，御飛龍，而遊乎四海之外。**「乘雲氣」三句，又見齊物論篇，「御飛龍」作「騎日月」。補鵬穿越雲氣，馮風而飛，不能乘雲氣也，故曰絶。列子御風而行，亦不能乘雲氣也。能乘雲氣者，厥爲神人。此中大有分别。且或乘雲氣，或御飛龍，非若列子之必待風也。乘雲氣，承上「乘天地之正」説；御飛龍，承「御六氣之辯」説。元命包云：「陰陽聚爲雲。」愼子云：「陰與陽得，助其蜚騰，則飄颺而爲雲。」説文：「龍，能幽能明，能細能巨，能短能長，春分而登天，秋分而潛淵。」賈誼云：「龍變無常，能幽能章。」傅元龍贊云：「誕應陽精，屈伸從時，變化無形。」據此以言，龍，陽精也，變化不測者也，故易乾卦取之，以象陽氣之升降變化焉。「乘雲」句，合言陰陽，「御龍」句則單言陽，總之，喻神人攝調陰陽於外也。惟易乾卦言陽氣在六位中之變化，故設六龍以喻之。此不言六龍，而言飛龍者，以飛龍應五爻而當五位。其上上九，則陽過亢；其下九四，則陽未盛。準之慎子之説，過亢者，陽極陽位也；未盛者，甫出陰位，方至陽位也。後之修煉家，以言火候之老嫩，皆在所不取也。惟九五之飛龍，純陽正盛，無過不及，非老非嫩，控御此氣，所以爲神人也。**其神凝，**三字吃緊。非遊物外者，不能凝於神。補説文：「凝，俗冰字。」顔氏匡謬正俗：「冰轉音凝。」説文：「凝，冰堅也。」黄氏韻會：「冰，古凝字。仌，古冰字。後人以冰代仌字，故以凝代仌字。」武按：大戴禮曾子天圓篇云：「陽之精氣曰神。」易曰：「陰陽不測之謂神。」故神凝由吸風飲露、乘雲氣、御飛龍而來。蓋此數句，上已釋明其爲修道者調攝陰陽之喻也。而其着手處，則在用志不分。達生篇述佝僂丈人之言曰：「吾處身也，若厥株拘；吾執臂也，若槁木之枝。」孔子稱之曰：「用志不分，乃凝於神。」故凝神之要點在用志不分。人間世篇，仲尼語顔回曰「一若志」，老子曰「守静篤」，曰「抱一」，同此義也。蓋志不分則静，静則定，定則一，一則凝矣。内神凝，而外則若厥株拘與槁木之枝，與南郭子綦形如槁木同。而子綦自謂「喪我」，喪我者，無己也。故用志不分然後能無己，無己然後能神凝。此「神凝」二字，即示藐姑射神人爲無己之至人也。**使物不疵癘而年穀熟。**司馬云：「疵，毁也。」癘音癩，惡病。列子黄帝篇：

「姑射山，在海中。山上有神人焉，吸風飲露，不食五穀，心如淵泉，形如處女。不施不惠，而物自足，不聚不斂，而已无愆。陰陽常調，日月常明，四時常若，風雨常均，字育常時，年穀常豐。而土无札傷，人无夭惡，物无疵癘。」漆園本此爲説。補釋文：「疵，在斯反，病也。癘音厲，本或作厲。」武按：此與在宥篇「慎守汝身，物將自壯」之義同。自「藐姑射」至此，寓意精深，兹再就本書舉證以明之。刻意篇云：「純粹而不雜，静一而不變，惔而无爲，動而以天行，此養神之道〔一〕也。」肌膚若冰雪，非純粹不雜乎？静一不變，惔而無爲，處子之性行類之。乘雲御龍，及乘天地之正，御六氣之辯，卽動而以天行也。神凝者，卽由養神之至也。刻意篇又云：「静而與陰同德，動而與陽同波。」處子，陰也，静也；飛龍，陽也，動也。此二語之寓意，尤爲明顯。彼篇又云：「精神四達並流，无所不極：上際於天，下蟠於地，化育萬物，不可爲象。」夫乘雲御龍，遊四海之外，非四達並流，際天蟠地乎？使物不疵癘而年穀熟，卽化育萬物，不可爲象也。天運篇云：「龍合而成體，散而成章，乘乎雲氣而養乎陰陽。」體者，乾陽之體，卽神凝而成體也。散卽變也。散而成章者，易説卦曰：「故易六位而成章。」注總言六畫；又細分之，則陰陽之位，間雜而成文章也。故體者，陰陽之正也；散者，六氣之變也。斯體也，静則謂之和，動則謂之神。文子上仁篇云：「陰陽交接，乃能成和。」交接者，所以凝也。故凝神者，凝此陰陽之和也，卽所謂養乎陰陽也。以本段爲本篇主

〔一〕「道」原作「至」，據刻意篇改。

文，且爲莊子道要，故特詳爲拈出之。**吾是以狂而不信也。」**狂，李九況反。按：音讀如誑。言以爲誑。　正釋文：「狂，求匡反，李云：『癡也。』」武按：廣韻：「巨王切，病也。」心不能審得失之地，則謂之狂。應璩詩云：「積念發狂癡。」李訓癡，是也。淮南精神訓：「大怖生狂。」又原道訓：「薄氣發瘖，驚怖爲狂。」故「狂」字應從李訓，方與上「吾驚怖其言」句相關合，讀誑非也。至肩吾之意，以爲使物不疵癘而年穀熟，必以天下爲事而後能，今藐姑神人，不過一己之神凝耳，並未以天下爲事，何能致如斯之效？其狂而不信者在此。連叔一則曰「孰弊弊焉以天下爲事」，再則曰「孰肯以物爲事」，卽針對此點而答也。**連叔曰：「然。瞽者无以與乎文章之觀，聾者无以與乎鐘鼓之聲。豈惟形骸有聾盲哉？夫知亦有之。**　補釋文：「瞽音古，盲者無目，如鼓皮也。與音豫。觀，古亂反。」文子符言篇：「豈獨形骸有闇、聾哉？心亦有之。塞也，莫知所通。」此闇、聾之類也。淮南泰族訓亦有此語。**是其言也，猶時女也。**司馬云：「猶處女也。」按：時，是也。云是其言也，猶是若處女者也。此人也、此德也云云，極擬議之詞。　正女同汝，指肩吾。承上「聾盲」來，言不惟形骸有聾盲，知亦有之，汝聞接輿之言，狂而不信，卽是知之聾盲也。「是其言也」句，指「然，瞽者」至「知亦有之」一段之言也。如此解，文句方能承接一氣。若如司馬說，「瞽者」一段便成贅肬。且上以處子況神人，陸注「在室女」，郭注：「不以外傷內。」若此處單稱女，出室女亦屬之，則外傷矣，何可以況神人乎？**之人也，之德也，將磅礴萬物以爲一。世蘄乎亂，孰弊弊焉以天下爲事！**李云：「磅礴，猶旁礴。」李楨云：「亦作旁魄，廣被意也。

言其德行廣被萬物，以爲一世求治，豈肯有勞天下之迹？老子曰：『我無爲而民自化。』亂，治也。」簡文云：「弊弊，經營貌。」案〔一〕：蘄同期。補釋文：「旁，薄剛反，字又作磅。礴，蒲博反。司馬云：『磅礴，猶混同也。』蘄，求也。弊弊，徐扶計反。」正注引李楨云：「以爲一世求治。」是以「一世」連讀，又訓亂爲治，均非。奚侗云：「釋文出『世蘄』二字，文選吴都賦注引至『一』字，可見古無有『一世』連讀者。」武按：玩郭注成疏，亦不以「一世」連讀。須知「萬物以爲一」，係本書要語，各篇屢見，而原於老子「萬物得一以生」之言。本書如德充符篇云：「物視其所一。」又云：「自其同者視之，萬物皆一也。」天地篇云：「萬物一府。」秋水篇云：「萬物一齊。」在宥篇云：「萬物云云，各復其根。」云云，衆多貌，不一也；復根，則一矣。義均相同。故此處應從「一」字絶句。「亂」字訓治，雖出爾雅、説文，然於此文不合。左宣十二年傳：「人反物爲亂。」又宣十五年傳：「民反德爲亂。」其義適與「之德也，磅礴萬物以爲一」相反。蓋此處以神人、世人對舉，一正一反也。神人以無爲之德，和萬物爲一，故曰「孰弊弊焉以天下爲事」；世人以有爲爲治，卽弊弊以天下爲事。如是，則不能磅礴萬物爲一，不一，則亂矣，故曰「世蘄乎亂」也。此義原於老子「爲者敗之」一語。而本書繕性篇略云：「古之人，在混芒之中，與一世而得澹漠焉。當是時也，陰陽和静，鬼神不擾，萬物不傷，羣生不夭。人雖有知，无所用之。此之謂至一。」此段足證之人、之德磅礴萬物爲一之

〔一〕「案」字，據王氏原刻補。

義。「混芒」與「一世得澹漠」二語，與司馬訓磅礴爲混同之義合。彼篇又略云：「逮德下衰，燧人、伏羲始爲天下，是故順而不一。唐、虞爲天下，興治化之流，澆淳散朴，附之以文，益之以博，然後民始惑亂。」其所謂燧、羲、唐、虞，此文以一「世」字概之。「興治化」以下各語，即弊弊以天下爲事也。其所以如此者，意在蘄乎治，而民竟惑亂，非即此文所謂「世蘄乎亂」乎？此文簡奥，非匯通全書觀之，不易明也。**之人也，物莫之傷，大浸稽天而不溺，**司馬云：「稽，至也。」**補**釋文：「稽音鷄，徐、李音啓。」**大旱、金石流、土山焦而不熱。是其塵垢粃糠，**說文「粃」作「秕」。釋文：「粃糠，猶繁碎。」按：言於繁碎之事物，直以塵垢視之。**補**釋文：「垢，古口反。粃，徐甫姊反。陶，徒刀反。鑄，之樹反。」成云：「散爲塵，膩爲垢。穀不熟爲粃，穀皮爲糠。鎔金曰鑄，範土曰陶。」武按：「大浸稽天」以下各句，即申說「物莫之傷」也。**將猶陶鑄堯、舜者也，孰肯以物爲事！**又引不以天下爲事之神人，以明其自全之道。**正**釋文謂「粃糠猶繁碎」，於義無取。此謂「引神人以明自全之道」，亦非。讓王篇：「道之真以治身，其緒餘以爲國家，其土苴以治天下。」司馬云：「土苴，如糞草也。」即塵垢之說也。又天道篇：「君之所讀者，古之糟魄已夫！」司馬云：「魄，本又作粕。」即粃糠之說也。合而言之，塵垢粃糠，道之粗跡也。神人以其粗跡，將猶陶鑄成爲堯、舜之治，即「土苴以治天下」之說也。前「孰弊弊」句，不以天下之事爲事也。世自化之，無所事事也。此「孰肯」句，不以天下之物爲事也。不以物爲事，則如知北遊篇所云「聖人處物不傷物，物亦不傷也」。係就事與物分說。**宋人資章甫適諸越，**李云：「資，貨也。章甫，殷冠也。以冠爲貨。」司馬云：「諸，於也。」補此段證明神人無功。**越人短**〔一〕**髮文身，無所用之。**爲無所用天下設喻。**堯治天下之民，平海内之政，往見四子藐姑射之山，**司馬、李云：「四子，王倪、齧缺、被衣、許由。」李楨云：「四子本無其人，徵名以實之，則鑿矣。」正天地篇：「堯之師曰許由，許由之師曰齧缺，齧缺之師曰王倪，王倪之師曰被衣。」然則堯與四子，非全無瓜葛，徵天地篇所舉之名以實之，顯有根據，且許由已見上文，不得爲鑿也。治天下，平四海，示堯之有功也，爲神人無功之反映。**汾水之陽，窅然喪其天下焉。**」汾水之陽，堯都。宣云：「窅然，深遠貌。」正釋文：「汾，徐扶云反。汾水出太原。窅，徐烏了反。李云：『窅然，猶悵然。』」武按：宣注「深遠貌」，於本文不合，應從李説。自「宋人」以下至此，郭注：「堯之無用天下爲，亦猶越人之無所用章甫耳。然遺天下者，固天下之所宗。天下雖宗堯，而堯未嘗有天下也，故窅然喪之，而嘗遊心於絶冥之境。」成疏與李楨注，其意均同。三氏之注，於文義適得其反。其誤在於宗堯，不知本文所宗者爲至人、神人。四子者，神人也，而以塵垢粃糠視堯；堯治天下者也，四子卽以塵垢粃糠視治天下。故上言「無所用天下爲」，又言「孰弊弊焉以天下爲事」也。此段以宋人喻堯，以章甫喻天下，而「越人」句則喻四子無所用天下。故宋人至越，悵然喪其章甫；堯見四子，悵然喪其天下，亦可曰喪其治天下之功也。蓋堯乃弊弊以天下爲事者，文言其平海内之

〔一〕「短」字，集釋本作「斷」。

政，是有治天下之功者也。而四子神人也，神人無功，堯見四子，爲其所化，故亦窅然喪其治天下之功焉。如此解，章甫之喻，方見密合，而證明上「神人無功」句亦見緊切。

惠子謂莊子曰：司馬云：「姓惠，名施，爲梁相。」**補**此段與下段，借與惠子論辯，以明無用然後逍遥之旨。此則借瓠於無用中有一可用，不免有慮而爲樽之患，以喻人有一能之可用，即難免招世繫累，不能逍遥也。**「魏王貽我大瓠之種，**瓠，瓜也，即今葫蘆瓜。**補**釋文：「魏王，司馬云：『梁惠王也。』」武按：魏自河東遷大梁，故謂之魏，或謂之梁也。貽音怡，遺也。瓠音護。**我樹之成而實五石，以盛水漿，其堅不能自舉也。**成云：「樹，植。實，子也。虚脆不堅，故不能自勝舉。」**剖之以爲瓢，****補**反映下文樗之「不夭斤斧，物無害者」。**則瓠落无所容。**簡文云：「瓠落，猶廓落也。」成云：「平淺不容多物。」**補**釋文：「剖，普口反。」**非不呺然大也，**釋文：「呺，本亦作号。李云：『虚大貌。』」俞樾云：「呺，俗字，當作枵，虚也。」**補**釋文：「呺，徐許憍反。」**正**俞説非。廣韻：「呺然，大貌。」本句「呺然」，爲「大也」之形容詞，「大也」則無異「呺然」之注也。四字一意，如改「呺」作「枵」，並應改本句爲「非不枵然虚也」，於法方合。但本文未嘗言虚，而所重者在大。首即標言「大瓠」，繼言「實五石」，大也，因之瓢亦大。然平淺無所容，正以其不虚也，其不須以「枵然」形容之明矣。**吾爲其无用而掊之。」****補**「无用」二字，爲本段及下段主旨，且爲全篇主旨，與無名、無功、無己並重，特借惠子之口提出之。**莊子曰：「夫子固拙**

於用大矣。宋人有善爲不龜手之藥者，向秀云：「龜，拘坼也。」徐音舉倫反。此以「龜」爲「皸」之叚借。玄應音義「皸」下引通俗文：「手足坼裂曰皸，經文或作『龜坼』。」下引此文爲證。

正釋文：「龜手，愧悲反。司馬云：『文坼如龜文。』」武按：注中「玄應音義」「音」字上，當補「衆經」二字，否則，下「經文」二字無着。且注太糾纏，不如從司馬説，較爲明爽。蓋言手凍文坼如龜背之文，故謂之爲「龜手」，猶之爾雅釋詁之「鮐背」，疏「老人皮膚消瘠，背若鮐魚」也。又釋名：「九十曰鮐背，背有鮐文也。」背有鮐文爲鮐背，手有龜文爲龜手，同一義也。李楨借讀爲皸，俞樾謂宜讀如拘，拘與區同音，區與丘同音，龜在丘音。如此迂迴牽傅，義仍未明也。世世以洴澼絖爲事。成云：「洴，浮。澼，漂。絖，絮也。」李云：「漂絮水上。」盧文弨云：「洴澼，擊絮之聲。」

補正釋文：「洴，徐扶經反。澼，普歷反。絖音曠。小爾雅云：『絮細者謂之絖。』」朱桂曜曰：「文選任彦昇爲蕭揚州薦士表注：『絖，古纊字。』」武按：洴澼如爲擊絮聲，則與下「絖」字不能相連成句，盧説非也。宜從成説。客聞之，請買其方百金。李云：「金方寸重一斤爲一金。百金，百斤也。」聚族而謀曰：『我世世爲洴澼絖，不過數金；今一朝而鬻技百金，請與之。』

補釋文：「鬻音育，司馬云：『買也。』」客得之，以説吴王。越有難，吴王使之將，冬，與越人水戰，大敗越人，裂地而封之。能不龜手一也，或以封，或不免於洴澼絖，則所用之異也。今子有五石之瓠，何不慮以爲大樽而浮於江湖，司馬彪云：「慮，猶結綴也。樽如酒器，縛之於身，浮於江湖，可以自渡。」按：所謂腰舟。　正説文：「慮，謀思也。」爾雅釋言：「作、造，爲也。」武按：何不慮以爲大樽，言何不謀慮之以作大樽也？句有「爲」字，不必訓慮爲結綴，因結綴之意，「爲」字可以賅之。至司馬結綴之訓，不知何據。考徐鍇説文解字通論云：「思有所圖曰慮。慮猶縷也。」説文「絡」字下云：「生革可以爲縷束也。」故此句亦可訓爲何不縷束以爲大樽也。鶡冠子學問第十五：「中河失船，一壺千金。」注：「壺，瓠也。佩之可以濟涉，南人謂之腰舟。」此司馬注之所本也。**而憂其瓠落无所容？則夫子猶有蓬之心也夫！」**向云：「蓬者，短不暢，曲士之謂。」按：言惠施以有用爲無用，不得用之道也。補釋文：「郭云：『蓬生非直達者。』」武按：荀子勸學篇：「蓬生麻中，不扶自直。」然則非生麻中，必不直而曲矣。此向、郭注之所本也。

惠子曰：「吾有大樹，人謂之樗。其大本擁腫而不中繩墨，其小枝卷曲而不中規矩，立之塗，匠者不顧。補武按：此段言樗以無用，故無物害，無困苦，以喻人必無用，方免世患而獲逍遥也。繼無名、無功、無己而言無用者，以心雖無名、無功、無己，苟材有可用，必致如大瓠以有一可用，卽被慮而爲樽。故無名、無功、無己，又必無用，然後盡無爲之量，極逍遥之致。如是，則不僅遊逍遥，寢卧亦逍遥也。釋文：「樗，勑魚反。」成云：「栲、漆之類，嗅之甚臭，惡木也。」腫，章勇反。李云：「擁腫，猶盤癭。」中，丁仲反。卷，本又作「拳」，同音權。**今子之言，大而無用，衆所同去也。」**猶言棄而不取。**莊子曰：「子獨不見狸狌乎？**成云：「狌，野貓。」補釋文：「狸，力之反。狌，郭音生，司馬云：『狖也。狖，由救反。』」卑身而伏，以候敖者；司馬云：「遨翔之物，鷄鼠之屬。」補說文：「敖，出遊也。」漢書景十三王傳：「請閉諸姬舍門，無令出敖。」師古曰：「敖，遊戲也。」東西跳梁，成云：「跳梁，猶走擲。」補釋文：「跳音條。」不辟高下；辟音避。中於機辟，辟，所以陷物。鹽鐵論刑法篇「辟陷設而當其蹊」，與此同義。亦作「臂」。楚詞哀時命篇：「外迫脅於機臂兮。」機臂，卽機辟也。玉篇王注，以爲弩身。死於網罟。今夫斄牛，司馬云：「旄牛。」補釋文：「罟，徐音古。斄，徐、李音來，又音離。」其大若垂天之雲。成云：「山中遠望，如天際之雲。」此能爲大矣，補斄牛能負重耕田，卽其所爲之大也。而不能執鼠。今子有大樹，患其无用，何不樹之於无何有之鄉，廣莫之野，簡文云：「莫，大也。」彷徨乎无爲其側，釋文：「彷徨，猶翺翔。」補釋文：「彷，薄剛反。徨音皇。廣雅云：『彷徨，徙倚也。』」武按：「無爲」二字，總結無名、無功、無己、無用。逍遥乎寢卧其下？郭慶藩云：「逍遥，依說文，當作『消摇』。」又引王晳夜云：「逍遥者，調暢悦豫之意。」補此句見無爲者寢卧亦逍遥，不僅遊也，以進一步作結。不夭斤斧，物无害者，无所可用，言無處可用之。人間世篇：「是不材之木也，无所可用。」又云：「予求无所可用久矣。」又山木篇：「无所可用。」文義並與此同。安所困苦哉！」又言狸狌之不得其死，斄牛之大而無用，不如樗樹之善全，以曉惠施。蓋惠施用世，莊子逃世，惠以莊言爲無用，不知莊之遊於無窮，所謂「大知」「小知」

之異也。　**正**注言「犛牛之大而無用，不如樗樹之善全」，非也。此段莊子因惠子謂其言大而無用，乃引狸狌能捕鼠，可謂小而有用矣，然不得其死；犛牛執鼠不如狸狌，非犛牛徒大而無用也，乃不得其用也。秋水篇云：「騏驥驊騮，一日而馳千里，捕鼠不如狸狌，言殊技也。」犛牛亦然。今患犛牛不能執鼠，何不使之負重致遠，以譬患大樹無用，何不樹之於無何有之鄉，廣莫之野，以成其無用之大用乎？此針對惠子「大而無用」之言以駁之也。如注言「犛牛大而無用」，不反證合惠子之言乎？有失莊子答辯之旨矣。所謂「安所困苦」者，如大瓠可用爲樽，致被結綴以浮江湖，此卽大瓠之困苦也，樗則無此矣。

齊物論第二

天下之物之言，皆可齊一視之，不必致辯，守道而已。蘇輿云：「天下之至紛，莫如物論。是非太明，足以累心。故視天下之言，如天籟之旋怒旋已，如鷇音之自然，而一無與於我。然後忘彼是，渾成毁，平尊隸，均物我，外形骸，遺生死，求其真宰，照以本明，游心於無窮。皆莊子最微之思理。」補玉篇：「凡生天地之間，皆謂物也。」荀子正名篇：「故萬物雖衆，有時而欲偏舉之，故謂之物。物也者，大共名也。」本書達生篇：「凡有貌、象、聲、色者，皆物也。」釋文：「論，力頓反。」周禮春官大司樂賈疏：「直言曰論。」錢大昕十駕齋養新録：「王伯厚云：『莊子齊物論，非欲齊物也，蓋謂物論之難齊也。邵子詩：「齊物到頭争。」恐誤。』」按左思魏都賦「萬物可齊於一朝」，劉淵林注「莊子有齊物之論」，劉琨答盧諶書「遠慕老莊之齊物」，文心雕龍論説篇「莊周齊物，以論爲名」，是六朝人已誤以「齊物」二字連讀。正齊物論，謂齊一論物之言也。注中「天籟之旋怒旋已」句，誤。蓋篇中之旋怒旋已，係言地籟，非言天籟。由於各注均以「大塊噫氣」節言地籟者爲天籟，故誤者非僅蘇輿一人也。至莊子之撰本文，所以明道也。何以篇題爲齊物論，而不爲齊道論？蓋道無形無名，絶於言議。故知北遊篇云：「道不可言，言而非也。」又云：「所以論道，而非道也。」是則可論者唯物耳。故則陽篇云：「言之所盡，知之所至，極物而已。」然號物之數曰萬，至不齊也，逐不齊之物而論之，論亦何能齊哉？日馳不齊之論，如徐无鬼篇所謂「馳其形性，潛之萬物」，徒勞精敝神，傷生損性，此修道者之大患也。故莊子於逍遥遊篇之後，繼以斯篇。良以心之能逍遥者，無己也，無己則不齊齊矣。物本不齊，心則可齊，故人間世篇仲尼以「齋」語顏回。齋者，齊也。又曰：「一若志。」卽齊其心也。夫心何以不齊？由感於不齊之物，而有審辨彼此、是非、美惡之知，因而生好惡之情，隨發而爲不齊之論矣。故欲論之齊，則在冥情去知。情冥知去，則心如死灰矣，蝶我胥忘矣。此之謂「喪我」，喪我則齊之極致也。故本篇先言心，卽帶言情，然後繼以不齊之大知、小知，大言、小言，中則舉彼此、是非、成虧、齊與不齊之知與言，反覆申説之，末則逐節引證以事實，而本篇之義無餘蘊矣。

南郭子綦隱机而坐，司馬云：「居南郭，因爲號。」釋文：「隱，馮也。李本机作几。」按：事又見徐无鬼篇，「郭」作「伯」，「机」作「几」。補釋文：「隱，於靳反。机音紀。」**仰天而噓，答焉似喪其耦。**向云：「噓，息也。」釋文：「答，解體貌，本又作嗒。耦，本亦作偶。」俞云：「偶當讀爲寓，寄也。卽下文所謂『吾喪我』也。」按：徐无鬼篇「噓」下無此句。補釋文：「噓音虚。吐氣爲噓。答，都納反。耦，五口反，匹也，對也。」武按：耦與列子仲尼篇「顧視列子形神不相偶」之偶同。正「答然」句，當玩一「似」字。言人見其答然解體之狀，似喪其匹偶者然，卽下文「形如槁木」也。「吾喪我」，則子綦自明之辭，人固無從知之，因喪我存於内，而喪耦則形於外。俞氏混而一之，殊欠分曉。故「耦」字當從釋文訓匹。下文「彼是莫得其偶，謂之道樞」，謂無彼是對偶則好惡之情不生，是非之辯不起，故喪耦而物論自齊，卽佛書之「無人相」也。此句與「彼是莫得其偶」句互相發明，義頗重要。若徐无鬼篇，重在槁骸死灰，故無須此句也。俞説非。**顔成子游立侍乎前，**李云：「子綦弟子，姓顔名偃，謚成，字子游。」按：徐无鬼篇作「顔成子入見」。正廣韻十四清「成」字下注云：「漢複姓，十五氏。莊子有務成子、廣成子、顔成子游、伯成子高。」然則顔成蓋複姓也。**曰：「何居乎？**徐无鬼篇作「夫子物之尤也」。補釋文：「居，如字，又音姬。司馬云：『猶故也。』」**形固可使如槁木，而心固可使如死灰乎？**文子道原篇引老子曰：「形若槁木，心若死灰。」徐无鬼篇與此二句同，「木」作「骸」。知北遊篇：「形若槁骸，心若死灰。」庚桑楚篇亦有二句，「槁骸」作「槁木之枝」。達生篇亦云：「吾執臂也，若槁木之枝。」是此「槁木」卽槁木之枝。槁骸，亦槁枝也。以下異。補釋文：「槁，古老反。」武按：「心」字爲全篇總幹。篇中所説之情、知、言，皆根於心，特於此處先爲提出。正注謂「槁木卽槁木之枝」，於文義尚欠精審。此處以「槁木」形容形之枯槁，其意已足，不須加「之枝」二字也。達生篇有此二字者，以槁木喻身，以枝喻臂也。庚桑楚篇有此二字者，其文曰「動不知所爲，行不知所之，身若槁木之枝」，以槁木不易爲風所動，而枝則可動，故以槁木喻心之不動，而其身之動，一出於不知，如槁木之枝，因風而動，無容心也。此則隱机枯坐，動靜各別，故不須以易動之枝爲喻，未可漫引相證也。**今之隱机者，非昔之隱机者也。」子綦曰：「偃，不亦善乎而問之也！**而同爾。正而，如字，連上下文爲一句。上已呼偃之名，下不必再用「爾」字。**今者吾喪我，**補答稱「喪我」，非僅喪耦也，係進一層説。卽下之化蝶不知周也，又卽佛書之「無我相」也。無人無我，彼是雙忘，尚何物論之不齊哉？**汝知之乎？汝聞人籟而未聞地籟，汝聞地籟而未聞天籟夫！**」郭云：「籟，簫也。」**補**釋文：「籟，力帶反。夫音扶。」武按：風吹地面之竅成聲，地籟也。人吹比竹成聲，人籟也。心動而爲情，情宣於口而爲言，天籟也。總提於此，以啓下文，而以天籟爲主，地籟、人籟則比喻也，陪襯也。凡莊子爲文，每於其正意之前或後，設喻以襯托之，闡明之，如此處是也。又如罔兩問景、莊子夢蝶之喻，「彼出於是」、「自彼則不見」各句之義，逍遥遊篇鯤、鵬、宋、列之反喻至人，皆此例也。若於設喻處作正文讀之，則不得其要領矣。**子游曰：「敢問其方。」**成云：「方，術也。」**正**易恒卦注：「方猶道也。」謂問三籟之道理也。**子綦曰：「夫大塊噫氣，**俞云：「塊，凷或體，大地。」成云：「噫而出氣。」**補**釋文：「塊，古怪反。噫，乙戒反。」武按：大塊既爲大地，風則爲其所噫之氣，而所吹以成聲者，又爲地面之木竅，故謂其聲爲地籟也。**其名爲風。是唯无作，作則萬竅怒呺。而獨不聞之翏翏乎？**之，猶其。下同。釋文：「翏翏，長風聲。李本作飂。」**補**釋文：「呺，胡刀反。翏翏，良救反，又六收反。」**山林之畏佳，**卽嵔崔，猶崔巍。**正**注專就山勢言，則「林」爲贅字矣。奚侗遷就此義，云「林當爲陵」，擅改原文，尤涉武斷。惟郭云「大風之所扇動也」，成云「畏佳，扇動之貌」，爲得其旨。蓋此處係寫風勢，非寫山勢，故重在「林」

字。畏佳者，林木被風扇動之狀也。下句「大木」，卽從此「林」字生出。至郭、成扇動之訓，雖不知其所本，然亦略可推得其義。考工記注：「故書畏作威。」書皋陶謨「天明畏」，釋文：「馬本作威。」書吕刑「德威惟畏」，墨子尚賢下作「德威惟威」。是畏古與威通用。文選甘泉賦注「威蕤」云：「猶葳蕤也。」又景福殿賦：「流羽毛之威蕤。」尋威蕤之義，披垂流動貌。蕤與佳爲疊韻，佳正齒，蕤半齒，音亦相近，故畏佳與威蕤。義亦相近，郭、成所以訓爲扇動也。**大木百圍之竅穴，似鼻，似口，似耳，似枅，似圈，似臼，似洼者，似污者；**字林云：「枅，柱上方木。」成云：「圈，獸之闌圈。」宣云：「洼，深池。污，窊也。三象身，三象物，二象地，皆狀木之竅形。」補此承說「萬竅」。釋文：「枅音雞，又音肩。簡文云：『欂櫨也。』圈，起權反。臼，其九反。洼，烏攜反，李於花反。污音烏。」武按：禮記玉藻：「母没而杯圈存焉。」洪頤煊云：「枅通作鈃。」說文曰：「鈃，似鐘而頸長。」謂瓶罍之屬，故與杯圈爲例。說文：「洼，深池也。」國語周語注：「大曰潢，小曰污。」說文：「潢，積水池。」據此，則洼與潢同，污則較小。禮運「汙尊而抔飲」，以汙擬尊，其小可知。玉篇从于者古文，从亏者今文。**激者，謞者，叱者，吸者，叫者，譹者，宎者，咬者，**宣云：「激如水激聲，謞如箭去聲；叱出而聲粗，吸入而聲細；叫高而聲揚，譹下而聲濁；宎深而聲留，咬鳴而聲清。皆狀竅聲。」釋文：「謞音孝。司馬云：『譹，哭聲。』」按：「交交黄鳥」，三家詩作「咬咬」。補此承說「怒呺」。釋文：「激，經歷反。謞，司馬云：『若讙謞聲。』叱，徐音七，司馬云：『若叱咄聲。』叫，古弔反。譹音豪。宎，徐於堯反，又音杳。」**前者唱于而隨者唱喁。**李云：「于、喁，聲之相和。」成云：「皆風吹樹動，前後相隨之聲。」 **補**釋文：「喁，五恭反，又徐音愚。」武按：呂氏淫辭篇：「今舉大木，前呼輿謣，後亦應之。」此蓋引舉木呼應之聲，以喻風聲也。 **泠風則小和，飄風則大和，** 李云：「泠，小風也。」爾雅：「回風爲飄。」和，胡卧反。 **補**上之唱隨，乃前後之聲相和也。此承説和聲之大小，因風而別。釋文：「泠音零。」 **厲風濟則衆竅爲虚。** 向云：「厲，烈也。濟，止也。」風止，則萬竅寂然。 **補**萬竅怒呺者，厲風也。大和者，飄風也。小和者，泠風也。分三種寫之。 **而獨不見之調調、之刁刁乎？」** 郭云：「調調、刁刁，皆動搖貌。」 **補**上寫聞，此寫見，皆以「獨不」之同一句法出之。又所重者在風聲，以喻人之言語，故聞詳而見略。 **子游曰：「地籟則衆竅是已，人籟則比竹是已。** 以竹相比而吹之。 **補**釋文：「比，毗志反。」武按：「大塊」至「刁刁乎」一段，皆言地籟，特借子游口中提出「地籟則衆竅是已」一句點明之，且作一收束。上文未言人籟，嫌於疏漏，復借子游之口，提出「比竹」一句以補之。此行文精密處。各家注此，均與天籟相混，其於本文之義，似未詳審。 **敢問天籟。」子綦曰：「夫吹萬不同，而使其自已也，咸其自取，怒者其誰耶！** 宣云：「待風鳴者地籟，而風之使竅自鳴者，即天籟也。引子綦言畢。」 **正**宣注非。子游至此方問天籟，是前所言者爲地籟，而非天籟也。子綦因子游之問，再將地籟之義補足，此以後方言天籟。「其」字，指木説。自，從也。謂吹之者，僅泠、飄、厲之風也，而有萬種不同之聲者，使木從己之竅形不同所致也。「咸其自取」二句，倒句也。言怒咢者誰使之乎？無他，皆其所自取也。怒咢之聲，有激者、謞者各聲之不同，由其自身之竅有似鼻、似口各形之不同也。此自取之義也。本段以風喻下文之心與真君，以竅之鳴喻情之萌與言之發。故自「大塊」至此，皆下文之喻，非正文也。子綦之言，直至後文「此之謂葆光」方畢。「葆光」與「大知閑閑」之間，則子綦闡發天籟之義也。於其中特標「夫言非吹」一句，蓋明吹爲地籟與人籟，而「大知閑閑」以下所言者，乃天籟也。下文之「天鈞」「天府」「天倪」，皆由「天籟」二字所推演者也。郭象乃於「怒者其誰」句下注云「此重明天籟也」，宣則云「引子綦之言畢」，皆於此文尚欠分曉。或曰：子綦之言，至「怒者其誰」句止，各注所同，子獨謂止於「葆光」，何所據而決之乎？曰：余決之於其義啣接未斷也，決之於其全文體段之整齊一致也。蓋全文分六大段，皆問答體。第一大段，以「喪我」發端，下至「葆光」，子綦、子游問答之辭也。二大段，堯、舜問答之辭也。三大段，齧缺、王倪問答之辭也。四大段，瞿鵲、長梧問答之辭也。五大段，罔兩與景問答之辭也。末段，則以自喻夢蝶不知周也結，亦喪我也，以與篇首之「喪我」相照應。且文選孫子荆征西官屬送於陟陽候作詩注云「莊子曰『南郭子綦曰，天下莫大於秋毫之末，而太山爲小』」云云，是李善亦以「大知閑閑」以下爲子綦之辭也。

大知閑閑，小知閒閒；釋文：「知音智。下同。」成云：「閑閑，寬裕也。」俞云：「廣雅釋詁：『閒，覗也。』閒閒，謂好覗察人。」此智、識之異。**正**知，如字，音智非。説見逍遥遊「小知不及大知」句正語。詩魏風：「桑者閑閑兮。」傳：「閑閑然，男女無別往來之貌。」武按：傳中「無別」

二字，釋閑閑之義，以其承桑者言，故加「男女」「往來」字。此承大知言，謂大知無所分別，卽不事小察也，以與小知之閒閒反照。下文「知止其所不知」，卽證明此義者也。閒，廣韻「廁也」，前漢韋玄成傳註「隔也」。「廁」「隔」二字，均有分別義。再兼覸義言之，謂小知好分別覸察，非若大知之兼照無別也。俞專就好覸察人說，未免太拘。又逍遥遊篇「朝菌不知晦朔」，因其僅知朝而不知朔，亦閒閒義也。**大言炎炎，小言詹詹。**炎炎，有氣燄。成云：「詹詹，詞費也。」此議、論之異。

補釋文：「炎炎，于廉、于凡二反。李頤云：『同是非也。』詹詹，音占。李頤云：『小辯之貌。』」武按：以李訓爲是。又按「知」字「言」字，本文之骨幹也。下文反覆宣演，或分說，或合說，總不離此二字，故特於此處點出。然知主於心，言爲心之聲，心之所發，合於自然者，道也。外於心而相對者，物也。情者，心之用也。（朱子語。）是非者，心之所司也，卽成乎心者也。表達心之是非者，言也。是故道也，情也，物也，是非也，本文之線索也，而「心」字則本文之總綱也，特於「日以心鬭」句點出。扼此數字讀本文，則若網在綱，有條不紊，各段貫通，竟體靈活矣。各家注，非失之遊辭無當，便涉於破碎支離，鮮能就全文加以疏通貫穿者。**其寐也魂交，其覺也形開，**此寐、覺之異。**與接爲搆，**成云：「搆，合也。」

補列子穆王篇：「覺有八徵，夢有六候。奚謂八徵？一曰故，二曰爲，三曰得，四曰喪，五曰哀，六曰樂，七曰生，八曰死。此八徵者，形所接也。奚謂六候？一曰正夢，二曰蘁夢，三曰思夢，四曰寤夢，五曰喜夢，六曰懼夢。此六者，神之所交也。」淮南子説山訓篇注：「魂，人陽神。」故神交，卽魂交也。魂交，則演爲六夢。其所謂形接者，卽此處「形開，與接爲搆」也。開而後接，此係分層言之，然一本列子爲說。所謂「爲搆」者，卽日爲八徵搆結而不能解也。**日以心鬭。**宣云：「心計相角。」**補**此句爲本段綱領，至下「吾獨且奈何哉」止，皆闡發此句之義。意謂形既開而與八徵接搆，因以亂心，而日事角鬭矣。「形開，與接爲搆」，反映形如槁木，此句反映心如死灰。**縵者，窖者，密者。**簡文云：「縵，寬。」司馬云：「窖，深也。」宣云：「密，謹也。」成云：「略而言之，有此三別。」此交、接之異。**補**釋文：「縵，末旦反。窖，古孝反。」武按：縵，解見下。史記貨殖傳：「任氏獨窖倉粟。」徐廣曰：「窖音校，穿地以藏也。」**正**此非言交、接之異，乃言心鬭之情態有此三者之不同也。總提於此，下乃就此三者分承說明之。**小恐惴惴，大恐縵縵。**李云：「惴惴，小心貌。」宣云：「縵縵，迷漫失精。」此恐、悸之異。**補**釋文：「惴惴，之瑞反。」鶡冠子天則第四：「踰年累歲，用不縵縵。」陸佃注：「縵縵，漫滅之貌，猶言精神散漫也。」**正**此二句，承上「縵者」說，非言恐、悸之異也。心鬭之情態一。**其發若機栝，其司是非之謂也；**釋文：「機，弩牙。栝，箭栝。」成云：「司，主也。」按：發言卽有是非，榮辱之主也。**補**釋文：「栝，古活反。」晉語：「言以昭信，奉之如機，歷時而發之。」可資參證。**正**此承上「窖者」說。窖者深藏，此則言窖者之發出若機栝也。心鬭之情態二。**其留如詛盟，其守勝之謂也；**留不發，若詛盟然，守己以勝人。此語、默之異。**補**釋文：「詛，側據反。（成云：「祝也。」）盟音明。」（成云：「誓也。」）武按：周禮詛祝鄭注：「大事曰盟，小事曰詛。」**正**此承上「密者」説，非言語、默之異也。心鬭之情態三。**其殺若秋冬，以言其日消也；**宣云：「琢削，使天真日喪。」**補**儀禮士冠禮：「德之殺也。」注：「殺，猶衰也。」此處卽下文「與物相刃相靡，其行盡如馳」之意。**其溺之所爲之，不可使復之也；**溺，沈溺。宣云：「『爲之』之『之』，猶往。言一往不可復返。」**正**之，語助詞。此句言不可使復其初也。如作「往」字解，則爲不可使復往，於義不合。此二句，承上二句來，謂其日消者由其沈溺之所致，不可使復其未消之初也。繕性篇「無以反其性情而復其初」，其義正同。并合上二句，總承上文，言心因溺於日鬭，而日趨消殺也。**其厭也如緘，以言其老洫也；**宣云：「厭然閉藏。緘，祕固。洫，深也。老而愈深。」**補**釋文：「洫，郭已質反。」**正**則陽篇：「與世偕行而不替，所行之備而不洫。」釋文：「王云：『敗壞也。』」按：老洫，卽老敗也，與下「近死」句方貫。**近死之心，莫使復陽也。**宣云：「陰鷙無復生意。」**補**寓言篇：「而生陽也。」武按：莫使復陽，卽莫使復生也。**正**注中「陰鷙」二字宜删。此二句，承上二句來，總承心因日鬭，由消殺進一步而爲老敗，以近於死，而不可復活也。與上「殺若秋冬」四句相對，同一句法。上爲不可使復初，此爲莫之使復生，係推進一層説。**喜怒哀樂，慮歎變慹，**宣云：「慮多思，歎多悲，變多反覆，慹多怖，音執。」**補**釋文：「樂音洛。慹，之涉反，司馬云：『不動貌。』」**正**注非。自「縵者」至「莫使復陽也」，皆寫心鬭之狀；心之用爲情，卽寫情之狀也。故「近死之心」句，復點「心」字，照應上「心」字，作一小收束。「情」字，至下「有情而無形」句方出。荀子正名篇：「性之喜怒哀樂謂之情。」文子下德篇：「人之情，思慮聰明喜怒也。」據此，則本文「喜怒哀樂慮歎」，合上文「恐」字，均心所發之情也。慹者，心不動也。田子方篇「慹然似非人」，言老聃不動心之貌也。此句之意，言若思慮慨歎，則情動於中，而變其不動之心矣。**姚佚啓態；**成云：「姚則輕浮躁動，佚則奢華縱放，啓則情欲開張，態則嬌淫妖冶。」按：姚同佻。動止交接，性情容貌，皆天所賦。以上言人。**補**釋文：「佚音逸。態，勑代反。」**正**姚，賈子新書容經篇「姚不惛」，注「姚，寬遠之意」；説文「史篇以爲姚，易也」，春秋傳「楚師輕姚」。佚，説文「忽也」，又同逸，安佚也。方言：「佚，蕩緩也。」啓，説文「教也」，玉篇「開發也」。態，廣韻「意態」，史記老子傳正義「恣態之容色」。諸字之義大抵如此。成疏於「佚」字加奢華，「啓」加情欲，「態」加嬌淫妖冶，就字論，無此義，就文論，無此意，任意增加字義，以傅會其説，且將此句與上句各字平説，亦屬牽强。王按云「以上言人」，均非。此句之義，言心鬬之情，輕浮蕩逸則開發於外而爲態，即姚佚之情見於外而爲態也。上句情變於内，此句情啓於外也。**樂出虚，**無聲而有聲。宣云：「本虚器，樂由此作。」**蒸成菌。**無形而有形，皆氣〔一〕所使。以上言物。**正**注謂「以上言物」，郭於此注云「此蓋事變之異也」，均非。蓋此二句係插喻，言以上所舉心鬬各種之情態，如樂之出於虚而無形，故下言「可行己信，而不見其形」也；如氣之蒸成菌而無根，故下言「莫知其所萌」也。上下文意，

〔一〕「氣」原誤「衆」，據王氏原刻改。

各相承注。**日夜相代乎前，而莫知其所萌。**日與夜代，於何萌生？上句又見德充符篇。**正**言上所舉心鬬所發之各情，日夜相更代，莫知其所生。**已乎已乎！旦暮得此，其所由以生乎！**既無可推求，不如其已乎。然俯仰旦暮間，自悟真理。此者，生之根也。**正**「已乎」之已，成云「止也」。此注本之，非也。應作自身解，卽下文之「我」也。與上「而使其自己也」句相呼應，上句乃此句之喻也。此句意謂上所述之各情雖莫知其所萌，然我乎我乎，旦暮得此，其所由以生乎？此者，指上文所發之情也。蓋我之生必有情，特情之發當理與不當理耳。注謂「此者，生之根」，非也。**非彼無我，**宣云：「彼，卽上之此也。」**補**彼，卽指情。謂非情則無我。此重明上句「我乎我乎，旦暮得此，其所由以生乎」之意。**非我无所取。**成云：「若非自然，誰能生我？若無有我，誰稟自然乎？」**正**文中並未涉及自然，成説未免節外生枝。文謂情者，我之情也，然則情之所發，非我自取而誰取之乎？此句與上「咸其自取」句相應，上句爲此句之喻，亦卽此句之伏筆也。**是亦近矣，**成云：「我卽自然，自然卽我，其理非遠。」**正**成説非。言情之所發，既由我之自取，則情之於我，可謂近矣。**而不知其所爲使。**宣云：「究竟使然者誰耶？」按：與上「怒者其誰耶」相應。**正**情與我既近，則情之發，我應知其所爲使，而竟不之知也。**必有真宰，而特不得其眹。**崔云：「特，辭也。」李云：「眹，兆也。」按：云若有真爲主宰者使然，而其眹迹不可得見。**可行已信，而不見其形，**可運動者，已信能之，而不見運動我之形。**正**可行使我之心發動各情，已可徵信，而不見主宰者之形。句中「行」字，跟上「使」字來。**有情而无形。**與我有相維繫之情，而形不可見。**正**情，卽上文自「縵者」至「啓態」各情，特於此處點出「情」字，以總括上文。注謂爲「維繫之情」，非也。且「情」字不僅總括上文，並啓下「是非」各節。劉勰新論去情篇云：「情者，是非之主。」蓋有情則有好惡，有好惡則有是非。而是非之發則有言，言各是其所是而非其所非，故儒、墨是非之辯起，而真道隱矣。莊子則我喪物化，且无彼此，何有是非？既无是非，尚何物論之不齊哉！**百骸、**成云：「百骨節。」**九竅、**眼、耳、口、鼻七竅，與下二漏而九。**六藏，**李楨云：「難經三十九難：『五藏，心、肝、脾、肺、腎也。』亦有六藏者，腎有兩藏也。左腎，右命門也。命門者，謂精神之所舍也。其氣與腎通，故言藏有六也。」**賅而存焉，**成云：「賅，備。」**吾誰與爲親？**成云：「豈有親疏？」**汝皆説之乎？**將皆親而愛悦之乎？**其有私焉？**或有私於身中之一物乎？**如是者**〔一〕**皆有。**言皆悦不可，有私不可。既如是矣，或皆有之，**爲臣妾乎，其臣妾不足以相治也！**而賤爲役使之臣妾乎，然无主不足以相治也。**其遞相爲君臣乎，**其或遞代爲君臣乎，**其有真君存焉。**然有真君在焉，卽上「真宰」也。此語點醒。**補**真君者，心之神也。「如是者皆有」斷句，與上句爲一氣。言其有私於身中之一物乎，然身中之物賅而

〔一〕「者」字，王氏原刻及集釋本均無。

存也，勢不能獨有私，如有私，則皆有矣。又言身中之物皆爲臣妾乎，然彼此比肩，不足以相治也，其勢不能無君，故必有真君存焉。因上所言之真宰，不得其眹，不見其形，果有乎，無乎？此處反覆推勘，明其應有也。**如求得其情與不得，無益損乎其真。一受其成形，不亡以待盡。與物相刃相靡，其行盡如馳，而莫之能止，不亦悲乎！**成云：「刃，逆。靡，順也。」真君所在，求得不加益，不得不加損。惟人自受形以來，守之不死，坐待氣盡，徒與外物相攖，視歲月之行盡如馳，而莫之能止，不可悲乎！按：「一受其成形，不亡以待盡」，又見田子方篇，「亡」作「化」。**正**注非。情即上文「有情而無形」之情，心鬭所生之情也。真者，真君也。求者，非求真君所在，乃求遂其情也。言如求得遂其情，於真君無益；不得，於真君無損。是以下瞿鵲言聖人不喜求也。一受其成形，不自牿亡其真，以待天年之盡，即下文「所以窮年也」之意，與養生主之「盡年」，及德充符篇所云「常因自然而不益生」之義亦同。靡，荀子性惡篇「靡使然也」，楊注：「磨切。」與物相刃相靡，言其心與物相戕害、相磨切也。此句應上「心鬭」，及「其殺若秋冬」句；「其行盡如馳而莫之能止」，應上「日消」與「不可使復」句。下之終身役役，茶然疲役，即行盡而非待盡也。**終身役役而不見其成功，苶然疲役。而不知其所歸，可不哀邪！**所有皆幻妄，故無成功，疲於所役，而不知如何歸宿。盧文弨云：「苶，當作茶。」司馬作「薾」。簡文云：「疲，困貌。」**補**終身役役，應上「其溺之所爲」句。茶然疲役，應上「老洫」句。苶，釋文「乃結反」。**人謂之不死，奚益！其形化，其心與之然，可不謂大哀乎？**宣云：「縱生何用？及形化，而心亦與之俱化，靈氣蕩然矣。」補此應上「莫使復陽也」。**人之生也，固若是芒乎？其我獨芒，而人亦有不芒者乎？** 成云：「芒，闇昧也。」補此應上「日夜相代乎前，而莫知其所萌」以下數句。言不知其萌，不知所使，不得其眹，是芒昧不明也。**夫隨其成心而師之，誰獨且無師乎？奚必知代而心自取者有之？愚者與有焉。** 心之所志，隨而成之。以心爲師，人人皆有，奚必知相代之理，而心能自得師者有之？即愚者莫不有焉。補成心，言已發動而成爲情意之心也，即心已爲情所膠着也。「師」字，應作動詞解，與人間世「猶師心者也」之師同。釋文：「與音豫。」「奚必知代而心自取」句，承上「日夜相代乎前」、「非我无所取」說。言何必知喜怒哀樂恐慮之情日夜相代乎前，而我之心自取者有之？愚者雖情知少，亦與有焉。**未成乎心而有是非，是今日適越而昔至也。** 未成凝一之心，妄起意見，以爲若者是道，若者非道，猶未行而自夸已至。此「是非」，與下「是非」無涉。天下篇「今日適越而昔來」，惠施與辯者之言也，此引爲喻。正注非。未成乎心者，言一切情感尚未生於心也。朱晦庵云：「心之所感有邪正，故言之所形有是非。」未成乎心，即心尚無所感也。言者心之聲，心無所感，則情不動，情不動，則無是非之言。如謂有是非，是如今日適越而昨日至，喻必無是理也。「是非」二字，爲篇中筋節，特於此點出，以爲後文伏脈。後文儒、墨是非之辯，由成榮華之情於心所致，即各師其成心也。**是以**

无有爲有。无有爲有，雖有神禹，且不能知，吾獨且奈何哉！ 無有爲有，雖神禹之智〔一〕，不能解悟。自夸自欺，吾末如之何矣。此段反復喚醒世人。 正注中「自夸自欺」以下，宜删。

夫言非吹也，應上「吹」。 補至此繳清「吹」字。吹，地籟、人籟也。夫言非吹者，謂非如地竅之聲由風吹，比竹之聲由人吹，而由言者自然而有言，故曰天籟也。本篇「大知閑閑」以上言地籟、人籟，以下則言天籟，特於此處提清。自此至「是之謂兩行」，反覆申説大言炎炎，小言詹詹之義。**言者有言，其所言者特未定也。** 補此句總冒以下各節。言之未定，分兩層説：一言之有無未定，二言之是非未定。**果有言邪？其未嘗有言耶？其以爲異於鷇音，亦有辯乎，其無辯乎？** 人言非風吹比，人甫有言，未定足據也。果據以爲言耶？抑以爲無此言耶？抑以爲與初生鳥音果有别乎，無别乎？其言之輕重尚不定。 補此謂言之有無未定，以下則謂言之是非未定。 郭云：「以爲有言耶，然未足以有所定。以爲無言邪，則據己已有言。」釋文：「鷇，苦豆反，李音彀。」爾雅釋鳥：「生哺，鷇；生噣，雛。」郭璞注：「鷇，鳥子，須母食之。」列子湯問篇：「負其材力，視來丹猶雛、鷇也。」張湛注：「鷇音寇。生而須哺曰鷇，自食曰雛。」武按：鷇音居於無言有言之間，以爲無言耶，則固有音也；以爲有言耶，則鷇不能言也，僅有音而已。有音無言，辯無自生矣。**道惡乎隱而有真僞？言惡乎隱而有是非？** 隱，蔽也。道何以蔽而

〔一〕此二句王氏原刻作「無而爲有，雖禹之智」。

言至於有真有僞？言何以蔽而至於有是有非？　補此處點出「道」字。**道惡乎往而不存？言惡乎存而不可？**　宣云：「觸處皆道，本不須言。一言一道，亦不須辯。」　補釋文：「惡音烏。」成云：「惡乎，謂於何也。」正注非。此二句，較上二句進一層説。上言道隱蔽不明，卽下「古之人，其知有所至矣」段所謂「道之所以虧也」。夫謂虧，則尚有未虧者存。故道雖隱於僞，尚有真者存；言雖隱於非，尚有是者存。此言往而不存，並真者亦不存矣，非僅虧也；存而不可，並是者亦不可矣。故曰進一層説也。**道隱於小成，**小成，謂各執所成以爲道，不知道之大也。宣云：「偏見之人，乃至道隱。」成引老子云：「大道廢，有仁義。」　補下文云：「道之所以虧，愛之所以成。」此謂道隱於愛之小成也。**言隱於榮華。**成云：「榮華，浮辯之詞，華美之言也。只爲滯於華辯，所以蔽隱至言。老子云：『信言不美，美言不信。』」　補此二句，解答上之疑問也。列禦寇篇顏闔言孔子云「方且飾羽而畫，從事華辭，以支爲旨」，卽此榮華之謂。下文惠子以堅白之昧終，卽務榮華不實之辯，致言隱昧不明也。**故有儒、墨之是非，以是其所非，而非其所是。**成云：「昔有鄭人名緩，學於求氏之地，三年藝成，而化爲儒。儒者祖述堯、舜，憲章文、武，行仁義之道，辯尊卑之位，故謂之儒。緩弟名翟，緩化其弟，遂成於墨。墨者，禹道也。尚賢崇禮，儉以兼愛，摩頂放踵，以救蒼生，此謂之墨也。緩、翟二人，親則兄弟，各執一教，更相是非。緩恨其弟，感激而死。然彼我是非，其來久矣。爭競之甚，起自二賢，故指此二賢爲亂羣之帥。是知道喪言隱，方督是非。」按：儒、墨事，見列禦寇篇。　補「其」字，指對方説。是彼之所非，非彼之所是，猶儒家是墨家所非，如重喪之類；非墨家所是，如兼愛之類。推之墨家亦然。**欲是其所非而非其所是，則莫若以明。**郭嵩燾云：「彼是有對待之形，而是非兩立，則所持之是非，非是非也，彼是之見存也。」按：莫若以明者，言莫若卽以本然之明照之。**正**謂欲是其所非而非其所是，由於爲小成與榮華之見所隱蔽，而不明彼此之情，是非之理也。莫若以天然之明照之，則隱者顯矣。下文「照之以天」，及「爲是不用而寓諸庸，此之謂以明」，卽釋此義。**物无非彼，物无非是。**有對立，皆有彼此。**自彼則不見，自知則知之。**觀人則昧，返觀卽明。**補**既「物无非彼」，則此中亦有彼，卽自彼也，人每於自身之彼則不見也。如蝶，彼也，今我夢爲蝶，卽自彼也，覺則見己而不見蝶，故曰「自彼則不見」也。「自知則知之」者，如夢爲蝶時，不知人之知也，覺則不知蝶之知也。人每以覺時之知爲自知，而不知夢時之知亦爲自身之彼之知，故下曰「彼出於是」，非有二也。然人恆於自彼之知則不知，而自知則知之。究之夢之與覺，孰爲真境，自知與自彼之知，孰爲真知，非大聖不能定也。下「夢飲酒者」段，與「夢蝶」段，卽證明此義者也。**故曰：彼出於是，是亦因彼。彼是，方生之説也。**有此而後有彼，因彼而亦有此，乃彼此初生之説也。**正**「方」字，注中訓初。成云：「方，方將也。」呂氏春秋安死篇：「其所非，方其所是也。其所是，方其所非也。」高注：「方，比。」按：均於文義未合。説文：「方，併船也。象兩舟省總頭形。」儀禮鄉射禮：「不方足。」注：「方猶併也。」彼是方生，卽彼是併生。下文「方生方死，方死方生」，卽併生併死，併死併生也。就時間言，卽同時之意。如人死爲鬼，當人之死，同時卽爲鬼之生，此卽方死方生爲併死併生之説也。可與不可，因對待比較而成。有不可者存，然後方見其可，故當可之時，不可者已併存矣。此就一己言也。當我可之時，人之好尚各異，同時必有以爲不可者，此卽方可方不可爲併可併不可之説也。**雖然，方生方死，方死方生；**然其説隨生隨滅，隨滅隨生，浮遊無定。郭以此言生死之變，非是。**正**此非言其説之隨生隨滅，乃承上物之彼是方生，而推論方死，以明彼是之生死無定也。下二句，由心之可不可，然後因之形於言之是非。物與言對舉分説，不可混視。郭説亦未盡非也。**方可方不可，方不可方可；**言可，卽有以爲不可者；言不可，卽有以爲可者。可不可，卽是非也。**因是因非，因非因是。**有因而是者，卽有因而非者；有因而非者，卽有因而是者。既有彼此，則是非之生無窮。**補**此承上二句説，可則因而是之，不可則因而非之。可不可動於心，是或非則形於言。**是以聖人不由，**宣云：「不由是非之途。」**而照之於天，**成云：「天，自然也。」按：照，明也。但明之於自然之天，無所用其是非。**補**此句爲後堯、舜問答一節張本。**亦因是也。**是，此也。因此是非無窮，故不由之。蘇輿云：「猶言職是故也。」**正**注非。言聖人不由是非之途，而照之於自然之天，亦惟因之而已。卽下文「是不是，然不然」也，與後「朝三」段「亦因是也」對照。養生主篇云：「依乎天理，因其固然。」管子心術篇云：「無爲之道因也。因也者，無益無損也。以其形，因爲之名，此因之術也。」又云：「因也者，舍己而以物爲法者也。感而後應，非所設也；緣理而動，非所取也。故道貴因。」二者均足爲本處參證。**是亦彼**

也，彼亦是也。是，此也。郭云：「此亦爲彼所彼，彼亦自以爲此。」補承上「物无非彼」二句説。既物无非彼，故是亦彼也；物无非是，故彼亦是也。**彼亦一是非，此亦一是非。**成云：「此既自是，彼亦自是；此既非彼，彼亦非此。故各有一是，各有一非也。」補由上之説，是無彼此也。然就世情觀之，彼亦一是非，此亦一是非，互相對立，顯分彼此。**果且有彼是乎哉？果且无彼是乎哉？**分則有彼此，合則無彼此。補以道言之，無彼此；以世情言之，有彼此。果有乎，無乎，特未可定也。夫有彼此，然後有言語，既彼此之有無未可定，則言之有無亦未可定，更無論是非矣。較上「其所言者特未定也，果有言耶，其未嘗有言耶」，更進一層説。**彼是莫得其偶，謂之道樞。**成云：「偶，對。樞，要也。體夫彼此俱空，是非兩幻，凝神獨見，而無對於天下者，可得會其玄極，得道樞要。」補淮南子原道訓：「經營四隅，還反於樞。」高誘注云：「樞，本也。」武按：上言「是亦彼也，彼亦是也」，則彼亦可謂之是，是亦可謂之彼。彼是兩渾，則彼是并不對立而爲偶。不對立爲偶，則無是非之辯，此即道之樞要也，亦可謂之道之本也。又按上文南郭子綦答然似喪其耦，卽彼是莫得其偶也。偶與耦同。**樞始得其環中，以應无窮。**郭嵩燾云：「是非兩化，而道存焉，故曰道樞。握道樞以游乎環中，中，空也。是非反復，相尋無窮，若循環然。游乎空中，不爲是非所役，而後可以應無窮。」唐釋湛然止觀輔行傳宏決引莊子古注云：「以圓環內空體無際，故曰環中。」按則陽篇亦云：「冉相氏得其環中以隨成。」正淮南子原道訓云：「得道之柄，立於中央。」又云：「執道要之柄，而游於無窮之地。」可與此互相發明。樞猶之柄也。譬之規然，以一端居中，卽樞也，他端旋之則成圓，如是，可以圓轉無窮。以喻大道無我，尚何有彼？既無彼我，更何有是非？執無彼我之道，猶之執樞然，置之環之中心，可以圓轉無窮矣。無窮，指世情之是非之無窮也。此處重在執樞圓轉以應無窮，卽盜跖篇所謂「若是若非，執而圓機」，非重環之中空也。郭說失之。**是亦一无窮，非亦一无窮也。**郭云：「天下莫不自是而莫不相非，故一是一非，兩行無窮。」補世情之是非，兩相倚伏，而循環相生。有是之者，則必有非之者；有今日以爲是，而他日以爲非者；今日以爲非，而他日以爲是者。故是之無窮，非之亦無窮也。此申釋上句「無窮」二字之義。**故曰「莫若以明」。**惟本明之照，可以應無窮。此言有彼此而是非生，非以明不能見道。正以道言之，是無定是，非無定非。照之以自然之明，而不執我見，則是非之辯息矣。此句繳應上節「莫若以明」句。

以指喻指之非指，不若以非指喻指之非指也；以馬喻馬之非馬，不若以非馬喻馬之非馬也。天地，一指也；萬物，一馬也。爲下文「物謂之而然」立一影子。近取諸身，則指是；遠取諸物，則馬是。今曰指非指，馬非馬，人必不信，以指與馬喻之，不能明也。以非指喻之，則指之非指，馬之非馬，可以悟矣。故天地雖大，特一指耳；萬物雖紛，特一馬耳。

正此設喻證明「物无非彼」二句，及「是亦彼也」至「果且无彼是乎哉」數句之義。蓋物本無彼此，彼此由人分，猶之物本無名，名由人立，可立之以此名，亦可立之以彼名，卽下文所謂「物謂之而然」也。如馬名未立之時，以名牛者名馬，則馬爲牛矣。今馬牛之名已立，鬣者人共知其爲馬，而牛則人共知其爲非馬也。若復以此馬證彼馬之非馬，必爲人所嗤，且亦無以伸其説，因其同爲是（習久成是），而不能有非存於其間也。如以非馬證彼馬之非馬，名既非真，是非今復對立，不能遽執是非之誰屬也。故言以馬喻，不若以非馬喻。天地雖大，萬物雖衆，皆可作如是觀也已。**可乎可，不可乎不可。**郭云：「可乎己者，卽謂之可；不可於己者，卽謂之不可。」**補**天地萬物之名，皆可乎可，不可乎不可，非其真也。如鬣者可名爲馬，以人之可之也，非真鬣者必名馬而後可也。不可名之爲牛，以人之不可之也，非真名牛之不可也。又淮南泰族訓云：「周公誅管叔、蔡叔，以平國弭亂，可謂忠臣也，而未可謂弟弟也。湯放桀，武王伐紂，以爲天下去殘除賊，可謂惠君，而未可謂忠臣矣。樂羊攻中山，未能下，中山烹其子，而食之以示威，可謂良將，而未可謂慈父也。故可乎可，而不可乎不可；不可乎不可，而可乎可。」亦可參證。**道行之而成，**宣云：「道，路也。」按：行之而成，孟子所云「用之而成路」也。爲下句取譬，與理道無涉。**正**「行道」二字，與天地篇「行於萬物者道也」之義同。篇中「道」字，多與「心」「物」「言」諸字並舉，猶之知與言、是與非、心與情亦往往并舉也。此「道」字與「物」字并舉，承上啓下。按語謂「與理道無涉」，未能將全文會通觀之也。**物謂之而然。**凡物稱之而名立，非先固有此名也。故指、馬，可曰非指、馬；非指、馬者，亦可曰指、馬。**補**此句重要，以下「然不然」之説，均根於此。**惡乎然？然於然。惡乎不然？不然於不然。**何以謂之然？有然者，卽從而皆然之。何以謂之不然？有不然者，卽從而皆不然之。隨人爲是非也。**正**物何以然？其然也，由於人謂之然，非物之真然也。
何以不然？其不然也，亦由人謂之不然，非物之真不然也。**物固有所然，物固有所可。无**
物不然，无物不可。論物之初，固有然有可，如指爲指，馬爲馬是也。論物之後起，則不正之名
多矣，若變易名稱，無不然，無不可，如指非指，馬非馬，何不可聽人謂之？「惡乎然」以下，又見寓
言篇。此是非可否并舉，以寓言篇證之，「不然於不然」下，似應更有「惡乎可？可於可；惡乎不
可？不可於不可」四句，而今本奪之。**補**文子自然篇云：「故至寒傷物，無寒不可；至暑傷物，
無暑不可。故可與不可皆可，是以大道無所不可，可在於其理。見可不趨，見不可不去。可與不
可，相爲左右，相爲表裏。」**正**寓言篇「惡乎可」四句，居「惡乎然」四句之下，而與之爲對偶。此莊
文齊整處。此篇則删去「惡乎可，惡乎不可」二句，而將「可乎可，不可乎不可」置於本段之首，以承
說「萬物，一馬也」之理，並遥接上文「方可方不可」句，與寓言篇用意不同，故於「惡乎然」四句之下
不重出，避複也。此莊文之奇變處。由此可以窺見莊叟執筆時，亦煞費經營也。王氏謂「今本奪
之」，豈其然乎？**故爲是舉莛與楹，厲與西施，恢恑憰怪，道通爲一。**釋文：「爲，于僞
反。」成云：「爲是故略舉數事。」俞云：「說文：『莛，莖也。』漢書東方朔傳：『以莛撞鐘。』司馬
云：『楹，屋柱也。厲，病癩。』莛、楹，以大小言；厲、西施，以美醜言。」成云，恢，寬大之名。恑，奇
變之稱。憰，矯詐之名。怪，妖異之稱。」按：自知道者觀之，皆可通而爲一，不必異視。**補**
釋文：「莛，徐音庭。厲，如字，惡也，李音賴。西施，越王句踐所獻吳王美女也。恢，徐苦回反，簡

文本作弔（音的）。恑，九委反，李云：『戾也。』憰音決，乖也。」武按：德充符篇云：「自其異者視之，肝膽楚、越也。自其同者視之，萬物皆一也。」若莛與楹，大小雖異，然同爲物；厲與西施，美惡雖異，然同爲人；恢恑憰怪，其情雖異，然同於性。自其同者視之，皆一也，故曰「道通爲一」。**其分也，成也；**分一物以成數物。**其成也，毁也。**成云：「於此爲成，於彼爲毁。如散毛成氈，伐木爲舍等也。」**凡物无成與毁，復通爲一。**如此成卽毁，毁卽成，故無論成毁，復可通而爲一，不必異視。**補**庚桑楚篇：「道通，其分也；其成也，毁也。所惡乎分者，其分也以備；所以惡乎備者，其有以備。」可作此處參證。**唯達者知通爲一，爲是不用而寓諸庸。**唯達道者能一視之，爲是不用己見，而寓諸尋常之理。**補**成云：「寓，寄也。」庸，爾雅釋詁：「常也。」晉語：「無功庸者，不敢居高位。」注：「國功曰功，民功曰庸。」史記周勃傳：「才能不過凡庸。」玉篇：「凡，非一也。」廣韻：「常也，皆也。」是常也，民功也，凡也，皆也，均「庸」字之義。蓋用之義狹，庸之義廣。爲是不用而寓諸庸者，謂不自用，而寄諸人人之皆用也。**庸也者，用也；**宣云：「無用之用。」**正**寄諸人人之皆用，亦卽我之用也。**用也者，通也；**無用而有用者，以能觀其通。**正**如斯之用，則人人之用同而不二，是通爲一也。此句「通」字，承上「知通爲一」來。**通也者，得也。**觀其通，則自得。**正**知北遊篇：「聖人故貴一。」老子曰「昔之得一者，天得一以清，地得一以寧，神得一以靈」云云。老、莊之道貴一，故屢言「守一」「抱一」，皆得一之旨也。此句謂「通爲一」也者，得一也。**適得而幾已。**適然自得，則幾於道矣。　**補**幾，爾雅釋詁「近也」。　**正**淮南原道訓：「道者一立而萬物生。所謂無形者，一之謂也。」管子心術篇：「天之道，虛其無形。」據此，則一者，所以表道也。此句謂適得一而近於道已。　**因是已。**因，任也。任天之謂也。　**正**因任於廣而已。**已而不知其然，謂之道。**　宣云：「已者，既通爲一，不知其然，未嘗有心也。」　謂之道，所謂『適得而幾』也。」按：此言非齊是非不能得道，以下又反言以明。　**補**已而不知其然，言已如此，而不知其如此也。**勞神明爲一，而不知其同也，謂之朝三。**若勞神明以求一，而不知其本同也，是囿於目前之一隅，與「朝三」之說何異乎？　**補**此節從反面證明上文。上文謂「道通爲一」，非勞神明爲一也。勞神明爲一，則非因矣。　**何謂朝三？　狙公賦芧，曰：「朝三而暮四。」衆狙皆怒。曰：「然則朝四而暮三。」衆狙皆悅。名實未虧，而喜怒爲用，亦因是也。**　列子黃帝篇：「宋有狙公者〔一〕，愛狙，養之成羣，能解狙之意，狙亦得公之心。損其家口，充狙之欲。俄而匱焉，將限其食，恐衆狙之不馴於己也，先誑之曰：『與若芧，朝三而暮四，足乎？』衆狙皆起而怒。俄而曰：『朝四而暮三，足乎？』衆狙皆伏而喜。物之以能鄙相籠，皆猶此也。聖人以智籠羣愚，亦猶狙公之〔二〕以智籠衆狙也。名實不虧，使其喜怒哉！」張湛注：「好養

〔一〕「者」字，據王氏原刻及列子補。
〔二〕「之」字，據王氏原刻及列子補。

猿猴者，因謂之狙公。芧音序，栗也。」按：漆園引之，言名實兩無虧損，而喜怒爲其所用，順其天性而已，亦因任之義也。　**正**釋文：「狙，七徐反。朝三暮四，司馬云：『朝三升，暮四升。』」成云：「賦，付與也。芧，橡子也，似栗而小也。」武按：「名實未虧，而喜怒爲用，亦因是也」三句，乃就狙公言之也。謂狙公之名實未虧，而順狙之喜怒以爲用，而不自用，亦因任狙之天性也，卽以狙之用爲用也。引此事，以證上文「爲是不用而寓諸庸」之義，非泛設也。**是以聖人和之以是非，而休乎天鈞，是之謂兩行。**釋文：「鈞，本又作均。」成云：「均平之理。」按：言聖人和通是非，共休息於自然均平之地，物與我各得其所，是兩行也。按寓言篇亦云：「始卒若環，莫得其倫，是謂天均。天均者，天倪也。」此作「鈞」，用通借字。　**正**和之以是非，卽上文「道通爲一」，又卽下文「是不是，然不然」也。漢書鄒陽傳：「獨化於陶鈞之上。」張晏云：「陶家名模下圓轉者爲鈞。」故寓言篇云：「始卒若環。」凡陶鈞有樞。上文「道樞」，天鈞之樞也。休乎天鈞，卽承上文「樞始得其環中」句。此之謂兩行，承上文「以應无窮，是亦一无窮，非亦一无窮也」三句。聖人和通是非，視之如一，然於世情之是非，則任其兩行無窮，惟執道樞以應之而已。**古之人，其知有所至矣。**成云：「至，造極之名。」　**補**自此至「此之謂以明」，申說大知閑閑，小知閒閒之義。「未始有」數句，說大知；昭文三子之知，小知也。**惡乎至？有以爲未始有物者，至矣盡矣，不可以加矣。**郭云：「此忘天地，遺萬物，外不察乎宇宙，内不覺其一身，故能曠然無累，與物俱往，而無所不應。」**其次以爲有物矣，**以上又見庚桑楚篇。**而未始有封也。**封，界域也。其次見爲有物，尚無彼此。**其次以爲有封焉，而未始有是非也。**雖見有彼此，尚無是非。**是非之彰也，道之所以虧也。**見是非，則道之渾然者傷矣。**道之所以虧，愛之所以成。**私愛以是非而成。**果且有成與虧乎哉？果且無成與虧乎哉？**

補虧道成愛，故愛成爲小成。申釋上「道隱於小成」句。成云：「果，決定也。道無增減，物有虧成。是以物愛既成，謂道爲損，而道實無虧也。故假設論端，以明其義。」**有成與虧，故昭氏之鼓琴也；**

補鼓琴，昭氏所愛也。下稱其知之盛，則其愛可謂小成矣。舉此，以證上「道隱於小成」句。**無成與虧，故昭氏之不鼓琴也。**宣云：「故，古也。」成云：「姓昭，名文，古善琴者。鼓商則喪角，揮宫則失徵，未若置而不鼓，五音自全。亦猶存情所以乖道，忘智所以合真者也。」

補成云「姓昭，名文」，不詳所出。考列子湯問篇：「瓠巴鼓琴，而鳥舞魚躍。鄭師文聞之，棄家，從師襄游。」吕氏春秋君守篇：「鄭太師文，終日鼓瑟而興。」名同矣，而不知是否姓昭。惟文子自然篇云：「故無絃，雖師文不能成其曲。」繼之云：「至于神和游于心手之間，放意寫神，論變而形于絃者，父不能以教子，子亦不能受之于父，此不傳之道也。」與此處「其子又以文之綸終，終身無成」之意同。據此以推，昭文蓋卽鄭之太師文也。**昭文之鼓琴也，師曠之枝策也，**成云：「枝，柱也。策，打鼓枝，亦言擊節枝。曠妙解音律，晉平公樂師。」按：枝策者，拄其策而不擊。

補晉語「平公說新聲」句解云：「師曠，晉主樂太師子野。」淮南原道訓：「師曠之聽，合八風之調。」

正昭文善鼓，師曠善聽，惠子善談，文係分說，然以昭文、惠子爲王，而師曠乃昭文之陪襯也。故下文「堅白」句繳清惠子，「以文之綸」句繳清昭文，師曠則不之及，非疏也。人有賓主，故文有詳略也。注謂「拄其策而不擊」，非也，乃師曠拄其策以聽音也。曠蓋聰耳而妙知音者。**惠子之據梧也，**司馬云：「梧，琴也。」成云：「檢典籍，無惠子善琴之文。據梧者，止是以梧几而據之談說。」德充符篇莊子謂惠子云：「今子外乎子之神，勞乎子之精，倚樹而吟，據槁梧而瞑。」**正**據德充符篇所言，梧義自見。蓋梧亦樹也，吟既倚樹，瞑自可據梧。惟吟則徙倚不定，故概言曰樹；瞑則據而不移，故梧可指名。其必以梧者，以其槁也。槁則風難動搖，據之方可以瞑。如此解，非不可通，正不必憑空添「琴」「几」字附會之也。三**子之知幾乎！皆其盛者也，故載之末年。**崔云：「書之於今也。」按：言昭善鼓琴，曠知音律，惠談名理，三子之智，其庶幾乎！皆其最盛美者，故記載之，傳於後世。**正**「三子之知幾乎盛」句，對照上文「古之人，其知有所至矣」，知幾乎盛不及知之盛，知之盛不及知之至，此大知、小知之分也。末年者，三子之晚年也。注謂爲「後世」，非也。又謂載爲「記載」，亦與文義不合。荀子榮辱篇：「皆使人載其事，而各得其宜。」注：「載，行也。」復見書皐陶謨「載采采」注。又事也，見書舜典「有能奮庸熙帝之載」注。載之末年者，言三子於其所知，行之於晚年，猶言從事至於終身也。與下文「其子又以文之綸終」，其意相同。所以如此者，由其好之也。如此解，上下句意方貫。**唯其好之，以異於彼，其好之也，欲以明之彼。**宣云：「惟自以爲異於人，且欲曉人。」**正**此處重在「好」字，好卽愛也。上成云：「彼，衆人也。」按：「唯其好之」四語，專承善辯者說。

證「愛之所以成」句，下啓「成」字。注抛荒「好」字，失其旨矣。好之異於彼，乃偏私之好，非衆所共好也；卽自用其好，而不寓諸庸衆之好也。欲以明之彼，及下「非所明而明之」，卽自用其明，而不寓諸庸衆之明也。此從反面證明下文「爲是不用而寓諸庸，是之謂以明」數語之義。至此處「彼」字，統指上三子。此四語，並下「非所明而明之」共五語，總冒下「故以堅白之昧終」至「終身無成」三語。就惠子論，「彼」字指衆人，謂惠子之好之也，欲以明之衆人，非衆人所明而强欲明之，故以堅白之昧終。就昭文論，「彼」字指其子，謂昭文之好之也，欲以明之其子，非其子所明而强欲明之，故終身無成。蓋鼓琴者，須明琴理之妙，而後能善也。惟師曠係善聽音者，聽由天授，固不能明之於人，且其所聽者與昭文爲一類，故文不復敍及之也。注乃謂「四語專承善辯者」，則下「而其子」二語全無承接，不太突兀乎？於理於法，胥失之矣。**非所明而明之，故以堅白之昧終。**非人所必明，而强欲共明之，如「堅石」「白馬」之辯，欲衆共明，而終於昧，故曰「以堅白之昧終」。「堅白」，又見德充符、天下、天地、秋水四篇。成云：「公孫龍，趙人。當六國時，弟子孔穿之徒，堅執此論，横行天下，服衆人之口，不服衆人之心。」**補**荀子修身篇注云：「此言公孫龍、惠施之曲説異理，不可爲法也。堅白，謂離堅白也。公孫龍堅白論曰：『堅、白、石三，可乎？曰：不可。二可乎？曰：可。』謂目視石，但見白，不知其堅，則謂之白石。手觸石，則知其堅，而不知其白，則謂之堅石。是堅白終不可合爲一也。」**正**列子仲尼篇：「子輿曰：『吾笑龍之詒孔穿。』」注：「孔穿，孔子之孫。世記云：『爲龍弟子。』」成疏當本此。然孔叢子載公孫龍與孔穿辯論臧三耳於平原君所，明日，平原君謂公孫龍曰：「其人（指穿）理勝於辭，公辭勝於理。辭勝於理，終必受詘。」據此，則穿何至爲龍弟子？世記所云，似不足徵。且本文言惠子，并未涉及公孫龍。而德充符篇「子以堅白鳴」句，明爲莊子謂惠子之語，似不必徵引公孫龍與孔穿。**而其子又以文之綸終，終身無成。**郭云：「昭文之子，又乃終文之緒。」成云：「昭文之子，倚其父業，卒其年命，竟無所成。」按：終文之緒，猶禮中庸云「纘太王、王季、文王之緒」也。所謂無成者，不過成其一技，而去道遠，仍是無成。**正**注非。釋文：「綸音倫，崔云：『琴瑟絃也。』」武按：崔説是也。此承昭文鼓琴來，故言綸，猶之言絲竹絃索也。以文之綸終，言以文之琴絃終其身，與上「載之末年」之意同。終身無成，謂其技不及其父之有成也。**若是而可謂成乎，雖我亦成也。**成云：「我，衆人也。若三子異於衆人，遂自以爲成，而衆人異於三子，亦可謂之成也。」**正**注非。惠子欲明「堅白」之説於人，而人終昧，是惠子之所好者無成也。昭文欲子之成其技，而其子終身無成，是昭文之所好者無成也。若是之無成而可謂之成，則我之毫不能琴、不能辯者，亦何不可謂之爲成乎？**若是而不可謂成乎，物與我無成也。**若是而不可謂成乎？則天下之無成者多矣。當知以我逐物，皆是無成也。**是故滑疑之耀，聖人之所圖也。爲是不用而寓諸庸，此之謂以明。**司馬云：「滑疑，亂也。」按：雖亂道，而足以眩耀世人，故曰「滑疑之耀」。聖人必謀去之，爲其有害大道也。爲是不用己智，而寓諸尋常之理，此之謂以本然之明照之。以上言求道則不容有物，得物之一端以爲道，不可謂成。　**正**注非。滑，説文「利也」。周禮天官食醫：「調以滑甘。」疏：「滑者，通利往來，所以調和五味。」疑，廣韻「不定也」。禮坊記：「夫禮者，所以章疑別微。」疏：「疑，謂是非不決。」是則「滑」字有通利調和之義，與篇中「和之以是非」，「道通爲一」之意合。「疑」字有不定不決之義，卽篇中「果且有彼是乎哉，果且無彼是乎哉」之意，亦卽因是而不自是也。耀，説文「照也」。晉語：「光明之耀。」是耀爲光之照耀者。老子「光矣而不耀」，謂有光而韜蔽之，不照耀也，與此「滑疑之耀」同義。所謂滑疑之耀者，似耀非耀，疑而不定之光，因滑以和之也。故兼有老子「和其光，同其塵」之意。下文「摇光」，亦此類也。本書中有「天光」，有「人光」。庚桑楚篇：「宇泰定者發乎天光。」此不眩耀之光也，莊子之所取也。列禦寇之「形諜成光」，此眩耀之人光也，莊子之所去也。滑疑之耀，因爲莊子所取，故曰「聖人之所圖也」。王氏乃謂聖人必謀去之，夫豈莊子之旨哉？　此處「用」「庸」二字，皆由「以明」之「以」字生出，且卽詮釋「以」字者也。蓋以者用也，以明，用明也。第用有獨用、共用之分，前已釋用之義狹，庸之義廣，卽用爲獨用，而庸爲共用也。如惠施輩獨用己明，而不用衆人之明，且欲衆人明己之所明，故道隱而人終昧也。必也不用己明，而寄之於衆人之明，所謂「爲是不用而寓諸庸，是之謂以明」者乃如此，非惠施輩之以明也。又寓諸衆人之明，卽因衆人之明以爲明。上文「聖人不由而照之於天，亦因是也」，又庚桑楚篇「惟庸有光」，義皆相通。

今且有言於此，不知〔一〕**其與是類乎？其與是不類乎？類與不類，相與爲類，則與彼无以異矣。**如人皆執彼此之見，今且有言於此，不知其與我類乎？與我不類乎？若務求勝彼，而引不類者爲類，則與彼之不類有異乎？宣云：「是，我也。」正是，此也。與此類者，非卽此也。類與不類，同爲非此，故曰「相與爲類」。既非此，則爲彼矣，故曰「與彼无以異」。譬之儒家以己所言爲合道，墨所言爲非道，不知大道不稱。又老子曰：「道可道，非常道。」无始曰：「道不可言，言而非也。」據此，則儒家以言言道，非道也，與墨之非道同，卽與墨無異矣。無異，尚何是非之辯乎？自此至「葆光」，復承「大言」「小言」說。前半發揮上文「言者有言，其所言者特未定也，果有言耶，其未嘗有言耶」數句之義，末則帶說「知」字。**雖然，請嘗言之。**成云：「嘗，試也。」**有始也者，有未始有始也者，**成云：「未始，猶未曾也。」按：事端未露。**有未始有**〔二〕**夫未始有始也者。**并無事端，僅具事理。**有有也者，有无也者，**言之有無。**有未始有无也者，**言未曾出。**有未始有**〔三〕**夫未始有无也者。**並出言之心亦未曾萌。**俄而有无矣，而未**

〔一〕「不知」二字，據王氏原刻及集釋本補。
〔二〕「有」字據集釋本補。
〔三〕「有」字據集釋本補。

知有〔一〕无之果孰有孰无也。忽而有有言者，有無言者，然有者或情已竭，無者或意未盡。是有者爲無，無者爲有，故曰「未知有無之果孰有孰無也」。補此二句，主文也，虚籠下文。下以謂之有無證明之。**今我則已有謂矣，**既顯有言矣。補呂氏春秋精諭篇：「知謂，則不以言矣。言者，謂之屬也。」列子説符篇：「孔子曰：『何爲不可？唯知言之謂者乎？』」注：「謂者，所以發言之旨趣。」「夫知言之謂者，不以言言也。」此處承上「俄而有无矣」句來。上本兼有無言，下但就有之義加以證明，有義明，而無義亦明矣。其所謂者，即下「天下莫大於秋毫」六句。**而未知吾所謂之果有謂乎，其果无謂乎？**未知吾所言之果爲有言乎，其果爲無言乎？合於道爲言，不合則有言與無言等。**天下莫大於秋毫之末，而太山爲小；莫壽於殤子，而彭祖爲夭。天地與我並生，而萬物與我爲一。**釋文：「殤子，短命者也。或云：年十九以下爲殤。司馬云：『兔毫在秋而成。』」成云：「秋時，獸生毫毛，其末至微，故謂秋毫之末也。人生在於襁褓而亡，謂之殤子。物之生也，形氣不同，有小有大，有夭有壽。若以性分言之，無不自足。故以性足爲大，天下莫大於毫末，莫小於太山。太山爲小，則天下無大；毫末爲大，則天下無小。小大既爾，夭壽亦然。是以兩儀雖大，各足之性乃均；萬物雖多，自得之義唯一。」按：此漆園所謂齊彭、

〔一〕「有」字據王氏原刻及集釋本補。

殤也。但如前人所説，則誠虛誕妄作矣。其意蓋謂太山、毫末皆區中之一物，既有相千萬於太山之大者，則太山不過與毫末等，故曰「莫大於毫末，而太山爲小」。彭祖、殤子，皆區中之一人，彭祖七八百年而亡，則彭祖不過與殤子等，故曰「莫壽於殤子，而彭祖爲夭」。我能與天地無極，則天地與我並生；我不必與萬物相競，則萬物與我爲一也。漆園道術精妙，唤醒世迷，欲其直指最初，各葆真性。俗子徒就文章求之，止益其妄耳。正成云：「故以性足爲大，天下莫大於毫末，莫小於太山。」其意以毫末之性足，故大；太山之性不足，故小也。若問其何所據而便指毫末之性足，太山之性不足，恐成氏必無理由置答也。王氏按語，迄祇説得一「齊」字。無如此數句中，並無「齊」字之義。即就文字淺詁之，固明言毫末大，太山小，殤子壽，彭祖夭，亦未嘗言齊也。蓋毫大、山小，殤壽、彭夭之説，猶之天下篇「天與地卑，山與澤平」，此惠施弱德逐物，外神勞精之談。莊子一譏之曰「其道舛駁」，再譏之曰「其言不中」，「特與天下之辯者爲怪」，與「今日適越而昔至」之言同一不合事理。可證此數句並非莊子自明其道，特借此不合事理之言，以明如斯之謂，與無謂等。即證上文「果有謂乎，果無謂乎」二句也，亦即證「果孰有孰無」之句也，又即證「言者有言，其所言者特未定也，果有言耶，其未嘗有言耶」數句也。蓋「言者有言」數句，虛提冒下，至此，乃實證而暢發之也。並回映儒、墨是非之辯，其爲不合事理之言，與此略同。莊子之文，真有銅山西崩，洛鐘東應之妙。郭注、成疏，與王氏按語，均未見及於此，徒就齊大、小、彭、殤，騁厥玄言，無當文義。蓋由誤解篇題之「齊」字，遂在處以齊義附會之。不知篇題所謂齊者，乃齊物論之是非也，至於大、小，何嘗齊之？固明言「小知不及大知」矣。壽、夭亦何嘗齊之？固明言「小年不及大年」矣。此皆不就文章求之之過也。莊子之意，於其文章發之；欲明莊子之意，自當於其文章求之。文章明，意義斯明矣。王氏乃謂「徒求文章，止益其妄」，然則何事而爲之集解乎？亦矛盾之論也已。

既已爲一矣，且得有言乎？何所容其言？**既已謂之一矣，且得无言乎？**謂之一，卽是言。**一與言爲二，二與一爲三。自此以往，巧曆不能得，而況其凡乎！**成云：「夫以言言一，而一非言也。一既一矣，言又言焉，有一有言，二名斯起。復將後時之二名，對前時之妙一，有一有二，不謂之三乎？從三以往，雖有善巧算曆之人，亦不能紀得其數，而況凡夫之類乎！」**正**言者因有所對而後發，所以通彼此之情也。既已爲一，則是無偶以爲對，卽上文所謂「彼是莫得其偶」也，尚何容有言？既已有謂一之言，卽是對一而言，一卽言者之偶也，偶則二也，尚何得爲一？不得爲一，而謂之爲一，與毫大、彭夭，同爲不合事理之言，有謂與無謂等也。**故自无適有，以至於三，而況自有適有乎！**成云：「自，從也。適，往也。至理無言，言則名起。從無言以之有言，纔言則至於三。況從有言適有言，枝流分派，其可窮乎！」**補**物而曰萬，以非一也。我與物對，亦非一也。宇內明明有我有物，以我比類於物，是以有適有也。自無適有以至於三，況自有適有，而可強之爲一乎？**无適焉，因是已。**若其無適，惟有因任而已。此舉物之大小、人之壽夭並齊之，得因任之妙。**正**因者，因其大而大之，因其小而小之，所謂因物付物，無容心於其間也。若於毫末、太山之本不齊者而欲齊之，我與萬物本不一者而欲一之，是勞神明爲一也。勞神明爲一，是適人之適與適物之適也。惟不適人與物之適，而惟自適其適，如養生主篇所謂「依乎天理」，「因其固然」而已，如是，尚何有矯誣之謂，致物論之不齊哉？**夫道未始有封**，成云：「道無不在，有何封域？」**言未始有常**，郭云：「彼此言之，故是非無定。」補遥應上文「言者有言，其所言者特未定也」句。**爲是而有畛也**。爲言無常，而後有畛域。補釋文：「畛，徐之忍反，郭、李音真，謂封域畛陌也。」**請言其畛：有左，有右**，或袒左，或袒右。**有倫，有義**，郭云：「物物有理，事事有宜。」釋文：「崔本作『有論有議』。」俞云：「崔本是。下文云『存而不論』，『論而不議』。又曰：『故分也者，有不分也；辯也者，有不辯也。』彼所謂分、辯，即此『有分有辯』。然則彼所謂論、議，即此『有論有議』矣。」按：上言「有畛」，倫義非畛也。當從俞說。**有分，有辯**，分者異視，辯者剖別。**有競，有爭**，競者對競，争者羣争。**此之謂八德**。德之言得也。各據所得，而後有言。此八類也。**六合之外，聖人存而不論**；成云：「六合，天地四方。妙理希夷，超六合之外，所以存而不論。」**六合之内，聖人論而不議**。成云：「六合之内，謂蒼生所稟之性分。聖人隨其機感，陳而應之。既曰憑虚，亦無可詳議。」補「論」字見前。議，唐韻「宜寄切，音義」，廣雅「謀也」，廣韻「評也」。**春秋經世，先王之志，聖人議而不辯**。成云：「春秋者，時代。先王，三皇、五帝。志，記也。祖述軒、頊，憲章堯、舜，記録時代，以爲典謨。聖人議論，利益當時，終不取是辯非，滯於陳迹。」按：「春秋經世」，謂有年時，以經緯世事，非孔子所作春秋也。**正**成訓春秋爲時代，王氏從之，謂「有年時以經緯世事」。然則何謂聖人議而不辯乎？武意春秋卽春秋經也。言春秋爲經世之書，先王之志所寄，故後之聖人，僅評議之而已，無所辯難，語意較爲明順。且左傳昭三十二年，稱春秋爲「善志」，杜注：「記事之善者也。」則先王之志，亦可訓爲先王之所記也。莊子屢舉孔子之語，豈於其所作之經，而不一及之乎？卽謂春秋經在莊子時或未大行於世，非莊子所及見，然晉語「羊舌肸習於春秋」，韋解：「春秋紀人事之善惡，而目以天時，謂之春秋，周史之法也。」時孔子未作春秋。」又左傳魯昭公二年韓宣子適魯，見易象與魯春秋，曰：「周禮盡在魯矣。吾乃今知周公之德與周之所以王也。」其時孔子年方十有一歲。是在孔子之前，魯固已有春秋矣。觀宣子「周所以王」之語，與莊子所言「先王之志」合。然則訓春秋爲時代，其不當明矣。**故分也者，有不分也；辯也者，有不辯也。**以不分爲分，不辯爲辯。**正**分於此而不能賅於彼，仍有不得分者在，故曰「有不分也」。辯於此而不能見於彼，仍有不及辯者在，故曰「有不辯也」。庚桑楚篇云：「辯者，辯其所不能辯也。」可以相證。若聖人則不爾，懷之而已矣。**曰：何也？聖人懷之，**存之於心。**補**懷爲尚書「懷山襄陵」之懷，注：「懷，包也。」言聖人包涵之，卽下「大辯不言」也。**衆人辯之以相示也。**相夸示。**補**上文言「隱於榮華」，蓋夸示以爲榮華也。**故曰：辯也者，有不見也。**不見道之大，而後辯起。**正**不見己之非，不見人之是。**夫大道不稱，**宣云：「無可名。」**正**卽下「不道」之道，「不」下「道」字，言也。稱，謂也，又言也。故不稱，卽不道。**大辯不言，**使其自悟，不以言屈。**補**知北遊篇：「論則不至，辯不若默。」**大仁不仁**，成云：「亭毒羣品，汎愛無心，譬彼青春，非爲仁也。」**補**大仁莫如天地，然老子曰「天地不仁」，以其生養萬物，任運自然，非有意爲仁也。大宗師篇云：「利澤施於萬物，不爲愛人。」意均相同。**大廉不嗛**，釋文：「徐音謙。」成云：「知萬境虛幻，無一可貪，物我俱空，何所遜讓？」**補**漢書尹翁歸傳：「溫良嗛退。」師古注：「嗛，古以爲謙字。」韓詩外傳：「嗛乎其廉。」蓋廉者每多謙退，而「嗛乎」則廉之形容詞也。盜跖篇：「棄天下而不自以爲廉。」棄天下，大廉也，不自以爲廉，卽不嗛也。**大勇不忮**。宣云：「無客氣害人之心。」**正**小勇亦未必有害人之心，以此釋忮，義尚未適。成云：「忮，逆也。虛己逗機，終無迕逆。」蓋勇則好鬭，卽與人迕，大勇不爾也。**道昭而不道**，以道炫物，必非真道。**補**大道不稱，故不昭，昭則非道。**言辯而不及**，宣云：「不勝辯。」**補**卽上「辯者有不辯也」，又卽論則不至。**仁常而不成**，郭云：「有常愛，必不周。」**補**奚侗云：「成，江南古藏本作周。郭注『常愛，必不周』，是郭本亦作周。」**廉清而不信**，宣云：「外示皦然，則中不可知。」**勇忮而不成**。成云：「舍慈而勇，忮逆物情，衆共疾之，必無成遂。」**五者园而幾向方矣**。釋文：「园，崔音圓〔一〕，司馬云：『圓也。』」成云：「幾，近也。」宣云：「五者本渾然圓通，今滯於迹，而近向方，不可行也。」**補**易繫辭：「蓍之法，圓而神；卦之

〔一〕「圓」，釋文作「刓」。

德，方以智。」夫不稱、不言、不仁、不嗛、不忮，渾融無迹，可通爲一，园也。园即環也。游於環中，則道樞也。昭也，辯也，常也，清也，忮也，滯於有迹，斯向方矣。據易之義，由圓向方，即由道向智也，故下即帶説「知」。**故知止其所不知，至矣。**成云：「智不逮，不强知。知止其分，學之造極也。」**補**承上「方」字來，並證明上文「大知閑閑」之義及「古之人，其知有所至矣」一段，復總攝以下不知各義。**孰知不言之辯，不道之道？**不道，即上「不稱」。**若有能知，此之謂天府。**宣云：「渾然之中，無所不藏。」**注焉而不滿，酌焉而不竭，而不知其所由來，**郭云：「至理之來，自然無迹。」**此之謂葆光。**成云：「葆，蔽也。韜蔽而其光彌朗。言藉言以顯者非道，反復以明之。」**補**釋文：「葆光，音保。崔云：『若有若無，謂之葆光。』」淮南本經訓：「不言之辯，不道之道，若或通焉，謂之天府。取焉而不損，酌焉而不竭，莫知其所由出，謂之瑶光。」高注：「瑶光，謂北斗杓第七星也。」文子下德篇同，惟「瑶光」作「摇光」。武按：「葆光」二字，與上文「注」「酌」之義不屬，以從淮南、文子作「摇光」爲是。摇光星，屬北斗。詩大雅：「酌以大斗。」斗蓋挹酒之勺也，居北七星象之，故以爲名。詩小雅：「惟北有斗，不可以挹酒漿。」此本文「注焉不滿，酌焉不竭」之所本也。惟字宜從「摇」。禮記曲禮：「招摇在上。」鄭注：「招摇星，在北斗杓端，主指者。」釋文：「北斗第七星。」春秋運斗樞云：「北斗七星，第七摇光。」孔疏：「此摇光，即招摇也。」史記天官書：「北斗七星。」索隱云：「第七摇光。」前漢司馬相如大人賦：「部署衆人於摇光。」是各書均作「摇」，不作「瑶」也。且摇光者，摇動不定之光也，與上文「滑疑之耀」相印合，此亦可見前後脈絡之聯貫也。

故昔者堯問於舜曰：「我欲伐宗、膾、胥敖，崔云：「宗一，膾二，胥敖三國。」按人間世篇「堯攻叢枝、胥敖，國爲虚厲。」是未從舜言矣。**正**釋文：「膾，徐古外反。胥，息徐反，華胥國。敖，徐五高反。」武按：宗膾，人間世作「叢枝」。奚侗云：「叢、宗音近。枝疑快字之誤，快、膾音近。」奚説是也。必「宗膾」二字連爲一國名，故誤則均誤。釋文於「胥」下注「華胥國」，是以敖爲一國名，其餘二國，則爲宗膾與胥。崔説非也。此節證上文「照之以天」句之義。**南面而不釋然。**成云：「釋然，怡悦貌也。」按：釋同懌。語又見庚桑楚篇。**正**釋，説文「解也」，廣韻「捨也」。言常置伐三國之事於心，而不能捨釋也。**其故何也？」舜曰：「夫三子者，**成云：「三國君。」**猶存乎蓬艾之間。**存，猶在也。成云：「蓬艾，賤草。」**若不釋然，何哉？昔者十日並出，**淮南子：「堯時十日並出，使羿射落其九。」故援以爲喻。**補**堯時十日並出，見淮南子本經訓。**萬物皆照，而況德之進乎日者乎！」**成云：「進，過也。欲奪蓬艾之願，而伐使之從我，於至道豈宏哉！」堯、舜一證。**齧缺問乎王倪曰：**釋文：「倪，徐五嵇反，李音義。高士傳云：『王倪，堯時賢人也。』天地篇云：『齧缺之師。』」**補**釋文：「齧，五結反。」按：此節引王倪之言，證明「大知閑閑」，並申説上文「古之人，其知有所至矣」一段及「知止其所不知，至矣」之義。**「子知物之所同是乎？」曰：「吾惡乎知之！」「子知子之所不知邪？」**成云：「子既不知物之同是，頗自知己之不知乎？」曰：「**吾惡乎知之！」「然則物无知邪？」**汝既無知，然則物皆無知邪？**曰：「吾惡乎知之！**成云：「豈獨不知我，亦乃不知物。物我都忘，故無所措其知也。」

補鰌處濕，猨猴處木，麋鹿食薦，蝍且則甘帶，鴟鴉則耆鼠，以此知物之不同是也。猵狙之與猨，鰌之與魚，異類也，麋之與鹿，類而非類也，然以爲雌，與之交，與之游，以此知物之又非不同是也。謂物無知耶，猵知以猨爲雌，麋知與鹿交，鰌知與魚游。謂物有知耶，則不知毛嬙、麗姬之美也。然則是之同否，知之有無，特未定也，故曰「吾惡乎知之。」**正**此即「知止其所不知」也。後「嘗試言之」以下，即闡明四「惡乎知」之意，原有郭注，以其空泛，特刪。應帝王篇「齧缺問於王倪，四問而四不知」，即此三問，合下「子不知利害」二語，是四問也。**雖然，嘗試言之。庸詎知吾所謂知之非不知邪？庸詎知吾所謂不知之非知邪？**李云：「庸，用也。詎，何也。」按：小知仍未爲知，則不知未必非。**正**詎，説文「猶豈也」。武按：注中按語，非是。蓋知有時間性，此時以爲是者，他時或以爲非；有地域性，此地以爲是者，他地或以爲非。故大宗師篇云：「夫知有所待而後當，其所待者，特未定也。」又曰：「庸詎知吾所謂天之非人乎？所謂人之非天乎？」足證此義。**且吾嘗試問乎女：民溼寢則腰疾偏死，**司馬云：「偏枯。」**補**女音汝。**鰌然乎哉？**按：言物則不然。成云：「泥鰌。」**補**釋文：「鰌，徐音秋。」**木處則惴慄恂懼，**釋文：「恂，徐音峻，恐貌。班固作眴。」**補**釋文：「惴，之瑞反。慄音栗。恂，郭音旬。」**猨猴然乎哉？**

三者孰知正處？民、鰌、猿，孰知所處爲正？民食芻豢，芻，野蔬。豢，家畜。孟子：「芻豢之悦我口。」補釋文：「芻，初俱反。小爾雅云：『秆謂之芻。』秆，古但反。豢，徐音患。」今小爾雅廣物八云：「稿謂之稈，稈謂之芻，生曰生芻。」説文：「稈，禾莖也。」廣雅：「秆稿謂之稈。」麋鹿食薦，説文：「薦，獸之所食。」補釋文：「麋音眉。薦，牋練反，司馬云：『美草也。』」後漢書馬融傳：「其土毛則摧毛〔一〕薦草。」李賢注：「一曰：草稠曰薦。」韓非子内儲説上：「若如臣者，猶獸鹿也，唯薦草而就。」管子觀十三：「薦草多衍，則六畜易繁也。」注：「薦，茂草也。」蝍且甘帶，釋文：「蝍且，字或作蛆。廣雅云：『蜈公也。』崔云：『帶，蛇也。』」補釋文：「蝍音即。蛆，子徐反。爾雅云：『蒺藜，蝍蛆。』郭璞注云：『似蝗，大腹，長角，能食蛇腦。』」玉篇：「蝍蛆，能食蛇，亦名吴公。」鴟鴉耆鼠，鴟，鴉二鳥。耆，釋文「字或作嗜」。補釋文：「鴟，尺夷反。鴉，本亦作鵶，於加反。崔云：『烏也。』」秋水篇：「於是鴟得腐鼠，鵷鶵過之，仰而視之曰嚇！」四者孰知正味？民、獸、蟲、鳥，孰知所食之味爲正？猨，猵狙以爲雌，釋文：「猵，徐敷面反，郭、李音偏。司馬云：『猵狙，一名獦牂，似猨而狗頭，憙與雌猨交。』」補釋文：「狙，七餘反。」麋與鹿交，鰌與魚游。毛嬙、麗姬，人之所美也，魚見之深入，鳥見之高飛，麋鹿見之決驟。

〔一〕「摧毛」，後漢書馬融傳作「摧牧」。

崔云：「決驟，疾走不顧。」四者孰知天下之正色哉？自我觀之，仁義之端，是非之塗，樊然殽亂，吾惡能知其辯！」釋文：「樊音煩。」説文：「殽，雜錯也。」成云：「行仁履義，損益不同，或於我爲利，於彼爲害，或於彼爲是，於我爲非，何能知其分别！」齧缺曰：「子不知利害，補民溼寢，則腰疾偏死，害也；於鰌則利。木處則惴慄恂懼，害也；於猨猴則利。故此句渾括上文言之。則至人固不知利害乎？」王倪曰：「至人神矣。成云：「至者，妙極之體；神者，不測之用。」補此節證上文「古之人，其知有所至矣」一段。大澤焚而不能熱，河海〔一〕沍而不能寒，向云：「沍，凍也。」補釋文：「沍，户故反。」疾雷破山、風振海而不能驚。補奚侗云：「風上脱飄字。據成疏『飄風』云云，是成本有飄字。江南李氏本亦有飄字。」武按：自「大澤」至此，言若無有大澤、河海、雷風也者，證上文「未始有物」。若然者，乘雲氣，郭云：「寄物而行，非爲動也。」正郭説與句意相違。謂至人神矣，故能乘雲氣，以神行，不藉乎物也。騎日月，郭云：「有晝夜而無死生。」正言超乎日月之上，證上文「未始有始」。而遊乎四海之外。三句與逍遥遊篇同，「騎日月」作「御飛龍」。補逍遥遊篇作「御飛龍」者，爲下「神凝」句寫照，此則爲「死生無變於己」句寫照。所謂生者，不過在人世經歷月日，生活於此時間中而已；所

〔一〕「海」，王氏原刻及集釋本均作「漢」。

謂死者，其生活日月終盡也。死生無變於己者，超然乎日月之上而不爲所拘，故曰「騎日月」也。**死生無變於己，**郭云：「與變爲體，故死生若一。」補遊四海之外，與死生無變，證「未始有封」。**而況利害之端乎！」**蠶缺、王倪二證。

瞿鵲子問於長梧子曰：「吾聞諸夫子，長梧子，李云：「居長梧下，因以爲名。」崔云：「名丘。」俞云：「瞿鵲，必七十子之後人。夫子，謂孔子。下文『丘也何足以知之』，卽孔子名。因瞿鵲述孔子之言而折之。崔説非也。下文『丘也與汝皆夢也，予謂汝夢亦夢也』，予者，長梧子自謂。既云『丘與汝皆夢』，又云『予亦夢』，則安得卽以丘爲長梧子之名乎？」補則陽篇有「長梧封人」，釋文云：「長梧，地名。」長梧子，猶之南郭子綦以所居爲號也。李説恐係望文生義。長梧開口便云「丘何足以知之」，以下，其自稱則曰予，足知以丘稱孔子。俞説是也。自此至「而以是相蘊」爲一節，引瞿鵲、長梧問答之言，證明大言炎炎之義，並從反面申證「古之至人，其知有所至矣」一段。**聖人不從事於務，**郭云：「務自來而理自應，非從而事之也。」補説文：「務，趣也。」徐曰：「言趣赴此事也。」釋詁：「務，彊也。」注：「事務以力勉彊。」此言聖人於事，不勉彊趣赴也。下四「不」字句，卽申説此義。**不就利，不違害，**成云：「違，避也。」**不喜求，不緣道，**郭云：「獨至。」補求得其情與不得，無益損乎其真，故不喜求也。無適焉，因是已，故不緣道也。**无謂有謂，**謂，言也。或問而不答，卽是答也。補知北遊篇「聖人行不言之教」，又田子方篇「目擊而道存」，均「无謂有謂」也。**有謂无謂，有言而欲無言。**補上文「大辯不言」，又知北遊篇：「狂屈曰：『唉！予知之，將語若，中欲言而忘其欲言。』」均「有謂無謂」也。**而遊乎塵垢之外。夫子以爲孟浪之言，**向云：「孟浪，音漫瀾，無所趨舍之謂。」宣云：「無畔岸貌。」李云：「猶較略也。」成云：「猶率略也。」按：率略即較略，謂言其大略。正孟浪，崔云：「不精要之貌。」武按：不精要與妙道，反正相對。長梧子以此言爲最精要，故曰「黄帝之所聽熒也」。其於孔子，以爲不精要，則曰「丘也何足以知之」。注中各解，與上下句意不切。**而我以爲妙道之行也。吾子以爲奚若？」長梧子曰：「是黄帝之所聽熒也，**「黄」，元作「皇」，釋文：「本又作黄。」盧文弨云：「黄、皇通用。今本作黄。」成云：「聽熒，疑惑不明之貌。」**而丘也何足以知之！且汝亦大早計，**釋文：「大音泰。」成云：「方聞此言，便謂妙道，無異下云云〔一〕也。」正方聞其言，即以爲行，且以爲妙道之行，是太早計也。**見卵而求時夜，**崔云：「時夜，司夜，謂雞。」正朱桂曜云：「淮南説山訓：『見彈而求鴞炙，見卵而求辰夜。』高注：『雞知將旦，鶴知夜半，見其卵，因望其夜鳴，故曰求辰夜也。』辰夜與時夜同。詩東方未明：『不能辰夜。』傳：『辰，時也。』」武按：朱説是也。「時夜」作「司夜」非。**見彈而求鴞炙。**司馬云：「鴞，小鳩，可炙。」毛詩草木疏云：『大如班鳩，

〔一〕下「云」字，據王氏原刻補。

緑色，其肉甚美。』」成云：「卽鵬鳥，賈誼所賦。」按：二句又見人間世篇。**予嘗爲女妄言之，女亦以妄聽之。奚**成云：「何如？」**正**奚，疑問詞，何也，不含「如」字義。如補有謂無謂也。屬上句，「奚」下應加「如」字或「若」字，上文「吾子以爲奚若」句可證也。單「奚」字不成語，且上句亦無須附此疑詞。成説非也。應屬下句，直貫至「以隸相尊」。其意言奚爲旁日月，挾宇宙，爲合置滑，以隸相尊？此皆衆人役役之所爲，聖人則不如此，惟愚芚而已。各注家於「旁日月」至「相尊」各句，不知文係指數衆人役役之心理與行爲，誤以爲列舉聖人之美德，故不能冠之以「奚」，「奚」字無可着落，只得勉附上句，遂致「奚」字以下文義扞格不通矣。**旁日月，**釋文：「旁，薄葬反，司馬云：『依也。』」郭云：「以死生爲晝夜之喻。」**正**注非。上文至人「騎日月」，是超乎日月之上，而非旁也。在宥篇言大人云：「以遊無端，出入無旁，與日無始。」彼「大人」，卽此篇之「聖人」也。則聖人之不旁日月明矣，故上冠之以「奚」也。旁日月，則縈情生死，依戀歲月，此衆人之役役也。此證「有始」。**挾宇宙，**尸子云：「天地四方曰宇，古往今來曰宙。」説文：「舟輿所極覆曰宙。」成云：「挾，懷藏也。」郭云：「以萬物爲一體之譬。」**正**注非。列禦寇篇言小夫之知云：「迷惑於宇宙，形累不知太初。彼至人者，歸精神乎無始，而甘冥乎無何有之鄉。」懷挾宇宙，則不能無迷惑矣。宙，古今也，則非無始矣。又大宗師篇云：「無古今，而後能入於不死不生。」無則不挾也。宇，四方，則非無何有之鄉，冥亦不挾也。且宇，空間也，宙，時間也，挾則不能時空雙遣。彼之「至人」，此之「聖人」也。彼之「小夫」，此之「衆人」也，故挾宇宙，亦衆人之役役也。此證「有封」。**爲其脗合，**脗，司馬云「合也」。向音脣，云：「若兩脣之相合也。」成云：「無分別貌。」補此證「有是」。言有心以爲脗合於己者，卽上文所謂「勞神明爲一」也。又卽爲是，而非因是也。**置其滑涽，**成云：「置，任也。滑，亂也。」向本作汩。涽，闇也。」正此證「有非」。置，徐鍇曰「與罷同意」。置之，則去之也。滑，卽上文「滑疑之耀」之滑。滑涽，向云「未定之貌」。武按：此句言去其未定而不合於己者。夫道無爲也，通於一也。聖人因是也，故不爲其脗合，亦不置其滑涽。一爲一置，是有是非，不能任其兩行也，勞神明爲一也。此亦衆人之役役也。**以隸相尊？**成云：「隸，賤稱，皁僕之類。」按：此貴賤一視。正按語非。此謂衆人以隸之賤相與自尊也。蓋尊以賤而方顯。隸何以賤？衆人賤之也。衆人何以賤隸？欲形己之尊也。此亦有封也。若聖人則不爾。秋水篇言大人云：「不賤門隸。」又云：「以道觀之，何貴何賤？」卽此聖人之愚芚也。以上五者，皆衆人之役役也。**衆人役役，**補上文云「與物相刃相靡，其行盡如馳，而莫之能止」，結之云：「終身役役，而不見其成功。」此言旁、挾、爲、置與相尊，卽與物刃靡而行盡如馳也。上文渾言役役之由，此則分述役役之事，前後相應。莊文結構，往往如此。**聖人愚芚，**芚，徐徒奔反。司馬云：「渾沌不分察。」成云：「忘知廢照，芚然若愚。」補天地篇：「若愚若昏，是謂玄德。」此愚芚之説也。**參萬歲而一成純。**參糅萬歲，千殊萬異，渾然汩然，不以介懷，抱一而成精純也。補刻意篇云：「純粹而不雜，静一而不變。」卽此一與純之義也。不雜不變，故能騎日月，死生無變於己，卽參萬歲之義也。**萬物盡然，而以是相蘊。**釋文：「蘊，積也。」按：言於萬物無所不然，但以一是相蘊積。**補**萬物盡然，卽上文「无物不然」也。莛與楹，厲與西施，恢恑憰怪，道通爲一，自無脗、滑、隸、我之分，故曰「萬物盡然」也。以是相蘊，與上「因是也」同義。蓋「因」字有仍襲連接之義，與蘊積之義近。此變「因」爲「蘊」者，承上「參萬歲」而言之也。卽謂雖參萬歲，而以一是相因襲累積也。**予惡乎知說生之非惑邪！**說音悅。**補**此段證上文「庸詎知吾所謂知之非不知邪，庸詎知吾所謂不知之非知邪」，並遥證「果且有彼是乎哉，果且無彼是乎哉」之義。**予惡乎知惡死之非弱喪而不知歸者邪！**喪，失也。弱齡失其故居，安於他土。**麗之姬，艾封人之子也。**成云：「艾封人，艾地守封疆者。」**晉國之始得之，涕泣沾襟；及其至於王所，**崔云：「六國諸侯僭稱王，因謂晉獻公爲王也。」**與王同筐牀，**釋文：「筐，本亦作匡，崔云：『方也。』」**正**下句言飲食之美，此句言寢處之安。筐訓方，不當此義。淮南主術訓：「匡牀蒻席，非不寧也。」注：「匡，安也。」**食芻豢，而後悔其泣也。**又借喻。**予惡乎知夫死者不悔其始之蘄生乎！**郭云：「蘄，求也。」**夢飲酒者，旦而哭泣；夢哭泣者，旦而田獵。方其夢也，不知其夢也。夢之中又占其夢焉，****補**此證上文「自彼則不見」之義。**覺而後知其夢也。**覺夢之異。**且有大覺而後知此其大夢也，**死爲大覺，則生是大夢。**正**注非。大覺，謂如下文之「大聖」，非謂死也。上文「死生無變於己」，謂視死生如一，而無所輕重也。漆園之旨，生則養生以盡年，死則委懷而任命。若如注説，是重視乎死，而有差别心，非視之如一也。**而愚者自以爲覺，竊竊然知之。**自謂知之。補司馬云：「竊竊，猶察察也。」此證上文「自知則知之」之義。**君乎，牧乎，固哉！**其孰真爲君上之貴乎，孰真爲牧圉之賤乎，可謂固陋哉！**丘也，與女皆夢也；予謂女夢，亦夢也。是其言也，其名爲弔詭。**釋文：「弔音的，至也。詭，異也。」蘇輿云：「言衆人聞此言，以爲弔詭，遇大聖則知其解矣。」補釋文：「詭，九委反。」此應上「爲女妄言之」。正説文：「弔，問終也。」曲禮：「知生者弔。」鄭注：「説者有弔辭。」卽問終之辭，亦卽弔死之辭也。莊子之道，視生死如夢，故謂夢之辭，亦可謂之弔。「是其言也」句，指「丘也」以下四句，卽弔夢之辭也。丘、女皆夢，予謂女夢亦夢，可謂詭異非真，故弔夢謂之弔詭也。**萬世之後，而一遇大聖知其解者，是旦暮遇之也。**解人難得，萬世一遇，猶旦暮然。**既使我與若辯矣，若勝我，我不若勝，若果是也，我果非也邪？我勝若，若不吾勝，我果是也，而果非也邪？**若、而，皆汝也。補此節仍就「言」字之義發揮，而結之以是不是，然不然。物論之能齊者在此。**其或是也，其或非也邪？**有是有非。**其俱是也，其俱非也邪？我與若不能相知也，則人固受其黮闇。吾誰使正之？**使我各執偏見，不能相知，則旁人亦因之不明，是受其黮闇也。我欲正之，將誰使乎？黮闇，不明之貌。補黮，廣韻「徒感切」。武按：「既使我與若辯矣」至此，重申上文「果且有彼是乎哉，果且无彼是乎哉」之義。**使同乎若者**

使異乎我與若者正之，既異乎我與若矣，惡能正之？使同乎我與若者正之，既同乎我與若矣，惡能正之？ 然則我與若與人俱不能相知也，而待彼也邪！ 同彼，我不信；同我，彼不服。別立是非，彼我皆疑，隨人是非，更無定論，不能相知，更何待邪？ 極言辯之無益。**正** 注非。其誤在不明「彼」字之義，以爲指「若」字言，正語見下。**化聲之相待，若其不相待。** 郭嵩燾云：「言隨物而變，謂之化聲。若，與也。是與不是，然與不然，在人者也。待人之爲是爲然，而是之然之，與其無待於人而自是自然，一皆無與於其心，如下文所云也。」**正** 郭說非。其訓若爲與，亦非。上句「彼」字，指上文夢中之我也。若，如也。謂當辯論是非之局者，我與若也，局外則人也。我與若與人，既俱不知是非之真而正之，此外更無可相正者，其待正於夢中之彼乎？蓋我與若，皆有夢中之我，乃覺時之彼也，卽上文「自彼則不見」之「自彼」也，猶之莊子夢中之蝶也。莊子夢身化爲蝶，謂之物化，則其夢中之言，可謂之聲化，卽此化聲之義也。待夢中之化聲以正是非，更屬虚幻，故其相待，如其不相待也。乃極言是非無定，無可相正，故聖人和之，任其兩行也。**和之以天倪，因之以曼衍，所以窮年也。** 成云：「天，自然也。倪，分也。曼衍，猶變化。因，任也。窮，盡也。和以自然之分，任其無極之化，盡天年之性命。」按：此二十五字，在後「亦無辯」下，今從宣本移正。又寓言篇亦云：「巵言日出，和以天倪，因以曼衍，所以窮年。」**補釋文**：「倪，徐音詣，李云『分也』。崔云『際也』。曼，徐音萬，郭武半反。衍，徐以戰反。司馬云：『曼衍，無極也。』」武按：此二十五字，宣本係從吕惠卿所移。正韓愈南海廟碑：「乾端坤倪。」是倪與端同義。寓言篇：「始卒若環，莫得其倫。」其義與淮南主術訓之「運轉無端」同，言天鈞運轉若環，莫得其始卒之端也。故寓言篇繼之曰：「是謂天均。天均者，天倪也。」與此處之「天倪」同。言世情恆分是非，以道言之，一出以和，而無是非之端，猶天均之運轉無端，故曰「和之以天倪」也。回應上文「樞始得其環中」，及「聖人和之以是非，而休乎天鈞」各句。曼衍，成云「變化」，司馬云「無極」，實兼二義，謂變化於無極也。漢書鼂錯傳云：「土山丘陵，曼衍相屬。」注：「曼衍，猶聯延也。」無極與聯延，方與下句「窮年」義相應，並回應上文「以應无窮」句。**何謂和之以天倪？是不是，然不然。是若果是也，則是之異乎不是也亦无辯；然若果然也，則然之異乎不然也亦无辯。**成云：「是非然否，出自妄情，以理推求，舉體虚幻，所是則不是，所然則不然。何以知其然邪？是若定是，是則異非；然若定然，然則異否。而今此謂之是，彼謂之非；彼之所然，此以爲否。故知是非然否，理在不殊，彼我更對，妄爲分別，故無辯也矣。」**忘年忘義，**成云：「年者生之所稟，既同於生死，所以忘年。義者裁於是非，既一於是非，所以忘義。」補忘年，即上文「參萬歲而一成純」也；忘義，卽「萬物盡然，而以是相蘊」也。**振於无竟，故寓諸无竟。**」成云：「振，暢。竟，窮。寓，寄也。」按：理暢於無窮，斯意寄於無窮，不須辯言也。瞿鵲、長梧三證。正振，廣韻「動也」。禮記曲禮：「入竟而問禁。」疏：「竟，彊首也。」武按：言是非轉動於無窮之竟，聖人和之之心，亦寄寓於無窮之竟。忘年，以時間言；忘義，以名理言；振竟，以環境言。意分三層，義方賅備。

罔兩問景曰： 郭云：「罔兩，景外之微陰也。」釋文：「景，本或作影，俗。」 **補**此段證明上文「非彼无我，非我无所取，是亦近矣，而不知其所爲使，必有真宰，而特不得其眹」一段之義，以景與形喻彼我。**「曩子行，今子止，曩子坐，今子起，何其无特操與？」** 成云：「獨立志操。」**補**成云：「曩，昔也。特，獨也。」**景曰：「吾有待而然者邪！** 影不能自立，須待形；形不能自主，又待真宰。 **補**證「必有真宰」句。**吾所待又有待而然者邪！** 言吾之待如之。釋文：「蚹音附。司馬云：『蛇腹下齟齬，可以行者也。』」成云：「若使待翼而飛，待足而走，禽獸甚多，何獨蛇蚹可譬？蚹，蛇蜕皮。翼，蜩甲也。蛇蜕舊皮，蜩新出甲，不知所以，莫辯所然，獨化而生，蓋無待也。是知形影之義，與蚹甲無異也。」按：言吾之所待，其蛇蚹邪，蜩翼邪？謂二物有一定之形，此尚不甚相合也。以上與寓言篇同，而繁簡互異。 **正**釋文：「蜩，徐音條。」唐韻：「蚹，蛇腹下横鱗可行者。」武按：成説非也。言吾之行止坐起，有待而然，而所待者，似蛇之行待於蚹，蜩之飛待於翼也，與寓言篇文略同而義異。彼言甲言蜕，其下接「似之而非也」句。此言蚹與翼，蓋景與形附，猶蚹附於蛇，翼附於蜩，若蜕與甲，則脱離蛇蜩而不附，故曰「似之而非也」。**惡識所以然？惡識所以不然？」** 成云：「待與不待，然與不然，天機自張，莫知其宰。」罔兩、景四證。 **補**證「而特不得其眹，而不知其所爲使」。

昔者莊周夢爲胡蝶，栩栩然胡蝶也，成云：「栩栩，忻暢貌。」**補**釋文：「胡蝶，蛺蝶也。栩，徐況羽反，喜貌。崔本作翾。」武按：此節遥證上文「物无非彼，物无非是，自彼則不見，知則知之，故曰彼出於是，是亦因彼」數句，及「其寐也魂交，其覺也形開」二句；近證「且有大覺，而後知此其大夢也」，並反證「其形化，其心與之然」之義。**自喻適志與！**李云：「喻，快也。」自快適其志。與音餘。**正**李説非。玉篇：「喻，曉也。」言適志惟自己知曉也。證上文「自知則知之」。**不知周也。**補證上文「自彼則不見」也。蓋就覺時言，蝶者周之彼也；就夢時言，周者蝶之彼也，卽所謂「自彼」也。**俄然覺，則蘧蘧然周也。**成云：「蘧蘧，驚動之貌。」**正**釋文：「覺，古孝反。蘧蘧，徐音渠，李云：『有形貌。』」武按：上文云：「其覺也形開。」蘧蘧，卽狀形開也。李説得之，成説非。**不知周之夢爲胡蝶與，胡蝶之夢爲周與？周與胡蝶，則必有分矣。此之謂物化。**周、蝶必有分，而其入夢方覺，不知周、蝶之分也，謂周爲蝶可，謂蝶爲周亦可。此則一而化矣。現身説法，五證。齊物極境。**補**栩栩然者蝶也，蘧蘧然者周也；魂交則蝶也，形接則周也。故曰：「則必有分矣。」然蝶爲周所夢化，則周亦蝶也，蝶亦周也，分而不分也；卽上文所謂「彼出於是，是亦因彼」，「是亦彼也，彼亦是也」。究之周夢蝶與，蝶夢周與？孰夢孰覺？孰彼孰是？故上文云：「且有大覺，而後知此其大夢也。」又云：「萬世之後，而一遇大聖知其解者，是旦暮遇之也。」「物化」，爲本書要語，後篇屢見。德充符篇云：「命物之化，而守其宗也。」宗也者，即天下篇「以天爲宗」之天也。天道篇云：「其生也天行，其死也物化。」綜二者之意言之，謂其死也，命物之化，特守其生前之天，而不隨之以俱化也。知北遊篇云：「古之人，外化而内不化。」又云：「與物化者，一不化者也。」則陽篇亦有斯語。今以形名言之，蝶與周，彼與是，生與死，死與夢，不一也。然上文云：「道通爲一。」是形名雖不一，由道言之則一，故曰「與物化者，一不化也」。大宗師篇云：「若人之形者，萬化而未始有極也。」是則物化者，外化也，形化也。上文云「其形化，其心與之然」，言衆人之死而物化也，其心亦與之俱化。有道者不爾，非謂其不死也，形死而心不死，即形化而心不化也，亦即物化而一不化也。德充符篇云：「以其心，得其常心。」又云：「一知之所知，而心未嘗死者乎？」故道通於一者，一知之所知也。一不化者，内不化也，常心不化也。是以人能抱一而守其天，雖其死也物化，而其常心則不化也。上文云：「惟達者知通爲一。」是達者之視死與夢，一也。故莊子於夢，亦曰「物化」也。又按周夢蝶而不自知，即喪我也，與子綦喪我相照應。喪我，自無彼此，何有是非？如是，則物論自齊矣。注言「齊物極境」，非是。

養生主第三

補釋文：「養生以此爲主也。」武按：篇中不以有涯之生逐無涯之知，與緣督以爲經二意，卽養生之主也。無論爲善爲惡，皆須用知，用知。則官知不能止，不止。則足以攖心而亂神，亂則神不欲行，於是不能緣督以爲經矣。緣者，神緣之也。故「官知止而神欲行」一句，實總上二意而爲養生之主也。篇首自「吾生也有涯」至「可以盡年」，分爲四段，作全篇總冒，以後逐段舉事證明之，卽分注於各段之後。

吾生也有涯，而知也无涯生有窮盡，知無畔岸。　補釋文：「涯，亦作崖，魚佳反。」玉篇：「涯，水際也。」武按：涯，邊際也。**以有涯隨无涯，殆已；**向云：「殆，疲困。」**已而爲知者，殆而已矣。**已，止也。事過思留，其殆更甚。言以物爲事，無益於性命。　正注非。已，過事語辭，如齊物論篇「今我則已有謂矣」之已。言業已危殆，而仍以爲知者，則更殆矣。以上爲第一段。**爲善无近名，**　補第二段。**爲惡无近刑。**王夫之云：「聲色之類，不可名爲善者，卽惡也。」二語淺説。　補列子説符篇楊朱曰：「行善不以爲名而名從之，名不與利期而利歸之，利不與爭期而爭及之，故君子必愼爲善。」此卽「爲善无近名」之解也。夫爲善而其終必至於爭，則爲善卽惡也。爭之極，必罹官刑矣。又庚桑楚篇：「爲不善乎顯明之中者，人得而誅之；爲不善乎幽閒之中者，鬼得而誅之。」夫爲不善，卽爲惡也。誅卽刑也。然所謂惡者，非僅傷人之謂也，傷己之生，損己之性，卽惡也。刑非僅官刑之謂也，傷生損性，卽刑也。如喜怒哀樂發而不中節，卽足以傷生損性，卽惡，卽刑也。下文老聃死，人哭其所不當哭，遁天倍情，是爲遁天之刑，卽其例也。又如汲汲於富貴，戚戚於貧賤，遑遑於功名，皆足以傷生損性，卽惡，卽刑也。叔山无趾謂仲尼天刑之，亦其例也。彼爲仁義者，世以爲善目之矣，然自莊子之道言之，亦爲惡而近刑也。故其言曰：「彼仁義者，何其多憂？」曰：「枝於仁者，擢德塞性以收名聲。」曰：「說仁邪，是亂於德也。說義邪，是悖於理也。」曰：「攘棄仁義，而天下始玄同矣。」曰：「上不敢爲仁義之操。」又曰：「伯夷死名於首陽之下。」並謂彼其所殉仁義也。夫伯夷爲仁義，至以殉名死，則何異於爲惡而被刑哉？故曰「爲善无近名，爲惡无近刑」也。然據楊子之言，爲善必有名，今曰「无近名」，卽无爲善也。據庚桑楚篇之言，爲惡必有刑，今曰「无近刑」，卽無爲惡也。蓋莊子之道，重在無爲而去知，故曰：「孰肯以物爲事？」曰：「君子不得已而臨莅天下，莫若無爲。無爲也，而後安其性命之情。」曰：「從容无爲，而萬物炊累焉。」此重無爲也。曰：「同乎无知，其德不離。」曰：「罪在於好知。」曰：「絕聖棄知，大盜乃止。」曰：「離形去知，同於大通。」此重去知也。蓋名與刑，由於善惡，善惡生於有爲，有爲出於有知，去知則無爲矣。無爲，何有善惡，更何有名與刑哉？然則事物至前，何以應之？曰因之而已，順之而已，卽下句之「緣」也，又卽下文之「依乎天理」也，「因其固然」也。此爲第三段。**緣督以爲經**，李頤云：「緣，順。督，中。經，常也。」李楨云：「人身惟脊居中，督脈並脊而上，故訓中。」王夫之云：「身後之中脈曰督。緣督者，以清微纖妙之氣，循虛而行，自順以適得其中。」深説。　補此爲第四段。下「庖丁解牛」一段，卽證此句之義者也。釋禪波羅蜜法門明通觀篇云：「諦觀三性，卽豁然明淨，三昧智慧，與捨俱發。心不依善，亦不依惡，正住其處。」其所謂捨者，捨世知也，與不以生隨知同義。其全義可爲總括以上之的解。**可以保身，可以全生，**全其有生之理。**可以養親，**以受於親者歸之於親，養之至也。**可以盡年。**　正此承上文來，言既能保身全生，則不先父母中道夭殞，而可盡父母之年以爲養也。天所與之年，任其自盡，勿夭折之，則有盡者無盡。從正意説入，一篇綱要，下設五喻以明之。　正大宗師篇「以其知之所知，以養其知之所不知，終其天年，而不中道夭者，是知之盛者也」，以解此段最愜。又德充符篇：「常因自然，而不益生。」齊物論篇：「不亡以待盡。」一則不益之以盡年，一則不亡之以盡年，兩面夾寫，於盡年之義，更無餘藴。而齊物論之「窮年」，其義亦同也。「可以保身」至此，爲上四段作一收束，以下分别舉事，證明上四段之義。注謂此爲綱要，下設喻以明此，非也。

庖丁爲文惠君解牛，釋文：「丁其名。」崔、司馬云：『文惠君，梁惠王。』」成云：「解，宰割。」　補淮南子齊俗訓：「屠牛坦一朝解九牛，而刀可以鬄毛；庖丁用刀十九年，而刃如新剖硎。何則？游乎衆虚之間也。」許注：「坦，齊大屠。庖丁，齊屠伯。」吕氏春秋精通篇：「宋之庖丁，好解牛，所見無非死牛者，三年而不見生牛。用刀十九年，刃若新鄭研，順其理，誠乎牛也。」武按：據此，則庖丁宋人也。　正文惠君，司馬訓爲梁惠王，不知何據。豈因其同一「惠」字，遂據而訓之歟？若然，未免武斷矣。本書於一國之君，或稱侯，或稱王，惟則陽篇直稱魏瑩，然著其國號，使人一望而知爲梁惠王也。從無去國名，著謚號，稱之曰「君」如此者，惟於宋元公稱宋元君，亦未去其國名也。元君之曾祖爲文公，而解牛之庖丁，吕氏曰宋人，下文公文軒，司馬亦曰宋人，或莊子爲文時，因其同國，遂聯類及之。然則文惠君，其卽宋文公乎？究多「惠」字，終嫌勉强。考戰國時，人臣受有封地者稱君，如信安君、信陵君、靖郭君、孟嘗君是也。文惠君當屬此類。又其時諸侯多僭稱王，每以公封其臣，如人間世篇之葉公子高是也。時宋已稱王，本書於宋王凡數見。下文公文軒，吾意公必爵名，文其姓，軒其名。如葉公子高可易稱公子高或公沈諸梁也。以「公文軒見右師」一句之書法論之，上段先書爵，次書姓名；下段亦先書官，未書姓名者，姓名或不能詳，或不必詳也。據此以推，則文惠君者，卽公文軒，惠則其謚也。著公者，明前稱君之等也。兩著其姓者，明前後一人也。此爲文前後相注，隱顯互見之法，莊文之所以爲妙也。**手之所觸，**補「觸」，明刻世德堂本、宋刻趙本作「解」。**肩之所倚，足之所履，膝之所踦，**蘇輿云：「説文：『踦，一足也。』膝舉則足單，故曰踦。」踦，徐居彼反。補釋文：「倚，徐於綺反。」集韻：「丘奇切，音欹。」

砉然嚮然，奏刀騞然，司馬云：「砉，皮骨相離聲。」崔云：「砉音畫。騞音近獲，大於砉也。」成云：「砉然嚮應，進奏鸞刀，騞然大解。」補嚮與響同。達生篇：「猶應嚮景。」釋文：「嚮，許丈反，本亦作響。」列子仲尼篇：「其應若響。」此謂由觸、倚、履、踦之動，而發音砉然。此騞然之音，與動相應，若響之應聲然。騞，釋文「又音麥」。武按：騞與下文「謋」字，雙聲疊韻，故義近。謋，速也。玉篇：「騞，行不止。」亦有速意。列子湯問篇來丹言其寶劍云：「其觸物也，騞然而過，隨過隨合，覺疾而不血刃焉。」玩彼文意，騞然係狀其刃過之速，張湛注爲「破聲」，與文意不合。蓋惟其刃過之速，所以爲寶劍也；惟其奏刀之速，所以見其技之善也。成云「騞然大解」，未違此義。崔説非也。**莫不中音。**釋文：「中，丁仲反。下同。」補此謂砉然嚮然，中于音也。**合於桑林之舞，**司馬云：「桑林，湯樂名。」崔云：「宋舞樂名。」釋文：「左傳『舞師題以旌夏』是也。」補朱桂曜云：「桑林，蓋湯禱旱於桑林之樂名。左傳襄公十年：『宋公享晉侯於楚丘，請以桑林。』杜注：『桑林，殷天子之樂名。』淮南修務訓：『湯苦旱，以身禱於桑林之際。』高注：『桑山之林，能興雲雨，故禱之。』」武按：修務訓又云：「湯旱，以身禱於桑山之林。」故高注云然。此謂觸、倚、履、踦合於舞也。**乃中經首之會。**向、司馬云：「經首，咸池樂章也。」即堯樂。宣云：「會，節也。」補朱桂曜云：「路史後紀：『陶唐氏製咸池之樂，而爲經首之詩，以享上帝，命之曰大咸。』是經首，乃咸池樂章名也。急就篇云：『五音總會歌謳聲。』顔師古注：『會，謂金石竹絲匏土革木總合之也。』又楚辭九歌：『五音兮繁會。』」武按：此承上「莫不中音」句而指實之，謂莫不中音者，所中何音？乃中經首之會也。如此解，句中「乃」字方順。**文惠君曰：「譆！**李云：「歎聲。」補釋文：「譆，徐音熙。」**善哉！技蓋至此乎？」庖丁釋刀對曰：「臣之所好者道也，進乎技矣。**成云：「進，過也。」**始臣之解牛之時，所見無非牛者。三年之後，未嘗見全牛也。**成云：「操刀既久，頓見理間，纔覩有牛，已知空郤。亦猶服道日久，智照漸明，所見塵境，無非虛幻。」　補所見無非牛者，郭云「未能見其理間」。**未嘗見全牛，**郭云「但見其理間也」。武按：理間者，腠理間郤也。足證四大假合，吾身亦屬虛妄。**方今之時，臣以神遇**向云：「暗與理會。」**而不以目視，官知止而神欲行。**成云：「官，主司也。」按：「官」承上，專以目言。目方覩其迹，神已析其形。　補成云：「既以神遇，不用目覩，故眼等主司悉皆停廢，從心所遇，順理而行。」武按：官知止，即不以生隨知也。必官知止，而後神乃欲行。神之所行者何道？則緣督以爲經也。故此句與下「依夫天理」、「因其固然」二句，爲本篇要語，亦即養生要義也。**依乎天理，**成云：「依天然之腠理。」　補郭云：「不橫截也。」武按：依天理，即緣督之意。依，順也。督，背脊中間之脈理也。刻意篇云：「去知與故，循天之理。」義與此通。**批大郤，**字林：「批，擊也。」成云：「大郤，交際之處。」郭音郤。　補批，史記孫臏傳：「批亢擣虛。」注：「相排批也。」釋文：「郤，徐去逆反，崔、李云：『間也。』」字亦作「隙」。知北遊篇：「若白駒之過郤。」釋文：「本亦作隙。」郭云：「有際之處，因而批之令離。」**導大窾，**郭慶藩云：「窾當爲款。漢書司馬遷傳注：『款，空也。』謂骨節空處。」　補釋文：「道音導。窾，徐苦管反，崔、郭、司馬云：『空也。』」**因其固然。技經肯綮之未嘗，**俞云：「技蓋枝之誤。枝，枝脈；經，經脈。枝經，猶言經絡。素問王注引靈樞經云：『經脈爲裏，支而橫者爲絡。』支，通作枝。經絡相連處，必有礙於游刃，庖丁因其固然，故無礙。」釋文：「肯，着骨肉。司馬云：『綮，猶結處也。』音啓。」言枝經肯綮，皆刃所未到。

嘗，試也。　正俞說非也。此句言奏刀之技，未嘗經過肯綮之處，因肯綮爲著骨肉，及骨肉聚結處，經必損刀也。其置「未嘗」於句末者，倒句法也。此類句法，經史中多有之。若如俞說，先須改「技」爲「支」。支、經爲二脈，然此二脈，包絡牛身，牛身恃之以束固者也。其質柔，刀經之卽斷，如不之經，則絡束如故，牛身從何得解？此事理之不可通者也。且「技」字爲本段脈絡，劈頭由文惠君口中點出，庖丁以「進乎技矣」應之。此句「技」字，卽跟「進乎」句「技」字來，卽說明技之所以進也。上下本承注一氣，俞氏改之爲「支」，蓋未審及於此也。　**而況大軱乎！**　軱音孤，崔云：「槃結骨。」**良庖歲更刀，割也；族庖月更刀，折也。**　崔云：「族，衆也。」俞云：「謂折骨，非刀折。左傳曰：『無折骨。』」**今臣之刀十九年矣，所解數千牛矣，而刀刃若新發於硎。**釋文：「磨石。」補釋文：「硎音刑。」**彼節者有間，**節，骨節。**而刀刃者無厚，以無厚入有間，恢恢乎其於游刃必有餘地矣，是以十九年而刀刃若新發於硎。雖然，每至於族，**郭云：「交錯聚結爲族。」**吾見其難爲，怵然爲戒，視爲止，**郭云：「不屬目他物。」**行爲遲，**郭云：「徐其手。」**動刀甚微，謋然已解，**謋與磔同，解脱貌。補釋文：「謋，化百反。」類篇云：「速也。」武按：謋然者，狀解脱之速也。觀句意，微動刀卽已解，非速何？成訓爲骨肉離之聲，非也。**如土委地。提刀而立，爲之四顧，爲之躊躇滿志，**郭云：「逸足容豫自得之謂。」按：田子方篇亦云：「方將躊躇，方將四顧。」　補如土委地，郭云：「理解而無刀跡，若聚土也。」

釋文：「躊，直留反。躇，直於反。」**善刀而藏之。」**釋文：「善，猶拭。」　正宣云：「整好其刀。」**文惠君曰：「善哉！吾聞庖丁之言，得養生焉。」**牛雖多，不以傷刀，物雖雜，不以累心，皆得養生道也。一喻。　正庖丁解牛，以神遇而官知止，卽不以有涯之生，隨無涯之知也。依天理，因固然，游刃於有間，卽不爲善與惡，而惟緣督以爲經也。是以牛解數千，年經十九，而刀刃若新，卽保身、全生、盡年之義，而深合於養生之道者也。然全段要義，則在證明「緣督以爲經」一句。至前之「善哉」，善其技也；此之「善哉」，善其技之進於道也。

公文軒見右師而驚曰：司馬云：「公文姓，軒名，宋人。」簡文云：「右師，官名。」**「是何人也？惡乎介也？**介，一足。**天與，其人與？」**司馬云：「爲天命與，抑人事也？」**曰：「天也，非人也。天之生是使獨也，**司馬云：「獨，一足。」按：此與德充符篇三兀者不同：介者天生，兀者人患。**人之貌有與也。**郭云：「兩足并行。」　正成云：「與，共也。」宣云：「匹偶。」與郭注皆非。周禮春官太卜注：「與，謂予人物也。」德充符篇：「道與之貌，天與之形。」此句言人之貌有賦與之者，卽天與之，非人爲也。**以是知其天也，非人也。**形殘而神全也。知天則處順。二喻。　補介者，天之所與，卽無異天與之以刑也。刑爲天與，非由爲惡，惟當依乎天理，因其固然而已。夫不爲惡，且有如右師之受天刑者，更何可爲惡，以自近刑乎？此段喻爲惡無近刑。

澤雉十步一啄，百步一飲，不蘄畜乎樊中。蘄同期。猶言不期而遇。李云：「樊，藩也，所以籠鳥〔一〕。」**正**釋文：「蘄音祈，求也。樊音煩。」宣云：「雖飲食之艱如此，不求樊中之養。」韓詩外傳九：「君不見大澤中雉乎？五步一啄，終日乃飽，羽毛澤悦，光照於日月，奮翼争鳴，聲響於陵澤者何？彼樂其志也。援置之囷倉中，常噣梁粟，不且時而飽，然獨羽毛憔悴，志氣益下，低頭不鳴。夫食豈不善哉？彼不得其志也。」武按：五步一噣，終日乃飽，言食飲之艱也。本文「十步一啄，百步一飲」，則更艱矣。至羽毛澤悦，聲響於陵澤，即本文所言之神王也。二者對照，意更明顯。**神雖王，不善也。**釋文：「王，于況反。」不善，謂不自得。鳥在澤則適，在樊則拘；人束縛於榮華，必失所養。三喻。**正**注非。此段言雉不求畜乎樊中者，以一入樊籠，便受囚拘，如韓傳所謂「羽毛憔悴」，「低頭不鳴」，何若飲啄澤中，放曠於自得之場？食飲雖艱，而身則適，身適而神自王也。然神雖王矣，在雉固依乎天理，因其固然而已，心固不自知其善也。以喻人有心爲善，則必得名，何異雉之求畜乎樊中？蓋名，乃人之樊籠也。此段喻「爲善无近名」。

老聃死，司馬云：「老子。」按：老子不知其年，此借爲説。**補**釋文：「聃，吐藍反。」成云：「姓李，名耳，字伯陽，外字老聃。降生陳國苦縣。當周平王時，去周，西度流沙，適之罽賓。而内外諸經，竟無其迹。而此獨言死者，蓋莊子寓言耳。」又云：「老君降生、行教、昇天，備載諸

〔一〕「鳥」，釋文作「雉」。

經，不具言也。」史記索隱曰：「許慎云：『聃，耳漫也。』故名耳，字聃。」正義曰：「聃，耳漫無輪也。」**秦失弔之，**釋文：「失音逸。」**三號而出。弟子曰：「非夫子之友邪？」**補世人弔友喪，必哭。今弟子見失僅號而不哭，疑其非友，故問。**曰：「然。」**補宣云：「是吾友。」**「然則弔焉若此，可乎？」**補弟子謂若此號而不哭，於弔友喪之禮可乎？**曰：「然。**補宣云：「可也。」**始也，吾以爲其人也，**謂真人不死。正注非。文如海本「其人」作「至人」，亦非。成玄英本作「其人」，與此本同，是也。惟成謂其人指老君弟子言，則非。宋刻趙本、明世德堂本，均作「其人」，其，指老子言；人，世俗之人也。謂始也，吾以爲老子乃世俗之人也，如爲世俗之人，吾當以世俗弔喪之禮哭之。**而今非也。**補而今非世俗之人也，其死，亦非死也，乃是帝之縣解也，吾何爲以世俗之禮哭焉？此與大宗師篇孟子反、子琴張於子桑戶死，相和而歌曰「而已返其真，我猶爲人猗」之意同。故此句。直貫注下文「適來」一段。**向吾入而弔焉，有老者哭之，如哭其子；少者哭之，如哭其母。彼其所以會之，必有不蘄言而言，不蘄哭而哭者。**正注非。彼，指哭者。言彼老少所以相會聚言哭於此，必有不求言哭而言哭者。言者，稱也。即所謂「不言而信，不比而周」也。會，交際。言，稱譽。言老子誠能動物，我之不哭，自有說也。老者稱之如子，少者稱之如母而哭之也。田子方篇云：「其諫我也似子，其道我也似父。」此正相同。老聃非老者之子，非少者之母，於天倫人情，不蘄乎如斯言哭，而竟言哭，是乃言哭之不當者，故下曰「遯天倍情」。秦失因弟子疑其弔而不哭，乃先舉哭之遯天倍情者反證之。是遯天倍情，忘其所受，釋文：「遯，又作遁。」是，謂老聃。情，乃惠子所謂情，見德充符篇。受者，受其成形。正注非。是，指上老少之哭言。非母子，而哭之如母子，是逃遁乎天然之倫，倍加於常人之情，而忘乎其所受也。蓋母子之情，所受於天，今非母子，而哭如母子，故曰「忘其所受」。倍情，猶過情也。古者謂之遁天之刑。語又見列禦寇篇。德充符以孔子爲天刑之，則知「遁天刑」是贊語。舊解並誤。正注非。倍加常情，過於哀哭，足以傷生損性，無異受刑，故曰「遁天之刑」。遁天者，逃遁自然之天性也。則陽篇「遁其天，離其性，滅其情」，於此「遁天」義同。可知非贊語，即德充符篇亦非贊語。王解均誤。適來，夫子時也；適去，夫子順也。安時而處順，哀樂不能入也，古者謂是帝之縣解。」釋文：「縣音玄。」成云：「帝，天也。」按大宗師篇云：「得者時也，失者順也。安時而處順，哀樂不能入也，此古之所謂縣解也。」與此文大同。來去得失，皆謂生死。德充符郭注亦云：「生爲我時，死爲我順；時爲我聚，順爲我散也。」天生人而情賦焉，縣也。冥情任運，是天之縣解也。」補吴都賦注：「有繫謂之縣，無謂之解。」武按：安時處順，哀樂不能入，是帝之縣解，非同夫世俗人之死也。此秦失所以號而不哭。此段再喻爲惡無近刑。蓋遁天倍情，過於哀哭，爲惡也；足以傷生損性，近刑也。

指窮於爲薪，以指析木爲薪，薪有窮時。火傳也，不知其盡也。形雖往，而神常存，養生之究竟。薪有窮，火無盡。五喻。　**正**注非。歷來修詞家，均以薪傳爲師弟傳受之喻，謬誤相承，由來已久。不知此段以薪喻生，以火喻知，以薪傳火喻以生隨知。蓋薪有盡，而火無窮，以薪濟火，不知其薪之盡也。以喻生有涯而知無涯，以生隨知，不知其生之盡也。蓋儆人不當以生隨知也，卽證明首段「吾生也有涯」四句。

人間世第四

人間世，謂當世也。事暴君，處汙世，出與人接，無争其名，而晦其德，此善全之道。末引接輿歌云：「來世不可待也，往世不可追也。」此漆園所以寄慨，而以人間世名其篇也。　**正**注謂人間世爲當世，未盡其義。蓋人間以横言，世以竪言。人間世者，謂人與人之間相接之時世也。世有三，卽接輿所歌往世、來世、方今之世也。而人與人間之相接，不外乎於内則心，於外則形與行。本篇凡六節。第一節，孔、顏問答，致齊虚心以應世也。第二節，孔、葉問答，安命養心以應世也。第三節，顏、蘧問答，正身和心以應世也。第四節，匠石師弟問答，而足之以南伯之言，明物之寄形於無用，以免世害也。第五節，支離疏支離其形，明人之寄形於無用，以免世害，且蒙世益也。第六節，接輿卻曲其行，以避世也。如此數面寫來，人間世之義，無餘藴矣。然皆莊子之寓言，藉以明其道要而已。而其道要，則在於事心。故一至三節，事心之正文也；四節之寄形於無用，能虚其心也；五六之支離其形，卻曲其行，免累其心也。如作孔、蘧諸人事實觀，則偵矣。

顏回見仲尼請行。曰：「奚之？」曰：「將之衛。」曰：「奚爲焉？」曰：「回聞衛君，釋文：「司馬云：『衛莊公蒯聵。』按左傳，莊公以魯哀十五年冬入國，時顏回已死。此是出公輒也。」姚鼐云：「衛君，託詞，以指時王糜爛其民者。」　**補**成疏：「姓顏，名回，字子淵，魯人也。

孔子三千門人之中，總四科，入室弟子也。仲尼者，姓孔，名丘，字仲尼，亦魯人，殷湯之後，生衰周之世，有聖德。」奚，何也。之，適也。**其年壯，其行獨，**宣云：「自用。」 補釋文：「行，下孟反。獨，向云：『與人異也。』」武按：「年壯」句，爲下「夫以陽爲充」句伏根。**輕用其國，**役民無時。補輕率用其國之權力。**而不見其過，**郭云：「莫敢諫。」 補不自覺其輕用之過。**輕用民死，**視用兵易。**死者以國量乎澤，若蕉，**國中民死之多，若以比量澤地，如以火烈而焚之之慘也。郭嵩燾云：「蕉與焦通。左成九年傳『蕉萃』，班固賓戲作『焦瘁』。廣雅：『蕉，黑也。』」 正量，比也，度也。則陽篇云：「比於大澤，百材皆度。」荀子富國篇云：「然後葷菜百疏以澤量。」注：「猶谷量牛馬。」澤，風俗通：「水草交厝，名之爲澤。」蕉，釋文：「似遥反。向云：『蕉，草芥也。』」呂氏春秋審應覽不屈篇：「蕉火大鉅。」注：「蕉，薪樵也。」列子周穆王篇：「覆之以蕉。」注：「與樵同。」此句言以國内死者之數，比量於澤，若澤中草薪之多焉，猶言死人如麻也。此乃找足上「輕用民死」義。注訓蕉爲焚焦，非是。章太炎云：「國不可量乎澤，當借爲蘵，以蘵則可量乎澤也。」説似是而非，且蹈擅改原文之失。此爲清代訓詁家之通蔽，非武所敢苟同也。須知此爲倒句法，如將「以國」二字置「死者」二字之上，則爲以國之死者量，非以國量也。足知改「蘵」之不必矣。**民其無如矣。**無所歸往。 正非。秋水篇：「予无如矣。今子之使萬足獨奈何？」言予使一足，尚無如之何，今子使萬足，獨奈之何哉？此句與「予无如矣」同一句法，謂民無如衛君之暴何也。又戴震云：「魯論『吾末如之何』，卽『奈之何』。鄭康成讀如爲那。」武按：玉篇：「那，何也。」廣韻：「那、奈通。」則民無如矣卽民無奈。**回嘗聞之夫子曰：『治國去之，**宣云：「無所事。」**亂國就之，**宣云：「欲相救。」**醫門多疾。』**入喻。**願以所聞思其則，**崔、李云：「則，法也。」補願以所聞於夫子者，思其醫國之法。應上「將之衞」句。**庶幾其國有瘳乎！」**李云：「瘳，愈也。」補釋文：「瘳，丑由反。」言庶幾其國如疾之愈，而不再輕用乎！**仲尼曰：「譆！若殆往而刑耳！**成云：「若，汝也。往恐被戮。」正釋文：「譆音熙，又於其反。」成云：「怪笑〔一〕聲也。」武按：殆，將也。**夫道不欲雜，雜則多，多則擾，擾則憂，憂而不救。**成云：「道在純粹，雜則事緒繁多，事多則心擾亂，擾則憂患起。藥病既乖，彼此俱困，己尚不能立，焉能救物？」補「雜」「多」「擾」三字，反伏下文「定」「一」「虛」三字，而「一」「虛」二字，爲全節主腦，餘字則綫索也。蓋道不雜則一而不多，不多則不擾，不擾則定，定則虛，虛則所以集道也。故定者一之效，虛者定之效；雜多爲一之反，擾爲定之反也。**古之至人，先存諸己，而後存諸人。**成云：「存，立也。」正存，當爲「成性存存」之存。爾雅釋詁：「存，在也，察也。」楚辭遠遊篇云：「壹氣孔神兮，於中夜存。虛以待之兮，無爲之先。」於此「存」字之義最合。此「存」字，隱攝下「心齊」義。下文云：

〔一〕「笑」字，據集釋引成疏補。

「夫且不止，是謂坐馳。」蓋能存諸己則不馳矣。然則謂心齊之工夫在一「存」字，亦無不可。老子之「緜緜若存」，亦此義也。成乃以立訓之，失其旨矣。**所存於己者未定，**補未定則擾矣。**何暇至於暴人之所行！**至，猶逮及也。暴人，謂衞君。**且若亦知夫德之所蕩，而知之所爲出乎哉？德蕩乎名，知出乎**〔一〕**争。**成云：「德所以流蕩喪真者，矜名故也。智所以横出逾分者，争善故也。」正外物篇：「德溢乎名，名溢乎暴。」是蕩卽溢也。謂德洋溢於外，則德之名立焉，非謂喪真矜名也。凡相争，則必用知，故知卽爲争之凶器，不待横出逾分也。成疏似覺過量。**名也者，相軋也；知也者，争之器也。二者凶器，非所以盡行也。**成云：「軋，傷也。」按：言皆凶禍之器，非所以盡乎行世之道。蘇輿云：「瘳國，美名也；醫疾，多智也。持是心以往，争軋萌矣，故曰『凶器』。」此淺言之，下復深言。雖無用智、争名之心，而持仁義繩墨之言以諷人主，尚不可游亂世而免於菑，況懷凶器以往乎！**且德厚信矼，未達人氣；名聞不争，未達人心。**簡文云：「矼，慤實貌。」按：雖慤厚不用智，而未孚夫人之意氣；雖不争名，而未通乎人之心志，人必疑之。正氣，卽下文「聽之以氣」之氣。下文「入則鳴，不入則止」，卽能達人氣、達人心者也。否則，己之德雖厚，人之信雖實，且不争善名令聞，然未通達人之氣與人之心，而強

〔一〕「乎」原作「者」，據王氏原刻及集釋本改。

言自衒，殆難免菑矣。此以信矼而強言，後以不信而厚言，兩層輕重，自是不同。**而强以仁義繩墨之言術暴人之前者，是以人惡有其美也，**釋文：「強，其兩反。」術同述。郭松燾云：「祭義：『而術省之。』鄭注：『術當作述。』」按：人若如此，則是自有其美，人必惡之。**正**術，焦竑云：「江南古藏本作衒。」武按：孔子集語所引亦然。當作「衒」。前漢東方朔傳：「四方士多上書言得失，自衒鬻。」師古注：「衒，行賣也。」又韻會：「自矜也。」惡，俞樾云：「釋文惡音烏路反，非也。美惡相對爲文，當讀如本字。」俞説是也。言仁義，美德也，今強以此言衒鬻於暴人之前，是以人惡而無此美德，己則有之也。「其」字，指仁義繩墨言。有其美，即自衒也。**命之曰菑人。菑人者，人必反菑之，若殆爲人菑夫！**成云：「命，名也。」釋文：「菑音災。」**補**菑人，頂「以人惡」來。以人爲惡，是菑害人也。若，汝也。「若殆爲人菑」句，應「若殆往而刑耳」。**且苟爲悦賢而惡不肖，惡用而求有以異？**下而，汝也。且衞君苟好善惡惡，則朝多正人，何用汝之求有以自異乎？**若唯无詔，王公必將乘人而鬬其捷。**成云：「詔，言也。王公，衞君。」言汝唯無言，衞君必將乘汝之隙，而以捷辯相鬬。**補**釋文：「无詔，絶句。詔，告也。」**而目將熒之，而色將平之，口將營之，容將形之，心且成之。是以火救火，以水救水，名之曰益多，順始无窮。**郭慶藩云：「熒，瞢之借字。說文：『瞢，惑也。从目，熒省聲。』」成云：「形，見也。」言汝目將爲所眩，汝色將自降，口將自救，容將益恭，心且舍己之是，以成彼之非。彼惡既多，汝又從而益之。始既如此，後且順之無盡。補成云：「既懼菑害，故委順面從，擎、跽、曲拳，形迹斯見也。」若殆以不信厚言，宣云：「未信而深諫。」按：此「若」字，訓如。正前信矼強言，尚不免菑，況不信厚言乎！較前進一步説。「若」字當訓汝。此字領冒下句，而爲二句主格也。必死於暴人之前矣。補再應「若殆往而刑耳」。且昔者桀殺關龍逢，紂殺王子比干，是皆修其身以下傴拊人之民，李云：「傴拊，謂憐愛之。」宣云：「人，謂君。」補成云：「姓關，字龍逢，夏桀之賢臣，盡誠而遭斬首。比干，殷紂之庶叔，忠諫而被割心。」釋文：「傴，紆甫反。拊音撫。」以下拂其上者也，故其君因其修以擠之。是好名者也。因其好修名之心而陷之。一證。補拂，釋文「符弗反，崔云『違也』」。擠，釋文「子禮反，簡文云：『排也。』一云陷也。好，呼報反」。昔者堯攻叢枝、胥敖，禹攻有扈，三國名。補釋文：「叢，才公反。有扈音户，司馬云：『國名，在始平郡。』」按：即今京兆鄠縣也。奚侗云：「叢枝，齊物論作『宗膾』。叢、宗音近。枝疑快字之誤，快、膾音近。」國爲虚厲，宣云：「地爲丘墟，人爲厲鬼。」正釋文：「虚，如字，又音墟。李云：『居宅無人曰虚。』」武按：周禮地官：「山虞掌山林之禁令，物爲之厲。」鄭注：「每物有蕃界也。」又春官：「墓大夫帥其屬而巡墓厲。」注：「厲，塋限遮列處。」句謂國爲丘虚塋厲也。「國」字，總攝「虚厲」二字，宣乃以「國」攝「虚」，添一「人」字以攝「厲」，似與句意不合。身爲刑戮，其用兵不止，其求實無已。求實，貪利。三國如此，故堯、禹攻滅之。補影射衛君

「輕用其國」數句。**是皆求名、實者也**，再證。蘇輿云：「龍、比修德，而桀、紂以爲好名，因而擠之。桀、紂惡直臣之有其美，而自恥爲辟王，是亦好名也。叢枝、胥敖、有扈，用兵不止，以求實也，堯、禹因而攻滅之，亦未始非求實也。故曰：『是皆求名、實者也。』」補此句雙承上二段，即以「名」字承龍、比，「實」字承三國，且作一小收束。**而獨不聞之乎？名、實者，聖人之所不能勝也，而況若乎！**夫子又舉所聞告之。言人主據高位之名，有威權之實，雖以聖人爲之臣，亦不能不爲所屈，況汝乎！正聖人，指龍、比、堯、禹言。龍、比不勝桀、紂之好名，致以身殉；堯、禹不能勝三國之求實，致以兵攻。不勝者，不能以德化而勝之也。此節引例以暢發「若殆往而刑」，與「必死於暴人之前」句。**雖然，若必有以也，嘗以語我來！**」以者，挾持之具。嘗，試也。**顔回曰：「端而虚，**端肅而謙虚。補此「虚」字，緊貼「端」字，就容貌説，謂容貌端正而謙虚也，與後文「虚」字屬於氣與心者有別。若如郭注「正其形，虚其心」，則後文「虚者心齋」之言便成贅疣。此句蓋回聆仲尼強言自衒，以下拂上之言，特欲以端虚自醫也。**勉而一，**黽勉而純一。補此回聆仲尼雜多擾，及存己未定之言，特欲黽勉自存，求定於一，以免雜多擾之患也。此「一」字，係就以專一不雜之法，向人君進諫而言，與下「一若志」之一有別。蓋回此時，尚未領會仲尼「道不欲雜」之旨，誤以爲進諫之法不欲雜，故以一自勉。及仲尼破其執而不化，即謂其執一也，回則張三法以應之，其不明仲尼之旨可知矣。**則可乎？」曰：「惡！惡可？**上惡，驚歎詞。下惡可，不可也。**夫以陽爲充孔揚，**衛君陽剛之氣充滿於内，甚揚於外。**補**成云：「充，滿也。孔，甚也。」武按：論語孔子曰：「及其壯也，血氣方剛。」朱注：「血陰而氣陽。」淮南氾論訓：「積陽則飛。」卽陽充積向外飛揚也。本句跟上「其年壯」來，因衛君年壯，故陽氣方剛，積滿於内，甚揚於外也。**采色不定，**容外見者無常。**常人之所不違，**平人莫之敢違。**補**常人見衛君氣勢張揚，喜怒之色不定，故畏而不敢違忤。**因案人之所感，以求容與其心。**成云：「案，抑也。容與，猶快樂。人以箴規感動，乃因而挫抑之，以求放縱其心意。」**補**應上「因其修以擠之」。**名之曰日漸之德不成，而況大德乎！**雖日日漸漬之以德，不能有成，而況進於大德乎！**補**況驟然以仁義之大德強與之言乎！**將執而不化，**宣云：「自以爲是。」**外合而内不訾，**宣云：「外卽相合，而内無自訟之心。」姚鼐云：「訾，量也。聞君子之言，外若不違，而内不度量其義。」**正**此與上句，宣注屬衛君説，姚同。武按：上明言衛君采色不定，按人之所感，以求快適其意，何能外合人之所言？且案者，卽上文所謂擠也。方且案而罪之，豈僅内不自訟與不度量其義乎？宣、姚之説，均有未愜。應屬顔回説。訾，當從崔云，毁也。仲尼對破回勉一之言，謂如執一不化，必至外合而内不敢訾。夫外合而内不訾，非内外勉而一者乎？且外合，卽容且形之；内不訾，卽心且成之也。況下文回明答「我内直而外曲」，外曲者，反應外合也；内直者，反應内不訾也。前後對勘，綫路極爲分明。**其庸詎可乎！」****補**此爲對回之否定指示詞，益足證上語爲對回説。

如屬衛君，則此語爲無謂矣。「然則我内直而外曲，成而上比。「然則」下，顔子又言也。内直者，與天爲徒。與天爲徒者，知天子之與己皆天之所子，而獨以己言蘄乎而人善之，蘄乎而人不善之邪？成云：「内心誠直，共自然之理而爲徒類。」宣云：「天子，人君。」郭云：「人無貴賤，得生一也。故善與不善，付之公當，一無所求於人也。」補内直者，坦率任真，應訾則訾也。如童子率其天真而言，毫無蘄求之心，其善之與否，聽諸人而已。若然者，人謂之童子，是之謂與天爲徒。依乎天理，純一無私，若嬰兒也。外曲者，與人之爲徒也。擎、跽、曲拳，宣云：「擎，執笏。跽，長跪。曲拳，鞠躬。」補釋文：「擎，徐其驚反。跽，徐其里反，説文云：『長跪也。』拳音權。」人臣之禮也，補隨人跽、拳，盡人臣之禮而已，非外合也。人皆爲之，吾敢不爲邪？爲人之所爲者，人亦无疵焉，是之謂與人爲徒。成而上比者，與古爲徒。成云：「忠諫之事，乃成於今；君臣之義，上比於古。」正成人臣之直節，以讁過之言進，乃上比於古人，而與之爲類也。其言雖教，讁之實也。所陳之言，雖是古教，即有諷責之實也。補釋文：「讁，直革反。」成云：「責也。」武按：「讁」字，反應上「不訾」。古之有也，非吾有也。若然者〔一〕，雖直而不病，郭云：「寄直於古，無以病我。」補「而不病」，明世德堂本、崇

〔一〕「者」字，據王氏原刻及集釋本補。

德書院本均作「不爲病」，當從之。**是之謂與古爲徒。若是，則可乎？」** 補回見仲尼破其執一，乃張三條以救之。**仲尼曰：「惡！惡可！大多政**釋文：「大音泰。」郭云：「當理無二，而張三條以政之，所謂大多政也。」按：政、正同。**法而不諜，**俞云：「四字爲句。列禦寇篇：『形諜成光。』釋文：『諜，便僻也。』此『諜』義同。言有法度，而不便僻。」正此句當連上「大多政」爲一句，言其大多正之之法而不諜也。「諜」字，俞引「形諜成光」句下釋文，訓便僻，不僅核之此處上下文義無當，卽與「形諜成光」之義亦不合。武於彼句下，已加駁正，兹不贅。又釋文引崔云：「間諜。」武按：仲尼聖人，決無教弟子以間諜之法刺探人主意向之理，且與心虛之義亦未協。考前漢王莽傳云：「政令煩多，當奉行者，輒質問，乃以從事。前後相乘，憒眊不渫。」注：「渫，徹也，通也。」「諜」「渫」二字，形近易誤。且諜，達協切，渫亦有達協切，音同則義通，故諜有通達義。彼以政令煩多而不渫，此以政法大多而不諜，意義正同。本篇要旨，在一「虛」字。虛以待物，則肆應無滯，達人氣，達人心，入則鳴，不入則止，胥此意也。回政法雖多，然拘之以三，仍不能圓通無礙，故曰「大多政法而不諜」，謂其執而不能通達也。下句「固」字，亦卽執而不通之謂。諜作如此解，則上下文義一貫矣。**雖固，亦无罪。**雖未宏大，可免罪咎。正注非。前之「勉而一」，「執而不化」，固固矣；今法限以三，亦固也。雖固，其所言者，皆古人之所有，有類旁諷，不致直觸其怒，較前之強言自衒，與不信厚言者異矣，故不致招罪。**雖然，止是耳矣，**補耳，緩讀之則爲而已，而已急讀之則爲耳，故耳矣，卽而已矣。此句言止於無罪而已。**夫胡可以及化！**不足化人〔一〕。**猶師心者也。」**成云：「師其有心。」補師其成心，謂拘於三法而不諜也。**顏回曰：「吾无以進矣，敢問其方。」仲尼曰：「齊，吾將語若！**釋文：「齊，本亦作齋。」補釋文：「齊，側皆反，下同。」武按：知北遊篇老聃曰：「汝齊戒，疏瀹而心，澡雪而精神，掊擊而知。」此數句，足以發明此處「齊」字之義。**有而爲之，其易邪？**郭云：「有其心而爲之，誠未易也。」正焦竑云：「張君房本『有』下有心字。」武按：觀郭注亦應有。此句承上「師心」來。惟郭謂「誠未易也」，則與句意相違。徐鍇云：「人爲爲僞。」句意謂有心而爲之，則非順乎自然之天，而純出於人爲。人爲卽僞也。故曰「其易邪」，言易僞也。下文「易以僞」句，卽承此而明說之。**易之者，皞天不宜。」**成云：「爾雅：『夏曰皓天。』言其氣皓汗也。」按：與虚白自然之理不合。蘇輿云：「易之者，仍師心也。失其初心，是謂違天。」於義亦通。補釋文：「皞，徐胡老反。」向云：「『皞天，自然也。』」武按：「皞」，一作「皓」，明也，白也。天地篇：「无爲爲之之謂天。」淮南原道訓云：「所謂天者，純粹樸素，質直皓白，未始有與雜糅也。」以此釋皞天之義最切。蓋本書所謂天者，無爲也。無爲者，不雜以人爲也，卽非有心而爲之也。有心而爲之者，人爲也。人爲者，易以

〔一〕「人」原作「也」，據王氏原刻改。

僞，非純粹皓白之天所宜矣。回張三法，純出有心而爲之，非任其自然無爲之天而虛而待物也，故仲尼復申儆之也。**顏回曰：「回之家貧，唯不飲酒、不茹葷者數月矣。如此，則可以爲齊乎？」**成云：「葷，辛菜。」補釋文：「茹，徐音汝，食也。葷，徐許云反。」**曰：「是祭祀之齊，非心齊也。」回曰：「敢問心齊？」仲尼曰：「一若志，**宣云：「不雜也。」補莊子之道，其功夫〔一〕即在此，亦本篇主要語，即老子之「抱一」也。老子云：「致虛極，守靜篤。」欲致虛之極，在守靜之篤，欲守靜篤，則在抱一，即「一若志」之謂也。故一志爲道家下手功夫，虛則其功效也。**无聽之以耳而聽之以心，**成云：「耳根虛寂，凝神心符。」補文子上德篇：「夫道者，內視而自反。」注：「反聽內視。」武按：聽之以心者，即反聽也。與楞嚴經「初於聞中入流亡所」之義通。**无聽之以心而聽之以氣。**成云：「心有知覺，猶起攀緣；氣無情慮，虛柔任物。故去彼知覺，取此虛柔，遣之又遣，漸階玄妙。」**聽止於耳，**宣云：「止於形骸。」俞云：「當作『耳止於聽』，傳寫誤倒也。此申說無聽之以耳之義，言耳之爲用，止於聽而已，故無聽之以耳也。」正俞說非。如俞說作「耳止於聽」，謂申說無聽之以耳之義，須知二句義同，徒滋重復，何申說之於有？且耳何能聽？能聽者耳根也。聲浪觸耳，耳亦不能止，能止者心也。上既言「无聽之以心」，即心寂然

〔一〕「夫」原誤「大」，據文義改。

不動。聲浪之來，及耳而止，寂然之心不與之相應而爲聽，故曰「聽止於耳」，與楞嚴經「聞所聞盡」之義相通。本文並未誤倒。符之言合，與物合也，與物合，則非虚而待物之謂矣。言心之用，止於符而已，故無聽之以心也。**心止於符。**俞云：「此申説無聽之以心之義。」**正**俞説非。本書徐无鬼篇：「以心復心。」符、復義通。蓋人皆有心，或蔽而不明，或放而未收，遂有人心、道心之别，而不相符矣。如能一其志，使心不坐馳，物來順應，無差别心，無攀緣心，無受、想、行、識之心數，二六時間，如如不動，則道心復而人心與之符矣。故曰「以心復心」也，故曰「心止於符」也。若以釋家言之，其入三摩提，證真如之境者乎？此就本書以證也。再以列子證之。仲尼篇：「亢倉子曰：『我體合於心，心合於氣。』」符者，合也。心止於符，即心止於合氣也。又本書則陽篇：「陰陽者，氣之大者也，道者爲之公。」本句所謂氣，即陰陽之氣也；本篇所謂道，即陰陽之公名也。列子曰：「天地之道，非陰則陽。」易曰：「一陰一陽之謂道。」莊子名陰陽之氣爲道，即本於此。是故心符於氣，即符於道，即所謂道心也。前後兩證，義自相通。此篇莊子寓諸仲尼之言，發揮修道次第，義最幽玄，語極精要，道笈丹經，汗牛充棟，悉不能出此範圍。審其修道次第，率由耳、眼兩根而入，與釋家相同，惟釋家入道方便，其途較多。然諸佛弟子，在祇桓精舍會上，應佛之問，陳述入道方便時，佛獨取觀音「由聞中入」，實以耳根圓通，遠較諸根爲勝也。本篇先述耳根，眼根次之，其意與釋家亦無不同。其所謂「无聽之以耳而聽之以心」者，即觀音聞所聞盡也；「无聽之以心而聽之以氣」，即覺所覺空也，覺屬心故也。氣充虚空，無乎不偏，圓之義也。心符於氣，即空覺極圓也。至列子所記亢倉子之言，尤有進焉。其言曰：「心合於氣，氣合於神，神合於無。」即空所空滅，生滅既滅，寂滅現前也。又曰：「於介然之有，唯然之音，雖遠在八荒之外，近在眉睫之内，來干我者，我必知之。」此與觀音之「耳根圓通」何異？天地間衹此一理，孰謂釋道殊途乎？**氣也者，虚而待物者也。**俞云：「此申説氣。」宣云：「氣無端，即虚也。」補即陰陽之氣。**唯道集虚。虚者，心齊也。**」成云：「唯此真道，集在虚心。故虚者，心齊妙道也。」補「虚」字，爲全篇主腦。應帝王篇云：「无爲名尸，无爲謀府，无爲事任，无爲知主。體盡无窮，而遊无朕，盡其所受於天，而无見得，亦虚而已。」於「虚」字之義，可謂發揮盡致。又管子内業篇云：「心静氣理，道乃可止。」又云：「彼道之情，惡音與聲。修心静者，道乃可得。」文子十守篇：「虚無者，道之所居。」皆可作「唯道集虚」之參證。然道究何以必集於虚？其猶排橐乎？排橐内之氣，橐外之氣輒來補其空，如水之就下然。虚者空也。道爲陰陽之氣，故集之也。春秋繁露如天之爲篇〔一〕云：「天地之間，有陰陽之氣。常漸人者，若水常漸魚也。」人既處陰陽氣之中，故心若虚，則是氣入而集之矣。所謂虚者心齊也者，謂心何以虚？齊致之也。齊者其功，虚者其效也。説文：「齊，戒絜也。」禮記祭統云：「齊者不樂。」言不散其志也。不散志，即一志也。是則上文「一若志」，即示回以齊之下手處也。祭統又云：「定之之謂齊。」上文「存於己者未定」，即規回之未能齊也。達生

〔一〕「如天之爲」原作「天地陰陽」，據春秋繁露改。

篇：「必齊以靜心：齊三日而不敢懷慶賞爵禄，齊五日不敢懷非譽巧拙，齊七日輒然忘吾有四枝形體也。」夫至忘四枝形體，則心可謂虛矣，亦卽未始有回之義也。 **顔回曰：「回之未始得使，**未得使心齊之教。 **正**注非，說詳下句。 **實自回也；** 自見有回。 **正**奚侗曰：「自，係有字之誤。下文『未始有回也』，正與此文反應。」武按：此與上句，言回之未用其心也，實有一形體具備之回也。秋水篇：「因其大而大之，因其小而小之。」此卽因其有而有之，任其天也。形質實有，不能故謂之無。如實有而以爲無，非惟有心，且爲妄心矣，何能致齊而虛其心？又何異釋家所斥墮於斷滅之外道乎？德充符篇云：「有人之形，無人之情。」實自回也者，有人之形也；下文「未始有回也」者，無人之情也。尤爲此處確證。此處就未用心時言齊也。 **得使之也，未始有回也。**既得教令，遂忘物我。 **正**「之」字，指心言。謂得使用其心時，未始有回之見存也。見不存，卽任其天也。任天，卽下文「爲天使」也。此與大宗師篇「回坐忘」節可互相發明。夫功至坐忘，若準諸釋家，約等於斷煩惱、所知二障，而變人、法二空也。此就用心時言齊也。 **可謂虛乎？」夫子曰：「盡矣。** 成云：「心齊之妙盡矣。」 **正**「可謂虛乎」句，雙承上二意。謂未使心時，惟有人之形，既使心時，却無人之情，如此者，可謂虛乎？二意夾詮，故夫子以盡虛之義許之也。 **吾語若！若能入遊其樊而无感其名，**汝入衞，能遊其藩内，而無以虛名相感動。 **入則鳴，不入則止。**入吾言則言，不入則姑止。 **无門无毒，**宣云：「不開一隙，不發一藥。」郭云：「使物自若，無門者也，付天下之自安，無毒者也。」李楨云：「門、毒對文，毒與門不同類。説文：『毒，厚也。言害人之草，往往而生。』義亦不合。毒蓋壔之借字。説文壔下云：『保也，亦曰高土也，讀若毒。』與郭注『自安』義合。張行孚説文發疑云：『壔者，累土爲臺以傳信，卽呂覽所謂「爲高保禱於王路，寘鼓其上，遠近相聞」是也。』禱是壔之譌。壔者，保衛之所，故借其義爲保衛。周易『以此毒天下，而民從之』，老子『亭之毒之』，與此『無門無毒』，三毒字，皆是此義。廣雅『毒，安也』，亦卽此訓。楨按：壔爲毒本字，正與門同類，所以門、毒對文。讀都皓切，音之轉也。」按：宣説望文生義，不如李訓最合。門者，可以沿爲行路；毒者，可以望爲標的。「无門无毒」，使人無可窺尋指目之意。**正**知北遊篇：「其來無迹，其往无崖，无門无房，四達之皇皇也。」此「毒」字，疑爲「房」字之誤。此句爲下句「一宅」作根，並爲後文「虚室」二字寫照。下句不得已而一宅之者，以其「无門无房」也。外无門，内无房，非虚室乎？以喻宅心於皇皇四達，内外無蔽障之所，斯可謂之虚矣。宣固望文生義，然李讀毒爲壔，壔者，保衛之所，所以望遠通信者，非可常居，於下「一宅」與「虚室」義不相應，亦徒滋葛籐而已。至云「使人無可窺尋指目」，則是僞也。若李林甫城府深阻者則如此，尤乖本文之義矣。

一宅而寓於不得已，則幾矣。成云：「宅，居處也。處心至一之道，不得已而應之，非預謀也，則庶幾矣。」**補**一宅者，宅居於一而不二也，爲上「一若志」之喻。莊子之道，重在於不得已，故「不得已」句全書數見，如下文「託不得已以養中」，庚桑楚篇「動以不得已之謂德」，刻意篇「不得已而後起」。蓋卽虚而待物之旨，必待感而後應，迫而後動也。下「葉公子高」

節，卽暢發此義，特提於此，以作彼節伏筆。**絶迹易，无行地難。**宣云：「人之處世，不行易，行而不著迹難。」正人行地而欲不留足迹，可以人爲掃除之使絶，故曰易，以喻爲人使，易以僞。又人無翼以飛，不能不行地，此天使之也。今欲無行地，非人爲所能，故曰難，以喻爲天使，難以僞。**爲人使，易以僞；爲天使，難以僞。**成云：「人情驅使，淺而易欺；天然馭用，爲而難矯。」補荀子性惡篇楊倞注：「僞，爲也。凡非天性而人作爲之者，皆謂之僞。故僞字人傍爲，亦會意字也。」本書刻意篇：「静而與陰同德，動而與陽同波。不爲福先，不爲禍始。感而後應，迫而後動，不得已而後起。去知與故，循天之理。」又曰：「動而以天行。」卽爲天使也。言循天理以行使，而不雜以知故之人爲也。反之者，爲人使也。爲人使者，卽使其知故，而流於人爲之僞也。「爲天使」句，與上「寓於不得已」句相呼應。**聞以有翼飛者矣，未聞以无翼飛者也；聞以有知知者矣，未聞以无知知者也。**釋文：「上音智，下如字。」宣云：「以神運，以寂照。」正上知如字，音智非。無知不能知，猶之無翼不能飛，天使之也。無知欲知，無翼欲飛，皆難施以人爲，故上言「爲天使，難以僞」也。自「絶迹易」至此，皆推闡「入則鳴，不入則止」二句之義。蓋天者自然之謂，入則鳴者，順其自然之機也。如其不入，尚不知止而仍鳴，猶之無翼欲飛，無知欲知，皆違乎自然，而難於爲力矣。**瞻彼闋者，虚室生白，**司馬云：「闋，空也。室，喻心。心能空虚，則純白獨生也。」成云：「彼，前境也。觀察萬有，悉皆空寂，故能虚其心室，乃照真源。」補瞻，説文：「臨視也。」成云：「觀照也。」闃，釋文「徐苦穴反」，集韻「音缺」。武按：此莊子於入道之門，上文示人由耳根，此處示人由眼根也。至天地篇所云：「視乎冥冥，聽乎无聲。冥冥之中，獨見曉焉；无聲之中，獨聞和焉。」則雙示眼、耳兩根，並説明其功效也。視乎冥冥，卽瞻彼闋也；冥冥見曉，卽虚室生白也，蓋説文訓曉爲明也。又前漢書元后傳注：「曉，猶白也。」夫老、莊之道，多由眼根入。如道德經首章，卽揭示觀妙觀徼，而繼之以觀復，終之以長生久視，從可知其入道之方矣。至虚室生白，並非甚難，如根性明利者，齊潔静持，瞑目觀息，閲月經年，卽見光透睫簾，白境現前矣。此境尚淺，因僅白生虚室，未能圓照十方也。準諸釋家，於四禪中，約等有覺、有觀之初禪乎？瞻闋，觀也；知白，覺也。静瞻再進，則如庚桑楚篇之「宇泰定者發乎天光」，道德經之「明白四達」矣。更進則如在宥篇所述廣成子云「吾與日月爭光」，天地篇所云「上神乘光，與形滅亡，此謂昭曠」。夫形滅而惟乘光，卽與光爲一也，故謂上神。此與釋迦牟尼每於説法時，放種種寶光相若矣。此義請再以釋家明之。如阿那律陀云：「世尊示我以樂見照明金剛三昧，旋見循元，觀見十方，精真洞然，如觀掌果。」又如周利槃特迦云：「我時觀息，微細窮盡。反息循空，其心豁然，得大無礙。」復如孫陀羅難陀云：「我初諦觀三七日，見鼻中氣出入如烟，身心内明，偏成虚淨，烟相漸銷，鼻息成白，心開漏盡，諸出入息，化爲光明，照十方界。」二家對勘，本文之義曉然矣。**吉祥止**

止。成云：「吉祥善福，止在凝静之心，亦能致〔一〕善應也。」俞云：「『止止』連文，於義無取。淮南俶真訓：『虚室生白，吉祥止也。』疑此文下止字亦也字之誤。列子天瑞篇盧重元注云『虚室生白，吉祥止耳』，亦可證『止止』連文之誤。」按：下「止」字，或「之」之誤。**正**惟道集虚，虚則吉祥自然來止，即下文「鬼神來舍」也。刻意篇云：「澹然无極，而衆美從之。」澹然無極，虚也；衆美從之，吉祥止也。刻意篇又云「故无天災，无物累，无人非，无鬼責」，乃釋衆美之義也，亦可移以釋吉祥之義。又知北遊篇云：「正汝形，一汝視，天和將至。」天和者，非吉祥乎？「止止」二字不誤，俞、王説均非。蓋止猶集也：上「止」字，吉祥來集也；下「止」字，心之所集也。心止於符，即心集於虚也，虚則吉祥來集。合而言之，即吉祥止於心之所止也。德充符篇「惟止能止衆止」，謂惟心之止，能止衆止也。若略變其句法，爲「衆止止止」，謂衆止止於心之所止，義亦可通。淮南之作「也」字，因語氣已畢，用「也」字以結之；此作「止」字者，爲下句「止」字伏根。文義各有所當，何可據以改此乎？**夫且不止，是之謂坐馳。**若精神外騖而不安息，是形坐而心馳也。**補**此「止」字，承上句下「止」字來，謂心如不止，是形坐心馳也。可見上句下「止」字如作「也」字，則此「止」字無根矣。**夫徇耳目内通而外於心知，鬼神將來舍，而況人乎！**李云：「徇，使也。」宣云：「耳目在外，而徇之於内；心智在内，而黜之於外。」成云：「虚懷任物，鬼神將冥附而舍止。人倫

〔一〕「致」字，據王氏原刻及成疏補。

歸依，固其宜矣。」　**正**徇，釋文「徐辭倫反。李云『使也』。」武按：此文亦爲本篇要旨，且總結上文「无聽以耳」與「瞻彼闋」二節。蓋無聽以耳而聽以心，卽徇耳内通也；瞻闋，卽徇目内通也。文子上德篇：「夫道者，内視而自反。」舊注：「反應内視。」足證此義。「外」字，宜似作「内外」之外解，非是。前漢書霍光傳：「盡外我家。」師古注：「外，疏斥之。」外於心知者，謂黜心知而不用也。大戴禮曾子天圓篇：「陽之精氣曰神，陰之精氣曰靈，品物之本也。」説文：「鬼，陰氣。」是靈卽鬼也。陰陽之氣曰道，陰陽之精曰神鬼。是則鬼神來舍，與上「惟道集虚」相應。管子心術篇：「虚其心，神將入舍；掃除不潔，神乃留處。」又内業篇：「敬除其舍，精將自來。」本書知北遊篇：「攝汝知，一汝度，神將來舍。」凡此，皆可爲此處參證。且此節之義，與釋家之旨亦相通。如楞嚴經云：「於外六塵，不多流逸，旋元自歸。塵既不緣，根無所偶。反流全一，六用不行，十方國土，皎然清淨。譬如瑠璃，内懸明月，身心快然。」玩「反流」以上各語，卽徇耳目内通也。全一者，卽一若志也。六用不行者，眼、耳、鼻、舌、身、意不行也。此所謂心知，卽彼所謂意也。外於心知，卽意不行也。彼言六塵六用，舉其全也；此僅言耳、目、心者，從其重者言之也。内懸明月，則虚室生白之謂矣。措辭雖殊，義則無二。釋道異同之争，亦徒見其淺陋而已。　**是萬物之化也，禹、舜之所紐也，伏羲、几蘧之所行終，而況散焉者乎？」**此禹、舜應物之綱紐，上古帝王之所行止，而況凡散之人，有不爲所化乎！成云：「几蘧，三皇以前無文字之君。」蘇輿云：「言知此可爲帝王，可以宰世，而況爲支離之散人乎！」於義亦通。　**補**釋文：「紐，徐女酒反。崔云：『系而行之曰紐。』」武按：此「化」字，總結上文二「化」字。伏羲、几蘧之行終，言伏、几之行，終盡於此道也，反結上文「非所以盡行也」句。

葉公子高將使於齊，問於仲尼曰：「王使諸梁也甚重，成云：「委寄甚重。」補釋文：「葉音攝。子高，楚大夫，爲葉縣尹，僭稱公。姓沈，名諸梁，字子高。」**齊之待使者，蓋將甚敬而不急。**宣云：「貌敬而緩於應事。」正不急，言齊侯不視之爲急務也。不視爲急務，則必不重視使者矣。此對照上「重」字說。**匹夫猶未可動，而況諸侯乎！吾甚慄之。**懼也。補釋文：「慄音栗。」武按：未可動，未可以言動也。使者責在傳言，葉懼不能傳達其言，且無以對楚王使之甚重也。**子常語諸梁也，曰：『凡事若小若大，寡不道以懽成。**事無大小，鮮不由道而以懽然成遂者。正郭云：「夫事無大無小，少有不言以成爲懽者耳。」此仲尼之所曾告諸梁者也。」玩郭注，是以「言」釋「道」字，是也。觀後文「丘請復以所聞」云云，仍從「言」字立論。所謂復者，前所告者，資言以成懽，此復以傳言各義相告也。**事若不成，則必有人道之患；**王必降罪。**事若成，則必有陰陽之患。**宣云：「喜懼交戰，陰陽二氣將受傷而疾作。」補淮南原道訓：「人大怒破陰，大喜墜陽。」本書在宥篇：「人大喜邪，毗於陽。大怒邪，毗於陰。陰陽並毗，四時不至，寒暑之和不成，其反傷人之形乎！」武按：懼與怒同屬陰，當事未成，則懼，事成則喜。懼則破陰，喜則墜陽，故有陰陽之患也。墜陽則陰勝，必致寒疾，破陰則陽勝，必致暑疾，即所謂寒暑之和不成也。葉慮事不成而懼，陰破陽勝而致暑疾，所以內熱也。若成若不成而後无患者，唯有德者能之。』成云：「任成敗於前塗，不以憂喜累心者，唯盛德之人。」以上述子言。蘇輿云：「謂事無成敗，而卒可無患者，惟盛德爲能。」按：成說頗似張浚符離之敗，未可爲訓。蘇說是也。吾食也，執粗而不臧，宣云：「甘守粗糲，不求精善。」補釋文：「臧，作郎反，善也。」爨无欲清之人。成云：「清，涼也。然火不多，無熱可避。」補釋文：「爨，七亂反。清，七性反。字宜從冫，從氵者，假借也。」武按：呂氏春秋功名篇：「大熱在上，民清是走。」亦作「清」。列子楊朱篇：「薦以粱肉蘭橘，心痟體煩，內熱生病矣。」據此，則內熱之來，由於肥膿美食。治此美食，用火必多，則爨者必思就清。今爨無欲清之人，食粗薄而無須多火也。食既粗薄，則內熱不由此致矣。今吾朝受命而夕飲冰，我其內熱與！憂灼之故。補內熱既非由於美食，則由甚慄之故也。蓋甚慄破陰而陽勝，必致暑疾。左傳昭公元年秦醫和曰：「陽淫熱疾。」外物篇云：「利害相摩，生火甚多，衆人焚和。」同此義也。吾未至乎事之情，宣云：「未到行事實處。」而既有有陰陽之患矣；事若不成，必有人道之患。是兩也，爲人臣者不足以任之，子其有以語我來！」仲尼曰：「天下有大戒二：成云：「戒，法也。」其一，命也；其一，義也。子之愛親，命也，不可解於心；受之於天，自然固結。臣之事君，義也，無適而非君也，無所逃於天地之間。成云：「天下未有無君之國。」是之謂大戒。是以夫事其親者，不擇

夫事其君者，不擇事而安之，忠之盛也；成云：「事無夷險，安之若命。」**自事其心者，哀樂不易施乎前，**王念孫云：「施讀〔一〕爲移。此猶言不移易。晏子春秋外篇『君臣易施』，荀子儒效篇『哀虚之相易也』，漢書衛綰傳『人之所施易』，義皆同。正言之則爲易施，倒言之則爲施易也。」宣云：「事心如事君父之無所擇，雖哀樂之境不同，而不爲移易於其前。」補釋文：「施，如字。崔以豉反，移也。」武按：注中「哀」當爲「充」，「易」上脱「施」字。攷儒效篇：「若夫充虚之相施易也。」楊倞注：「充，實也。施讀曰移。」此段事親、事君、事心，三者平舉。因葉言爲人臣者不足以任，故以事君之道語之，事親數語，特文之陪襯耳，然尤重在事心。下文皆就事心之義發揮，蓋針對葉之甚慄内熱，由於不能事心故也。**知其不可奈何而安之若命，德之至也。爲人臣子者，固有所不得已，行事之情而忘其身，**情，實也。補此二句爲本節要語。不可奈何，安之若命，即下文「託不得已以養中」也。安命即所以養中也，亦即前節之齊也，均就事心言也。心能安而養之，哀樂自不易施乎前，而心虚矣。如此，則義、蘧之所行終，故曰「德之至也」。上下兩節，義自相通。且不特此也，如德充符篇「知其不可奈何而安之若命，唯有德者能之」，達生篇「達命之情者，不務知之所无奈何」，其義亦相通也。**何暇至於悦生而惡死！**宣云：「尚何陰陽之患？」補安之若命而已。**夫子其**

〔一〕「讀」原作「謂」，據集釋引改。

行可矣！　補上節回師心外馳，自來請行，仲尼以「何暇至於暴人之所行」以規之，以其未可行也。此節子高心慄内熱，謂爲人臣者不足以任之，自不欲行也，仲尼以「何暇至於悦生而惡死」以曉之，勉其行也。兩節對照，一反一正，同用兩「何暇」句以相關顧。想莊子着筆時，亦煞費排比結構之功也。丘請復以所聞：更以前聞告之。凡交，交鄰。近則必〔一〕相靡以信，宣云：「相親順以信行。」補靡，御覽四〇六引作「磨」。郭云：「近者得接，故以其信驗親相靡服也。」與宣注同以順訓靡，是也。遠則必忠之以言，宣云：「相孚契以言語。」言必或傳之。宣云：「必託使傳。」夫傳兩喜兩怒之言，宣云：「兩國君之喜怒。」天下之難者也。夫兩喜必多溢美之言，兩怒必多溢惡之言。郭云：「溢，過也。喜怒之言，常過其當。」凡溢之類妄，成云：「類，似也。似使人妄構。」正類，比也。凡過當之言，離於常情，故比類於妄也。妄則其信之也莫，成云：「莫，致疑貌。」正奚侗曰：「論語：『無莫也。』邢疏：『莫，薄也。』信之也莫，猶言信之不篤也。」莫則傳言者殃。補此其所以爲天下之難者也。應上文「人道之患」。故法言曰：引古格言。揚子法言名因此。『傳其常情，宣云：「但傳其平實者。」无傳其溢言，郭云：「雖聞臨時之過言而勿傳。」則幾乎全。』宣云：「庶可自全。」按：引法言畢。且以巧鬬力者，

〔一〕「必」字，據王氏原刻及集釋本補。

始乎陽，常卒乎陰，大至則多奇巧；釋文：「大音泰，本亦作泰。」按：鬬力屬陽，求勝則終於陰謀，欲勝之至，則奇譎百出矣。　補成云：「陽，喜也；陰，怒也。夫較力相戲，非無機巧。初戲之情在喜，終則心生忿怒，好勝之情，潛以相害。」武按：此喻溢惡。**以禮飲酒者，始乎治，常卒乎亂，大至則多奇樂。**禮飲象治，既醉則終於迷亂，昏醉之至，則樂無不極矣。　補成云：「治，理也。夫賓主獻酬，自有倫理。」云云。武按：此喻溢美。此兩喻，皆下文陪襯，亦即下文之喻也。**凡事亦然。始乎諒，常卒乎鄙；**宣云：「諒，信。鄙，詐。」俞云：「諒與鄙，文不相對。諒蓋諸之誤。諸讀爲都。釋地『宋有孟諸』，史記夏本紀作『明都』，是其例。『始乎都，常卒乎鄙』，都、鄙正相對。因字通作諸，又誤而爲諒，遂失其指矣。淮南詮言訓『故始於都者，常大於鄙』，卽本莊子，可據以訂正。彼文大字，乃卒字之誤。說見王氏雜志。」**正**俞說非。俞謂「諒與鄙，文不相對」。夫諒，信也；鄙，詐也。一正一反，俞據何文例，謂不相對？尹文子大道篇「能鄙不相遺，賢愚不相棄」，能鄙、賢愚，皆一正一反相對。淮南本經訓「仁鄙不齊」，仁與諒爲同類。鄙可與仁對舉，獨不可與諒相對乎？又禮記樂記：「致樂以治心，則易直子諒之心油然生矣。」此就樂之正面言也。其反面則曰：「不和不樂，而鄙詐之心入之矣。」此則正以諒與鄙相對也。至引淮南以證此文「鄙」應爲「都」，不知淮南就軍亂言，謂軍亂始都城，常大於鄉鄙，以鄙較都地廣人多，亂易擴大也。各有取義，何可引以證此？俞亦自知「大」字未安，則又謂爲誤，而引此「卒」字以正之。易「卒」於彼，彼文不安矣；易「都」於此，此文不安矣。蓋此文係寫傳言者貴信而不可妄，「諒」承上文「信」字，「鄙」承上文「妄」字，脈絡分明。如易「諒」爲「都」，則「鄙」變爲「邊鄙」之鄙，此二句變成贅疣，與上文全無干涉矣。**其作始也簡，其將畢也必巨。夫言者，風波也；**如風之來，如波之起。**補**「其作始」二句，承上啓下。夫言或溢美，或溢惡，如風波不定也。**行者，實喪也。**郭嵩燾云：「實者，有而存之；喪者，縱而舍之。實喪，猶得失也。」**正**郭説非。夫溢美、溢惡如風波之言，其言類妄，妄則非實矣。如使者遵行而傳之，非喪其實乎？**風波易以動，實喪易以危。**得失無定，故曰「易以危」。**正**妄則傳言者殃。**故忿設無由，巧言偏辭。**忿怒之設端，無他由也，常由巧言過實，偏辭失中之故。**補**巧言始乎陽也，忿設卒乎陰也。**獸死不擇音，氣息茀然，於是並生心厲。**獸困而就死，鳴不擇音，而忿氣有餘。於其時，且生於心而爲惡厲，欲噬人也。以獸之心厲，譬下人有不肖之心。**補**釋文：「茀，郭敷末反，李音佛。」武按：此喻陰陽之患。**剋核大至，則必有不肖之心應之，而不知其然也。**剋求精核太過，則人以不肖之心起而相應，不知其然而然。**補**剋核大至，言遇事考慮成敗太過，則患得患失之心應之，即不肖之心應之也。此屬一己説，針對葉公過於患事之成不成而發，於本文義似較聯貫。又剋核大至，過乎諒也；不肖之心應之，卒乎鄙也。**苟爲不知其然也，孰知其所終！**宣云：「必罹禍。」**故法言曰：『无遷令，**成云：「君命實傳，無得遷改。」**无勸成。』**成云：「弗勞勸奬，強令成就。」再引法言畢。**過度，益也。**若過於本度，則是增益言語。**補**上文「溢美」「溢惡」，乃君因一時喜怒致言之溢也。此之過度，則傳言者過乎君言之限度也。遷令、勸成，即皆過度也。**遷令、勸成殆事，**事必危殆。　補上文「妄則傳言者殃」，及「實喪易以危」，就危及使者之身言之也。此之遷令、勸成，則妨害所使之事矣。**美成在久，惡成不及改，**成而善，不在一時；成而惡，必有不及改者。　補此對上葉公「若成若不成」之問而答之也。言事之美成者，非倉猝可致，必須多經時日；如爲惡成，後雖悔改，勢已不及矣。本書徐无鬼篇：「殆之成也不給改，禍之長也茲萃。其反緣功，其果也待久。」「殆之成也」句，即惡成不及改也。「其果」句，即美成在久也。可以互證。**可不慎與！且夫乘物以遊心，託不得已以養中，至矣。**宣云：「隨物以遊寄吾心，託於不得已而應，而毫無造端，以養吾心不動之中，此道之極則也。」　補乘物以遊心，則心不至剋核矣。託不得已以養中，與上文「寓於不得已」，及「知其不可奈何而安之若命」同義。**何作爲報也！**郭云：「任齊〔一〕所報，何必爲齊作意於其間！」　補報者，謂齊對楚報答之言也。子高見齊之甚敬而不急，慮其所報不足以厭楚王之意，則己必得罪，故甚慄之。是即作意於齊之報也。仲尼針對其病，故以「遊心」「養中」二語勉之。**莫若爲致命。此其難者。**」但致君命，而不以己與，即此爲難。若人道之患，非患也。　正成云：「直致率情，任於天命，甚是簡易，豈有難耶？此其難

〔一〕「齊」原作「其」，據王氏原刻及郭注改。

而問於蘧伯玉曰：「有人者，言不難也。」武按：上言「傳兩喜兩怒之言，天下之難者也」，又言「固有所不得已，行事之情而忘其身」，今勉以託不得已以養中，於身且忘，況傳常情，不傳溢言，但直致君之命耶！此豈有難者，收繳上「難」字。

顏闔將傅衛靈公太子，釋文：「顏闔，魯賢人。太子，蒯聵。」**而問於蘧伯玉曰：「有人於此，其德天殺。**天性嗜殺。補釋文：「蘧，其居反。伯玉，名瑗，衛大夫。」**與之爲无方，則危吾國；**宣云：「縱其敗度，必覆邦家。」補方，道也，法也。**與之爲有方，則危吾身。**制以法度，先將害己。**其知適足以知人之過，而不知其所以過。**釋文：「其知，音智。」但知責人，不見己過。補足以知人之過而責之，而不知人之所以有過而原之。**若然者，吾奈之何？」蘧伯玉曰：「善哉問乎！戒之慎之，正汝身也哉！**先求身之無過。補此句重要，統攝下文。下文形，身之外見者也；心，身之內在者也。就不入，和不出，卽正身之謂也。**形莫若就，心莫若和。**宣云：「外示親附之形，內寓和順之意。」**正此二句，說明正身之義也。形**莫如就，謂身日與親近而順應之。下文「與之爲嬰兒」數句，卽就之說也。宣以順訓和，與下文意不合。蓋心如順之，則入而與之同矣，豈非與之爲无方而危國乎？郭云「和而不同」，義爲近之。然本書山木篇云：「一上一下，以和爲量。」上下以和爲量，卽不上不下而處中也。中庸云「發而皆中節謂之和」，義亦猶此。文子上仁篇「和者陰陽調」，卽陰陽不偏勝而爲和也。淮南氾論訓：「陰陽相接，乃能成和。」謂陰陽相沖和也。廣韻：「和，不堅不柔也。」均有不偏不倚，而歸於中正之義。蓋職傅太子，位居親近，其勢自不能與之疏遠，故曰「形莫若就」也。然既不可與之同而危國，又不可與之迕而危身，二者之間，惟有不上不下，不堅不柔，調喜怒之陰陽，允執厥中而已，故曰「心莫若和」也。知北遊篇：「正汝形，一汝視，天和將至。」此文亦言「正汝身」，正身者，乃所以致和也。「心和」二字，爲本節主腦，亦本篇要旨也。**雖然，之二者有患。**宣云：「猶未盡善。」**正**宣注非。上祇言就與和，何得謂未盡善？此云「有患」者，患在下文入與出也。**就不欲入，和不欲出。**附不欲深，必防其縱；順不欲顯，必範其趨。**正**郭云：「入者遂與同，出者自顯伐也。」武按：就者，不過身與之近；入則同流，必致心亦附之，則損和矣。出者，表而出之也。下文「積伐而美者」，卽出義也，出則非和矣。又上文「强以仁義繩墨之言衒暴人之前者，是以人惡有其美也」，亦可證「出」字之義。達生篇：「无入而藏，无出而陽，柴立其中央。」柴立中央者，處和也，足與此義相發。**形就而入，且爲顛爲滅，爲崩爲蹶。**顛，墜。滅，絕。崩，壞。蹶，仆也。補其德天殺，勢必傾危，入而與同，亦必同難，故爲顛、滅、崩、蹶也。**心和而出，且爲聲爲名，爲妖爲孼。**郭云：「自顯和之，且有含垢之聲；濟彼之名，彼且惡其勝己，妄生妖孼。」**正**心和而出者，積伐而美也，卽露才揚己也，故爲聲爲名。人君因案人之所感，且因其修以擠之，則爲妖爲孼矣。**彼且爲嬰兒，亦與之爲嬰兒；**喻無知識。**彼且爲无町畦，亦與之爲无町畦；**

無界限。喻小有踰越。補釋文：「町，徒頂反。畦，户圭反。李云：『町畦，畔埒也。』」**彼且爲无崖，亦與之爲无崖。**不立崖岸。補自「嬰兒」句至此，其義與應帝王篇「虚而委蛇，因以爲弟靡，因以爲波流」同。順其意而通之，以入於無疵病。補釋文：「疵，似移反，病也。」句謂因勢而利導之，以入於無疵。此爲日漸之德有成也。上「嬰兒」數句，就之實也，此則和之效也。如入或出，則不能致此矣。**達之，入於无疵。汝不知夫螳蜋乎？怒其臂以當車轍，不知其不勝任也，是其才之美者也。戒之慎之！積伐而美者以犯之，幾矣。**而，汝也。伐，誇功也。美不可恃，積汝之美，伐汝之美，以犯太子，近似螳蜋矣。一喻。正「螳蜋」句，亦見天地篇。又淮南人間訓云：「齊莊王出獵，有一蟲，舉足將搏其輪。問其御曰：『此何蟲也？』對曰：『此所謂螳蜋者也。其爲蟲也，知進而不知卻，不量力而輕敵。』莊公曰：『此爲人而必爲天下勇武矣。』迴車而避之。」韓詩外傳同。成云：「螳蜋，有斧蟲也。」武按：螳蜋怒臂，莊公迴車，其才實勇，故曰「是其才之美者也」。積伐者，屢屢誇稱也。積伐而美者以犯之，與上「强以仁義繩墨之言衒暴人之前者，是以人惡有其美也」同義。謂屢以仁義之美，進言於太子，無異屢誇己有此美，而欲太子效之也。如此以犯太子，必致觸忌，而與螳蜋當車之所爲相近矣，故曰「幾」也。或云：「伐」字，史記功臣侯表：「明其功曰伐。」小爾雅：「伐，美也。」幾，易繫辭：「幾者，動之微，吉之先見者也。」猶云端兆也。而，應如字讀。積伐而美以犯之幾者，謂積累功伐而才美者，卽爲犯人主猜怒之端。蓋妬才忌功，暴君通性，良弓走狗之禍，空樑燕泥之誅，於古數見，豈緣誇伐！卽上文龍、比之死，因修見擠，亦非由誇也。此足備一説，然究不若前説之當。「螳蜋」至此，爲心和而出作喻。「積伐而美」二句，爲下「匠石」數節之反面張本，「山木」「膏火」一段之正面張本。换言之，以下各節，卽爲此二句之正喻反喻也。**汝不知夫養虎者乎？不敢以生物與之，爲其殺之之怒也；不敢以全物與之，爲其決之之怒也。**成云：「以死物投虎，亦先爲分決，不使用力。」**正**此爲「嬰兒」數句作喻，卽爲「就」字作喻也。**時其飢飽，達其怒心。虎之與人異類而媚養己者，順也；故其殺者，逆也。**虎逆之則殺人，養之則媚人。喻教人不可怒之。再喻。**補**自「養虎」句至此，達之入於無疵也。虎性殺人，逢其怒也。達其怒心，則媚養己者，而無殺人之疵矣。以喻太子，其德天殺，殺由於怒也。達其怒心，則無殺人之疵矣。能達其怒心者，就與和致之也。**夫愛馬者，以筐盛矢，以蜄盛溺。**成云：「蜄，大蛤也。」愛馬之至者。**補**釋文：「盛音成。矢或作屎。蜄，徐市軫反。溺，奴弔反。」郭云：「矢溺至賤，而以寶器盛之，愛馬之至者也。」**適有蚉䖟僕緣，**王念孫云：「僕，附也。言蚉䖟附緣於馬體也。詩：『景命有僕。』毛傳：『僕，附也。』」**補**釋文：「蚉音文。本或作蟁，同。䖟，孟庚反。僕，普木反。」**而拊之不時，**成云：「拊，拍也。不時，掩馬不意。」**正**注非。不時者，時而拊，時而忘拊也。忘拊之時，則馬不耐蚊虻之虐，而缺銜脱奔，必致毁傷途人矣。考成原疏云：「蚊虻羣聚緣馬，卒然拊之，意在除害。不定時節，掩馬不意，忽然驚駭，於是馬缺銜勒，人遭蹄蹋也。」成意如定時拊，則馬不驚。不知蚊虻之來緣也無時，拊之又何能確定時節？拊者，拂去蚊虻而已，着必不重，馬何至驚駭傷人？嘗見牧童猝鞭其馬矣，未見其驚傷如此也。如遇毒蚊羣緣噴螫，而不爲之拊，則真缺銜絶轡，狂奔傷人矣。**則缺銜、毁首、碎胸。**成云：「銜，勒也。」馬驚至此。**意有所至，而愛有所亡，可不慎邪？**「亡，猶失也。欲爲馬除蚊虻，意有偏至，反以愛馬之故，而致亡失，故當慎也。三喻。

正王解本於郭、成。考郭釋「意」字，謂在於拊蚊，成釋「亡」字，謂失其所愛之馬，均非也。文之本義，謂器盛矢溺，愛馬之意有所至矣。然蚊虻僕緣，馬切身之患也，愛馬者，尤當隨時拊之。今不時拊，則其愛有所遺亡矣。此段爲形就而入作喻。謂入與之同，乃求合人主，免犯其怒也。然偶失其意，卽足致患。如愛馬者，可謂至矣，偶一忘拊，卽致毁碎。推之應世，亦復良難，要當慎之而已。「慎」字，總收上二「慎」字。

匠石之齊，至乎曲轅，見櫟社樹。石，匠名。之，往也。司馬云：「曲轅，曲道。」成云：「如轘轅之道也。」社，土神。櫟樹，社木。」補藝文類聚八九、御覽九五八引「轅」作「園」。釋文：「崔云：『道名』。」武按：總之地名也。司馬、成氏，未免臆説。釋文：「櫟，力狄反，李云『木名』，一云『梂也』。」社，成云：「土神也。」禮記祭法：「大夫以下，成羣立社，曰置社。」鄭注：「大夫以下，不得特立社，與民族居。百家以上，則共立一社，今時里社是也。」周官大司徒職云：「樹之田主，各以其野之宜木，遂以名其社，與其野。」白虎通云：「社稷所以有樹何？尊而識之，使民望見而敬之，又所以表功也。」按此櫟社，蓋如周官説，以木名也。**其大蔽數千牛，絜之百圍，**文選注引司馬云：「絜，帀也。」李云：「徑尺爲圍，蓋十丈。」正釋文：「蔽牛，必世反。李云：『牛住其旁而不見。』絜，向、徐户結反。」武按：如李說，圍十丈，安能蔽數千牛？「求高名之麗」句下，引崔云「環八尺爲一圍」，方與蔽牛義不戾。

其高臨山十仞而後有枝，其可以爲舟者旁十數。俞云：「旁、方古通。方，且也。言可爲舟者且十數。」正釋文：「七尺曰仞。或云：八尺曰仞。」武按：旁，崔云「旁枝」，是也。俞說非。此「旁」字，跟上句「枝」字來。上文蔽千牛，絜百圍，形容正幹之大也。可爲舟者十數，言其旁可刳爲舟之枝以十數，此形容旁枝之大且多也。枝大，益顯幹大矣。此莊子行文之妙，且密而有法也。古者刳木爲舟，旁枝之大者，斷而刳其内，即可成舟，如大幹，則不易如此刳用矣。俞乃不從其易而從其難。觀其原文，徵引多書，以證「旁」之爲「方」，方有數義，又必限之爲且。如此作注，亦太費周折矣。即依俞說，而以修詞之例審之。此段連用三「其」字，爲句中主格，均指幹言。如旁訓且，則「爲舟」句係頂幹說，仍形容幹之大矣，不與上蔽牛之形容相複乎？況方義如儀禮大射禮「左右曰方」注：「方，旁出也。」據此，則照本字讀，固爲旁枝；讀作方，亦旁出之枝也。俞原文尚有云：「在宥篇『出入無旁』，即出入無方。此本書叚旁爲方之證。」此說更非。所謂叚者，本無此字，叚他字以寓此字之義也。在宥篇「出入無旁」之上，即有「行乎无方」之「方」字，更何須叚「旁」？如硬派爲叚，未免寃苦莊子。至出入無旁，應讀爲「依傍」之傍，謂塊然獨立，出入無所依傍也。如訓爲方，於上文「行乎無方」犯複矣。且行可無方，既有出入，出入即其方也，何能云無？總之，無一而可也。

觀者如市，匠伯不顧，遂行不輟。

遂，竟也。文選注引司馬云：「匠石，字伯。」弟子厭觀之，厭，飽也。走及匠石，曰：「自吾執斧斤以隨夫子，未嘗見材如此其美也。先生不肯視，行不輟，何邪？」補釋文：「輟，丁劣反。」成云：「止也。」斤，正字通「以鐵爲之，曲木爲柄，剞劂之總稱」。曰：「已矣，勿言之矣！散木也，以爲舟則沈，體重。以爲棺槨則速腐，多敗。以爲器則速毁，疏脆。以爲門户則液樠，李楨云：「廣韻：『樠，松心，又木名也。』松心有脂，液樠正取此義。」正釋文：「樠，郭武半反。」武按：李楨原文「正取此義」下，尚有「謂脂出如松心也」句，於義方合。王遺此句，則爲爲門户者，別屬液樠木，而非櫟矣。以爲柱則蠹。蟲蝕。補蠹，釋文「丁故反」。成云：「木内蟲也。」是不材之木也，无所可用，已見逍遥遊諸篇。故能若是之壽。」匠石歸，櫟社見夢曰：「女將惡乎比予哉？若將比予於文木邪？郭云：「凡可用之木爲文木，可成章也。」夫柤、梨、橘、柚、果、蓏之屬，成云：「蓏，瓜瓠之類。」補釋文：「柤，側加反。蓏，徐力果反。」成云：「在樹曰果，柤、梨之類；在地曰蓏，瓜瓠之徒。」集韻：「柤，詐平聲。」廣韻：「同樝，似梨而酸。」柚，集韻「余救切，音右」。説文與「櫾」同，「條也」。書禹貢：「厥包橘柚。」傳：「大曰橘，小曰柚。」爾雅釋木：「柚，條。」注：「似橙而酢。」列子仲尼篇張湛注：「山海經曰：『荆山多橘柚。』柚似橘而大。皮厚味酸。」武按：書傳謂「小曰柚」，誤也。淮南主術訓：「夏取果蓏。」高注：「有核曰果，無核曰蓏。」漢書食貨志：「瓜瓠果蓏。」應劭曰：「木實曰果，草實曰蓏。」

實熟則剥，剥則辱，大枝折，小枝泄。俞云：「泄，當讀爲抴。荀子非相篇：『接人則用抴。』楊注：『抴，牽引也。』小枝抴，謂見牽引也。」正泄，釋文：「徐思列反。崔云：『泄、洩同。』」成云：「大枝損，小枝發泄。」武按：果纍纍者，必大枝也，故人每攀折之以剥果。小枝生氣，輒從大枝折處洩出，而易萎矣。故工於移植果樹者，一遇大枝剪折處，必用泥封，以免洩其生氣，則植之易於成長。此文正合此理。俞乃謂「泄字之義，於此無取」，改讀爲抴。武以爲於古人之書，照本字詁之，即或義未盡協，較之專輒改字改音者爲妥。清之訓詁家，類蹈擅改之病，非武所敢苟同也。**此以其能苦其生者也，故不終其天年而中道夭，自掊擊於世俗者也。**掊擊由其自取。成云：「掊，打。」補「相梨」至此，申説上節才美犯幾之義也。**物莫不若是。且予求无所可用久矣，幾死，**幾伐而死。補成云：「幾，近也。」武按：「无所可用」者，謂無可得而用之也。櫟雖無用，特不可用爲器耳，仍有用爲薪之慮，故久欲求一無所可用之地以自全。幾死者，因人覬覦欲得爲薪也。**乃今得之，**郭云：「數有睥睨己者，唯今匠石明之。」正社樹人民所尊，雖爲有用，猶不翦伐，況無用者乎！乃今得爲社，翦伐可免，故謂「爲予大用」也。**爲予大用。**成云：「方得全身，爲我大用。」**使予也而有用，且得有此大也邪？且也，若與予也皆物也，奈何哉其相物也？而幾死之散人，又惡知散木！」**而，汝。幾，近也。補汝以我無用，而謂之爲散木，則必自以爲有用，而非散人矣。不知有能者苦其生，有用者幾於死，汝幾死之人也，亦何莫非散人乎？散人又何足以知散木？**匠石覺而診其夢。**王念孫云：「診讀爲畛。爾雅：『畛，告也。』告其夢於弟子。」**正**王説非。本書非無「畛」字，如齊物論「請言其畛」是也，此如應爲畛者，莊子何以不用，而必用診，以勞後人揣測改讀乎？莊子恐不如是之傎也。王氏原文云：「向秀、司馬彪並云：『診，占夢也。』按下文皆匠石與弟子論櫟社之事，無占夢之事。診當讀爲畛。」云云。武按：王氏之意，診既訓爲占，占則必有端策拂龜之事，此意無乃太固？爾雅釋言：「隱，占也。」疏：「視兆以知吉凶也。必先隱度，故曰：隱，占。」然則匠石亦必以夢與弟子相與隱度之，故下有「密，若無言」之語也。此與占義合，卽與診義合也。又前漢書陳遵傳：「馮几口占書數百封。」然則「診」之云者，匠石對其弟子口占耳。此義尤切，何勞繳繞傅會，擅改爲「畛」乎？**弟子曰：「趣取无用，則爲社何邪？」**既急取無用以全身，何必爲社木以自榮？**正**玩注，訓趣爲急，於文意不合。成云「櫟木意趣，取於無用」，是也。文謂社之義在保民，爲社卽須盡保民之用，既旨趣在於無用，則爲社是何意乎？注謂「以自榮」，於文無據。**曰：「密！」**猶言祕之。姚鼐云：「密、默字通。田子方篇仲尼曰：『默！女無言！』達生篇：『公密而不應。』」**正**「密」「默」二字，涵義各別。默，緘默不言也；密，隱祕勿洩也。此「密」下接「若無言」，戒其無以以下諸語外洩也。其戒密之意，一以儆於夢責，恐復爲櫟所聞；二以社爲衆所祈福託保之處，洩則恐衆知其無保民之用而來紛議。故此處以「密」字爲當。至仲尼語顔以「默」，其義稍別。謂文王盛德，無容言議，故下卽接以「又何論刺焉」之句，非有宣洩之慮也。故以「默」字爲當。達生篇之「密」，乃魯公恐顏闔料敗之言宣聞於東野，必調緩其馬，或不致敗，即無以驗顏闔之言，故公密而不應也。以此見二字之未可隨意通用，且見莊子下字之精審也。**若無言！彼亦直寄焉，以爲不知己者詬厲也。**彼亦特寄於社，以聽不知己者詬病之而不辭也。司馬云：「厲，病也。」**補**彼亦直寄焉者，謂彼非爲社也，特寄於社而爲社木而已。上「散木也」至「不材之木」數句，即詬厲之語也。「不知己」三字，跟上「又惡知散木」句來。文謂彼之無用，乃大用也，人反以無用詬之，即不知己者也。**不爲社者，且幾有翦乎！**如不爲社木，且幾有翦伐之者，謂或析爲薪木。**正**爲社與爲社木，其義各別，注於此尚未認清。上直寄焉者，爲社木也。而社之義在保民，遵社之義而盡保民之用，則爲社也。列子周穆王篇：「幾虛語哉！」注：「幾音豈。」此謂即不爲社義而施保民之用，然既寄爲社木，民豈有翦伐者乎？以社雖無靈，人民必不致翦伐社木也。**且也，彼其所保，與衆異，**保於山野，究與俗衆異，非城狐、社鼠之比。**正**衆，指衆社木。言彼無爲社保民之用，特寄於社，期乎自保，以免翦伐，非若衆社木之義在保民也，故曰「所保與衆異」。**以義譽之，不亦遠乎！**」宣云：「義，常理。」按：彼非託社神以自榮，而以常理稱之，於情事遠也。**正**謂以尋常保民之社義譽之，不亦遠於事實乎！**南伯子綦遊乎商之丘，**李云：「即南郭也。伯，長也。」司馬云：「商之丘，今梁國睢陽縣。」**見大木焉有異，結駟千乘，隱將芘其所藾。**向云：「藾，蔭也。」崔云：「隱，傷於熱也。」成云：「駟馬曰乘。言連結千乘，熱時可庇於其蔭。」**補**

釋文：「乘，繩證反。芘，本亦作庇。藾音賴。」武按：「隱」字，玩注意屬下句，似應屬上句。崔訓傷熱，不知何據，恐係臆説。説文云：「隱，蔽也。」國語齊語「隱五刃」，注「藏也」。後漢書任光傳注「避也」。「其」字指大木，謂如有結駟千乘，避藏於其下，將可受芘於大木之所蔭也。此係借千駟之隱，以譬其蔭之廣，觀「將」字可知，固不必限於傷熱時也。**子綦曰：「此何木也哉？此必有異材夫！」**言必可爲材也。補此「異」字，照應上「異」字。上言其形之異，此因其形異，而揣其材之亦必異也。**仰而視其細枝，則拳曲而不可以爲棟梁；俯而見其大根，則軸解而不可以爲棺槨；**成云：「軸，如車軸之轉，謂轉心木也。」按：解者，文理解散，不密緻。補「見」，明世德堂本作「視」，應從之。蓋見無心，視有意。句冠「俯」字，卽俯身視察之也。**咶其葉，則口爛而爲傷；嗅之，則使人狂酲三日而不已。**李云：「狂如酲也。病酒曰酲。」補釋文：「咶，食紙反。酲音呈。」武按：「咶」與田子方篇「舐筆和墨」之「舐」，釋文同音食紙反，故二字通。又按藝文類聚八八引「口」作「舌」，應從之。因咶葉者舌，應舌爛也。**子綦曰：「此果不材之木也，以至於此其大也。**成云：「不材爲全生之大材，無用乃濟物之妙用，故能不夭斧斤〔一〕，而庇蔭千乘也。」**嗟夫！神人以此不材！」**由木悟人。宣云：「神人亦以不見其材，故

〔一〕「斧斤」，原作「斤斧」，據王氏原刻及莊子原文乙正。

無用於世，而天獨全也。」補此與上段，皆言不材之木，明無用之旨，於義似複，而有不複者在。匠伯，攻木之工也，其於櫟，遥望卽知，過前不顧；南伯則仰視俯察，舌咶鼻嗅，方知不材。不複者一。後木，枝拳根解，葉爛口而嗅致狂；櫟必無是，故觀者如市，而弟子屬厭。是知不材之度，後深於前。不複者二。櫟非盡無用，而求無所可用，故寄社以自保；後木則不須如是也。不複者三。櫟似材而實非材，其沈腐液蠹之性，存於内而驗於後，非稔知木性者不辨，故用攻木之匠伯；後木拳解形於外，爛狂效於前，一經察試，卽知不材，衡厥無用，無殊槁木，故用形如槁木之南伯。不複者四。以此知莊子所引故事，所用古人，非由率爾，咸寓深意，顧尚云複乎？宋有荆氏者，宜楸、柏、桑。司馬云：「荆氏，地名。」宜此三木。其拱把而上者，求狙猴之杙者斬之；司馬云：「兩手曰拱，一手曰把。」宣云：「杙，繫橛也。」補成云：「狙猴，獼猴也。」釋文：「狙，七餘反。杙，以職反。」三圍四圍，求高名之麗者斬之；崔云：「環八尺爲一圍。」郭慶藩云：「名，大也。」（詳天下「名山三百」下。）成云：「麗，屋棟也。」補秋水篇：「梁麗可以衝城。」列子湯問篇：「昔韓娥東之齊，匱糧，過雍門，鬻歌假食。既去，餘音繞梁麗，三日不絶。」據此，則麗、梁、棟，一也。七圍八圍，貴人富商之家求樿傍者斬之。釋文：「樿，本一作擅。」成云：「棺之全一邊而不兩合者，謂之樿傍。其木極大，當斬取大板。」故未終其天年，而中道已夭於斧斤〔一〕，

〔一〕「斧斤」，原作「斤斧」，據王氏原刻及集釋本乙正。

故解之以牛之白顙者，與豚之亢鼻者，與人有痔病〔一〕**者，不可以適河。** 三者不可往靈河而設祭。古者將人沈河以祭，西門豹爲鄴令，方斷之，即其類是也。郭云：「解，巫祝解除也。」成云：「顙，額也。亢，高也。」 **正**前漢郊祀志：「古天子常以春解祠黄帝，用一梟，破鏡。」師古注：「解祠者，謂祠祭以解罪求福。」又淮南修務訓：「是故禹之爲水，以身解於陽盱之河。」張湛注：「爲治水解禱，以身爲質。解讀『解除』之解。」然則古是有用人求解於河之事，特未必真沈人於河耳。如禹以身解於河，但以爲質，並未沈身。鄴中沈人祭河，偶遇凶巫蠱惑，係一地一時之事，未可引以例常。如鄫子用人於次睢之社，距可謂春秋時凡祭社者必用人乎？又如御覽一〇引莊子佚文云：「宋景公時，大旱三年。卜云：『以人祠，乃雨。』公下堂頓首曰：『吾所以求雨者爲人，今殺人，不可。將自當之。』」如其時人祠已成習，景公何至不從？亦係卜者一時之誣妄而已。**此皆巫祝以知之矣，** 以、已同。郭云：「巫祝於此，亦知不材者全也。」 **補**楚語下篇：「在男曰覡，在女曰巫。」注：「覡，見鬼者也。」周禮男亦曰巫。**所以爲不祥也，此乃神人之所以爲大祥也。** 宣云：「可全生，則祥莫大焉。」

支離疏者， 司馬云：「支離，形體不全貌。疏其名。」 **補**廣韻五支下云：「漢複姓。莊子有

〔一〕「痔病」，原作「痔瘡」，據王氏原刻及集釋本改。

支離意，善屠龍。」則此支離，乃疏之姓也。然莊多寓言，人名每寓妙旨，故下有「支離其形」之誤，司馬注亦未爲非也。**頤隱於臍，肩高於頂，**司馬云：「言脊曲頭縮也。」淮南曰：「脊管高於頂也。」**會撮指天，**司馬云：「會撮，髻也。古者髻在項中，脊曲頭低，故髻指天。」崔云：「會撮，項椎也。」李楨云：「崔説是。大宗師篇『句贅指天』，李云：『句贅，項椎也，其形如贅。』亦與崔説證合。素問刺熱篇『項上三椎，陷者中也』，王注：『此舉數脊椎大法也。』沈彤釋骨云：『項大椎以下二十一椎，通曰脊，骨曰脊椎。』難經四十五難云：『骨會大杼。』張注：『大杼，穴名，在項後第一椎，兩旁諸骨自此檠架往下支生，故骨會於大杼。』會撮，正從骨會取義，又在大椎之間，故曰『項椎』也。初學記十九引撮作檜。玉篇：『檜，木檜節也。』與脊節正相似。从木作檜，於義爲長。」正釋文：「會，徐古活反，向音活。撮，子活反。」武按：朱桂曜云：「向音活，活疑括誤。」朱説是。因集韻等書，括亦古活切也。崔云「會撮，項椎」，不知何據。凡言骨節者，無過素問、靈樞二書，並無骨名會撮者。李楨僅憑難經中一「會」字，即謂「會撮從此取義」，殊爲武斷。考儀禮士喪禮「鬠用組」，鄭注：「用組，組束髮也。古文鬠皆爲括。」又詩車舝「德音來括」，傳：「括，會也。」可證「鬠」「會」「括」三字通用。詩小雅：「臺笠緇撮。」疏：「小撮持其髮而已。」故會撮即束會而撮持其髮也。寓言篇：「向也括，今也披髮。」「括」字亦就髮言。且張君房本「括」下有「撮」字，益足證司馬之説是，而崔、李之説非也。**五管在上，**李云：「管，腧也。五藏之腧，並在人背。」李楨云：「頤、肩屬外説，會撮、五管屬内説。」正會撮爲髻，亦屬外説。**兩髀爲脅。**司馬云：「脊曲髀豎，故與脇肋相並。」**挫鍼治繲，足以餬口；**司馬云：「挫鍼，縫衣也。繲，浣衣也。」**正**釋文：「挫，徐子卧反，崔云『按也』。繲，佳賣反。餬，徐音胡，李云『食也』。」成云：「餬，飼也。」武按：楚辭招魂：「挫糟凍飲，酎清涼些。」注：「捉去其糟，但取清醇也。」是訓挫爲捉也。集韻：「繲，居隘切，音懈，故衣也。」據此，則挫鍼治繲者，謂捉鍼縫治故衣也，全句祇説一事。若如司馬説，分爲縫、浣二事，必非有常疾之支離所能兼任。卽今市廛業縫補與浣濯者，亦尚分工而無兼者，可以推知矣。

鼓筴播精，足以食十人。司馬云：「鼓，簸也。小箕曰筴。簡米曰精。」成云：「播，揚土。」**正**注非。釋文：「筴，初革反。崔云：『鼓筴，揲蓍鑽龜也。鼓筴播精，言賣卜。』」武按：崔説得之。曲禮「龜爲卜，筴爲筮」，儀禮士冠禮「筮人執筴」，楚辭「詹尹乃端筴拂龜」，足證鼓筴卽揲蓍也。卜筮之道，有楏筴、揲筴、分筴、扐筴等事，句中「鼓」字，足以該之。管子小匡篇：「握粟而筮者屢中。」握粟，猶之播精也。王應麟曰：「『播精』，文選東方朔畫贊作『播糈』。」考畫贊爲夏侯湛撰，其序云：「支離覆逆之數。」注：「莊子曰：『支離疏鼓策播糈，足以食十人。』糈音所。」又史記日者列傳：「夫卜而有不審，不見奪糈。」集解：「離騷經云：『懷椒糈而要之。』王逸注云：『糈，精米，所以享神。』」索隱：「糈者，卜求神之米也。言卜之不中，不見奪其糈米。」據以上各説，可見古之買卜者，必出糈以享神，卜後，無論中否，糈歸卜者。就享神言，謂之糈；就卜者言，謂之精。猶之享神之牛謂之犧。糈與精，一也。支離賣卜得糈，故足以食十人，如爲人簸揚精米，恐尚不敵治繲之餬口，惡能食十人乎？且試涉足鄉曲，從事箕簸者，所在可見，其人必仰項伸腰，以相揚搧，試問傴僂如支離者能爲之乎？故鼓筴播精爲卜筮，不待煩言而解矣。**上徵武士，則支離攘臂而遊於其間；**郭云：「恃其無用，故不自竄匿。」**上有大役，則支離以有常疾不受功；**宣云：「不任功作。」**上與病者粟，則受三鍾與十束薪。**司馬云：「六斛四斗曰鍾。」**夫支離其形者，猶足以養其身，終其天年，又況支離其德者乎！**成云：「忘形者猶足免害，況忘德者乎！」

孔子適楚，楚狂接輿遊其門曰：「鳳兮鳳兮，何如德之衰也？成云：「何如，猶如何。」補成云：「姓陸，名通，字接輿。」武按：接輿，又見逍遥遊篇「吾聞言於接輿」句下之注。蓋楚之賢人，見人世危殆，託於狂以自隱者也。見孔子周流各國，志在用世，故遊門作歌以諷之。史記孔子世家：「吴伐陳，楚救陳，軍於城父，聞孔子在陳、蔡之間，楚使人聘孔子。」孔子因以至楚，在魯哀公四年。六年，自楚反乎衛。接輿作歌，卽其時也。正如，往也。德，指當世說，合下「來世」「往世」爲三世。文言來世不可待，往世不可追，當世則德衰，鳳兮鳳兮，欲何往乎？下「趨」字，卽應此「往」字也。**來世不可待，往世不可追也。**郭云：「當盡臨時之宜耳。」**天下有道，聖人成焉；**宣云：「成其功。」蘇輿云：「莊引數語，見所遇非時。苟生當有道，固樂用世，不僅自全其生矣。」**天下無道，聖人生焉。**宣云：「全其生。」補此段言天下有道，惟望諸來世，見諸往世耳。然來世未至，胡可久待？往世已逝，渺難追尋。今值無道之世，惟有全生而已。必如此解，上「來世」二句方不落空。天地篇云：「天下有道，則與物皆昌；天下無道，則修德就閒。」足明此與上二句之義。**方今之時，僅免刑焉。** 補方今天下無道，僅免刑而生也。找足上「生焉」句。**福輕乎羽，莫之知載；** 易取不取。**禍重乎地，莫之知避。** 當避不避。**已乎已乎，臨人以德！** 宣云：「亟當止者，示人以德之事。」**殆乎殆乎，畫地而趨！** 宣云：「最可危者，拘守自苦之人。」 補天下有道，則仕而成其功；天下無道，則隱而全其生。行隨世變，不拘一隅，卽在宥篇所謂「大人行乎无方」者也。孔子則不顧世亂身危，栖遑求用，猶之指畫一定之地，以自限其趨，必致跬步難行，惟有危殆而已。**迷陽迷陽，** 謂棘刺也，生於山野，踐之傷足。至今吾楚輿夫遇之，猶呼「迷陽踢」也。迷音讀如麻。 正吾亦楚人，未嘗聞「迷陽踢」之名，遍詢輿夫，亦無知者。當是王聞未審，不足據也。其曰「棘刺」者，蓋有所本。詩召南草蟲章：「陟彼南山，言采其薇。」朱注：「薇似蕨而差大，有芒而味苦。山間人食之，謂之迷蕨。胡氏曰：『疑卽莊子所謂迷陽者。』」羅勉道云：「迷陽，蕨也。」羅説蓋本之朱注。其後林雲銘本之，陸樹芝本之，今王氏亦本之。然知薇蕨可食之菜，僅有薇芒，何至傷足，乃易爲「棘刺」？然於迷陽終無關也。章太炎云「陽借爲場，迷場，猶迷塗也」，擅改原文，義仍未允。武按：郭云：「迷陽，猶亡陽也。」成云：「陽，明也。」司馬云：「迷陽，伏陽也。言詐狂。」林疑獨本之云：「迷陽，言晦其明。」陸西星亦然，云：「自味其明。」諸説於義爲得，惟郭以亡訓迷爲不當耳。考説文：「迷，惑也。」又云：「陽，高明也。」詩豳風：「我朱孔陽。」傳：「陽，明也。」白虎通爵論：「陽，猶明也。」蓋莊子之道，在於離形去知。明者，知之所致也，故不尚明。亦如老子大知若愚，玄德、守黑之義。故其言曰「吐爾聰明」，曰「彼人含其明，則天下不鑠矣」，曰「夫明之不勝神也久矣」，曰「滑欲於俗，以求致其明，謂之蔽蒙之民」，卽不尚明之説也。曰「各復其根而不知，渾渾沌沌，終身不離」，曰「聖人愚芚」，曰「媒媒晦晦，无心而不可與謀」，曰「其合緡緡，若愚若昏」，曰「惑故愚，愚故道，道可載而與之俱也」，卽迷明之説，亦卽迷陽之説也。司馬訓伏陽者，言伏匿其陽而不露也。又曰「詐狂」者，人而迷明，則類狂矣。而莊子實深有取於狂焉，亦猶仲尼欲得狂狷而與之也。在宥篇云：「猖狂不知所往。」庚桑楚篇亦有斯語。山木篇云：「道流而不明居。」繼之曰：「純純常常，乃比於狂。」又云：「猖狂妄行，乃蹈乎大方。」夫純常者，不居於明也；猖狂者，迷其明也。不知所往而妄行，卽卻曲吾行，而非畫地而趨矣。方，道也。蹈乎大道，則不至傷吾足與吾行矣。且也，接輿狂者也，仲尼不狂者也。莊子於此，不假之他人，而特寓諸仲尼之行、與接輿之口者，蓋非仲尼不狂之行不足以啓接輿猖狂之論，且非狂者不知狂義也。莊子蓋有深意焉，豈漫然寓之乎？以上所言，特以司馬所注，無乖本義，因而爲之發揮者也。請再以莊證莊焉。御覽七三八疾病部引莊子佚文云：「陽氣獨上，則爲癲病。」素問著至教論云「三陽并至如風雨，上爲癲疾」，意亦相同。集韻：「癲，狂也。」此言陽氣獨上衝腦，則腦迷而爲癲，卽爲狂也。又素問宣明五氣論云：「邪入於陽則狂。」此説於本句尤切。蓋迷陽者，因邪入之，故陽迷而爲狂也。然則所謂「迷陽」之陽，指身之陽氣言也。蓋莊子之道，重在凝神（見逍遥遊篇），而大戴禮曾子天圓篇云：「陽之精氣曰神。」然則凝神者，卽凝集陽氣也。陽氣既勝，則獨上衝腦，腦迷而爲狂矣。雖爲修道未和所致，然莊子猶有取焉，以其如能和其陽，則猶可以至於道也。是以莊子又有取於和焉，故本書屢以和爲言也。據此，則所謂迷陽者，乃狂之代名詞，楚狂自謂也。言吾狂乎狂乎，然於吾之所行無傷也；吾雖猖狂妄行，然於吾之足無傷也。乃以棘刺傷足釋之，何所取義乎？**无傷吾行！吾行郤曲，**宣云：「郤步委曲，不敢直道。」**補**郤猖狂妄行。**无傷吾足！」**　**補**喻吾德自足，而無損傷也。郤蹈乎大方。

山木自寇也，膏火自煎也。司馬云：「木爲斧柄，還自伐；膏起火，還自消。」**桂可食，故伐之；漆可用，故割之。**成云：「桂心辛香，故遭砍伐；漆供器用，所以割之。俱爲才能，夭於斤斧。」　**補**文子上德篇老子曰：「鳴鐸以聲自毀，膏燭以明自爍，虎豹之文來射。」又見淮南繆稱訓，義與此同。**人皆知有用之用，而莫知无用之用也。**喻意點清結句〔一〕，與上接輿歌不連。歌有韻，此無韻。

〔一〕「句」，王氏原刻作「局」。

德充符第五

德充於内，自有形外之符驗也。　補本篇重在一「和」字。修和而成，得之於心者曰德，故曰「德者成和之修也」。何以修之？曰：遊心於德之和也。何以能遊心於德之和？則曰：不以好惡内傷其身也。夫和德内充，則符驗外見。王駘、哀駘之德充，致令人忘其形之惡而咸歸之，此卽所謂德不形者物不能離也，亦卽德有所長而形有所忘也。子産、仲尼，則尚未能忘申徒、叔山之形者也。未能忘其形者，由於有好惡之情也。而好惡之情，最足以滑和，故本篇終之以不以好惡内傷其身也。不以好惡内傷其身，卽遊心於德之和也。遊心於德之和者其果，不以好惡内傷其身者其因，亦卽充德之下手處也。

魯有兀者王駘，李云：「刖足曰兀。」　補釋文：「兀，五忽反，又音介。按：篆書兀、介字相似。駘音臺。」**從之遊者，與仲尼相若。**郭云：「弟子多少敵仲尼。」　補成云：「若，如也。」

常季問於仲尼曰：「王駘，兀者也，從之遊者，與夫子中分魯。釋文：「常季，或云：孔子弟子。」或云：魯賢人。**立不教，坐不議，虚而往，實而歸。**弟子皆有所得。　補德充於内，故衆附於外，卽德之符也。　補淮南俶真訓：「坐而不教，立而不議，虚而往者實而歸，故不言而能飲人以和。」武按：淮南「坐」「立」字互易，於義較順。蓋教時必坐，議可立談也。駘德充於内，默以成化，雖不教議，人自飲和，故曰「實而歸」也。或云：「和」字，全篇要旨，似應據淮南補

「飲人以和」句。不知彼係敘至人之德，故著其所以能化人之故，在於德之和。亦如本書則陽篇王果言聖人「不言而飲人以和，與人並立而使人化」，文意相同。此則常季不知駘能飲人以和，疑其別有用心，如知之，則無此問矣。直至下文仲尼指出駘遊心於德之和，其能聚衆者在此，與淮南文意不同，故無此句，自不當補也。固有不言之教，无形而心成者邪！宣云：「默化也。」補「心」字爲篇中眼目，於此提出。心成者，謂不見其口教，必用心感之以成其教也。是何人也？」

仲尼曰：「夫子，聖人也，丘也，直後而未往耳。直，特也。未及往從。丘將以爲師，而況不如丘者乎！奚假魯國！何但假借魯之一邦！補假者，假設也。引魯國以從，爲未然之事，故言何但假設引魯國，且將引天下以從之。丘將引天下而與從之。」補此答其「中分魯」一語。

常季曰：「彼兀者也，而王先生，言居然王先生也。其與庸亦遠矣。補釋文：「王，于況反，李云『勝也』。」武按：山木篇：「而王長其間。」故王，長也。固當與庸人相遠。成云：「庸，常也。」若然者，其用心也，獨若之何？」補承上「心成」句。駘之聚衆，由於和感，非出有心。常季疑其用心以成之，故復問。

仲尼曰：「死生亦大矣，而不得與之變，其人與變俱，故死生不變。正大宗師篇「真人不知悅生，不知惡死」，即令形死，心固未嘗死也，故謂「不得與之變」。雖天地覆墜，亦將不與之遺。成云：「遺，失也。」言不隨之而遺失。補亦就心言。釋文：「墜，本又作隊，直類反。」審乎无假，而不與物遷，郭慶藩云：「假是瑕之誤。

淮南精神訓正作「審乎無瑕」。謂審乎己之無可瑕疵，斯任物自遷，而無役於物也。左傳「傅瑕」，鄭世家作「甫假」，禮檀弓「公肩假」，漢書人表作「公肩瑕」。瑕、假形近，易致互誤。」正「无假」者，真之謂也。烟雲變滅，以其假而不真也。真則永存，不遷不變。佛書釋「真如」云：「不妄不變。」蓋變者假也，無假則不變，故曰「不得與之變」。不得與之遺，不與物遷，皆由能審乎無假也。郭氏乃謂「假爲瑕之誤」。考本書天道篇「審乎无假，而不與利遷，極物之真，能守其本」，亦作「假」不作「瑕」，豈二處均誤耶？考「瑕」字之義，説文云：「瑕，玉小赤也。」謂色不純也。管子法法篇注：「相間曰瑕。」謂色雜也。攷工記玉人曰：「天子用全，公用龙。」注：「全，純色也。龙，謂雜色。」以此知玉以純色爲貴。瑕爲玉之病，以其色雜也。而淮南「無瑕」句下，有「不與物糅，見事之亂」句，糅者雜也，故用「瑕」字，以與「糅」「亂」二字相應。天道篇之「假」，則與下「真」字相對，義各有適，字各有當，可證天道篇之「假」不誤。本文「假」字，則與下「守其宗」之「宗」字對。天下篇云：「以天爲宗。」則宗者天也。列子仲尼篇云：「真者，所以受於天也。」則天亦真也。以此推之，則「假」與「宗」對，卽與「真」對也，可證本文「假」字亦不誤。又在宥篇云：「以觀无妄。」圓覺經云：「認妄爲真，雖真亦妄。」是以妄爲真之反。假亦真之反也，故假、妄義通。以是知以觀无妄，義與審乎无假同，特觀爲諦視，審則觀後熟究也。然則「假」字何不可通，而必漫引淮南正之爲「瑕」乎？且細玩本文與天道篇，益見「假」字之重要。所謂「極物之真」者，審極乎物之真也，卽審乎无假也，本文已自明釋其義矣。如改爲「瑕」，不過自審无瑕，與物何涉乎？本書有所謂「真人」

者，卽能審於无假，極物之真者也。大宗師篇：「有真人，而後有真知。」審乎无假，卽真知也。莊子之道，重在一「真」字。如達生篇「不厭其天，不忽於人，民幾乎以其真」，田子方篇「緣而葆真」，知北遊篇「真其實知」，漁父篇「愼守其真」。真者，精誠之至也。又曰：「真在内者，形動於外。」此二句與本篇之義更切。真在内者，德充於内也；形動於外，故物最之，而與夫子中分魯也。蓋王駘雖無全人之形，而能具真人之德者也。**命物之化，而守其宗也。」**宣云：「主宰物化，執其樞紐。」**正**莊子之道，在離形去知，以守其和。故夫官骸百體者，物也。命物順化以待盡，惟遊心於德之和，不隨物以俱化，此本文之義也。知北遊篇仲尼曰：「古之人，外化而内不化。與物化者，一不化者也。」此所謂「命物之化」者，外化也，與物化也；所謂「守其宗」者，内不化也，一不化也。天下篇云：「以天爲宗。」所謂「守其宗」者，守其天也。大宗師篇云：「其一，與天爲徒。」其一，卽一不化也。與天爲徒，卽守其天也，亦卽守其宗也。又淮南原道訓：「故達於道者，不以人易天，外與物化，而内不失其情。」外與物化者，卽此之命物之化也；内不失其情者，卽能守其宗也。義可互證。**常季曰：「何謂也？」仲尼曰：「自其異者視之，肝膽楚、越也；**本一身，而世俗異視之。**正**肝之與膽，不同狀，不同用，不同名。是肝與膽，如楚、越之截然爲二也。又大宗師篇云：「假於異物，託於同體；忘其肝膽，遺其耳目。」是吾與吾身中之物，亦如楚、越之截然爲二也。此自物之所異者視之也。**自其同者視之，萬物皆一也。**皆天地間一物。**補**物之數雖號曰萬，然非外天地而各處，外陰陽而各生也。靈蠢雖殊，其爲天地間之一物則同也。知北遊篇云：「通天下一氣耳。」大宗師篇云：「遊於天地之一氣。」均此義也。寓言篇云：「萬物皆種也，以不同形相禪。」言形雖不同，種則皆同也。列子黃帝篇子夏曰：「以商所聞夫子之言，和者大同於物。」故仲尼之民胞物與，牟尼謂衆生同具佛性，皆自物之所同者視之也。能作如是視者，忘情於好惡，而遊心於德之和者也。大宗師篇云：「同於大通。」又云：「同則无好也。」該無惡言之也。心無好惡而能和，則視之同矣，同則一矣。在宥篇云「我守其一以處其和」，義亦猶是也。**夫若然者，且不知耳目之所宜，**耳目之宜於聲色，彼若冥然無所知。正人每好耳目所宜，而惡所不宜者。如心遊於和而忘情好惡，則無耳目之宜不宜矣。且此句與人間世之「徇耳目內通，而外於心知」之義同。蓋徇耳目內通，而不外緣於物，則心自不知耳目與物之所宜也。能如此者，則不僅視物如一，且忘心於視矣。此句較上進一層說。**而遊心於德之和，**郭云：「放心於道德之間，而曠然無不適也。」正注太空洞。武按：賈子道術篇「剛柔得適謂之和」，所詁是矣，然猶有深義焉。所謂和者，天地陰陽二氣相合而無偏勝之謂也。故田子方篇「兩者交通成和」。兩者，陰陽也。淮南氾論訓「陰陽相接，乃能成和」。鶡冠子環流篇云：「陰陽不同氣，然其爲和同也。」猶可曰：此道家言也。易曰：「保合太和。」朱注：「太和，陰陽會合沖和之氣也。」是則儒家之說亦如此矣。是氣也，人物卽秉之以生。故老子曰：「萬物負陰而抱陽，沖氣以爲和。」列子天瑞篇「沖和氣者爲人」，管子內業篇「天出其精，地出其形，合此以爲人，和乃生」，淮南天文訓「陰陽合和而萬物生」，本書知北遊篇「生非汝有也，天地之委和也」，皆爲明證。道家所重在養生，而養生之要，則在養此生生之和。莊子之道，卽在於此。故「遊心於德之和」句，爲莊子之道要，不僅爲本篇之主旨，亦全書之主旨也。夫足以滑此和者，莫過於情。情生於知，啓發此知者，耳目爲之誘也。耳目觸境，而心於以知耳目之所宜不宜焉，因之而好惡之情生，而喜怒之情伏矣。故本篇謂知爲孽，而本書屢以「去知」、「忘情」爲言也。樂記曰：「人生而靜，天之性也。感於物而動，性之欲也。物至知知，然後好惡形焉。好惡無節於内，知誘於外，不能反躬，天理滅矣。」所謂天理者，卽性也，卽所秉受之和也。欲者，卽情之發而爲好惡也。好惡爲喜怒之根，喜怒尤足以滑和，養生之大禁也。蓋喜毗於陽，怒毗於陰，皆乖適中之和。故養生之道，在制喜怒，制喜怒在泯好惡，泯好惡在返視而内聽，卽樂記所謂「反躬」也。返視而内聽，則不知耳目之所宜矣。此與人間世篇之「徇耳目内通」同義，下文之「和豫通而不失於兑」，亦卽此義也。老子之「塞其兑」，文子之「閉四關，止五遁」，其義均同。卽釋氏之「空六塵，淨六根，戒貪嗔癡」，亦何莫非此義也？而貪嗔癡之義，「好惡」二字足以盡之；泯好惡之功，儒家「窒欲」二字足以盡之。三家之名雖别，其理則同，其保合太和之道，亦未嘗不同也。且道、釋之所同者，猶有説焉。道之功在致虚，釋之功在悟空。不虚則道不集，過虚則如死木槩，而喪其常心矣，故在於無過與不及，則亦致中和而已矣。釋家之悟空，在不執有以墜於常，不執無以墜於斷，所謂「不落二邊」也，所謂「空不空藏」也，則亦致中和而已矣。天無二道，理無二致，爲道與釋者，同秉此陰陽二氣而生，亦同修此陰陽二氣之和而已，烏在其能異哉！吾之此説，非援釋入道、援道入儒也，特旁徵側引，以曲暢本文之義而已。因修和爲莊子之道要，全書之主旨，不惜辭費，而總釋於此，以爲讀全書者之助焉。**物，視其所一，而不見其所喪，**宣云：「視萬物爲一致，無有得喪。」　正「物」字，讀應逗。「其」字，指「物」字。言對於萬物，惟視其所一，即上之「視其所同」也。得，人所好也；喪，人所惡也。無好惡則無得喪，而視之如一矣。老子云：「同於失者，失亦樂得之。」文子精誠篇「其得之也，乃失之也；其失之也，乃得之也」，皆足相證。**視喪其足，猶遺土也。」**　補心無惡也。**常季曰：「彼爲己，**言駘但能修己耳。**以其知得其心，**以其真知，得還吾心理。　正知，指審乎无假。審者，用知以審究之也。心，指不與物遷與守其宗之心。駘之成無心，無心則非用知矣。常季聞仲尼之言，尚未明其旨，總疑駘用知以得心，用心以得其常心也。**以其心得其常心，**又以吾心理，悟得古今常然之心理。

正常心，常恆不變之心，指上死生不變，天地覆墜不遺之心也。**物何爲最之哉？」**最，聚也。衆人何爲羣聚而從之哉？　補彼之用知以得心，用心以得常心，特爲己耳，與物無與，物何爲聚之哉？**仲尼曰：「人莫鑑於流水，而鑑於止水，唯止能止衆止。**成云：「鑑，照也。」宣云：「水不求鑑，而人自來鑑。唯自止，故能止衆之求止者。」　補水止則清澄，人自來止以取鑑。喻駘德充，物自來最，非由用心。**受命於地，唯松柏獨也在，冬夏青青；受命於天，唯舜獨也正，**郭云：「下首唯有松柏，上首唯有聖人，故凡不正者皆來求正。若物皆青全，則無貴於松柏；人各自正，則無羨於大聖而趨之。」成云：「人頭在上，去上則死；木頭在下，去下則死。是以呼人爲上首，呼木爲下首。故上首食傍首，傍首食下首。下首草木，傍首蟲獸。」**補**管子法法篇「故正者，所以止過而逮不及也。過與不及也，皆非正也」，可爲此「正」字的解。焦竑云：「『受命於地』，至『唯舜獨也正』，文句不齊，似有脱略。張君房校本云『受命於地，唯松柏獨也正，在冬夏青青；受命於天，唯堯、舜獨也正，在萬物之首』，補亡七字。因郭注有『下首唯松柏，上首唯聖人』故也。」武按：孔子集語引此文，其下注云：「明本無『在萬物之首』五字，張君房本，此五字有。」集語當是據張本補入，補者是也。**幸能正生，以正衆生。**宣云：「舜能正己之性，而物性自皆受正。」**正**陸西星云：「正，如『各正性命』之正。正生，卽正性也。正性，卽守宗也。守宗，卽保始也。」武按：中庸曰：「天命之謂性。」故天賦之曰命，命者令也，天令之也，人秉之曰性，二而一者也。舜在萬物之首而爲天子，故能正衆生。**夫保始之徵，**保守本始之性命，於何徵驗？**補**始，指道言，亦指和與性言。老子曰：「道常無名。」又曰：「無名，天地之始。」換言之，卽道，天地之始也。又曰：「天下有始，以爲天下母。」又曰：「可以爲天下母。吾不知其名，字之曰道。」又大宗師篇謂「道未有天地，自古以固存」，「生天生地」。夫生天生地，非始之謂乎？與老子「先天地生，字之曰道」之義同。故謂始指道言也。道爲陰陽之公名，和爲陰陽之相合。道之存於人者謂之性，性卽含和理者也。故刻意篇云：「和理出其性。」人之秉此和而生以成性也，謂之始。易曰：「成性存存。」疏云：「性謂稟其始也。」是故以體言，謂之道；以用言，謂之和。以和理具於心而未顯其用言，謂之性；以稟和成性之時言，謂之始。故謂始亦指和與性言也。由此推之，保始，卽保和，易所謂「保合太和」，尤足相證，亦卽上文「遊心於德之和」之義也。舜獨得正命，卽獨得陰陽之和也。故保始謂之保其正命，亦無不可。**不懼之實。**補此處提出一「懼」字者，以臨死不懼，人所最難。保始之義既爲保和，和則視死生爲一，自然不懼，故以人之所最難者爲其徵驗也。若心有所懼，則不能保其和矣。**勇士一人，雄入於九軍。**崔云：「天子六軍，諸侯三軍，通爲九軍。」補一人入九軍，難必不死，今入之且雄，可謂不懼矣。**將求名而能自要者，而猶若此，**將求功名而能自必者，猶可如此。**正**彼之不懼，非保合其和，而視生死爲一也；非審乎无假，不與物遷也。特以求勇名之故，而約束其懼死之心，强而爲之者也。然彼以求名猶能制其懼心，況具以下所舉之德者乎！若此，指不懼。**而況官天地，府萬物，**成云：「綱維二儀，苞藏宇宙。」補禮記王制「論定然後官之」，注：「使之試守。」玉篇：「府，聚也，藏貨也。」言官使天地，府聚萬物也。**直寓六骸，**宣云：「直，猶特。以六骸爲吾寄寓。」成云：「六骸，身首四肢也。」補視六骸如寄，故雖六骸均喪，猶遺土也，況喪足之一骸乎！此由其中尚有不喪者存，所謂常心也，遠非勇士之不懼所可比矣。**象耳目，**宣云：「以耳目爲吾迹象。」補故不知耳目所宜。**一知之所知，**上知謂智，下知謂境。純一無二。補知之所知，非一也，然而不二視之。卽上「物視其所一」，亦卽天地篇「萬物一府，死生同狀」也。**而心未嘗死者乎！**宣云：「得其常心，不以死生變。」補萬物無不隨化而盡，形體亦物也，故無不死。然形死而心不隨之俱死，所以謂之爲常也。

任形之死猶遺土，卽上所謂「命物之化」也；心不隨之俱死，卽上所謂「不與物遷」而「守其宗」也。莊子之道，不外於此矣。**彼且擇日而登假**，假，徐音遐。宣云：「曲禮：『天王登假。』此借言遺世獨立。擇日，猶言指日。」按：言若黄帝之遊於太清。補繹曲禮登假之義，則登假者，死之飾言也。禮記郊特牲云：「魂氣歸於天，形魄歸於地。」登假者，就魂氣歸天言之也；尚書之「帝乃殂落」，則就形魄歸地言之也。總之，皆死之飾言也。歷來傳記所載哲人高僧，有生死來去自由者，有預剋死朝者，擇日登假，卽此類也。彼心未嘗死，故能擇日，以明其來去從容。天地間何奇不有？未可概以怪誕目之也。**人則從是也。**宣云：「人自不能舍之。」補人則從死，不僅最之，此德之符也。或謂人特從之遊耳，何遂從死？説似過當，不知此特進一步答常季「物何以最之」之問，原非事實。然事實亦非盡無，如子畏於匡，回曰：「子在，回何敢死！」如子不在，則回必從死矣。田横德不足以感人，然從死者五百人。淮南泰族訓言墨子服役者百八十人，皆可使赴火蹈刃，死不還踵，化之所致也。吕氏春秋離俗覽，言墨者鉅子孟勝，死荆陽城君之難，其弟子從死者百八十三人，豈亦過當之説乎？**彼且何肯以物爲事乎？**」因常季疑駘有動衆之意，故答之。

補物最非彼用心以要之。

申徒嘉，兀者也，而與鄭子産同師於伯昏无人。雜篇作「瞀人」。補成云：「姓公孫，名僑，字子産，鄭之賢大夫也。」**子産謂申徒嘉曰：「我先出，則子止；子先出，則我止。」**郭云：「羞與刖者並行。」補有惡心也。不審其德，而惡其形。**其明日，又與合堂同席**

而坐。子産謂申徒嘉曰：「我先出，則子止；子先出，則我止。今我將出，子可以止乎，其未邪？郭云：「質而問之，欲使必不並己。」且子見執政而不違，子齊執政乎？」執政，子産自稱。違，避也。齊，同也。斥其不遜讓。申徒嘉曰：「先生之門，固有執政焉如此哉！言伯昏先生之門，以道德相高，固有以執政自多如此者哉！子而説子之執政而後人者也？子乃悦愛子之執政，而致居人後者也？正後，如論語「事君敬其事而後其食」之後。言子重視子之執政。而輕視人也？説者，好之也。後人者，惡之也，非遊心於德之和也。聞之曰：『鑑明，則塵垢不止，止則不明也。久與賢人處，則无過。』止，猶集也。明鏡無塵，親賢無過。補久與賢人處，應蒙其化，而無好惡之過。今子所取大者，先生也，而猶出言若是，不亦過乎！」宣云：「取大，求廣見識。」按：取大，猶言引重。子産曰：「子既若是矣，既已殘形。猶與堯爭善，宣云：「堯乃善之至者，故以爲言。」計子之德不足以自反邪？」宣云：「計子之素行，必有過而後致兀，尚不足自反邪？」申徒嘉曰：「自狀其過以不當亡者衆，不狀其過以不當存者寡。狀，猶顯白也。自顯言其罪過，以爲不至亡足者多矣；不顯言其罪過而自反，以爲不當存足者少也。補嘉答子産自反之説，以狀過、不狀過兩面自反。就自狀其過一面説，如誠有過，則當亡者衆。今不當亡者衆，是自反無過也，無過，則足亦不當亡矣。就不狀其過一面説，則無有不當存者。今不當存者寡，僅足不存而已。兩面自反，其無過亦明矣。**知其不可奈何而安之若命，惟有德者能之。**宣云：「以兀爲自然之命而不介意，非有德者不能。」補自反不當亡足，今竟亡之，非由過，乃由命，此無可奈何者也。命而能安，非德不能也。此答子產「計子之德」句。**遊於羿之彀中，中央者，中地也，然而不中者，命也。**上二中，如字。下二中，竹仲反。以羿彀喻刑網。言同居刑網之中，孰能自信無過？其不爲刑罰所加，亦命之偶值耳。補釋文：「羿音詣，善射人，唐、夏有之。一云：有窮之君，篡夏者也。彀音遘，張弓也。」郭云：「弓矢所及爲彀中。」武按：言今人之有過而當亡足者多矣，竟獲全足，猶之羿射無不中，今遊其彀之中央，必不免於中，而竟不中者，命也。此喻人之全足由命，非由德。**人以其全足笑吾不全足者多矣。我怫然而怒，而適先生之所，則廢然而反。**郭云：「廢向者之怒而復常。」補足之全不全，皆命也。笑不全者，由有惡心也。**不知先生之洗我以善邪！**以善道淨我心累。補陳氏闕誤於「洗我」句下，有「吾之自寤邪」一句，注：「見張本，舊闕。」武按：上言「適先生之所，則廢然而反」者，由於被化，而非自寤明矣，闕者是也。**吾與夫子遊十九年矣，而未嘗知吾兀者也。**未聞先生以殘形見擯。補好惡不生於心，蓋先生無執政之好，亦無兀者之惡也。**今子與我遊於形骸之內，**以道德相友。補修德者，形骸以內之事也。與子同學於先生之門，以期進德，此乃遊於形骸之內也。**而子索我於形骸之外，**以形迹相繩。補於行止出入之間，以齊執政見責，是索於形骸之外也。**不亦過乎！」子產蹵然改**

容更貌曰：「子无乃稱！」蹵然起謝。乃者，猶言如此。子無乃稱，謂子毋如此言也。大宗師篇「不知其所以乃」，亦謂不知其所以如此也。　補此「過」字，收繳上各「過」字。蹵，釋文「子六反」。大宗師篇「仲尼蹵然曰」，釋文：「崔云：『變色貌。』」韓詩外傳四：「顏淵蹵然變色。」魯有兀者叔山无趾，李云：「叔山，氏。」宣云：「無足趾，遂爲號。」踵見仲尼。崔云：「無趾，故踵行。」　補讓王篇「納履而踵決」，成云：「履敗，納之，而根後決也。」謂踵爲足根也。玉篇：「踵足後。」淮南地形訓「北有跂踵民」注：「跂踵，踵不至地，以五指行。」叔山无趾，故以踵行，與跂踵相反。郭乃訓踵爲頻，又有訓爲至者，均於本義不合。仲尼曰：「子不謹，前既犯患若是矣。雖今來，何及矣？」无趾曰：「吾唯不知務而輕用吾身，吾是以亡足。今吾來也，猶有尊足者存，宣云：「有尊於足者，不在形骸。」　補釋文：「子不謹前，絕句。一讀以謹字絕句。」武按：應從「謹」字絕句，因「前既犯患」句與「雖今來」句有時間對立性故也。如將「雖」字移置「今」字之下，則兩句均以時間字冠首，意義更顯矣。尊足者，謂足雖刖，而德固未虧也。吾是以務全之也。夫天无不覆，地无不載，吾以夫子爲天地，　補以夫子爲天地，故來求覆載。安知夫子之猶若是也！」孔子曰：「丘則陋矣。　補自愧以形骸索之，而未能忘形也。夫子胡不入乎？請講以所聞！」无趾出。宣云：「徑去。」孔子曰：「弟子勉之！夫无趾，兀者也，猶務學以復補前行之惡，而況全德之人乎！」前惡虧德，求學以補之，況無惡行而全德者乎！　補此「前」字，繳應上「前」字。无趾語老聃曰：「孔丘之於至人，其未邪？彼何賓賓以學子爲？俞云：「賓賓，猶頻頻也。賓聲、頻聲之字，古相通。廣雅釋訓：『頻頻，比也。』」郭云：「怪其方復學於老聃。」正郭説非。學子，弟子也。孔子弟子三千，猶言「束脩以上，未嘗無誨」，即賓賓之意也。前節言王駘無心以動衆，此節言孔子有心以聚人。蓋蘄以諔詭幻怪之名聞，意在使人聞名慕之而來學也。一正一反，前後對照。如果學聃，何至蘄諔詭幻怪之名聞乎？彼且蘄以諔詭幻怪之名聞，不知至人之以是爲己桎梏邪？」李云：「諔詭，奇異也。」按：吕覽傷樂篇作「俶詭」。木在足曰桎，在手曰梏。蘄，期同。言彼期以異人之名聞於天下，不知至人之於名，視猶己之桎梏邪？　補成云：「蘄，求也。」釋文：「蘄音祈。諔，尺叔反。詭，九委反。梏，古毒反。」老聃曰：「胡不直使彼以死生爲一條，以可不可爲一貫者，解其桎梏，其可乎？」言生死是非，可通爲一，何不使以死生是非爲一條貫者，解其迷惑，庶幾可乎？无趾曰：「天刑之，安可解？」言其根器如此，天然刑戮，不可解也。　補言彼之本性，自願受此桎梏，如天之所刑也。

魯哀公問於仲尼曰：「衞有惡人焉，曰哀駘它。釋文：「惡，醜。李云：『哀駘，醜貌。它其名。』」　補釋文：「駘音臺。」丈夫與之處者，思而不能去也。婦人見之，請於父母曰『與爲人妻，寧爲夫子妾』者，十數而未止也。未嘗有聞其唱者也，常和而已矣。未嘗先人，感而後應。補孔子集語引「常和人而已矣」其下，注云：「明本無人字。」武按：應照補。**无聚禄以望人之腹。**宣云：「濟，猶拯也。」補郭云：「明物不由權勢而往。」**无君人之位，以濟乎人之死，**補郭云：「明非求食而往。」李楨云：「説文：『望，月滿也。』腹滿爲飽，猶月滿爲望，故以擬之。」**又以惡駭天下，**非以美動人。補釋文：「駭，胡楷反。」崔本作駴。」成云：「驚駭。」**和而不唱，**未嘗招引人。**知不出乎四域，**知名不出四境之遠。正淮南主術訓：「昔者神農之治天下也，神不馳於胸中，智不出於四域。」注云：「信身在中。」是此「知」字當讀智。郭云：「不役思於分外。」成云：「忘心遺智，率性任真。」二説得之。王誤讀知如字，且平添一「名」字，非句義所有。**且而雌雄合乎前。**宣云：「婦人丈夫，皆來親之。」補郭云：「入獸不亂羣，入鳥不亂行。」成云：「雌雄，禽獸之類。」其意以爲「雌雄」二字祇可以名禽獸也。然管子霸形篇「令其人有喪雌雄」，注：「失男女之偶。」則人之男女亦得名之。此總上丈夫婦人皆來會聚於其前也。**是必有異乎人者也。寡人召而觀之，果以惡駭天下。與寡人處，不至以月數，而寡人有意乎其爲人也；**郭云：「未經月，已覺其有遠處。」**不至乎期年，而寡人信之。國无宰，寡人傳國焉，**成云：「國無良宰，傳以國政。」釋文：「傳，丈〔一〕專反。」補釋文：「期音

〔一〕「丈」原作「文」，據釋文改。

基。」悶然而後應，悶然不合於其意，而後應焉。補釋文：「悶然，音門，李云：『不覺貌。』」成云：「不覺之容，亦是虛淡之貌。」氾而若辭。氾然不係於其心，而若辭焉。補前漢賈誼傳：「氾乎若不繫之舟。」寡人醜乎，李云：「醜，慙也。」補則陽篇「犀首聞而恥之」，又曰「華子聞而醜之」，同一句意。可知醜卽恥也。卒授之國。无幾何也，去寡人而行，成云：「俄頃之間，逃遁而去。」寡人卹焉若有亡也，宣云：「卹，憂貌。」若无與樂是國也。是何人者也？」仲尼曰：「丘也，嘗使於楚矣，適見㹠子食於其死母者，釋文：「㹠，本又作豚。」郭注：「食，乳也。」補釋文：「使，音所吏反，本亦作遊。㹠，徒門反。」武按：史記孔子世家，陳、蔡聞楚聘孔子，乃發徒役，圍孔子於野。於是使子貢至楚，楚昭王興師迎孔子，然後得免。昭王將以書社地七百里封孔子，令尹子西阻之，昭王乃止。其秋，昭王卒於城父。孔子自楚反乎衞。是歲也，孔子年六十三，而魯哀公六年也。約在哀公十一年，季康子以幣迎孔子，孔子歸魯，以後不復出，並無使楚事。一本「使」作「遊」，是也。少焉眴若，皆棄之而走。釋文：「眴，本亦作瞬，司馬云：『驚貌。』」俞云：「眴若，猶眴然。徐无鬼篇：『衆狙恂然棄而走。』眴、恂，並㝈之叚借。說文：『㝈，驚辭也。』始就其母食，少焉，覺其死，皆驚走也。」不見己焉爾，不得類焉爾。郭云：「生者以才德爲類，死而才德去矣，故生者以失類而走也。」按：言㹠子以母之不顧見己而驚疑，又不得其生之氣類而捨去也。所愛其母者，非愛其形也，愛使其形者也。成云：「使其形者，精神也。」

補成云：「郭注曰：『使形者，才德也。』而才德者，精神也。豚子愛母，愛其精神；人慕駘它，慕其才德者也。」**戰而死者，其人之葬也，不以翣資，**郭云：「翣者，武所資也。戰而死者，無武也，翣將安施！」成云：「翣者，武飾之具，武王爲之，或云周公作也。其形似方扇，使車兩邊。軍將行師，陷陣而死，及其葬日，不用翣資。是知翣者，武之所資，無武則翣無所資，以喻無神則形無所愛也。」李云：「資，送也。」正釋文：「翣，所甲反。」武按：說文：「翣，棺羽飾也。天子八，諸侯六，大夫四，士二。」釋名釋喪制篇：「翣，齊人謂扇爲翣。此似之也，象翣扇爲清涼也。翣有黼有畫，各以其飾名之也。」吕氏春秋孟冬紀節喪篇：「世俗之行喪，載之以大輴，羽旄旌旗如雲。僂翣以督之，珠玉以備之，黼黻文章以飾之。」高注：「僂，蓋也。翣，棺飾也。畫黼黻之狀如扇翣於僂邊。」荀子禮論：「然後皆有衣衾多少厚薄之數，皆有翣蔞文章之等，以敬飾之。」注：「鄭康成云：『蔞翣，棺之牆飾也。以木爲筐，以白布畫爲雲氣，如今之攝也。』」淮南氾論訓：「周人牆置翣。」注：「周人兼用棺槨，故牆設翣，狀如今要扇，畫文，插置棺車箱以爲飾。多少之差，各從其爵命之數也。」白虎通論：「周人浸文，牆置翣，加巧飾。」觀上各説，翣者，古所未有，因周人尚文，故有此巧飾。是飾其文也，郭、成乃謂爲武飾，恐屬臆説。且自天子至士，皆得用之，特各從其爵命之數，多少不等耳。以吕氏所斥世俗之喪觀之，想其時庶人亦皆用翣，不復遵爵命之數矣，何以戰而死者獨不得用邪？惟荀子禮論〔一〕云：「刑餘罪人之喪，棺槨三寸，衣衾三領，不得飾棺。」豈以刑餘罪人之制待戰死者歟？夫戰而降敵，或臨戰而遁，因以致死者，則信乎其爲罪人，而不得以翣資矣，然此皆不得謂之戰而死者也。所謂戰而死者，衝鋒陷陣，奮不顧身，殺敵力竭而死者也。若然者，豈僅武勇，且亦忠烈，國人方以其爲國捐軀，崇德報功之不暇，而顧以刑餘罪人待之，斥去其翣乎！魯童汪踦死齊師，魯人欲勿殤，重汪踦，問於仲尼。仲尼曰：「能執干戈以衛社稷，雖欲勿殤也，不亦可乎！」豈此之戰而死者，獨不得比於汪踦乎？必無是理也。以此證之，郭、成之説，其不當明矣。武以爲翣者，飾文也，戰則重武，而非講文之時。下所謂「無其本」者，無文之本也。且兵凶戰危，民人離散，亦何從爲之備翣？而戰死者必非一人，又焉得人人而備之？此則其餘義也。**刖者之屨，无爲愛之，**釋文：「爲，于僞反。」郭云：「愛屨者，爲足故耳。」**皆无其本矣。**翣本於武，屨本於足。正翣本於文。**爲天子之諸御，不爪翦，**補淮南兵略訓「不爪翦」，注云：「去手足爪。」鬋、翦同。」**不穿耳；**御女不加修飾，使其質全。**娶妻者止於外，不得復使。**匹夫娶妻，休止於外，官不役之，使其形逸。補禮記禮運：「三年之喪，與新有昏者，期不使。」**形全猶足以爲爾，**上二事，皆全其形。**而況全德之人乎！**宣云：「德全則有本，人豈能不愛乎！」**今哀駘它未言而信，无功而親，使人授己國，唯恐其不受也，是必才全而**

〔一〕「荀子禮論」原作「周禮縫人」，據荀子改。

德不形者也。」　補德充於內，不形於外。寓言篇孔子云：「夫受才乎大本，復靈以生。」列禦寇篇：「搖而本才。」郭訓才爲本性。釋文：「一本才作性。」與此「才」字義同。**哀公曰：「何謂才全？」仲尼曰：「死生存亡，窮達貧富，賢與不肖，毁譽、饑渴、寒暑，是事之變，命之行也，**成云：「並事物之變化，天命之流行。」　補山木篇仲尼曰：「饑溺寒暑，窮桎不行，天地之行也，運物之泄也。」義與此同。**日夜相代乎前，**語又見齊物論篇。　補事變命行，互相替代，前逝後繼，不舍晝夜。**而知不能規乎其始者也。**宣云：「雖有知者，不能詰其所自始。」　補禮記儒行「其規爲有如此者」，疏：「但自規度所爲之事而行。」戰國策「齊無天下之規」，注：「規，猶謀也。」則規者，謀度也。**故不足以滑和，不可入於靈府。**成云：「滑，亂也。」郭云：「靈府，精神之宅。」宣云：「惟其如是，故當任其自然，不足以滑吾之天和，不可以擾吾之靈府。」　補事變命行，既不可謀度其始，則維安於無可奈何，任天之行，而不可有所好惡入於靈府，以亂吾之和德也。庚桑楚篇「皆天也，非人也，不足以滑成，不可內於靈臺」，義與此同。靈臺，即靈府，心之謂也。成，即下文「德者成和之修」之成也。又山木篇仲尼曰：「化其萬物，而不知其禪之者，焉知其所終？焉知其所始？正而待之而已耳。」亦足與此段相發明。**使之和豫通而不失於兑，使日夜无郤而與物爲春，**李云：「兑，悦也。郤，間也。」宣云：「使和豫之氣流通，不失吾怡悦之性，日夜無一息間隙，隨物所在，同遊於春和之中。」　**正**韻會：「兑，穴也。」易説卦傳云：「兑爲口。」淮南道應訓云「則塞民於兑」，注：「兑，耳目口鼻也。」老子「塞其兑，閉其門」，王弼注：「兑，事欲之所由生；門，事欲之所由從。」則王意亦以穴訓兑也。文子下德篇：「人之情，思慮聰明喜怒也。故閉四關，（注：耳目口鼻。）止五遁，（注：五情。）卽與道淪。是故神明藏於無形，精氣反於至真。」據上各説，則此文爲使和氣逸豫流通於内，而毋使散失於耳目口鼻之穴也。下文「内保之而外不蕩」，卽爲此文取譬。蓋修道之要，在嗇精凝神，如和氣由竅穴散失，則精無由嗇，而神無由凝，斯道無由成。故上文曰「聽止於耳」，曰「徇耳目内通〔一〕」，卽恐失於兑也。老子之塞兑，文子之閉關，亦同此義。能不失於兑，則能如文子所云「神明藏於無形，精氣反於至真」矣。否則，神明何由藏？精氣何由反哉？廣成子語黄帝以至道，亦惟曰：「无視无聽，抱神以静。」又曰：「愼女内，閉女外。」所謂無視聽而閉外，非卽不失於兑之義乎？如道家之魏伯陽，則尤明揭其旨曰：「耳、目、口三寶，固塞勿發揚。」蓋由此文悟得者也。此文道家視之爲祕要，而郭、成諸氏，乃訓之爲悦，無亦昧於莊氏之旨，而未尋究前後文義乎！**是接而生時於心者也。**宣云：「是四時不在天地，而吾心之春，無有間斷，乃接續而生時於心也。」補「接」字，承「日夜無郤」；「時」字，承「春」。卽日夜接續，生春和之氣於心而不間也。與老子「綿綿若存，載營魄抱一，能無離乎」之義同。綿綿者，卽接而無郤也。抱一者，如在宥篇「我守其一以處其和」也。又陰陽合一謂之和，則

〔一〕「通」原誤「遁」，據人間世篇改。

抱一卽處和也。能無離者，勉人處和不可斷離，卽接而生和也，又與易「成性存存」之義同。陳淳曰：「性字从生从心，是人生來具是理於心，方名曰性。」是性卽具理之心也。朱注：「存，謂存而又存，不已之意。」亦卽接而生春和之時於心也。推之佛書「無所住而生其心」，其義亦無不同。無所住者，可釋爲無所執着，亦可釋爲無所停住。無所停住，卽接之義也。生其心者，生其清淨心也。欲清淨生心，不和而能之乎？蓋不和則陰陽不調，心必煩擾矣。此數語，爲修道奥竅，儒與釋不能外之也。**是之謂才全。」「何謂德不形？」曰：「平者，水停之盛也。**郭云：「天下之平，莫盛於停水。」**其可以**〔一〕**爲法也，**郭云：「無情至平，故天下取正焉。」補至平者莫如水，故人之求平者，皆以水爲準則。天道篇：「水静則明燭鬚眉，平中準，大匠取法焉。」大匠取法者，如考工記「匠人建國，水地以縣」，注：「於四角立植，（疏：柱也。）而縣以水，望其高下。高下既定，乃爲位而平地。」如今建築家用水準器以取平然，故曰「其可以爲法也」。心而能平，亦猶是焉。**内保之而外不蕩也。**蕩，動也。内保其明，外不動於物。補文子上德篇：「莫鑒於流潦而鑒於止水，以其内保之止而不外蕩。」武按：平則能内保，停則不外蕩，此喻内保其和而不失於兑也。**德者，成和之修也。**宣云：「修太和之道既成，乃名爲德也。」補繕性篇「夫德者，和也」，言得和於心謂之德。此爲上文「遊心於德之和」作釋。**德不形者，物不能離也。」**含德之厚，人樂親

〔一〕「以」字，據王氏原刻及集釋本補。下補正同。

之。補物不能離者，物自最之也，此爲德之符。**哀公異日以告閔子曰：「始也，吾以南面而君天下，執民之紀，而憂其死，**成云：「執持綱紀，憂於兆庶，飲食教誨，恐其夭死。」補成云：「姓閔，名損，字子騫，宣尼門人，在四科之數，甚有孝德，魯人也。」論語「德行顏淵、閔子騫」，即其人也。**吾自以爲至通矣。今吾聞至人之言，**宣云：「孔子之言哀駘它者。」**恐吾無其實，輕用吾身而亡其國。**補孔子集語引「其國」作「吾國」，崇本、世本同，當從之。**吾與孔丘，非君臣也，德友而已矣。」**

闉跂支離无脤成云：「闉，曲也。謂攣曲企踵而行。脤，脣也。謂支體坼裂，傴僂殘病，復無脣也。」釋文：「脤，徐市軫反。又音脣。」補釋文：「闉音因，郭烏年反。跂音企。」**説衛靈公，靈公説之，而視全人，其脰肩肩。**上説言説，下説音悦。其下同。釋文：「脰，頸也。」李云：『肩肩，羸小貌。』李楨云：「攷工梓人文『數目顅脰』，注云『顅，長脰貌』，與肩肩義合。知肩是省借，本字當作顅。」按：衛君悦之，顧視全人之脰，反覺其羸小也。正釋文：「脰音豆。」武按：各注均未得解。此處李訓肩肩爲羸小，亦無顯據，難免臆説。全人之脰，本非羸小，而視之爲羸小，必目病眚者也。未據靈公目眚，何致有此妄見？説殊未愜。李楨改爲攷工記之「顅」，鄭注「顅，長脰貌」，不過頸長耳，有何取義乎？並未足以明其形之惡。如勾踐頸長，滅吴霸越，爲當時盟主，不反明頸長之可貴乎？是改亦非也。考説文「肩，髆也」，廣韻「肩，項下」，書盤庚傳「肩，任任也，負擔也。猶之冠冠履履，風風雨雨，曾滌生氏所謂實字虚用也。其脰肩肩者，謂其頸乃肩膊肩負之也。言靈公視闉跂而悦之，忘其形之惡，視形全之人，惟見其以肩任負其頸耳，猶之天地篇所言「横目之民」。目横於面，脰豎於肩，皆舉一以概其全也。蓋闉跂德充於内，故靈公忘形悦德，非然者，形貌雖全，不過以肩肩脰之常人耳。蓋以肩肩脰人人如此，無足悦也。下文「德有所長，形有所忘」句，即説明此處之義者也。荀子非相篇：「衛靈公有臣曰公孫吕，身長七尺，面長三尺，焉廣三寸，鼻目耳具而名動天下。」此則靈公悦德忘形之實證也。**甕㼜大癭説齊桓公，桓公説之，而視全人，其脰肩肩。**説文：「癭，瘤也。」李云：「甕㼜，大癭貌。」補釋文：「甕，烏送反。㼜，烏莽反。癭，一領反。」此段，即下「形有所忘」也。

故德有所長，而形有所忘，總上。**人不忘其所忘，而忘其所不忘，此謂誠忘。**形宜忘，德不宜忘；反是，乃真忘也。**故聖人有所遊，**遊心於虚。正遊心於德之和。**而知爲孽，**智慧運動，而生支孽。正説文通論：「孽之言櫱也。」若木既伐而生枿，猶顛木之有曲櫱也。凡情與事之生，皆由於知，猶樹之生櫱也。下三「爲」字，即皆由知所生。**約爲膠，**禮信約束，而相膠固。**德爲接，**廣樹德意，以相交接。**工爲商。**工巧化居，以通商賈。**聖人不謀，惡用知？**質不心無圖謀，故不用智。補庚桑楚篇：「知者謨也。」又曰：「至知不謀。」**不斲，惡用膠？**

彫琢，何須約束？无喪，惡用德？德之言得也。本無喪失，何用以德相招引？補秋水篇：「至德不得。」不貨，惡用商？不貴貨物，無須通商。補老子曰：「聖人欲不欲，不貴難得之貨。」四者，天鬻也。天鬻者，天食也。釋文：「鬻，養也。」知、約、德、工四者，天所以養人也。天養者，天所以食之也。既受食於天，又惡用人？既受食於天矣，則當全其自然，不用以人爲雜之。有人之形，无人之情。屏絶情感。補無好惡之情。有人之形，故羣於人；成云：「和光混迹。」補大宗師篇云：「方且與造物者爲人。」義與此同。无人之情，故是非不得於身。絶是非之端。補無好惡之情，故無是非之端。眇乎小哉！所以屬於人也。謷乎大哉！獨成其天。崔云：「類同於人，所以爲小；情合於天，所以爲大。」成云：「謷，高大貌也。」補眇，釋文「亡小反」。釋名釋疾病云：「眇，小也。」謷，釋文「五羔反」。武按：大宗師篇云：「其一，與天爲徒；其不一，與人爲徒。」可作此處參證。惠子謂莊子曰：「人故无情乎？」莊子曰：「然。」惠子曰：「人而无情，何以謂之人？」莊子曰：「道與之貌，天與之形，成云：「虛通之道，爲之相貌；自然之理，遺其形質。」惡得不謂之人？」惠子曰：「既謂之人，惡得无情？」莊子曰：「是非吾所謂情也。宣云：「言惠子先誤認情字。」按：郭以是非承上言，非。吾所謂无情者，言人之不以好惡内傷其身，常因自然而不益生也。」宣云：「本生之理，不以人爲加益之。」補自然者，天也。常因自然，與刻意篇「循天之理」同義。老子曰「益生曰祥」，前漢五行志「妖孽自外來謂之祥」，謂增益其生爲凶妖也。老子又曰「無以生爲者，是賢於貴生」，卽因其自然之生，而不益之以人爲也。養生主篇之「盡年」，寓言篇之「窮年」，卽任其天年自然窮盡而已，皆不益生之義。莊子之道，在養生而不益生。惟不以好惡内傷其身，以期如大宗師篇所云「終其天年而不中道夭」，卽養生也。上所謂和者，無好惡也，故「不以好惡傷身」句，乃修和之功夫也。惠子曰：「不益生，何以有其身？」成云：「若不資益生道，何以有其身乎？」莊子曰：「道與之貌，天與之形，无以好惡内傷其身。有其身者如此。今子外乎子之神，勞乎子之精，倚樹而吟，據槁梧而瞑。成云：「槁梧，夾膝几也。言惠子疏外神識，勞苦精靈，故行則倚樹而吟詠，坐則隱几而談説，形勞心倦，疲怠而瞑。」正槁梧，解詳齊物論「惠子之據梧也」句下。天選子之形，選，解如孟子「選擇而使子」之選。子以堅白鳴！」言子以此自鳴，與公孫龍「堅白」之論何異？齊物論所謂「以堅白之昧終」也。解見前。正堅白者，以堅石與堅，白馬與白，離而兩之以爲題，於無理中説理，以口辯相勝者也。公孫龍倡之，一時和者羣起。其目甚多，如「卵有毛」、「雞三足」之類，見荀子勸學篇。本書天下篇末所載，卽惠子之堅白辯，蓋惠子固其中之雄也。故此處注，不必再涉及公孫龍，句固未嘗言「子以公孫龍之堅白鳴」也。

大宗師第六

本篇云：「人猶效之。」效之言師也。又云：「吾師乎！吾師乎！」以道爲師也。宗者，主也。　正天下篇云「以天爲宗」，與此所謂「大宗」者義別。天道篇云：「夫明白於天地之德者，此之謂大宗大本，與天和者也。」蓋謂和爲大宗也。然易云「一陰一陽之謂道」，本書則陽篇「陰陽，氣之大者也，道者爲之公」，言道爲陰陽之公名也。田子方篇「兩者交通成和」，兩者，謂陰陽也。據此，則陰陽之公名爲道，陰陽之相合爲和。是則和乃道之質也，故天道篇謂和爲大宗，卽無異謂道爲大宗也。莊子何故謂天爲宗，而謂道爲大宗？則老子曰「人法地，地法天，天法道」，法者，師也，卽人師地，地師天，天師道也。本篇「夫道」節，謂道「生天生地」。夫天既法道，道既生天，則謂天爲宗，謂道爲大宗，又何疑乎？且「夫道」節「長於上古不老」句，指道言之也。而天道篇「大宗大本」下，所引「長於上古」諸句，概與本篇末所謂吾師者，亦指道言之也。篇末「吾師乎」下，亦有此句，則其同，則所言謂和爲大宗，無異謂道爲大宗，尤爲明確矣。由以上所證，則此所謂大宗者，道也；所謂大宗師者，以道爲師也。

知天之所爲，知人之所爲者，至矣。知天之所爲者，天而生也；凡物皆自然而生，則當順其自然。　補天地篇：「无爲爲之之謂天。」夫「无爲爲之」者，卽其所爲循天之理，因乎自然，而不雜以人爲也，如下所舉「真人不逆寡，不雄成，不謨士」等是也。故此所謂「天之所爲」，即下真人之所爲也；「人之所爲」，即下狐不偕諸人之所爲，而過乎其當者也。總提於此，以爲下文綱領。刻意篇云「虚无恬淡，乃合天德」，達生篇云「形全精復，與天爲一」，即天而生也。蓋以「虚无恬淡」而至「形全精復」，下所舉真人之所爲亦可以此八字概之。**知人之所爲者，以其知之所知，以養其知之所不知，終其天年而不中道夭者，是知之盛也。**兩其知，音智。不强知，則智得所養。郭云：「知人之所爲者有分，故任而不强也；知人之所知者有極，故用而不蕩也。故所知不以無涯自困。」**補**明此爲知之盛，而非知之真也。齊物論云：「故知止其所不知，至矣。」養生主云：「吾生也有涯，而知也無涯。以有涯隨無涯，殆矣。」夫人之所爲者事也，事之能御者知也，事無涯，故知亦無涯。所謂知人之所爲者，因有人之形，故羣於人，而不離人以獨異，則應知人之所爲也，即下文「與人爲徒」也。所謂養其知之所不知者，言知乎其所能知，不强知其所不知者，是不以有涯隨無涯也，則得終其天年而不殆矣。若狐不偕諸人，知人之所爲，而不知養其不知者，故除箕子佯狂僅免外，皆餓死蹈河而中道夭也。**雖然，有患。**成云：「知雖盛美，猶有患累，不若忘知而任獨也。」**正**知雖盛矣，然未能登假於道，非真知也，故不能無患。**夫知有所待而後當，其所待者特未定也。**成云：「知必對境，非境不當。境既生滅不定，知亦待奪無常。唯當境、知兩忘，然後無患。」**正**注非。下文「若化爲物，以待其所不知之化已乎！且方將化，惡知不化哉？方將不化，惡知已化哉」？即證此文之義。蓋欲知已化，必待已化之時，其知然後當；欲知未化亦然。故曰「知有所待而後當」。未化，生也；已化，死也。死生命也，人何能定？故曰「特未定也」。**庸詎知吾所謂天之非人乎？所謂人之非天乎？**成云：「知能運用，無非自然。是知天之與人，理歸無二，故謂天卽人，謂人卽天。所謂吾者，莊生自稱。此則混合天人，混同物我也。」**正**注非。蓋其所待者既未定，則吾之所知者惡能必其爲真？吾所謂天理者，或墮於人爲；吾所謂人爲者，或反合於天理矣。如狐不偕等之死，彼必自以爲知之真而死之當矣，安知其行名失己，忘身不真，役人之役，而不自適其適者哉？齊物論云：「庸詎知吾所謂知之非不知耶？庸詎知吾所謂不知之非知邪？」語意正與此同。**且有真人，而後有真知。**郭云：「有真人，而後天下之知皆得其真而不可亂。」**補**真知，較知之盛進一層說。知之真者，則不墮於人爲之僞。**何謂真人？** **補**此句啓下「古之真人」四節。**古之真人，不逆寡，**虛懷任物，雖寡少，不逆忤。**補**逆，不順也。天地篇：「是謂玄德〔一〕，同乎大順。」大順，卽一無所逆也，尚何寡之逆乎？**不雄成，**不以成功自雄。**補**徐无鬼篇「成固有伐」，雄成之謂也。此常人之情也，真人則不爾。老子曰：「不爲而成。」又曰：「以其終不自爲大，故能成其大。」不自以爲大，卽不自以爲雄也。本篇：「無不毀也，無不成也。」齊物論：「其成也，毀也。」夫視成毀如一，尚何成

〔一〕「德」原作「同」，據天地篇原文改。

之雄乎？**不謨士。**成云[一]：「虚夷而士衆自歸，非謀謨招致。」正注非。庚桑楚篇：「至知不謀。」真人然後有真知，卽至知也，故不與士謀。**若然者，過而弗悔，當而不自得也。**成云：「天時已過，曾無悔吝之心；分命偶當，不以自得爲美。」正夫知有所待而後當，若知之所待者已成過去，亦不追而悔之，此釋家所謂「過去心不可得」也。若如其所待而知當，亦不自以爲得，此與不雄成之義同，釋家所謂「現在心不可得」也。上文所謂謨者，謀議未來也。不謨士，則釋家所謂「未來心不可得」也。**若然者，登高不慄，入水不濡，入火不熱。是知之能登假於道也若此。**危難生死，不以介懷。其能登至於道，非世之所爲知也。補知能登假於道，斯爲真知，非僅盛也。**古之真人，其寢不夢，**成云：「絶思想，故寢寐寂泊。」**其覺無憂，**郭云：「隨所寓而安。」**其食不甘，**成云：「不耽滋味。」補老子曰：「味無味。」又曰：「五味令人口爽。」王弼注：「爽，差失也。」故不甘食。**其息深深。**李云：「内息之貌。」**真人之息以踵，**成云：「踵，足根。」宣云：「呼吸通於湧泉。」補湧泉穴，一名地衝，在足心陷者中，屈足卷指宛宛中。黄庭經云：「三關之中精氣深，九微之内幽且陰。口爲天關精神機，足爲地關生命棐，手爲人關把盛衰。」武按：人恃息以生，道家養生，故調息。息由口鼻出入，故爲天關精神之氣機，調之既久，其息深

〔一〕「成云」二字，據王氏原刻及成疏補。

深，則下聚於丹田，因而通於足之湧泉穴，所謂「地關生命羕」也。觀此，足以證真人踵息之義。考足腎經脈屬少陰，斜從小指趨足心湧泉穴，循内踝之後，別入跟中，上腨内，出膕内廉，尋上股内後廉，直貫脊，屬腎，從腎貫肝膈，入肺中，挾舌本，循喉嚨。然則息由口經喉，入肺，至足踵，固自有經脈以通之，踵息之説，非不可能也。以上真人一。**衆人之息以喉。**宣云：「止於厭會之際。」

正「厭會」誤倒，應作「會厭」。靈樞經憂恚無言篇：「會厭（平聲）者，音聲之户也。」又云：「厭小而疾薄，則發氣疾，其開合利，其出氣易。其厭大而厚，則開闔難，其出氣遲，故重言也。」武按：會厭，在咽喉之兩旁，能張能收。食入則收掩其喉，音出則張開，故曰「音聲之户」，乃喉之門也。平人之息，吸由口鼻，經會厭而入於肺，復由肺呼出。然則衆人之息實以肺，此謂以喉者，特言其息之淺耳。然使肺氣鬱而不通，則亦以喉息矣。**屈服者，其嗌言若哇。**屈服，謂議論爲人所屈。嗌，喉咽也。嗌，聲之未出；言，聲之已出。吞吐之際，如欲哇然，以狀無養之人。**補**釋文：「嗌音益。哇，獲媧反，崔一音於佳反。簡文云：『嘔也。』」**其耆欲深者，其天機淺。**情欲深重，機神淺鈍。**補**耆與嗜同。以上真人二。**古之真人，不知説生，不知惡死；**郭云：「與化爲體。」**其出不訢，其入不距；**釋文：「距，本又作拒。李云：『欣出則營生，拒入則惡死。』」**補**釋文：「訢音欣。距音巨。」**翛然而往，翛然而來而已矣。**成云：「翛然，無係皃。」**補**釋文：

「倏，李音悠。向云：『倏倏然〔一〕無心而自爾之謂。』」**不忘其所始，不求其所終；**宣云：「知生之源，任死之歸。」**補**不忘其所始，與德充符篇「保始」之義同。蓋始者，指道也；保者，守而不忘也。義見彼句下。命之當終者天也，當任而安之，有心以求，則以人助天也。**受而喜之，**宣云：「受生之後，常自得。」**正**注非。如注謂受生自得，則與上文「其出不訢」，與下文「不悅生」矛盾。此承上句「始」字。始指道也，故曰「受而喜之」，與下文「不以心捐道」一意相承。**忘而復之。**宣云：「忘其死，而復歸於天。」**正**此承上「不忘其始」來，謂復其始也。猶之孔子之「克己復禮」，孟子之「收放心」，蓋人欲除則天理自復矣。**是之謂不以心捐道，不以人助天。是之謂真人。**郭云：「物之感人無窮，人之逐欲無節，則天理滅矣。真人知用心則背道，助天則傷生，故不爲也。」俞云：「據郭注，捐疑偝之誤。」**正**尋省上下文義，「捐」字不誤。説文：「捐，弃也。」上文「不忘其所始」，「受而喜之，忘而復之」，卽不以心捐弃其道也。不以人助天者，承上「不求其所終」來。求其所終者，人爲以求之也，猶之宋人助苗之長也。苗長，天也；助之長者，人也，助之適以害之矣。「是之謂真人」句，答上文「何謂真人」。**若然者，其心志，**宣云：「志當作忘。無思。」**正**「志」字不誤。如作「忘」，心既忘矣，安能如下文「喜怒通四時，與物有宜」乎？此二者，皆心之用也。「若然」句，總承上文；「其心志」則承「受而喜之」、「不以心捐道」等句。説文：「志，心之所之

〔一〕釋文不重「倏」字，「然」上有「自」字，「自然」二字連下讀。

所之心即，同亦義此」。道於志「：語論」。志之謂存所之意，意之謂憶有心「

也。」靈樞經本神篇：「心有所憶謂之意，意之所存謂之志。」論語：「志於道。」此義亦同，卽心之所之者道也，卽不以心捐道也。又素問陰陽別論說心云：「在志爲喜。」王冰注云：「喜爲心志。」此爲本句確解。因喜爲心志，則上「受而喜之」，與下「喜怒通四時」之二「喜」字，皆心志也。心不捐道，亦以其受而喜之也。**其容寂，**宣云：「無爲。」**其顙頯，**宣云：「頯，額也。」頯，大樸貌，宣云「恢上聲」。正釋文：「頯，徐去軌反，郭苦對反。」武按：「天道篇『而顙頯然』句下，引成云『顙頯高亢，顯露華飾』，此則訓爲大樸，同一頯之形容詞，不應前後相歧。此處當訓爲高亢顯露，至『華飾』二字，成氏任意所加，應從删節。蓋秋容寂寞，春氣昭舒，故青陽一至，則生氣開展，草木萌生，羣蟲啓蟄，此卽高亢顯露之象也。故『寂』字，籠下『淒然似秋』；『頯』字，籠下『煖然似春』。可見莊文謹嚴有法，非漫然下字，惜各注家均未尋省及此。**淒然似秋，煖然似春，**郭云：「殺物非爲威，生物非爲仁。」補釋文：「煖音喧，徐況晚反。」武按：上句承『容寂』，下句承『顙頯』。卽其容寂，淒然似秋；其顙頯，煖然似春也。**喜怒通四時**〔一〕，宣云：「喜怒皆無心，如四時之運〔二〕。」**與物有宜，而莫知其極。**隨事合宜，而莫窺其際。正淒然似秋，裁制萬物，各有所宜，循環無窮，而莫知其所止極。**故聖人之用兵也，亡國而不失人心；**崔云：「亡敵國而得其人心。」

〔一〕「喜怒通四時」五字，據王氏原刻及集釋本補。
〔二〕宣注據王氏原刻補。

補不失人心，由於與物有宜也。此與上句，承「淒然似秋」說。利澤施於萬物，不爲愛人。由仁義行，非行仁義。補長養萬物，任天之行而已，不爲愛人而施也。此承「煖然似春」說。故樂通物，非聖人也；不求通物，而物情自通，爲聖人。補聖人喜怒通四時，而不通物。四時運行，而萬物自通，如春之任物自長，不助其長也。聖人亦任物自通，如樂之，則爲有心而任知矣。有親，非仁也；至仁則無私親。補天運篇：「至仁無親。」有親則私也，與利澤施於萬物者異矣。天時，非賢也；宣云：「擇時而動，有計較成敗之心。」正真人與物爲春，接而生時於心者也，喜怒通四時，與物有宜者也。蓋以知爲時，而不以旦夕遷流之天時爲時也。如以天時爲時，必致勞生逐時，則非賢矣。利害不通，非君子也；利害不觀其通，故有趨避。補齊物論「聖人不從事於務，不就利，不違害」，能通利害爲一也。不通，非君子矣。此君子，指在位者言。行名失己，非士也；成云：「必所行求名而失己性，非有道之士。」補士，指在野者言。逍遥遊篇「名者，實之賓也」，以名假而實真也。專行乎名者，必失己之真。亡身不真，非役人也。宣云：「徒棄其身，而無當真性，爲世所役，非能役人。」補因行名而亡身，是因假而亡真也，則身有不當亡而亡者矣，如狐不偕輩是也。非役人，乃役於人也；役於人，即失己也。下引古人以明此二句之義。若狐不偕、成云：「姓狐，字不偕，堯時賢人，不受堯讓，投河而死。」務光、成云：「夏時人，餌藥養性，好鼓琴，湯讓天下，不受，負石自沉於廬水。」伯夷、叔齊、箕子胥餘、司馬云：

「胥餘，箕子名。尸子曰：『箕子胥餘，漆身爲厲，被髮佯狂。』」紀他、成云：「湯時逸人，聞湯讓務光，恐及乎己，遂將弟子，蹈於窾水而死。申徒狄聞之，因以踣河。」補釋文：「他，徒河反。」申徒狄，釋文：「殷時人，負石自沉於河。」是役人之役，適人之適，而不自適其適者也。郭云：「斯皆舍己效人，徇彼傷我者。」宣云：「爲人用，快人意，與真性何益！」補上之諸人，皆行名失己，亡身不真者也，與真人之所爲者異矣。此節證上文人之所爲，然不知養其所不知，以致不終其天年者。古之真人，其狀義而不朋，郭云：「與物同宜，而非朋黨。」俞云：「郭注非也。此言其狀，非言其德。義讀爲峩。天道篇『而狀義然』，即峩然也。朋讀爲崩。易『朋來无咎』，漢書五行志引作『崩來无咎』，是也。義而不朋，言其狀峩然高大而不崩壞也。」正「狀」字統攝下文，至「悗乎忘其言也」止；「義」字由上「淒然似秋」、「與物有宜」生出。郭說尚適，俞必改「義」爲「峩」，改「朋」爲「崩」，又於「義」下加「然」字，費如許周折，然後成其「峩然高大而不崩壞」之說，驗之上下文義，毫不相干。且容狀非山陵樓觀比，何可以崩壞說乎？考禮記鄉飲酒義：「西方者秋。秋，愁也。愁之以時察，守義者也。」注：「察，嚴殺之貌。」故曰「義」字由上文「秋」字生出也。下文「鼇萬物而不爲義」，鼇即嚴殺之義。本篇脈絡，前後原屬一貫。又釋名：「義，裁制萬物使各宜也。」白虎通情性篇：「義者，宜也，斷決得中也。」夫裁制萬物，斷決得中，故不與物相朋黨也，秋何嘗私物而有所朋乎？朱桂曜云：「鶡冠子備知篇：『故爲者敗之，治者亂之。敗則傰，亂則阿；阿則理廢，傰則義不立。』陸注：『傰，黨也。』傰則義不立，正與此處『義而不朋』同意。漢書王尋傳『南山羣盜倗宗等』，注蘇林曰：『倗音朋。』」武按：集韻：「倗同朋。」又管子幼官篇劉績注：「倗卽朋字。」此引實爲「義而不朋」確證，足證俞說迂繆。**若不足而不承**，宣云：「卑以自牧，而非居人下。」**補**此句承「狀」字。說文：「承，受也。」老子曰：「廣德若不足。」蓋德足而若不足也。盜跖篇：「足而不爭。」又曰：「不足，故求之。」真人則不僅不爭不求，且與之而不受也。**與乎其觚而不堅也**，王云：「觚，特立不羣也。」崔云：「觚，稜也。」李楨云：「觚是孤借字。釋地『觚竹』，釋文『本又作孤』。此孤、觚通作之證。孤特者，方而有稜，故字亦借觚爲之。『與乎其觚』，與『張乎其虛』對文，「與」當是趣之借字。說文：『趣，安行也。』」按：不堅，謂不固執。**正**此句申說「義而不朋」之義。下「與乎止我德」之與字，王訓相接意，可移以訓此「與」字。李謂爲趣借，安行也，句無此意，殊屬穿鑿。觚，說文「鄉飲酒之爵也」。史記酷吏傳「漢興，破觚而爲圜」，集解：「觚，方。」索隱：「觚，八稜有隅者。」言真人義而不朋，與世相接，猶觚之方而不圜也。然其不朋者，特和而不同耳。與物有宜，亦不堅執也。李乃謂觚爲孤借，亦好橫生枝節矣。**張乎其虛而不華也**，成云：「張，廣大貌。」按：廓然清虛，而不浮華。**正**此申說若不足而不承之義。不足者，虛也。虛則易流於華而不實，華而不實則誠不足矣。真人者，若虛而實實，故不華也。此卽老子「大盈若冲」之義也。**邴邴乎其似喜乎！**向云：「邴邴，喜貌。」郭云：「至人無喜，暢然和適，故似喜也。」**正**釋文：「邴邴，音丙，簡文云：『明貌。』」言邴邴乎其狀似以明知自喜乎！此與下句貼知說；自此至「悗乎忘言」句，各以二句分貼知、德、禮、刑說。**崔乎其不得已乎！**向云：「崔，動貌。」成云：「迫而後動，非關先唱，故不得已而應之也。」 **補**以知爲時，時至而動，動於知之所不得已，非喜之也，故上句言「似喜」。 **滀乎進我色也，**簡文云：「滀，聚也。」宣云：「水聚則有光澤。言和澤之色，令人可親。」 **補**漁父篇：「真在内者，神動於外。」大學曰：「德潤身。」淮南原道訓云：「子夏得道而肥。」吕覽士容論任地篇「人肥必以澤」，高注：「人肥，則顔色潤澤。」蓋德者，得道也。德充於内，故色澤於外也。下文女偊「色若孺子」，卽證此義。 **與乎止我德也，**與，相接意。宣云：「寬閒之德，使我歸止。」 **正**「與」字，成訓容與。滀乎進色者，由於容與止我德也。此與上句貼德説。 **厲乎其似世乎！**崔本「厲」作「廣」，當從之。俞云：「世乃泰之借字。」廣與泰義相應。」郭慶藩云：「厲、廣古通借。泰字作大。世、大古亦通借。」 **正**「厲」「世」二字，皆當如字。厲，猶前漢書儒林傳「以厲賢才焉」之厲。言勉厲於禮，其狀如世人之所爲也。此句應上「人之所爲」，伏下「與人爲徒」。 **謷乎其未可制也，**成云：「謷然高遠，超於世表，不可禁制。」 **補**勉厲於禮，特似世人耳，實則謷然高遠，不爲世俗之禮所拘制也。下文孟子反、子琴張，不憒憒爲世俗之禮，以觀衆人耳目，故臨尸而歌，斥子貢曰「惡知禮意」，卽證此意也。此與上句貼禮説。 **連乎其似好閉也，**李云：「連，綿長貌。」郭云：「綿邈深遠，莫見其門。」成云：「默如關閉，不聞見也。」釋文：「好，呼報反。」 **悗乎忘其言也。**釋文：「悗，忘本反。」成云：「悗，無心貌。以上言真人德行，下明其利物爲政之方。」 **正**注非。好閉，故忘言。此二句，遥應「淒然似秋」句。秋氣收斂，故曰「好閉」。秋氣肅殺，刑之義也。靈樞經寒熱病篇「舌縱涎下，煩悗」，注音悶。又本藏篇「心高則滿於肺，中悗而善忘，難開以言」，正與此及上句義同。難開，即上句「好閉」也。且均就心説，彼義並貼秋説，蓋肺爲秋藏也。故此二句，貼刑説。**以刑爲體**，郭云：「刑者治之體，非我爲。」補此及下三句，方明出知、德、禮、刑四字。**以禮爲翼**，郭云：「禮者，世所以自行，非我制。」**以知爲時**，郭云：「知者時之動，非我唱。」**以德爲循**。郭云：「德者自彼所循，非我作。」**以刑爲體者，綽乎其殺也；**郭云：「任治之自殺，故雖殺而寬。」補下文「殺生者不死」，「外生」，「以生爲附贅懸疣」等句，皆殺義也。知北遊篇引老子曰「爲道日損，損之又損，以至於无爲」，義亦相同，皆此處之例證也。此以下至「勤行者也」，再就知、德、禮、刑四義分釋之。**以禮爲翼者，所以行於世也；**郭云：「順世所行，故無不行。」正漁父篇：「禮者，世俗之所行〔一〕也。」鳥行以翼，世行以禮，和光同塵，與人爲徒，而爲人之所爲，故曰「所以行於世也」。**以知爲時，不得已於事也；**知以應時，不得已於世事，隨宜付之。補文子道原篇：「夫事生者，應變而動。變生於時，知時者無常之行。」又曰：「物至而應，智之動也。」此足以釋「以知爲時」之義。言事物來觸之時，知不得已而應之，餘時則寂然無知，亦泯然無時，故知動則時生，知寂則時滅。人於夢寐之

〔一〕「行」，漁父篇作「爲」。

際，何嘗有時乎？ **以德爲循者，言其與有足者至於丘也，** 宣云：「德之所在，人人可至，我特循之耳。如丘之所在，有足者皆可至，我特與同登耳，非自立異。」按：無意於行，自然而至，故曰「與有足者至」也。 **正**說文：「循，順行也。」天地篇：「是謂玄德〔一〕，同乎大順」衆人之所行，我順而行之，而不矯異，即同乎大順也，即循乎玄德也。淮南詮言訓「至德道者若丘山，嵬然不動，行者以爲期也」，注：「行道之人，指以爲期。」據此，可以明本義。言吾之於德，循之而行，猶之與有足者指丘爲期，循之而至也。蓋丘可遠見，行者每以爲前途之鵠，庶不歧趨。而德亦吾行之鵠，惟有順而循之而已。 **而人真〔二〕以爲勤行者也。** 宣云：「人視真人爲勤行不怠，豈知其毫末以我與乎！」 **正**我循德而行，容與而止，行實未勤也。而人乃以爲勤行，無亦人多不循行乎德，故以不勤者爲勤邪！ **故其好之也一，其弗好之也一。** 成云：「既忘懷於美惡，亦遺蕩於愛憎。故好與弗好，出自凡情，而聖智虛融，未嘗不一。」 補人情好有差等，不好亦然。真人於此，不生差別心，視之一也。 **其一也一，其不一也一。** 成云：「其一，聖智也；其不一，凡情也。凡、聖不二，故不一皆一之。」 **正**好一矣，不好一矣，然好與不好對，仍不一也。真人且不知悦生，不知惡死，尚何好不好之分乎？故曰「其不一也一」。 **其一，與天爲徒；其不一，與人爲徒。** 成

〔一〕「德」，原作「同」，據天地篇改。

〔二〕「真」字，據王氏原刻及集釋本補。

云：「同天人，齊萬致，與天而爲類也。彼彼而我我，與人而爲徒也。」**正**同生死，一好惡，喜怒通四時，利澤施萬物，不爲愛人，此與天爲徒也，爲天之所爲也。禮，所以講節文者也。儀文繁委，至不一也，而真人以禮爲翼，厲乎似世，此與人爲徒也，爲人之所爲也。**天與人不相勝也，是之謂真人。**成云：「雖天無彼我，人有是非，確然論之，咸歸空寂。若使天勝人劣，豈謂齊乎！此又混一天人，冥同勝負。體此趣者，可謂真人。」**補**「天」與「人」二字，跟篇首來，至此暫作一收。「是之謂真人」句，再答上文「何謂真人」句，並收束上「古之真人」四節。**死生，命也，其有夜旦之常，天也。人之有所不得與，皆物之情也。**死生與夜旦等，皆由天命，不可更以人與。此物之情，實無足係戀也。**補**與同預，參預也。死生由命，夜旦由天，人不得而參預也。「命」字「天」字，爲以下各節主腦。**彼特以天爲父，而身猶愛之，而況其卓乎！**身知愛天，而況卓然出於天者乎！**正**彼，指上「命」字。命者，我之生命也。之，指「彼」字。卓，指道。言命生於天，故以天爲父。天生於道，道則未有天地自古以固存。此文謂命出於天，而身尚愛之，況道卓立於天地之先者乎！此伏下「夫道」節。**人特以有君爲愈乎己，**宣云：「勢分勝乎己。」**而身猶死之，**宣云：「效忠。」**而況其真乎！**身知愛君，而況確然切於君者乎！**正**「真」字，即下文孟子反、子琴張所歌「嗟來桑户乎，而已反其真」之真。莊子之旨，在不悅生惡死，以死爲歸真，與上句「死」字方能相應。上二句，此句之喻也。「桑户」節，證此句之義者也。漁父篇：「真者，精誠之至也。」又曰：「真者，所以受於天也。」形死而精誠不死，人於忠君不惜死，何獨於離形反真而顧惡死乎！上「真人」四節，卽説明此「真」字。**泉涸，魚相與處於陸，相呴以溼，相濡以沫，不如相忘於江湖。** 喻貪生懼死，不如相忘於自然。「泉涸」四語，又見天運篇。正釋文：「涸，户各反，爾雅云：『竭也。』呴，況於、況付二反。濡，本又作濡，音儒，一音如戍反。沫音末。」武按：此與「譽堯」二語，爲下文「桑户」節內子貢、孔子問答設喻之伏筆。彼節「魚相忘乎江湖」，繳應此文者也，詳於此，故略於彼。彼節「人相忘乎道術」，繳應「譽堯」二語者也。莊文中往往有此佈置，奇肆錯綜，令人不易捉摸，然細加審按，脈絡貫串，有條不紊也。然此文亦兼作下「善吾生」二語之喻，言善生無救於死，猶魚處陸相呴相濡，欲善生以救死也，然溼沫有幾，瞬卽涸斃，斯須之善，何益於生也！王懋竑疑此文爲錯簡，其亦未加細按乎？**與其譽堯而非桀，不如兩忘而化其道。** 宣云：「此道字輕，謂是非之道。言譽堯非桀，不如兩忘其道；好生惡死，不如兩忘其累。」按：二語又見外物篇，下三字作「閉其所譽」。正此爲「桑户」節中作伏筆，説已見上，然亦兼繳應上「其好之也一」數句，及「死生命也」二句。蓋譽堯，好之也；非桀，不好之也。兩忘化其道，卽其一也一，其不一也一也。又死生之間，相去甚促，無異夜旦之常。知北遊篇云：「雖有壽夭，相去幾何！奚足以爲堯、桀之是非！」正同此義。此與上「涸魚」數句，在全篇中籠上鎖下，爲一大關紐。**夫大塊載我以形，勞我以生，佚我以老，息我以死。故善吾生者，乃所以善吾死也。** 宣云：「純任自然，所以善吾生也。如是，則死亦不苦矣。」按：六語又見後。列子天瑞篇：「人胥知生之樂，未知生之苦；知老之憊，未知老之逸；知死之惡，未知死之息也。」正宣説非。文謂人每樂生，不知大塊乃以生勞我也；每畏老，不知大塊乃以老使我得逸也；每惡死，不知大塊乃以死使我得息也。然則生亦何必樂！不必樂，則不必善矣。生與死同，善生，直善死耳。善死云者，乃駁辭，非許辭也。蓋善生者，意在益生，益生者不祥。本篇一則曰「不知悦生」，再則曰「外生」，曰「殺生者不死」，是不主善生也。宣云「善生則死不苦」，本書何嘗有以死爲苦之意乎？**夫藏舟於壑，藏山於澤，**島也。**謂之固矣。然而夜半有力者負之而走，昧者不知也。**舟可負，山可移。宣云：「造化默運，而藏者猶謂在其故處。」補列子天瑞篇：「粥熊曰：『運轉亡已，天地密移，疇覺之哉！』」**藏大小有宜，猶有所遯。若夫藏天下於天下而不得所遯，是恒物之大情也。**藏無大小，各有所宜，然無不變之理。宣云：「遯生於藏之過，若悟天下之理，非我所得私，而因而付之天下，則此理隨在與我共之，又烏所遯哉！此物理之實也。」按：恒物之大情，猶言常物之通理。正舟小於山，澤大於壑，故曰「藏大小有宜」。天地密移，故曰「猶有所遯」。舟、山隨天地密移，雖藏之有宜，猶有所遯。喻生命隨歲月遷流，雖善之有術，何可使駐！恒物之大情，與上文「物之情」異義。列子湯問篇云：「然則天地一物也。」夫物無恒，而天地則有恒，故恒物者，天之謂也。下文「道有情有信」，道之情自比物情爲大，故大情者，道之謂也。道彌綸於天地之間，故曰「恒物之大情」，卽謂道爲天地之大情也。藏天下於天下，言藏天下之物於天下之大情，斯物無所得遯矣。**特犯人之形而猶喜之，若人之形者，萬化而未**

始有極也，其爲樂可勝計邪！ 犯與范同。見范人形猶喜之，若人之生無窮，孰不自喜其身者！ **正**「犯」不必改「范」。淮南脩務訓「犯津關」，注：「犯，觸也。」又主術訓「犯患難之危」，注：「犯，猶遭也。」犯人之形者，偶遭遇或偶接觸而成爲人之形也。遭與觸，皆含偶然與暫時義，以與下「萬化」對照。文謂偶犯人形，誕生於世，光陰駒隙，如客之寄，生死相續，如輪之轉，古始至今，犯人之形者，千變萬化，數無窮極，現等曇花，何足喜樂！ 下文「有旦宅而無情死」，即明此義也。知北遊篇云：「人生天地之間，若白駒之過郤，忽然而已。」又曰：「已化而生，又化而死。」可以明萬化而未始有極之義。上文「受而喜之」，喜道也，此則言生不足喜，雖同一「喜」字，而涵義不同。

故聖人將遊於物之所不得遯而皆存。 宣云：「聖人全體造化，形有生死，而此理已與天地同流，故曰皆存。」 **正**自然之道，物之所不得遯者也。聖人遊於自然之道，故不悦生，不惡死。生固存，死亦存也。蓋形雖死，而聖人之心未嘗死，故曰「皆存」也。達生篇「遊乎萬物之所始終」，山木篇「浮遊乎萬物之祖」，田子方篇「吾遊心於萬物之初」，其義皆同。

善妖善老，善始善終，人猶效之，又況萬物之所係，而一化之所待乎！ 釋文：「妖，本又作夭。」成云：「壽夭老少，都不介懷。雖未能忘生死，但復無所嫌惡，猶足爲物師傅，人放效之。況混同萬物，冥一變化，爲物宗匠，不亦宜乎！」 **正**奚侗曰：「張君房本妖作少。」武按：應作「少」。如下文女偊之色若孺子，善少也；豨韋氏挈天地，善始也；西王母之莫知始、莫知終，善始並善終也；彭祖之下及有虞，善老也。揔提於此，以爲「豨韋」一節之綱。萬物所係，一化所待，指道言。淮南精神訓云：

「以死生爲一化。」是一化指死生之一變化言，與上文「萬化」對。又淮南原道訓云：「夫太上之道，生萬物而不有，成化像而弗宰。跂行喙息，蠉飛蝡動，待而後生，莫之知德；待而後死，莫之能怨。」上數句之意，謂萬物之生死，待夫太上之道也，足以釋「一化之所待」句之義。**夫道，有情有信，无爲无形；**宣云：「情者，静之動也；信者，動之符也。」成云：「恬然寂寞，無爲也；視之不見，無形也。」補齊物論：「可行已信，而不見其形，有情而无形。」「道」字，揔承上「卓」字、「真」字、「大情」句、「物之所不得遯」句，而實發之。**可傳而不可受，**郭云：「古今傳而宅之，莫能受而有之。」**可得而不可見；**成云：「方寸獨悟，可得也。離於形色，不可見也。」補「得」字，爲「豨韋」節十二「得」字伏根。**自本自根，**宣云：「道爲事物根本，更無有爲道之根本者，自本自根耳。」**未有天地，自古以固存；**成云：「老子云：『有物混成，先天地生。』」**神鬼神帝，**下文堪坏、馮夷等，鬼也；豨韋、伏羲等，帝也。其神，皆道神之。**生天生地；**成云：「老子云：『天得一以清，地得一以寧。』」補老子云：「地法天，天法道。」**在太極之先而不爲高，在六極之下而不爲深；**陰陽未判，是爲太極。天地四方，謂之六極。成云：「道在太極之先，不爲高遠；在六合之下，不爲深邃。」**先天地生而不爲久，長於上古而不爲老。**釋文：「長，丁丈反。」按：此語又見後。補此節闡發上節「卓」字。**豨韋氏得之，以挈天地；**豨韋，卽豕韋，蓋古帝王也。成云：「挈，又作契。言能混同萬物，符合二儀。」補釋文：「豨，郭褚伊反。挈，徐苦結反。」成訓提挈。**伏戲氏得之，以襲氣母；**成云：「襲，合也。氣母，元氣之母。爲得至道，故能畫八卦，演六爻，調陰陽，合元氣。」補成云：「能伏牛乘馬，養伏犧牲，故謂之伏羲也。」釋文：「戲音羲。」武按：則陽篇云：「陰陽氣之大。」則氣母者，卽陰陽，以其大於各氣也。伏戲畫卦演爻，所以明陰陽變化之理也，故易曰「觀變於陰陽而立卦」。伏羲既明陰陽之理，自能與陰陽合德，卽襲氣母之謂也。**維斗得之，終古不忒；**成云：「北斗爲衆星綱維，故曰維斗。得至道，故維持天地，歷終始，無差忒。」補釋文：「崔云：『終古，久也。』鄭玄注周禮云：『終古，猶言常也。』」武按：大道終古不忒，北斗綱維衆星，亦終古不忒，故曰「得之」。**日月得之，終古不息；堪坏得之，以襲崑崙；**釋文：「崔坏作邳。司馬云：『堪坏，神名，人面獸形。』淮南作『欽負。』」成云：「崑崙山神名。襲，入也。」補釋文：「坏，徐扶眉反，郭孚杯反。」武按：淮南齊俗訓：「昔者馮夷得道，以潛大川；鉗且得道，以處昆侖。」莊逵吉謂「釋文云『堪坏，淮南作欽負』，是唐本鉗且作欽負也。字形近，故誤耳」。程文學據山海經云：「『是與欽䲹殺祖江於昆侖之陽』，後漢書張衡傳注引作『欽駓』。古駓、䲹本一字。」錢別駕云：「古丕與負通。故尚書『丕子之責』，史記作『負子』。丕與負通，因之從丕之字，亦與負通也。堪、欽亦同聲。」**馮夷得之，以遊大川；**司馬云：「清泠傳曰：『馮夷，華陰潼鄉隄首（成疏有「里」字）人也。服八石，得水仙，是爲河伯。』一云：以八月庚子浴於河，溺死。」**肩吾得之，以處大山；**司馬云：「山神，不死，至孔子時。」成云：「得道，處東嶽，爲太山之神。」黃帝得之，以登雲天；崔云：「黃帝得道而上天也。」補成云：「黃帝，軒轅也。採首山之銅，鑄鼎於荆山之下。鼎成，有龍垂於鼎以迎帝，帝遂將羣臣及後宮七十二人，白日乘雲駕龍以登上天，仙化而去。」顓頊得之，以處玄宮；李云：「顓頊，高陽氏。玄宮，北方宮也。月令曰：『其帝顓頊，其神玄冥。』」成云：「得道爲北方之帝。玄者，北方之色，故處於玄宮。」補成云：「顓頊，黃帝孫。年十二而冠，十五佐少昊，二十即位。採羽山之銅爲鼎，能召四海之神，有靈異。年九十七崩。」禺强得之，立於北極；釋文：「海外經云：『北方禺強，黑身手，足乘兩龍。』郭璞以爲水神，人面鳥身。簡文云：『北海神也，一名禺京，是黃帝之孫也。』」補釋文：「禺音虞。」西王母得之，坐乎少廣，莫知其始，莫知其終；釋文：「山海經：『西王母狀如人，狗尾，蓬頭，戴勝，善嘯，居海水之涯。』漢武帝内傳云：『西王母與上元夫人降帝，美容貌，神仙人也。』崔云：『少廣，山名。』或云：西方空界之名。」補成云：「王母，太陰之精也，豹尾，虎齒，善笑。舜時，王母遣使獻玉環；漢武帝時，獻青桃。顔容若十七八歲女子，甚端正，常坐西方少廣之山，不復生死，故莫知始終也。」武按：海外經、山海經、漢武帝内傳等書，極荒誕不經。然莊書多寓言，上列各書所説，作寓言觀焉可也。彭祖得之，上及有虞，下及五伯；崔云：「彭祖壽七百歲，或以爲仙，不死。」成云：「上自有虞，下及殷、周，凡八百年。」補成云：「彭祖，顓頊之玄孫也。帝封於彭城，善養性。五伯者，昆吾爲夏伯，大彭、豕韋爲殷伯，齊桓、晉文爲周伯。」釋文：「伯，如字，又音霸。」傅説得之，以相武丁，奄有天下，乘東維，騎箕尾，而比於列星。司馬云：

「東維，箕斗之間，天漢津之東維也。星經：『傅説一星，在尾上。』」崔云：「傅説死，其精神乘東維，託龍尾，乃列宿。」釋文：「崔本此下更有『其生無父母，死，登假三年而形遯，此言神之無能名者也。』」按：下引七事以明之。　補説文「奄」下云：「大有餘也，覆也。」釋文：「説音悦。」成云：「武丁，殷王名也，號曰高宗。夢得傅説，使求之天下，於陝州河北縣傅巖板築之所而得之。相於武丁，奄然清泰。傅説，星精也，而傅説一星，在箕尾上。然箕尾則是二十八宿之數，維持東方，故言『乘東維，騎箕尾』；而與角、亢等星比並行列，故言『比於列星』也。」

南伯子葵問乎女偊曰：「子之年長矣，而色若孺子，何也？」李云：「葵當爲綦，聲之誤也。」釋文：「偊，徐音禹。一云是婦人也。」　補釋文：「孺，本亦作儒，如喻反。」成云：孺子，稚子也。」武按：色若孺子，即上文所謂「濡乎進色」。曰：「吾聞道矣。」南伯子葵曰：「道可得學邪？」曰：「惡！惡可？子非其人也。夫卜梁倚有聖人之才，而无聖人之道，我有聖人之道，而无聖人之才，李云：「卜梁姓，倚名。」宣云：「倚聰明，似子貢；偊忘聰明，似顏子也。」　補釋文：「惡惡，並音烏。下惡乎同。」成云：「惡，惡可，言不可也。」武按：上惡，驚歎詞；下惡可，不可也。見人間世「夫以陽爲充」句上。成説失之。吾欲以教之，庶幾其果爲聖人乎！不然，以聖人之道告聖人之才，亦易矣。吾猶守而告之，守而不去，與爲諄復。參日而後能外天下；成云：「心既虚寂，萬境皆空。」　補郭云：「外，猶遺也。」已外天下

矣，吾又守之，七日而後能外物；郭云：「物者，朝夕所需，切己難忘。」成云：「天下疏遠易忘，資身之物，親近難忘，守經七日，然後遺之。」**已外物矣，吾又守之，九日而後能外生；**成云：「死生一觀，物我兼忘，豁然如朝陽初啓，故謂之朝徹。」宣云：「朝徹，如平旦之清明。」**已外生矣，而後能朝徹；**成云：「隳體離形，坐忘我喪。」

正徹，説文「通也」，廣韻「達也」。朝徹者，前守之九日，此則不待守而一朝自通也。朱晦庵補大學格致章云：「至於用力之久，而一旦豁然貫通焉。」守之七日九日，用力之久也，朱説恰爲此處注脚。又楞嚴經云：「生滅既滅，寂滅現前，忽焉超越世出世間，十方圓明。」生滅既滅，外生也。忽焉者，與一朝之義同。十方圓明，徹之謂也。三家之説，無稍不同。蓋道家於虛極静篤時，自現此種境界，釋家亦然也。成、宣説均失之。

朝徹，而後能見獨；見一而已。補未有天地，自古以固存，是道卓然獨立於天地之先也。老子稱道，云「獨立不改」，則見獨卽見道也。**見獨，而後能无古今；**成云：「任造物之日新，隨變化而俱往，故無古今之異。」補達生篇「道無終始」，卽道無古今也。見道而能後無古今。**无古今，而後能入於不死不生。**宣云：「生死一也。至此，則道在我矣。」**殺生者不死，生生者不生。**蘇輿云：「『殺生』二語，申釋上文。絶貪生之妄覬，故曰殺生；安性命之自然，故曰生生。死生順受，是不死不生也。」

正列子天瑞篇：「生物者不生，化物者不化。」所謂「殺生者不死」，與化物者不化義同。惟列子就天之陰陽四時言之。意謂如霜露既降，草木凋殞，此天化物也，亦卽殺生也。天固不隨物化，不隨物死也，故曰「殺生者不死」。春來大地，萬物萌生，此天生物也。天自不生，故曰「生生者不生」。老子曰：「天地所以能長且久者，以其不自生，故能長生。」義與此同。此就上「不死」「不生」句分釋之也。老子又曰：「天法道。」故言天，卽無異於言道也。然就人之修道言之，義又有別，因天本無生，人原有生也。故此文所謂「殺生」者，如達生篇云「遺生則精不虧」，又如南郭子綦之心如死灰，上文之「外生」，下文之「以生爲附贅縣疣」，餘如離形去知，忘肝膽，遺耳目，皆殺生之義也。能如是，則可以登假於道而不死矣。所謂「生生」者，卽上之「善生」「益生」，老子所言之「貴生」也。崔云：「常營其生爲生生，除營生爲殺生。」李云：「殺猶亡也。亡生者不死也，矜生者不生也。」二氏之説，其於義亦得。蓋此乃女偊言聖人修道之功夫，與天之殺生、生生，義自有別也。**其爲物，无不將也，无不迎也；**成云：「將，送也。道之爲物，拯濟無方，迎無窮之生，送無量之死。」補應帝王篇「聖人之用心若鏡，不將不迎，應而不藏」，知北遊篇「无有所將，无有所迎」，均就聖人之用心言之，故不將不迎；本文則就道之妙用言之，故可無不將，無不迎。蓋道彌綸天地，包涵萬彙，凡物皆處其亭毒之中，故無物不在其將迎之内也。以言夫道之本體，無將無迎；言夫道之妙用，無不將，無不迎。蓋物有去來，道因將迎而順應之，所謂感而後動也。成云「道之爲物」，似於「道」「物」二字尚未認清。本書於此二字，界義甚明。達生篇云：「凡有皃、象、聲、色者，皆物也。」故道是道，物是物，不可混稱。如上「維斗得之，終古不忒，日月得之，終古不息」，維斗日月，物也，不忒不息，道也，謂道寄於維斗日月也。又天地篇説道云：

「金石不得无以鳴。」金石物也，所以鳴者道也，謂道寄於金石也。此處「其爲物」，猶言寄於物也。知北遊篇謂「道无所不在」，又謂「无乎逃物」，蓋道無在，以寄於物而有在也。「將」字承上「殺生」，「迎」字承上「生生」。**无不毁也，无不成也。**成云：「不送而送，無不毁滅；不迎而迎，無不生成。」**補**「毁」字承「將」，「成」字承「迎」，分兩面説。**其名爲攖寧。攖寧也者，攖而後成者也。**郭嵩燾云：「孟子趙注：『攖，迫也。』物我生死之見迫於中，將迎成毁之機迫於外，而一無所動其心，乃謂之攖寧。置身紛紜蕃變、交争互觸之地，而心固寧焉，則幾於成矣，故曰『攖而後成』。」**正**在宥篇「無攖人心」，成氏訓攖爲撓。廣雅釋詁：「攖，亂也。」是則攖者，撓亂之也，承「毁」説，亦即承「將」與「殺」説。寧者，安定之也，承「成」説，亦即承「迎」與「生」説。説文：「撓，擾也。」是攖、撓、擾同義。天道篇舜曰「天德而出寧」，堯曰「膠膠擾擾乎」，乃「寧」與「擾」對也，可以證此處爲「寧」與「攖」對。攖而後成者，攖毁而後寧成者也。列子天瑞篇：「物損於彼者盈於此，成於此者虧於彼。」齊物論篇：「其分也成也，其成也毁也。」蓋分出之物成，而被分之物毁矣，此成由於彼毁也。就天時言之，秋行肅殺，而後春得遂長，故曰「攖而後成」也。上言天與道既有殺與生之兩用，故物遂有生死成毁之兩途。將與攖，殺之用也；迎與寧，生之用也。天與道何以有此兩用？則以天與道不外陰陽而已。董仲舒曰：「天兩有陰陽之施。」管子四時篇：「陽爲德，陰爲刑。」董子又曰：「陽氣暖，陰氣寒，陽予陰奪。陽氣仁寬愛生，陰氣戾急惡殺。」文子上德篇：「積陰不生，積陽不化。」則陽篇：「陰陽相照、相蓋、相治，四時相代、相生、相殺。」故天與道，有生殺之兩用，由於陰陽有生殺之兩性也。故殺也，將也，毁也，攖也，陰用事也；生也，迎也，成也，寧也，陽用事也。任陰陽生殺之自然，而自處於不生不死，此之謂天，此之謂道。南伯子葵曰：「子獨惡乎聞之？」曰：「聞諸副墨之子，成云：「副，貳也。」宣云：「文字是翰墨爲之，然文字非道，不過傳道之助，故謂之副墨。又對初作之文字言，則後之文字，皆其孳生者，故曰『副墨之子』。」副墨之子聞諸洛誦之孫，成云：「羅洛誦之。」按：謂連絡誦之，猶言反復讀之也。洛、絡同音借字。對古先讀書者言，故曰「洛誦之孫」。古書先口授而後著之竹帛，故云然。洛誦之孫聞之瞻明，見解洞徹。瞻明聞之聶許，聶許，小語，猶囁嚅。聶許聞之需役，成云：「需，須。役，行也。需勤行勿怠者。」需役聞之於謳，釋文：「於音烏。」王云：『謳，歌謠也。』」宣云：「詠歎歌吟，寄趣之深。」於謳聞之玄冥，宣云：「玄冥，寂寞之地。」玄冥聞之參寥，宣云：「參悟空虛。」參寥聞之疑始。」宣云：「至於無端倪，乃聞道也。疑始者，似有始而未嘗有始。」

子祀、子輿、子犂、子來四人相與語曰：崔云：「淮南『子祀』作『子永』，行年五十四，而病傴僂。」顧千里云：「淮南精神篇作『子求』，非。求、永字，經傳多互誤。抱朴子博喻篇：『子永歎天倫之偉。』」按：據此，下「祀」「輿」字當互易。「孰能以无爲首，以生爲脊，以死爲尻，孰知生死存亡之一體者，吾與之友矣。」成云：「人起自虛無，故以無爲首；從無生有，生則居次，故以生爲脊；死則居後，故以死爲尻。死生雖異，同乎一體。能達斯趣，所遇皆適，豈有存亡欣惡於其間！誰能知是，我與爲友也。」補釋文：「尻，苦羔反。」庚桑楚篇：「以无有爲首，以生爲體，以死爲尻。孰知有无生死之一守者，吾與之爲友。」此「存亡」與「生死」複，似應從彼作「有无生死」爲是。夫首、脊、尻，雖分，實爲一體，有無生死雖分，然真人視之，亦一體也，故可與之友矣。

四人相視而笑，莫逆於心，遂相與爲友。補莫逆於心者，蓋四人皆視生死爲一體，心不相違也。**俄而子輿有病，子祀往問**〔一〕**之。曰："偉哉！夫造物者，將以予爲此拘拘也！"**成云：「子輿自歎。」司馬云：「拘拘，體拘攣也。」補成云：「偉，大也。造物，猶造化也。」

曲僂發背，成云：「傴僂曲腰，背骨發露。」補釋文：「僂，徐力主反。」**上有五管，**五藏之管向上。**頤隱於齊，**同臍。**肩高於頂，句贅指天。**李云：「句贅，項椎。其形似贅，言其上向。」補正句贅，卽人間世之「會撮」，一作「括撮」。言括撮其髮，句曲如附贅也。**陰陽之氣有沴，**郭云：「沴，陵亂也。」同戾。補釋文：「沴音麗，徐徒顯反。」在宥篇：「陰陽並毗，四時不至，寒暑之和不成，其反傷人之形乎！」子輿之形惡，蓋由陰陽並毗所傷也。此句伏下「陰陽不翅父母」，及「彼近吾死」數語。**其心閒而无事，**宣云：「不以病攖心。」補成云：「心神閒逸，不以爲事。」**跰𨇤而鑑於井，**成云：「跰𨇤，曳疾貌。曳疾力行，照臨於井。」補釋文：「跰，步田反。𨇤，悉田反。」

〔一〕「問」原作「視」，據王氏原刻及集釋本改。

曰：「汝惡之乎？」

曰：「亡，予何惡！浸假而化予之左臂以爲鷄，予因以求時夜；司夜也。「鷄」疑是「卵」字之誤。時夜，卽鷄也。既化爲鷄，何又云因以求鷄？惟鷄出於卵，鴞出於彈，故因卵以求時夜，因彈以求鴞炙耳。齊物論云「見卵而求時夜，見彈而求鴞炙」，與此文大同，亦其明證矣。

正釋文：「浸，子鴆反，向云：『漸也。』」武按：王云「既化爲鷄，何又云求鷄」，本文並未言求鷄，乃求臂化之鷄爲之司夜，義無不當。此與齊物論見卵之義不同：此所求者在司夜之效，故以「鷄」字爲當；彼則言瞿鵲子方見卵耳，尚未爲鷄，便求司夜，譏其早計也，故以「卵」字爲當。何可據彼正此？浸假而化予之右臂以爲彈，予因以求鴞炙；浸假而化予之尻以爲輪，以神爲馬，予因以乘之，豈更駕哉！郭云：「無往不因，無因不可。」且夫得者時也，失者順也，安時而處順，哀樂不能入也。此古之所謂縣解也，成云：「得者，生也；失者，死也。」按：養生主篇「適來，夫子時也；適去，夫子順也。安時而處順，哀樂不能入也。古者謂是帝之縣解」，與此文證合。補說文：「縣，繫也。」徐鉉曰：「此本是縣挂之縣，借爲州縣之縣。今俗加心別作懸，義無所取。」而不能自解者，物有結之。郭云：「一不能自解，則衆物共結之矣。」

正郭謂「不解而後物結」，非也。言其所以不能自解者，由於物欲膠結於內，而爲哀樂所縣繫也。

且夫物不勝天久矣，吾又何惡焉？」補上文「人之有所不得與，此物之情也」，卽物不勝天之義。吾之致此惡疾，天也。既不能勝天，亦惟知其無可奈何而安之若命而已，又何惡焉！答「汝惡之乎」句。**俄而子來有病，喘喘然將死，其妻子環而泣之。**成云：「喘喘，氣息急也。」補釋文：「喘，川轉反，又尺軟反。」**子犁往問之，曰：「叱！避！**叱令其妻子避。補釋文：「叱，昌失反。」成云：「叱，訶聲也。」**无怛化！」**釋文：「怛，驚也。」勿驚將化人。補列子力命篇「易怛也哉」，注：「當割反。」釋文：「丁達反。崔本作靼，音怛。」**倚其户與之語曰：「偉哉造物！又將奚以汝爲？**爲何物？**將奚以汝適？**適，往也。**以汝爲鼠肝乎？以汝爲蟲臂乎？」**王云：「取微蔑至賤。」補言形死爲鼠所食，化爲其肝乎？或爲蟲所食，化爲其臂乎？**子來曰：「父母於子，東西南北，唯命之從。陰陽於人，不翅於父母，**成云：「陰陽造化，何啻二親乎！」補釋文：「翅，徐詩知反。」王引之曰：「翅與啻同。」説文曰：「啻，語時不啻也。」書多士：「爾不啻不有爾土。」釋文：「啻，徐本作翅。」武按：「陰陽」句，應上「陰陽之氣有沴」。**彼近吾死而我不聽，我則悍矣，彼何罪焉？**彼，陰陽。悍，不順。宣云：「近，迫也。」補吾之將死，因陰陽之氣有沴所致，是陰陽迫吾死也，如不聽，則我悍然抵拒其命矣。**夫大塊載我以形，勞我以生，佚我以老，息我以死。故善吾生者，乃所以善吾死也。**六語又見大宗師篇。補陰陽近吾死，死又何足惡！乃大塊因我生之勞，使我以死休息之也。如是，吾又何必善生哉！生與死同，善生即無異於善死，無亦多此一善，而不能安時處順者也？注中「大宗師篇」四字，當改爲「前」字。此節舉事證明前語，故重引之，以作關鎖。今之大冶鑄金，金踊躍曰『我必且爲鏌鋣』，大冶必以爲不祥之金。大冶，鑄金匠。補金而踴躍自言，大冶必致驚怪，以爲妖異不祥。今一犯人之形，而曰『人耳人耳』，夫造物者必以爲不祥之人。犯同笵。偶成爲人，遂欣愛鄭重，以爲異於衆物，則造化亦必以爲不祥。補上文「特犯人之形而猶喜之」，此曰「人耳人耳」，明自喜其爲人也。夫衆生林總，萬態千形，造化無私，平等一視。如自喜爲人，有予智自雄之念，乖造化平等之心，故以爲不祥也。今一以天地爲大鑪，以造化爲大冶，惡乎往而不可哉？」鼠肝、蟲臂，何關念慮！補或生或死，或犯爲人，或犯爲鼠肝、蟲臂，皆在天地陶冶之内，故無往而不可。明生而爲人，無可喜；死而爲鼠肝、蟲臂，亦無可惡也。成然寐，蘧然覺。成然爲人，寐也；蘧然長逝，覺也。正注非。釋文：「成，本或作戌，音恤。簡文云：『當作滅。』蘧，李音渠。蘧然，有形之貌。覺，古孝反。」武按：「成」不可通，作「滅」者是也。言處於天地鑪冶之内，一任造化之陶鑄，而爲人之所不得與，故死也如夢之滅然寐耳，生也如夢之蘧然覺也，何庸好惡於其間哉！先插此二語於此，至「孟孫才母死」節，方暢發之。可見莊子之文，有藕斷絲連，西崩東應之妙。

子桑户、孟子反、子琴張三人相與友，曰：「孰能相與於无相與，相爲於无相爲？成云：「如百體各有司存，更相御用，無心於相與，無意於相爲，而相濟之功成矣。故於無與而相與周旋，無爲而相爲交友者，其意亦然。」　**補**論語：「仲弓問子桑伯子。子曰：『可也簡。』仲弓曰：『居簡而行簡，無乃太簡乎？』」朱注：「子桑伯子，魯人。胡氏以爲疑卽莊周所稱子桑户者是也。」注又云：「家語記伯子不衣冠而處，夫子譏其欲同人道於牛馬。」説苑修文篇：「孔子見子桑伯子，子桑伯子不衣冠而處。弟子曰：『夫子何爲見此人乎？』曰：『其質美而無文，吾欲説而文之。』孔子去，子桑伯子門人不悦，曰：『何爲見孔子乎？』曰：『其質美而文繁，吾欲説而去其文。』」論語：「子曰：『孟之〔一〕反不伐，奔而殿，將入門，策其馬曰：「非敢後也，馬不進也。」』」朱注：「孟之反，魯大夫，名側。胡氏曰：『反，卽莊周所稱孟子反者是也。』」左傳哀十一年：「齊師伐我，及清，孟孺子洩帥右師，冉求帥左師，師及齊師戰於郊，右師奔，齊人從之。孟之側後入，以爲殿，抽矢策其馬曰：『馬不進也。』」家語「琴牢，衛人，字子開，一字張，與宗魯友。聞宗魯死，欲往弔焉。孔子弗許，曰『非義也』」，疑卽此之子琴張也。　**正**釋文：「撓，徐而少反，郭許堯反。挑，徐徒了反，郭、李徒堯反。」武按：在宥篇「挈〔二〕汝適復之撓撓，以遊无端」，爾雅釋詁：「適，往也。」撓撓，簡文云：「循環之名。」蓋卽往復之形容辭也。言提挈汝往復，撓撓然如循環，以遊無端也，卽其上

孰能登天遊霧，撓挑无極，李云：「撓挑，猶宛轉也。宛轉玄曠之中。」

〔一〕「之」原誤「子」，據論語改。

〔二〕「挈」原誤「絜」，據在宥篇改。

文「出入六合」之義。且無端與循環義相應，謂如環之無端也。鶡冠子道端篇：「復而如環，日夜相橈。」橈、撓義通，均可爲此文參證。説文：「挑，撓也。」則撓挑卽撓撓也。無極，猶之無端。謂撓撓往復，如循環然，以遊無極也。下「反覆終始，不知端倪」，卽申説此句者也。**相忘以生，无所終窮？」**宣云：「不悦生，不惡死。」**三人相視而笑，莫逆於心，遂相與爲友。莫然有間，**崔云：「莫然，定也。間，頃也。」**補**在宥篇「莫然无魂」，成云：「莫然無知。」又左昭二十八年「德正應和曰莫」，杜注：「莫然清静。」此莫然，正形容三人相視而笑，清静無言也。**而子桑户死，未葬。孔子聞之，使子貢往侍事焉。**成云：「供給喪事。」**或編曲，**李云：「曲，蠶薄。」

正編，説文「次簡也」。周禮春官磬師注：「編，讀爲『編書』之編。」宋玉對楚王問：「是其曲彌高而和彌寡。」漁父篇：「孔子絃歌鼓琴奏曲。」然則曲者，樂曲也，歌辭也。編曲者，編次其辭也。時僅孟、琴二人，一編辭而歌，一鼓琴以和之。李乃云「蠶薄」。孟爲大夫，琴，孔門弟子，未必恃編薄爲生，且何至惟恐稍曠其工，挾之往編於死喪者之家乎？李説亦太不倫矣。**或鼓琴，相和而歌曰：「嗟來桑户乎！嗟來桑户乎！而已反其真，**而，汝。**而我猶爲人猗！」**成云：「猗，相和聲。」**正**成説非。書秦誓「斷斷猗無他伎」，疏：「猗者，足句之辭，不爲義也。」禮大學引此作「斷斷兮」，猗是兮之類。**子貢趨而進曰：「敢問臨尸而歌，禮乎？」二人相視而笑曰：「是惡知禮意？」**是，謂子貢。**補**應證上文「警乎其未可制也」。**子貢反，以告孔子**

曰：「彼何人者邪？修行无有，無自修之行。而外其形骸，臨尸而歌，顏色不變，无以命之。崔云：「命，名也。」彼何人者邪？」孔子曰：「彼游方之外者也，而丘游方之内者也。成云：「方，區域也。」外内不相及，而丘使女往弔之，丘則陋矣。彼方且與造物者爲人，王引之云：「爲人，猶言爲偶。中庸『仁者人也』，鄭注：『讀如「相人偶」之人，以人意相存偶之言。』公食大夫禮注『每曲揖，及當碑揖，相人偶』，是人與偶同義。淮南原道篇『與造化者爲人』，義同。齊俗篇『上與神明爲友，下與造化爲人』，尤其明證。」正鄭謂人也讀如「相人偶」之人，並非謂讀如「相人偶」之偶。如「爲人」可謂之「爲偶」，則鄭所云「以人意相存偶」句，亦可謂之爲「以偶意相存人」矣，安乎，否乎？且細玩鄭句，「人」下加「意」，則存偶者人之意，非謂人與偶同義也。本文之義，言造物者既范我以人之形，而我不聽，則我悍矣。有道者則順受之，方且與造物者爲人，卽上文「其不一，與人爲徒」也，又卽知北遊篇「直且爲人」也，及德充符篇「有人之形，故羣於人」也。質言之，則造物者命我爲人，則我爲人耳，命我爲鼠肝、蟲臂，則我爲鼠肝、蟲臂耳，卽上文「崔乎其不得已」之義也。淮南精神訓「夫造化者既以我爲坏矣，將無所違之矣」，高注：「言既以我爲人，無所離之。喻不求，亦不避也。」最足證明本義。再就王氏所徵原道、齊俗二文言之，王氏於彼文義，亦未細審。按原道訓云：「精通於靈府，與造化者爲人。」言精上通神靈之府，所謂「其一，與天爲徒」也；而形體則與造化者爲人，所謂「其不一，與人爲徒」也。至齊俗訓語更明顯：上與神明爲友者，精神也；下與造化爲人者，所范之人形耳。據此，益足證王氏之説乖於本義矣。**而遊乎天地之一氣。彼以生爲附贅縣疣，**成云：「氣聚而生，譬疣贅附縣，非所樂。」補知北遊篇「臭腐復化爲神奇，神奇復化爲臭腐，故曰通天下一氣耳」，郭注云「死生彼我豈殊哉」，足以相證。「附贅」句，遥明以刑爲體之義。**以死爲決疣潰癰。**釋文：「疣，胡亂反。」宣云：「疽屬。」成云：「氣散而死，若疣癰決潰，非所惜。」**夫若然者，又惡知死生先後之所在？**宣云：「一氣循環。」**假於異物，託於同體，**宣云：「即圓覺經地、風、水、火四大合而成體之説。蓋視生偶然耳。」**忘其肝膽，遺其耳目，**宣云：「外身也，視死偶然耳。」補應上「相忘以生」，又上文所謂「以刑爲體」也。**反覆終始，不知端倪，**往來生死，莫知其極。補應上「撓挑無極」。**芒然彷徨乎塵垢之外，逍遥乎无爲之業。**成云：「芒然，無知貌。放任於塵累之表，逸豫於清曠之鄉。」補應上「登天遊霧」。**彼又惡能憒憒然爲世俗之禮，以觀衆人之耳目哉！」**成云：「憒憒，煩亂。」釋文：「觀，示也。」補應上「厲乎其似世乎，警乎其未可制也」。**子貢曰：「然則夫子何方之依？」**成云：「方内方外，未知夫子依從何處？」**孔子曰：「丘，天之戮民也。**成云：「聖迹禮儀，乃桎梏形性。夫子既依方内，是自然之理，刑戮之人也。故德充篇云『天刑之，安可解乎』！」補言吾生平以禮束縛一己自然之生，無異受天之刑也。**雖然，吾與汝共之。」**宣云：「己之所得不欲隱。」正雖然，吾平日與汝講習禮儀，束其性天，故汝亦共爲戮民也。孔子因子貢以臨尸而歌爲非禮，乃語之以拘禮者如受天刑也，以破其是己非人之心，繼則以相忘勖之也。子貢曰：「敢問其方。」孔子曰：「魚相造乎水，人相造乎道。造，詣也。造乎水者魚之樂，造乎道者人之樂。補相造乎道，卽答子貢以方也。相造乎水者，穿池而養給；相造乎道者，无事而生定。釋文：「池，本亦作地。」按：兩本並通。魚得水則養給，人得道則性定。生、性字通。正天道篇「一心定而萬物服」，言以虛靜推於天地，通於萬物。又曰：「至人之心有所定矣。」此處「无事」，卽無爲也，承上「逍遥乎无爲之業」説。無爲也，而後能虛靜，虛靜則定矣。「生」字，如佛書「無所住而生其心」之生，不必改爲「性」字。彼所生之心，清淨心也，卽此之定心也。言欲造乎道者，在生其定心，而生定之功夫則在心虛靜而無事，無事而定自生矣。此莊子修道要旨也。故曰：魚相忘乎江湖，人相忘乎道術。」宣云：「愈大則愈適，豈但養給、生定而已。」正繳應上「泉涸」「譽堯」數語。夫方内方外，道術不同，猶之堯、桀之性不同也。然道術雖殊，各有所適，與其互相是非，不如兩忘而化其道，卽此「相忘乎道術」之謂也。蓋子反二人，謂子貢不知禮意，子貢以彼臨尸而歌爲非禮，各是其所是而非其所非也，故孔子以「相忘乎道術」語之。子貢曰：「敢問畸人。」司馬云：「畸，不耦也。」郭云：「問向所謂方外而不偶於俗者安在？」補釋文：「畸，居宜反。」曰：「畸人者，畸於人而侔於天。司馬云：「侔，等也。」成云：「率其本性，與自然之理同。」補釋文：「侔音謀。」故曰：天之小人，人之君子；宣云：「拘拘禮法，不知性命之情，而人稱爲有禮。」人之君子，天之小人也。」按：各本皆同。疑複語無義，當作「天之君子，人之小人也」。成云：「子反、琴張，不偶於俗，乃曰畸人，實天之君子。」按不偶於俗，卽謂不偕於禮，則人皆不然之，故曰「天之君子，人之小人也」，文義甚明。蘇輿云：「以人之小人斷定畸人，則琴張、孟孫輩皆非所取，莊生豈真不知禮者哉！」 **正**蘇輿說與本義乖違。篇首樹天之所爲、人之所爲二義以爲綱，通篇均就二義分疏，此處亦然。上文「芒然彷徨乎塵垢之外，逍遥乎无爲之業」，爲天之所爲也；「憒憒然爲世俗之禮，以觀衆人之耳目」，爲人之所爲也。君子有二。論語云：「文質彬彬，然後君子。」天下篇云：「以禮爲行，謂之君子。」此人之君子也，卽爲人之所爲也。上文「古之真人」，此天之君子也，卽爲天之所爲也。外物篇云：「老萊子曰：『丘！去汝躬矜，與汝容知，斯爲君子矣。』」卽去文尚質，去禮任天，亦天之君子也。小人亦有二。盜跖篇云：「小人殉財。」駢拇篇云：「其所殉貨財也，則俗謂之小人。」山木篇云：「小人甘以絶。」此人之小人也。若人之君子，則天之小人也。上文狐不偕、務光諸人，世所稱賢人也，然行名失己，亡身不真，亦天之小人也。「天之小人」云者，謂較至人、大人、真人爲小，非同乎人之小人也。成、蘇諸氏，疑此文語複，未深究君子、小人之義者也。蓋上以天理爲主，且義綜其全，謂以天理言之，如行名失己，及拘禮飾文，皆違自然，乃自然之小人也，然人於拘禮飾文者則謂之君子，下以人情爲主，且語有專屬，謂以人情言之，重禮尚文，於能篤守禮文者則稱之爲君子，而實天之小人也。因子貢拘拘禮文，故下二語專就子貢而言，以警覺之，語複而意不複也。

顏回問仲尼曰：「孟孫才，名才。**其母死，哭泣無涕，中心不戚，居喪不哀。无是**

三者，以善處喪蓋魯國。固有无其實而得其名者乎？回壹怪之。」郭、陸、成本，「喪」字絕句。李楨云：「文義未完。『蓋魯國』三字，當屬上句，與應帝王篇『功蓋天下』義同。釋言：『弇，蓋也。』釋名：『蓋，加也。』並有高出其上之意。言才以善處喪名蓋魯國也。」仲尼曰：「夫孟孫氏盡之矣，進於知矣。成云：「進，過也。」宣云：「其盡道過於知喪禮者。」正此「知」字，如篇首「知人之所爲」之知。言孟孫氏已盡居喪之實，進入於世人之知矣。與上文「以禮爲翼」、「厲乎似世」之義相應。唯簡之而不得，宣云：「簡者，略於事。世俗相因，不得獨簡，故未免哭泣居喪之事。」補天運篇：「黄帝之治天下，使民心一，民有其親死不哭，而民不非也。」蓋孟孫之心一，不知所以生，不知所以死，自不哭泣其親；因牽於世人之知，欲簡略於喪禮而不得，於是乃有哭泣也。夫已有所簡矣。宣云：「然已無涕、不戚、不哀，是已有所簡矣。」蘇輿云：「二語泛言，不屬孟孫氏説。」姚云：「常人束於生死之情，以爲哀痛簡之而不得，不知於性命之真，已有所簡矣。」似較宣説爲優。正宣説是也。蘇、姚説非。孟孫氏不知所以生，不知所以死，宣云：「生死付之自然，此其進於知也。」正死生，命也；其有夜旦之常，天也。人之有所不得與，是以不知所以生，不知所以死也。宣「此其進於知」句誤，正語詳下。不知就先，不知就後，成云：「先，生；後，死。既一於死生，故無去無就。」正上文「惡知死生先後之所在」，言生死相禪，如環無端，不知生先而死後乎，抑死先而生後乎？既不知死生之先後，是以不知所就也。若

化爲物，以待其所不知之化已乎！ 宣云：「順其所以化，以待其將來所不可知之化，如此而已。」按：死爲鬼物，化也。鼠肝、蟲臂，所不知之化也。物不勝天，亦惟待之而已。 **補**不知之化，將來之化也；將來之化，萬化而未始有極也。山木篇「化其萬物，而不知其禪之者，焉知其所終！焉知其所始！正而待之而已」，義與此同。**且方將化，惡知不化哉？方將不化，惡知已化哉？** 宣云：「四語正不知之化，總非我所能與。」**吾特與汝其夢未始〔一〕覺者邪！** 宣云：「未能若孟孫之進於知也。」 **正**注非。上「進於知矣」，言入於世知也，宣誤以爲真知，故説如此。此句係仲尼就身設喻，以明上文，且啓下文，言吾與汝方自以爲覺也，惡知其非夢而未覺者邪？生死亦然，自以爲生矣，安知其非死耶？**且彼有駭形而无損心，** 彼孟孫氏雖有駭變之形，而不以損累其心。 **正**彼，指孟孫之母。孟孫未死，不得言有駭形。言彼死者有駭變之形，而無損於心，雖死，如夢之未覺耳。**有旦宅而无情死。** 成云：「旦，日新也。宅者，神之舍也。以形之改變，爲宅舍之日新耳。」姚云：「情，實也。言本非實有死者。」 **正**旦宅，言人生駒隙，如一朝之居於宅耳。所謂死者，猶之賃宅者去此遷彼，而非實死也。**孟孫氏特覺，人哭亦哭，是自其所以乃。** 乃，猶言如此。人哭亦哭，已無容心。蘇輿云：「『孟孫氏特覺』絶句。言我汝皆夢，

〔一〕「始」字，據王氏原刻及集釋本補。

而孟孫獨覺，人哭亦哭，是其隨人發哀。」　補既無情死，則死何必哭？哭特世知之禮如此耳。孟孫氏進入世知，故人哭亦哭，所謂「厲乎其似世」也。郭云：「夫常覺者，無往而有逆也，故人哭亦哭，正自其所宜也。」是郭亦以「覺」字絶句，承上「其夢未始覺」來，「乃」作「宜」，義亦通。**且也，相與吾之耳矣，庸詎知吾所謂吾之乎？**人每見吾暫有身，則相與吾之。豈知吾所謂吾之，果爲吾乎，果非吾乎？　補豈特生死不能知，卽吾之爲吾，亦不能確知也，特自以爲吾，卽吾之耳。淮南俶真訓：「公牛哀七日化爲虎。方其爲虎也，不知其嘗爲人也；方其爲人，不知其且爲虎也。二者代謝舛馳，各樂其成形。」可爲此處明喻。**且汝夢爲鳥而厲乎天，夢爲魚而没於淵，不識今之言者，其覺者乎，夢者乎？**厲、戾同聲通用，至也。未知魚鳥是覺邪夢邪，抑今人之言魚鳥者是覺邪夢邪？　補當吾夢時，吾所謂「吾之」者魚鳥也；及其既覺，吾所謂「吾之」者人也。夢、覺異，故「吾之」者亦不同。是故夢與覺，「吾之」之吾，皆不相知也，且安知魚鳥之非覺而爲人之非夢邪？　**造適不及笑，獻笑不及排，**宣云：「人但知笑爲適意，不知當其忽造適意之境，心先喻之，不及笑也。及忽發爲笑，又是天機自動，亦不及推排而爲之，是適與笑不自主也。」**安排而去化，乃入於寥天一。**宣云：「由此觀之，凡事皆非己所及排，冥冥中有排之者。今但當安於所排，而忘去死化之悲，乃入於空虛之天之至一者耳。」

意而子見許由，許由曰：「堯何以資汝？」成云：「意而，古之賢人。」郭云：「資者，給濟之謂。」意而子曰：「堯謂我：『汝必躬服仁義，而明言是非。』」成云：「必須己身服行，亦復明言示物。」許由曰：「而奚爲來軹？而，汝也。軹同只。補只，說文「語已詞也」。武按：「躬服仁義」句，乃爲人之所爲，卽人之君子也。夫堯既已黥汝以仁義，而劓汝以是非矣，宣云：「如加之以刑然。」補周禮司刑「墨罪五百，劓罪五百」，注：「墨，黥也。先刻其面，以墨窒之。劓，截其鼻也。」釋文：「黥，其京反。劓，魚器反。」汝將何以遊夫遙蕩、恣睢、轉徙之途乎？」成云：「恣睢，縱任也。轉徙，變化也。」按：言汝既爲堯所誤，何以遊乎逍遥放蕩、縱任變化之境乎？補釋文：「遥蕩，王云『縱散也』。恣，七咨反。睢，郭、李云『許維反』。」武按：天地篇：「聖人之治天下，摇蕩民心，使之成教易俗。」此文「遥」字，似當作「摇」。意而子曰：「雖然，吾願遊於其藩。」宣云：「言雖不能遵途，願涉其藩籬。」許由曰：「不然。夫盲者无以與乎眉目顔色之好，瞽者无以與乎青黄黼黻之觀。」補釋文：「與音豫，下同。黼音甫。黻音弗。觀，古亂反。」成云：「盲者，有眼睛而不見物；瞽者，眼無眹縫，如鼓皮也。作斧形謂之黼，兩己相背謂之黻。」意而子曰：「夫无莊之失其美，成云：「无莊，古之美人，爲聞道故，不復莊飾，而自忘其美色。」據梁之失其力，成云：「據梁，古之多力人，爲聞道守雌故，失其力。」黄帝之亡其知，成云：「黄帝有聖知，亦爲聞道故，能忘遺其知。」皆在鑪捶之間耳。釋文：「捶，本又作錘。」成云：「鑪，竈也。錘，鍛也。三人以聞道契真，如器物假鑪冶打鍛以成用耳。」庸詎知夫造物者之不息我黥而補我劓，使我乘成以隨先生邪？」宣云：「乘，猶載也。黥劓則體不備，息之補之，復完成矣。天今使我遇先生，安知不使我載一成體以相隨邪？」許由曰：「噫！未可知也。我爲汝言其大略。吾師乎！吾師乎！䪠萬物而不爲義，澤及萬世而不爲仁，司馬云：「䪠，碎也。」盧文弨云：「説文作䪠，亦作齏。隸省作䪠。」成云：「素秋霜降，碎落萬物，非有心斷割而爲義；青春和氣，生育萬物，非有情恩愛而爲仁。」補釋文：「䪠，子兮反。」武按：吾師乎，指以下所言爲師，卽道也。「䪠萬物」二句，爲天之所爲也，且針對上「躬服仁義」句而矯正之。長於上古而不爲老，成云：「萬象之前，先有此道，而日新不窮。」按：語又見前。覆載天地、刻彫衆形而不爲巧。成云：「天覆地載，以道爲原，衆形彫刻，咸資造化，同稟自然，故巧名斯滅。」此所遊已。」宣云：「應上遊。」補上數語，與上文「夫道有情有信」節義同，故此之所遊，卽遊於道也。

顔回曰：「回益矣。」仲尼曰：「何謂也？」曰：「回忘仁義矣。」曰：「可矣，猶未也。」他日復見，曰：「回益矣。」曰：「何謂也？」曰：「回忘禮樂矣。」曰：「可矣，猶未也。」補或謂仁義深而禮樂淺，仁義内而禮樂外，其忘也，應自淺而深，自外而内，本文不然，疑有倒誤。淮南道應訓，文與此同，惟先忘禮樂，仁義次之，似當据正。武曰：不然。仁義之施由乎我，禮樂之行拘於世。由乎我者，忘之無與人事；拘於世者，忘之必駭俗情。是以孟孫之達，且進世知，孟、琴之歌，遂來面誚。此回所以先忘仁義而後忘禮樂，蓋先易而後難也。淮南誤倒，當据此以正之也。**他日復見，曰：「回益矣。」曰：「何謂也？」曰：「回坐忘矣。」**司馬云：「坐而自忘其身。」**仲尼蹵然曰：「何謂坐忘？」顏回曰：「墮肢體，黜聰明，**成云：「墮，毁廢。黜，退除。」補釋文：「蹵，子六反，崔云『變色貌。』墮，許規反，徐待果反。」**離形去知，**宣云：「總上二句。」補墮肢體，離形也；黜聰明，去知也。即以刑爲體也。**同於大通，**成云：「冥同大道。」補奚侗曰：「大當作化。下文『同則無好也，化則無常也』，即分釋此兩句。淮南道應訓正作『洞於化通』。」**此謂坐忘。」**補如此，可謂天之君子矣。**仲尼曰：「同則无好也，**宣云：「無私心。」**化則无常也。**宣云：「無滯理。」**而果其賢乎！丘也請從而後也。」**爾誠賢乎！吾亦願學。極贊以進回。補注「願學」，非。説苑指武篇孔子曰「吾所願者，顏氏之計。吾願負衣冠而從顏氏子也」，即此「請從而後」之謂也。又在宥篇云「墮爾形體，吐爾聰明，倫與物忘，大同乎涬溟，解心釋神，莫然无魂」，可作此節參證。

子輿與子桑友，而霖雨十日。雨三日以往爲霖。補左隱九年：「春，王三〔一〕月，大雨霖以震，書始也。凡雨自三日以往爲霖。」爾雅釋天〔二〕：「久雨謂之淫。淫謂之霖。」**子輿曰：**

〔一〕「三」原作「正」，據左傳改。
〔二〕「釋天」原誤「釋文」，據爾雅訂正。

「父邪母邪！天乎人乎！」有不任其聲，而趨舉其詩焉。崔云：「不任其聲，憊也。」成云：「趨，卒疾也。」補釋文：「裹音果。食音嗣。」成云：「任，堪也。」崔云：「趨舉其詩，無音曲也。」子輿入〔一〕，曰：「子之歌詩，何故若是？」成云：「歌詩似有怨望，故驚怪問其所由。」曰：「吾思乎使我至此極者而弗得也。父母豈欲吾貧哉？天无私覆，地无私載，天地豈私貧我哉？求其爲之者而不得也。然而至此極者，命也夫！」知命所爲，順之而已。

〔一〕「入」字，據王氏原刻及集釋本補。

應帝王第七

郭云：「無心而任乎自化者，應爲帝王也。」正郭説非。「帝王」二字，須活看。如徐无鬼篇「雞廱也，豕零也，是時爲帝者也」之帝、德充符篇「而王先生」之王，若作實字詁之，則所謂應帝王者，言修道養氣之功，至乎其極，與帝王之義相應，蓋寓言也。如謂非寓言，而實言上古帝王治天下之道，上古之治天下者，莫過於伏羲、神農、黄帝。伏羲畫八卦，作甲子，教市易，結繩而爲網罟；神農作耒耜，教稼穡，嘗百草；黄帝制衣裳，造宫室，作五兵營陣，半生征討，致肌色皯黴，五情爽惑：皆爲任知任事之尤者也。如篇中所言以己爲牛馬，遊心於無，不知誰何，食豕如人，塊然獨以形立，無爲事任，無爲知主，而謂執此道以治天下，可臻羲、黄之盛，雖擅龍、施之辯，亦不能言其理矣。惟視爲修道養氣之寓言，則圓通無礙。蓋帝王者，寓言乎篇中之「太沖」。太沖爲陰陽二氣集合成和之名，和則德之實也。繕性篇云：「夫德，和也。」德充符篇云：「德者，成和之修也。」又云：「和豫通。」吕氏春秋云：「王者，天下之所往也，往則通矣。」管子兵法篇：「通德者王。」是以王寓言和豫通而爲太沖也。説文云：「帝者，諦也。」「諦者，審也。」書堯典傳，其疏云：「舉事審諦，故謂之帝也。」篇中「鯢桓之審爲淵」，喻修道者所養之氣，審諦於集虚而爲太沖也。故「鯢桓之審」一段，可作「帝」字之解義，而「帝王」二字，卽太沖之寓言也。則陽篇云：「陰陽，氣之大。」陰陽沖和，故謂太沖。太，大也。老子曰：「域中有四大，而王居一焉。」此處蓋以王寓太沖之大也。且也，太沖爲修道養氣之極，帝王爲天下人民之極；太沖虛，爲氣所集，帝王尊，爲人民所歸；太沖莫勝，帝王之勢亦莫勝。故特寓之以題篇也。極則無復可言，故内篇卽以此而終焉。

齧缺問於王倪，四問而四不知。見齊物論。補天地篇：「堯之師曰許由，許由之師曰齧缺，齧缺之師曰王倪，王倪之師曰被衣。」武按：「知」字爲篇中骨幹，通貫全篇，故首爲揭出，而結之以「无爲知主」。本節之以己爲馬牛，三節之遊淡，合漠，順自然，四節之遊於無有，五節之不知誰何，食豕如食人，末節之渾沌，皆不爲知主也。本節之藏仁要人，二節之經式義度，四節之物徹疏明，五節之神巫預知，末節之儵、忽鑿竅，皆爲知主也。知北遊篇黃帝曰：「彼其真是也，以其不知也。」无始曰：「不知深矣，知之淺矣。」據此，可曉然於本篇知與不知之義矣。**齧缺因躍而大喜，行以告蒲衣子**〔一〕。釋文：「尸子云：『蒲衣八歲，舜讓以天下。』崔云：『卽被衣，王倪之師也。』淮南子曰：『齧缺問道於被衣〔二〕。』」**蒲衣子曰：「而乃今知之乎？**而，汝。**有虞氏不及泰氏。**成云：「泰氏，卽太昊伏羲也。」補淮南覽冥訓「然猶未及虙戲氏之道也」，其下云：

〔一〕「齧缺因躍而大喜，行以告蒲衣子」，據王氏原刻及集釋本補。

〔二〕王氏引釋文，據王氏原刻補。

「當此之時，臥倨倨，興盱盱，一自以爲馬，一自以爲牛。」語意與此同。虙戲，古通伏羲。成謂泰氏即伏羲，蓋本此也。**有虞氏，其猶藏仁以要人，亦得人矣，而未始出於非人。**崔云：「懷仁心以結人也。」宣云：「非人者，物也。有心要人，猶繫於物，是未能超出於物之外。」補徐无鬼篇：「馳其形性，潛之萬物。」此之藏仁要人，馳其形性也；未始出於非人，潛之萬物也。**泰氏，其臥徐徐，其覺于于，**司馬云：「徐徐，安穩貌。于于，無所知貌。」**一以己爲馬，一以己爲牛，**成云：「或馬或牛，隨人呼召。」補天道篇老子曰：「昔者，子呼我牛也，而謂之牛；呼我馬也，而謂之馬。」呼牛呼馬，名也。名者，人爲也，非真也。故逍遥篇云「聖人无名」。馬牛也者，物也。然秋水篇云「號物之數謂之萬，人處一焉」，是人亦物也。德充符篇云「自其同者視之，萬物皆一也」，列子黄帝篇云「和者大同於物」，佛書之「無差別心」、「無我相」、「無衆生相」，均此義也。**其知情信，**成云：「率其真知，情無虚僞。」補秋水篇「是信情乎」，成云：「信，實也。」此言其知之情爲實。實者，真也。知真，故所得亦真，與下句爲一氣。**其德甚真，**郭云：「任其自得，故無僞。」**而未始入於非人。**」宣云：「渾同自然，毫無物累，未始陷入於物之中。」補至人和同萬物，而非入也。入之云者，馳其形性，凝滯於物，而心爲之累者也。此段重在知、德、性、真四字。雖自以爲馬牛，然有一真我在，是爲真德。彼懷仁要人，純出人爲之僞，其知非信，雖曰得人，非真得也。

肩吾見狂接輿。狂接輿曰：「日中始何以語女？」李云：「日中始，人姓名，賢者也。」崔本無「日」字，云：「中始，賢人也。」俞云：「日〔一〕猶言日者也。義見左文七年、襄二十六年、昭七年、十九年傳。」**肩吾曰：「告我：君人者，以己出經式義度，**司馬云：「出，行也。」王念孫云：「經式義度，皆謂法也。義讀爲儀，古字通。」正焦竑云：「經之式，義之度，皆所以正人。」林雲銘云：「經常之法式，義理之制度，如三綱五常，皆所以正人也。」二說義并如字讀，非不可通。天下篇云：「以義爲理。」林說「義理」字亦合，似不必改讀。天運篇云：「故夫三皇、五帝之禮義法度。」如「義」「法」互易，則爲「禮法義度」，義亦無所出入，足證改「儀」之不必矣。且「義」字於此處最適。釋名：「義，裁制事物使各宜也。」說文「度，法制也」，亦有裁制義。上文「以己出」，獨裁也；下文「人孰敢不聽」，以其獨裁而懼之也。上節藏仁以要人，此則出法以制人，其治更出有虞氏之下。必如是，然後與上節不複。**人孰敢不聽而化諸！」狂接輿曰：「是欺德也。**成云：「以己制物，物喪其真，是欺誑之德，非實道。」補反映上文「其德甚真」句。**其於治天下也，猶涉海鑿河，**涉海而鑿爲河。補說文：「涉，徒行厲水也。」徒行涉海，非惟不達，且必陷溺矣。鑿河所以通海，今涉海以鑿河，是倒道而行也，爲下「正而後行」之反喻。**而使蚉負山也。**補此非蚉力所能也，爲下「確乎能其事者」之反喻。**夫聖人之治也，治外乎？**用法，是治外

〔一〕「日」字，據王氏原刻補。

也。**正而後行，**正其性而後行化。補言不治外而正内。德充符篇：「正生以正衆生。」孔子曰：「其身正，不令而行。」**確乎能其事者而已矣。**李云：「確，堅也。」宣云：「不强人以性之所難爲。」正言不强人以力之所不能爲，如使蚉負山之類也。天地篇：「聖治乎！官施而不失其宜，拔〔一〕舉而不失其能。」文子自然篇：「故聖人舉事，未嘗不因其資而用之也。有一功者處一位，有一能者服一事。力勝其任，卽舉者不重也；能稱其事，卽爲者不難也。」**且鳥高飛以避矰弋之害，鼷鼠深穴乎神丘之下，以避熏鑿之患，**成云：「矰，網。鼷鼠，小鼠。神丘，社壇。」宣云：「物尚有知如此。」補釋文：「矰，則能反。鼷音兮。熏，香云反。」**而曾二蟲之无知！」**曾是人之無知。不如二蟲乎！補言出己私意，立法制人。二蟲猶知避害，曾是人不如二蟲，而不知避爲治者之法網乎！此答「孰敢不聽而化諸」。

天根遊於殷陽，崔云：「地名。」補李云：「殷，山名。殷山之陽。」成同。**至蓼水之上，**李云：「蓼水，水名。」補釋文：「蓼音了。」成云：「蓼水，在趙國界内。」**適遭无名人而問焉，**補成云：「遭，遇也。」武按：老子曰：「道常无名。」此无名人，卽寓言道也。夫人而無名，則呼牛呼馬，無不可者，上所謂「其知情信，其德甚真」也。大宗師篇「夫道有情有信」，故曰「无名人」寓

〔一〕「拔」原作「援」，據天地篇原文改。

言道也。「名」亦本篇重要字，與「知」字同貫全篇。蓋名出於知，無知則無名。首節之自以爲馬牛，此之无名人，四節之有莫舉名，六節之名實不入，皆言無名也，末節則以「無爲名尸」結之焉。曰：**「請問爲天下。」无名人曰：「去！汝鄙人也，何問之不豫也！」**俞云：「釋詁：『豫，厭也。』楚辭惜誦『行婞直而不豫兮』，王注：『豫，厭也。』此怪天根之多問，猶云何不憚煩也！」正俞説非。多問方可謂之不憚煩，此爲適遭初問，連下祇二問，俞乃謂怪其多問爲不憚煩，未免顢頇。爾雅釋詁：「豫，安也。」夫道在無爲，老子曰：「爲者敗之。」今天根問爲天下，其不安處卽在一「爲」字。彼人且無名，奈何向之問爲乎！況所問之爲在天下乎！宜乎无名人斥之去，而譏其問之不安也。以下至「感予之心爲」，明己之無爲也。**予方將與造物者爲人，**人，偶也，詳大宗師篇。正「人，偶」，非，正語亦詳大宗師篇。**厭則又乘夫莽眇之鳥，**成云：「莽眇，深遠。」按：謂清虚之氣若鳥然。補釋文：「莽，莫蕩反。眇，妙小反。」武按：逍遥遊篇「適莽蒼」，成云：「郊野之緣，遥望之不甚分明也。」釋文：「莽，莫郎反。」集韻音茫，義亦與茫同。成所謂郊野之色者，釋蒼也，蒼蓋草色也；遥望不明者，釋莽也，謂茫茫然也。就遠地言，則用「莽蒼」；就高空言，則用「莽眇」。庚桑楚篇：「藏身不厭深眇而已。」博雅：「眇，遠也。」然則莽眇者，望之不甚分明之深遠處也。此句與「藏身不厭深眇」之義同，並下句，實爲下文「遊心於淡，合氣於漠」之喻。蓋「漠」字，説文云「通幕」。程大昌北邊備對「幕者，漠也」，言望之漠漠然也，卽望之不甚分明也，亦卽莽之義也。**以出六極之外，**成云：「六極，猶六合。」**而遊无何有之鄉，**説見逍遥遊篇。**以處壙埌之野。**崔云：「壙埌，猶曠蕩也。」**補**釋文：「壙，徐苦廣反。埌，徐力黨反，李音浪。」武按：此與上句，爲下「順物自然而无容私焉」之喻。蓋無有者，無爲也。文子道原篇「所謂無爲者，不先物爲也」，卽順物自然爲之，而已不先也。有私，則必爲私欲所蔽塞矣。必無私焉，然後心能曠蕩，故曰爲之喻也。**汝又何帠以治天下感予之心爲？」**帠，徐音藝，未詳何字。崔本作「爲」，當從之。**補**帠依崔作「爲」，則當去句末「爲」字，否則不辭。俞讀作寱，孫詒讓以爲「叚」之誤，又有轉「叚」爲「暇」者，義均不愜。徐音藝，彼必有所本。音同則義通。藝者，才也。言汝又有何才藝以治天下感予之心爲？如此，則與上「汝鄙人也」相應。蓋鄙者陋也，鄙陋，無才識也，義似較合。此「心」字，爲全篇主腦。凡篇中所言道德、氣機、情知、名實，皆總之於一心，文分反、正以論之。論其反，則藏仁要人，己出經式義度，私心也；天根以鄙人而問爲天下，妄心也；嚮疾徹明而勤學，怵其心也；見神巫而心醉，迷其心也；感善待而鑿竅，亦心之妄也。論其正，則泰氏之徐徐于于，率其真心也；接輿之正而後行，正其以己出之私心也；无名人則遊心於淡，老聃則遊心於無有也；壺子之太沖莫勝，則謂之遊心於淡可，謂之遊心於無有亦可；聖人之心則若鏡，而終之以渾沌其心焉。蓋莊子之學，心學也。前六篇所論，亦論心已矣，然或舉一隅而未及其全，故此篇特就心之反正，與修之次第而詳論之，以爲内篇之殿焉。莊子之學與其道，蓋於此篇盡之矣。**又復問。无名人曰：「汝遊心於淡，合氣於漠，順物自然，而无容私**

焉，宣云：「不用我智。」**而天下治矣**〔一〕**！」**　補上二段，明有爲以治天下，卽私心主知，非正而後行也。此段卽申説正而後行之義，遊淡合漠，順自然而無私，卽正内而非治外也。知北遊篇云：「嘗相與无爲乎！澹而静乎？漠而清乎！」心淡静而氣漠清，不藏仁以要人也。順物自然，不出經式義度以制人也。仁者有親，私也；法必己出，私也。無私焉，不治天下而天下治矣。遊心於淡，合氣於漠，爲全篇精要語，然有先後之分：必先能遊心於淡，然後能合氣於漠。如篇中之徐徐于于，情信、無欺、無私，篇末之四無爲，卽遊心於淡也。合氣於漠之極致，卽下「神巫」節之太沖，蓋太沖爲陰陽二氣交合成和之謂也。故「遊心」二句，爲「神巫」節之綱。彼節方由淺入深，逐層敷陳，爲修道養氣之總説明。「天下」二字，道家謂喻全身，言頭之下，足之上也。玩「神巫」節「天壤」「地文」，及「機發於踵」諸語，卽明此言未爲無理。蓋本書多寓言，實則純就修心養氣立論，乃方以外之言也。其中所謂君、國、臣、民，各有寓意。老子五千言，意亦如之。若徒就文句之實義詁之，則多不合情理。此義已於篇題正語内及之矣。

陽子居見老聃曰：　成云：「姓陽，字子居。」案：卽楊朱，見寓言篇注。**「有人於此，嚮疾强梁，**嚮往敏疾，强幹果決。　正嚮，如易繫辭「其受命也如嚮」之嚮。疏：「如嚮應聲。」言其人用知則敏疾如嚮之應聲，任事則如梁棟之强而不橈。**物徹疏明，**事物洞徹，疏通明達。　正史

〔一〕「而天下治矣」五字，據王氏原刻及集釋本補。

記禮書「疏房、牀第、几席」，索隱：「疏，謂窻也。」盗跖篇「内周樓疏」，李云：「疏窗外通。」武按：室設窗疏，所以通明也。句謂其於物理洞徹，如窗疏之通明也。上句言用知任事，以聲嚮與梁棟喻之；此言明物，以疏窗喻之。若如注説，則「徹」與「疏」複，「明達」與「洞徹」複。**學道不勸。**補求知也。**如是者，可比明王乎？」老聃曰：「是於聖人也，胥易技係，勞神怵心者也。**言此其學聖人，如胥之易，如技之係，徒役其形心者也。郭慶藩云：「胥徒，民給徭役者。易，治也。胥易，謂胥徒供役治事。技係，若王制『凡執技以事上者，不貳事，不移官』，是爲技所係也。」正注非。禮記文王世子篇：「小樂正學干，大胥贊之。」（鄭注：「大胥掌學士之版，以待諸子春入學，舍菜合舞，秋頒學合聲。」）又云：「胥鼓南。」（注：「胥掌以六樂之會正舞位。」）周禮天官：「胥十二人。」（注：「胥讀如諝。謂其有才知，爲什長。」疏：「周室之内，稱胥者多。謂若大胥、小胥、胥師之類，雖不爲什長，皆是有才智之稱。」又云：「徒給使役，故一胥十徒也。」）然則胥須才智而爲長，徒則給使役，職任各分。郭統謂「胥徒給徭役」，非也。且句僅言胥，以其有才智也，不必涉及徒。謂「易，治也」，亦非。禮記祭義：「易抱龜南面，天子卷冕北面。雖有明智之心，必進斷其志焉。」（注：「易，官名，周禮曰大卜。大卜主三兆、三易、三夢之占。」）據此，則爲胥必精習樂舞之技，爲易必精習占卜之技，皆爲技所纏係而不能移，故曰「胥易技繫」也。陽子所言之人，以有才智而勤學，何異胥易以才智爲技所係乎？徒勞苦其形，怵惕其心耳。勞形怵心，反應上「遊心於淡」二句。**且曰虎豹之文來田，**以文致獵。**猨狙之便、**捷也。**執斄之狗來藉。**司馬云：「藉，繫也。」按：猴、狗以能致繫。二語亦見天地篇。正藉訓繫，似與事實不合。凡狗一受馴養，恆依主人，不須繫也。釋名：「藉，咀藉也。以藉齒牙也。」狗田之久，難必不爲猛獸所咀藉也。上胥易以人喻，此以物喻；上喻勞形，此喻傷生。**如是者，可比明王乎？」陽子居蹵然曰：「敢問明王之治。」老聃曰：「明王之治，功蓋天下而似不自己，**成云：「聖人功成不居，似非己爲之。」補不以己出經式義度也，無私也。**化貸萬物而民弗恃，**宣云：「貸，施也。」成云：「百姓謂不賴君之能。」補不藏仁以要人也。民弗恃，則非民孰敢不聽之治可比矣。**有莫舉名，**宣云：「似有，而無能名。」補老子曰：「太上，下知有之。」本書徐无鬼篇「聖人並包天地，澤及天下，而不知其誰氏」，義並與此同。**使物自喜，**成云：「物各自得。」補順物自然，不出經式義度以制之，則物自喜矣。**立乎不測，**宣云：「所存者神。」補處壙埌之野，自難測其崖際。**而遊於无有者也。」**宣云：「行所無事。」補自篇首至此，分四節，其意不出「反正」二字，每節内又自有反正。第一節藏仁，似治内矣，而非正；泰氏之徐徐于于，則正也。第二節以己出法，純治外也，制人更下於要人。於此提出「正而後行」，以啓下二節。第三節申説正内之義。第四節陽子所言之人，亦治内而非正，故老子闢其勞神怵心。至「功蓋天下」、「化貸萬物」二句，則申説「行」字之義，至此而後化行也。而其要，則在遊心於淡，合氣於漠；惟其能遊淡合漠，然後能立於不測，遊於無有。此義均於「神巫」節實證之。細玩此四節，反正相應，内外相對，虛實相間，先提後敍，先伏後彰，似斷實聯，皆互相發明也。

鄭有神巫曰季咸，列子黄帝篇云：「有神巫自齊來，處於鄭，命曰季咸。」**知人之生死存亡，禍福壽夭，期以歲月旬日，若神。**或歲或月或旬日，無不神驗。補「知」，主要字。任知必窮。**鄭人見之，皆棄而走。**宣云：「惟恐言其不吉。」補首節任知要人，而人始從；第二節，任知制人，而人不敢不從；此則任知惑人，皆棄而不從。前後雖分，實相映射。**列子見之而心醉，**向云：「迷惑於其道也。」補誤以知爲道，以文爲實，而不知其知非真也。**歸以告壺子，**列子作「壺邱子」。司馬云：「名林，鄭人，列子師。」曰：**「始吾以夫子之道爲至矣，**補通篇所説者道也，至此方明點，並出「至」字。帝王爲人之至，此節不僅説道，乃説道之至，以與帝王之義相應。**則又有至焉者矣。」**郭云：「謂季咸之至，又過於夫子。」**壺子曰：「吾與汝既其文，未既其實，而固得道與？**成云：「與，授。既，盡也。吾比授汝，始盡文言，於其妙理，全未造實。汝固執文字，謂言得道邪？」按：列子「既其文」作「無其文」，張湛注引向秀云：「實由文顯，道以事彰。有道而無事，猶有雌而無雄耳。今吾與汝，雖深淺不同，無文相發，故未盡我道之實也。此言聖人之唱，必有感而後和。」正成謂固爲「固執」之固，非。向注蕪雜無當。此處應承「道」字説。言吾平日與汝所言者，盡乎道之外文，而未盡乎道之實體也。汝僅得吾所言之文，遂自以爲得道之實乎？句本明顯，觀成、向注，反令人迷眩。下「天壤」「太沖」，即示之以實也。**衆**

雌而无雄，而又奚卵焉！郭云：「喻列子未懷道。」正此以雌喻文，以雄喻實，以卵喻道。言有文而無實，安從得道？猶之有雌而無雄，安從得卵？而以道與世亢必信，而，汝也。信讀曰伸。言汝之道尚淺，而乃與世亢，以求必伸。列子「亢」作「抗」。正信讀伸，非。當如上「其知情信」之信，實也。淮南謬稱訓「文者所以接物也」，言汝誤以吾前與汝所既之文爲道，謂所以接物者也，遂出而與世亢，以爲必可得世人之實情矣。不知世人其情非信，故反爲所惑也。夫故使人得而相汝。故使人得而窺測之。補文者章於外，故使人得而窺測以惑之。嘗試與來，以予示之。」明日，列子與之見壺子。出而謂列子曰：「嘻！子之先生死矣，弗活矣，不以〔一〕旬數矣！吾見怪焉，見溼灰焉。」宣云：「言無氣燄。」補詳下。列子入，泣涕沾襟，以告壺子。壺子曰：「鄉吾示之以地文，列子注引向云：「塊然若土也。」正注非。此示以地之文，非示以塊然之土也。易說卦：「坤爲地，爲文。」「地文」二字本此。史記樂書注：「文猶動也。」故草木之萌動勾茁，條達敷榮，水流地上，蕩漾成紋，天氣下降，地氣上騰，皆地之文也。譬諸泰岱之雲，生於石罅，騰於太清，膚寸而合，不崇朝而滿天下。人身之氣亦如之，發於玄牝，會於泥丸，然後周流一身，無時或息。此段言養氣初功，蘊積於下，有待上騰，故以地文爲喻也。萌

〔一〕「以」上原有「可」字，據王氏原刻及集釋本刪。

乎不震不正。俞云：「列子作『罪乎不誫不止』，當從之。罪讀爲﨑，説文作辠，云：『山貌。』震卽誫之異文。不誫不止者，不動不止也，故以﨑乎形容之，言與山同也。今罪誤作萌，止誤作正，失其義矣。」據釋文，崔本作『不誫不止』，與列子同，可據以訂正。」按：列子注引向云：「不動，亦不自止，與枯木同其不華，死灰均其寂魄，此至人無感之時也。」正「萌」「震」「正」，均不誤。據俞説「不動不止，以﨑乎形容之」，﨑，山貌，形容不動可也，亦可形容不止乎？理恐難通。萌，承地文説，如草木之始萌芽也。在此處，義頗重要，上既承「地文」，下之「不震不正」，「杜」字「機」字，皆從此字發生。如作「﨑」，則無所取義矣。震，易説卦云「動也」。正，爾雅釋詁云「長也」。有主宰義，與佛書「無所住而生其心」之住義同。又如孟子「必有事焉而勿正心」之正，朱注：「正，預期也。」就地文言之，草木初萌，不動之以助長；如爲勾茁，不正之使必直。又不預期以必生，純如无名人所謂「順物自然」而已。以喻養氣者，氣機初萌，心不可馳於物以擾動之，然亦不可有執着心，卽不主宰之也，卽無所住也。此不正之一義也。又不可有希望心與攀緣心。希望者，預期也；攀緣則由希望而生。此不正之又一義也。循是以養，卽上所謂「遊心於淡」也。萌乎者，神氣初萌，有機無跡，故用「乎」之疑問詞。季咸見之，謂其未萌則有機，謂其已萌則不震不正，未有萌動之跡，疑而不明，故曰「見怪」「見溼灰」也。**是殆見吾杜德機也。**成云：「杜，塞也。」列子「機」作「幾」，下同。注引向云：「德幾不發，故曰杜。」**補**德充符篇云：「德者，成和之修也。」蓋修和已成，方謂之德。此則和氣初萌，尚無德可言，故曰「杜德」，言德閉塞而未顯也。然德雖杜，而機已萌，故季咸得見之。見機而未見德，猶之列子見文而未見實也。壺子此時境界，如顏回坐忘，南郭子綦喪我，故季咸曰「死」，曰「弗活」也。此證明遊心於淡一。**嘗又與來。」**嘗亦試也。**明日，又與之見壺子。出而謂列子曰：「幸矣！子之先生遇我也。有瘳矣，全然有生矣。**列子「全」作「灰」。**補**當作全。**吾見其杜權矣。」**宣云：「杜閉中，覺有權變。」**補**前僅見其將萌而未發之機，此則見其變動之權，故曰「有生」也。**列子入，以告壺子。壺子曰：「鄉吾示之以天壤，**列子注引向云：「天壤之中，覆載之功見矣。比地之文，不猶外乎！」按：郭注「地之」作「之地」，「外」作「卯」，是誤字。昔人謂郭竊向注，殆不然，此類得毋近是乎？　**正**壤，柔土也。無塊曰壤。變「地」言「壤」者，明非砂石斥鹵不毛之區，草木各物，皆易萌芽生息也。就人言之，頭圓象天，足方法地，故頭足爲一身之天地。黄庭經云：「口爲天關精神機，足爲地關生命棐。」則以人之氣息入出起迄處，定天地之關也。「天壤」二字，爲本節四段之總綱。自「地文」至「淵有九名，此處三焉」句，説明「壤」字；「未始出吾宗」段，方説「天」字。**名實不入**〔一〕，列子注引向云：「任自然而覆載，則名實皆爲棄物。」按：郭注「則」下，作「天機玄應，而名利之飾皆爲棄物矣」。**正**淮南原道訓「天下爲之圈，則名實同居」，張注：「名，爵號之名也。實，幣之屬也。一曰仁義之功

〔一〕「入」原誤「久」，據王氏原刻及集釋本改。

賞也。」又本經訓「是故生無號，死無謚，實不聚而名不立」，注：「實，財也。」皆以爵號貨利釋名實，近是矣，然不足以概本義。蓋天壤之間，惟道無名，以無形也。有形則有實，有實則有名。無乎非實，亦無乎非名。淮南所云「天下爲之圈，名實同居」者，言圈内惟名與實，無他物也，豈但以功名貨利限之乎？如夷、齊、務光之殉名，殉仁義之名，非羡爵號功賞之名也；踐仁義之實，非貪貨財利禄之實也。然自有道者視之，彼夷、務之名實，皆亡身不真，足以傷生損性，是以不入也。且呼牛爲牛，呼馬爲馬，人之名亦不入也；忘肝膽，遺耳目，墮肢體，本身之實亦不入也。故曰「名實不入」。若然者，則能如老子所云「虚極」「静篤」之候也。然後可以機發於踵，再進焉，然後洋溢於天壤間，而爲太沖莫勝矣。此證遊心於淡二。**而機發於踵。**宣云：「一段生機，自踵而發。」**補**大宗師篇云：「真人之息以踵。」田子方篇老子曰：「至陰肅肅，至陽赫赫。肅肅出乎天，赫赫發乎地。兩者交通成和，而物生焉。」慎子曰：「天地相去八萬四千里，沖和之氣在其中。四萬二千里已上爲陽位。冬至之候，陽氣發於地，一氣上升七千里。至六氣，則上升四萬二千里，而陽至陽位。」又曰：「天地之所以能長久者，以其陽中有陰，下降極而生陽；陰中有陽，上升極而生陰。二者交通，合爲太和。」武按：慎子乃本老子之説而發揮之，漢鍾離權又本慎子之説，著靈寶畢法一書，言人身陰陽之氣，其一晝夜之升降，與天地陰陽四時之氣相應。因按月令節候，詳言養氣之方，以傳吕純陽，修煉家視之爲祕法焉。此處亦以天壤氣之升降，喻人身内氣之升降。以壤喻踵，黄庭經之地關也。機發於踵，卽老子所言「赫赫發乎地」也，亦卽慎子所言「冬至之候，陽氣發於地，一氣上升」也。蓋冬至之候，在易爲震卦，一陽初生之時也。大宗師篇「真人之息以踵」，義詳彼注，與此有別。彼言真人呼吸之常息，此言身中陽氣之初發。然衆人之呼吸以肺，養氣家則以丹田，所謂内呼吸也。蓋其身中陰陽二氣，發於兩腎，而聚於丹田。此種功候，亦非可驟幾。至機發於踵，則可以踵息矣，然非真人不能也。前段氣之初萌，此段氣之正發，將上騰而及於天矣。是殆見吾善者機也。宣云：「善卽生意。」補「善」字本於易。易繫辭云：「一陰一陽之謂道。繼之者善也，成之者性也。」前爲氣之初萌，此爲氣之繼發。嘗又與來。」明日，又與之見壺子。出而謂列子曰：「子之先生不齊，釋文：「側皆反，本又作齋。下同。」正齊當如字，與下「勝」字「衡」字相應。月令仲夏之月云：「是月也，日長至，陰陽争，死生分。」注：「争者，陽方盛，陰欲起也。」前言人身之氣與天氣相應，此發於踵之氣，猶之赫赫發於地之陽氣也。身之陽氣方盛，其陰氣欲起而相争，故不齊也。吾无得而相焉。試齊，且復相之。」列子入，以告壺子。壺子曰：「吾鄉示之以太沖莫勝。列子「勝」作「朕」，當從之。注引向云：「居太沖之極，浩然泊心，玄同萬方，莫見其跡。」按：郭注「莫見其迹」，作「故勝負莫得措其間也」。正仍當作「勝」，方與上「不齊」、下「衡」字相應。淮南詮言訓：「故神制則形從，形勝則神窮。聰明雖用，必反爲神，謂之太沖。」注：「沖，調也。」反諸神，則神制形從，卽神勝也。神勝謂之太沖，與此「太沖莫勝」之義同。易曰：「陰陽不測之謂神。」是神爲陰陽之用也。「沖」注「調」者，蓋太沖乃陰陽二氣調和之名也。文子上仁篇：「天地之氣，莫大於和。和者，陰陽調。」列子天瑞篇：「沖和氣者爲人。」慎子謂陽陰二者合爲太和。據此諸説，此太沖之所由名也。陰陽和，則無争，無争，何有勝？故曰「太沖莫勝」也。篇中所言之莽眇、壙埌、無窮、無盡，皆形容太沖者也；而遊心於淡，與篇末所言之虚，則修太沖之下手工夫也。能淡能虚，然後能合氣於漠，謂合陰陽二氣而爲沖漠之和，卽太沖也。是太沖之爲氣也，體莫大焉，位莫極焉，用莫神焉，勢莫勝焉，與帝王之義有同符焉。故本篇名之曰應帝王，實歸重於太沖也。**是殆見吾衡氣機也。**宣云：「衡，平也。」列子注引向云：「無往不平，混然一之。」按：郭注同。**補**氣之初發，陰陽有盛衰多少，每不能平，故必平之使平以成和。和之極，則太沖也。季咸蓋見其平之之機，正當平之之時，氣固尚未平也，故曰「先生不齊」。**鯢桓之審爲淵，止水之審爲淵，流水之審爲淵。淵有九名，此處三焉。**列子「鯢桓之審」作「鯢旋之潘」，張注以爲當作「蟠」，云：「鯢，大魚。桓，盤桓也。蟠，洄流也。言大魚盤桓，其水蟠洄而成淵泉。」淵有九名者，謂鯢桓、止水、流水、濫水、(爾雅：「水涌出也。」)沃水、(水泉從上溜下。)氿水、(水泉從旁出。)雍水、(河水決出，還復入也。)汧水、(水流行也。)肥水。(水所出異爲肥。)是爲九淵，皆列子之文。成云：「水體無心，動止隨物，或鯨鯢盤桓，或凝湛止住，或波流湍激。雖多種不同，而玄默無心一也。」**正**此處各注都不得解。就列子文論，「潘」不誤，張改「蟠」，非也。管子五輔篇「決潘渚」，注：「潘，溢也。」言鯢桓之水，溢出而赴於淵也。此處自當作「審」，方與上下文相應。徐无鬼篇「水之守土也審」，羅勉道云：「言水之守土，審定不移也。」管子度地篇：「水出地而不流者命曰淵。」蓋水性就下，不赴海則趨淵，所向審諦，決不誤趨高地；至淵則停而不流，故曰「守土也審」，審知乎土之下處也。此處鯢桓之水，其審諦而守者，亦惟淵之趨。水之所匯曰淵，以喻氣之所會曰太沖；水之審守淵，喻人之審守氣也。鯢，張云「大魚」，且謂「鯨鯢盤桓」，非也。鯢桓之水爲淵，是尚未爲淵也。鯨鯢，魚之大者，非海不容，況未爲淵之水，安能容其盤桓乎？本書外物篇云「灌瀆守鯢鮒」，李云：「皆小魚也。」庚桑楚篇云：「尋常之溝，巨魚無所還其體，而鯢鰌爲之制。」此則不待注，而知鯢爲小魚矣。鯢所盤桓者，蓋溝瀆也。小魚桓小水，波動亦小，以喻中段杜德方始權變，其動小也；機發於踵，其氣小也。氣雖小，當審慎守之。氣發漸盛，終則陰陽合和而爲太沖矣。止水，喻首段氣機似萌非萌，不震不正，和德閉杜之時。流水，喻末段氣機盛發，洋溢天壤，陰陽合和，一氣流行，是謂太沖，猶之溝瀆之水匯而爲淵也。淵雖有九，止取可喻本義者，故曰「此處三焉」。流水瀠洄，地文也，取以設喻，既照應「地文」與「壤」字，兼爲上三段作收束，使不散漫。嘗又與來。」明日，又與之見壺子。立未定，自失而走。壺子曰：「追之！」列子追之不及，反以報壺子，曰：「已滅矣，已失矣，補初則距遠，没無所見，故曰「滅」也。追之漸近，能見而不能及，故曰「失」也。吾弗及也。」壺子曰：「鄉吾示之以未始出吾宗。深根冥極，不出見吾之宗主。正天下篇「以天爲宗」，此「宗」字，承上「天壤」之天字，暗伏下「盡其所受於天」之天字。上各段未及天，此申說之。本書所謂天者，無爲與自然也。未始出吾宗者，言未始逸出於吾所宗自然之天也，卽上文「順物自然」之義。達生篇言至人云「其天守全」，又云「聖人藏於天」，在宥篇云「神動而天隨」，皆不出宗之義也。
下數句，卽順物自然而動，乃申說此句，兼作順物自然之例證也。**吾與之虛而委蛇，**成云：「委
蛇，隨順貌。」郭云：「無心而隨物化。」按：列子「委蛇」作「猗移」，義同。**補**反映列子與世亢。
「虛」字重要，爲下「虛」字伏根，且承上「太沖」說。太沖爲陰陽之和氣。人間世云：「氣者，虛而待
物者也。」虛者，太沖之體也。委蛇者，如蛇之行，或左或右，委婉曲屈，以喻太沖之氣，或靜而爲
陰，或動而爲陽，無所不可也。此句總攝下「弟靡」「波流」二句而爲之綱。**不知其誰何，**向云：
「汎然無所係。」按：郭注同。**補**不爲知主，故不知其誰何。反映神巫主知以相人，有時而窮。
下「食豕如食人」，卽證明此句。**因以爲弟靡，**釋文：「弟音頹。弟靡，不窮之貌。」盧文弨云：
「正字通弟作弟。後來字書亦因之，而於古無有也。類篇弟字下，有徒回反一音，云：『弟靡，不窮
貌。』正本此。列子作『茅靡』。」**正**崔云：「弟靡，猶遜伏也。」武案：天地篇云：「豈兄堯、舜而弟
之哉！」宣云：「言不肯讓堯、舜居先而己後之。」據此，故弟有遜讓義。靡，順也。弟靡者，順而隨
其後也。列子作「茅靡」，言茅從風而靡，與弟從兄而順，其義同也。音頹，作不窮貌者，非也。此
就虛而委蛇之靜義說。**因以爲波流，**崔本作「波隨」，云：「常隨從之。」王念孫云：「崔本是也。
蛇、何、靡、隨爲韻。蛇，古音徒禾反。靡，古音摩。隨，古亦音徒何反。」**正**弟靡卽隨順，此復作
「波隨」，複矣。本書於四字句，多者嫌讀時聲調平板，往往協韻以救之。亦協自然之音，取其諧和
適口而已，非如後世之辭賦，不可出一定之韻也。若必字字指古爲某音，既非古人口授，何從定

之？是以明、清以來，論古音者，紛如聚訟，莫衷一是也。如王、俞等之於本書，其詁字論音，非不勤且博也，然徒斤斤焉辜較於一字半句之間，而於文之全理正義，反不深究，故所詁者，恆於本義無當，已於上之各篇，逐條正之矣。卽如此處，五字者僅三句，「不知」句屬上，因以兩句爲對，而以「故逃也」極短之句，頓住其氣，使極峭峻，非僅不患平板，且極起伏靈變之致。而四句之末字，平仄相間，聲復調適，何須協韻以救之乎？如必改「流」爲「隨」以合韻，義與上複，他無所取，徒犯湊韻之嫌而已。刻意篇云「聖人之生也天行，其死也物化，靜而與陰同德，動而與陽同波」，以釋本段頗愜：生也天行，卽未始出其宗也；靜而與陰同德，陰德靜而順，地之德也。吾故曰弟靡就靜義說也。動而與陽同波，陽德動而健，天之行也。波之流似之，故此句係就虛而委蛇之動義說。二句分含天地之德，卽分釋上文「天壤」二字之義也。**故逃也。**」成云：「因任前機，曾無執滯，千變萬化，非相者所知，故季咸逃逸也。」按：列子注引向云：「至人其動也天，其靜也地，其行也水流，其湛也淵嘿。淵嘿之於水流，天行之與地止，其於不爲而自然，一也。今季咸見其尸居而坐忘，卽謂之將死；見其神動而天隨，卽謂之有生。苟無心而〔一〕應感，則與變升降，以世爲量，然後足爲物主，而順時無極耳，豈相者之所覺哉！」補前季咸言「不齊，无得而相」，其時，氣機初發，陰陽未和，誠哉其不齊也。及後，氣機已充，陰陽已和而爲太沖，如易所謂「陰陽不測」之神矣。前之「无

〔一〕「而」原誤「與」，據王氏原刻改。

得而相」者，此則不知所以相之矣，故逃也。此節係借神巫相人，喻修道養氣次第，爲道家工夫之總説明，内篇之總歸結，非真有巫如此之神也。**然後列子自以爲未始學而歸**，成云：「始覺壺丘道深，自知〔一〕未學。」**補**今見壺子所示之實，然後自知僅既其文，猶之未學也，故歸而求既其實。下文，求既實之説明也。**三年不出，補**不敢與世亢。**爲其妻爨**，向云：「遺恥辱。」**正**爲妻爨，有何恥辱？本節亦未涉及恥辱，向説非。此處重在食豕，爲妻食豕，因而爲之爨也。**食豕如食人**，釋文：「食音祀。」郭云：「忘貴賤也。」**正**此爲「不知其誰何」之證。其不主知，與上文自以爲牛馬同。**於事无與親**，不近世事。**補**虚而委蛇而已。爲下「无爲事任」伏筆。**彫琢復朴**，成云：「彫琢華飾之務，悉皆屏除，復於朴素。」**補**昔之彫琢者，今去而復朴，即去文而復實也。**塊然獨以其形立**，塊然無偶。**紛而封哉**，釋文：「紛而，崔云『亂貌』。哉，崔本作戎，云：『封戎，散亂也。』」李楨云：「崔本是也。列子作『怭然而封戎』。六句人、親、朴、立、戎、終，各自爲韻。」**正**注非。成云：「封，守也。」武按：達生篇云：「其天守全，其神无郤，物奚自入焉？」又云：「死生驚懼，不入乎其胸中。」天守全，封之義也。物之數號曰萬，與死生驚懼等，可謂紛矣，能封吾内而守之，故神無郤，而紛然之物，與死生驚懼，自無自入矣。此時列子已既其實，雖涉紛

〔一〕「知」原誤「如」，據王氏原刻改。

紜，而能不出其宗矣。**一以是終。**宣云：「道無復加也。」引季咸、壺子事，明帝王當虚己無爲，立於不測，不可使天下得相其端，以開機智。其取意微妙無倫。」以上引五事爲證。**正**此句係收繳上文列子見神巫而心醉，歸以告壺子曰「始吾以夫子之道爲至矣，則又有至焉者矣」各句。蓋觀列子告語，大有傾向神巫，不能終學壺子之意，今而後方知己未始學，不再他慕，而一以是道終矣。於此可以窺知莊文接構之嚴密。至注中「明帝王當虚己無爲」等語，對於本節文意，尚屬隔膜。文之真意，見前「故逃也」句補注末段。

无爲名尸，成云：「尸，主也。無爲名譽之主。」**正**注中「譽」字當删。名以知生，無爲知主，則凡爲知所生之名，皆無爲之尸，不限於譽也。文子符言篇此四語作老子説。此句總結篇中各「名」字。**无爲謀府，**無爲謀慮之府。**補**德充符篇「聖人不謀，惡用知」？故謀出於知。**无爲事任，**郭云：「付物使各自任。」**補**應上「於事无與親」。**无爲知主。**釋文：「知音智。」成云：「不運智以主物。」**正**成説非。言不爲知主，非言不爲物主也。此句重要，爲上三句之主，兼總結篇中「知」字。如藏仁，出法，胥巫之技，儵、忽之鑿，皆主知也。主知則勞神怯心，不應帝王矣。知應如字。**體盡无窮，**體悟真源，冥會無窮。**正**體非「體悟」之體，乃上「未既其實」之實也。既，盡也。「體盡无窮」，即既其實也。總結「出六極之外」，「處壙埌之野」，「立於不測」，「合氣於漠」，「太沖莫勝」各句。**而遊无朕，**崔云：「朕，兆也。」成云：「朕，迹也。晦迹韜光，故無朕。」

補總結「乘莽眇之鳥」、「遊无何有之鄉」、「遊心於淡」、「遊於无有」各句。**盡其所受於天，而无見得，**全所受於天，而無自以爲得之見。補功蓋天下，化貸萬物，不出其宗，即盡其所受於天也。無容私，似不自己，民弗恃，神巫無得而相，即無見得也。**亦虚而已。**郭云：「不虚，則不能任羣實。」補道無名無形，虚也。老子最精要之語曰「致虚極」，本書最精要之語曰「道集於虚」，曰「氣者，虚而待物者也」。蓋心不虚，則氣不集而神不凝，何能合和爲太沖而成道？故老、莊千言萬語，亦虚而已；本篇四「无爲」，亦虚而已。故此句不僅收結本篇及本書，即謂收結黄、老、莊、列一切言語，亦無不可。**至人之用心若鏡，**郭云：「鑒物而無情。」補總結篇中「心」字。**不將不迎，應而不藏，**成云：「將，送也。物感斯應，應不以心，既無將、迎，豈有情於隱匿哉！」補文子符言篇：「來者不迎，去者不將。」故成訓將爲送。此二句，承「鏡」字説。淮南原道訓：「夫鏡水之於形接也，不設知故，而方圓曲直弗能逃也。」前漢書韓安國傳：「清水明鏡，不可以形逃。」夫不設知故，即不將不迎，上所謂「亦虚而已」也。方圓曲直不可以形逃，即應而不藏也。**故能勝物而不傷。**成云：「用心不勞，故無損害。」此段正文。補文子真誠篇：「是故聖人若鏡，不將不迎，應而不藏，萬物不傷。」淮南覽冥訓：「故聖若鏡，不將不迎，應而不藏，故萬化而無傷。」武按：勝音升，説文「任也」。言能勝任物來取照而不致傷也。世説袁羊曰「何嘗見明鏡疲於屢照」，頗可證明斯義。此處喻聖人之心虚，不尸名，不府謀不任事，不主知，物來順應，故萬化而無傷也。

南海之帝爲儵，北海之帝爲忽，中央之帝爲渾沌。簡文云：「儵、忽，取神速爲名。渾沌，以合和爲貌。神速〔一〕譬有爲，合和譬無爲。」崔云：「渾沌，無孔竅也。」補釋文：「儵音叔。渾，胡本反。沌，徒本反。渾沌，李云『清濁未分也』。」武按：此節設喻明不爲知主之義。蓋渾沌爲不爲知主之正面，儵、忽鑿竅，則其反面也。儵與忽時相與遇於渾沌之地，渾沌待之甚善。補渾沌未始出其宗，與之虚而委蛇。儵與忽謀報渾沌之德，曰：「人皆有七竅，以視聽食息。此獨无有，補渾沌之無竅，以道言之，卽養生主篇所謂「官知止而神欲行」也。嘗試鑿之。」日鑿一竅，七日而渾沌死。郭云：「爲者敗之。」此段喻意。

一九四八年仲秋劉武時年六十六

〔一〕「神速」，原作「儵忽」，據釋文引改。